全国铁道职业教育教学指导委员会规划教材
高等职业教育电力机车专业“十二五”规划教材

电力机车总体及走行部

崔　晶　王　冰　主编
王大军　主审

中国铁道出版社有限公司
2021年·北　京

内 容 简 介

本书是电力机车运用与检修专业的一门专业课，主要以当前应用比较广泛的 SS_4 改、SS_9 和 HXD_3 型电力机车为主型电力机车，介绍了：电力机车车体和设备布置、转向架、车体与转向架的连接装置、牵引缓冲装置、电力机车通风系统和空气管路系统以及曲线通过和轴重转移的相关知识。

本书可作为高等职业院校电力机车运用与检修专业教材，也可供从事电力机车工作及技术人员的参考资料，抽出一些实用章节也可作为培训教材使用。

图书在版编目(CIP)数据

电力机车总体及走行部/崔晶，王冰主编. —北京：中国铁道出版社，2012.4（2021.3 重印）

高等职业教育电力机车专业"十二五"规划教材

ISBN 978-7-113-13788-5

Ⅰ.①电… Ⅱ.①崔… ②王… Ⅲ.①电力机车-高等职业教育-教材 Ⅳ.①U264

中国版本图书馆 CIP 数据核字(2012)第 012039 号

书　　名：**电力机车总体及走行部**

作　　者：崔　晶　王　冰

策　　划：阚济存

责任编辑：阚济存　　**编辑部电话**：(010)51873133　　**电子信箱**：td51873133@163.com

封面设计：冯龙彬

责任校对：王　杰

责任印制：樊启鹏

出版发行：中国铁道出版社有限公司(100054，北京市西城区右安门西街 8 号)

网　　址：http://www.tdpress.com

印　　刷：国铁印务有限公司

版　　次：2012 年 5 月第 1 版　　2021 年 3 月第 10 次印刷

开　　本：787 mm×1 092 mm　1/16　**印张**：12.5　**字数**：311 千

印　　数：41 001～43 000 册

书　　号：ISBN 978-7-113-13788-5

定　　价：32.00 元

前　　言

《电力机车总体及走行部》课程是电力机车运用与检修专业的一门专业技术课。本教材的编写，在现场调研的基础上，以够用为度，以实用为目的，突出能力培养。本教材经过进一步现场调研，根据高等职业教育的特点，选择了目前代表我国国产重载 SS_4 改型电力机车和准高速客运 SS_9 型电力机车及交流传动机车 HXD3 型电力机车作为教材的主要介绍对象。对电力机车总体及走行部从四个方面内容进行介绍。

1. 电力机车车体结构、车体设备的布置、通风系统和空气管路系统的组成及原理；

2. 电力机车转向架各部件的结构、原理和检修方法；

3. 车体与转向架的连接装置和牵引缓冲装置的结构、原理及检修方法；

4. 电力机车曲线通过和轴重转移的基础知识。

本教材以高等职业教学为主，贴近现场岗位需求的实际，追求“新、简、实”的目标。即在本教材中，尽可能反映电力机车总体和走行部的新技术、新特点、新工艺。适当降低教学内容的深度和难度，做到深入浅出。同时，突出教学内容的实用性，使之更贴近现场实际，以适应岗位需求。

本书由西安铁路职业技术学院崔晶和太原机械学校王冰担任主编，崔晶编写第一章和第三章，王冰编写第七章，华东交通大学李萍编写第二章，黑龙江交通职业技术学院辛大娟编写第四章，沈阳铁路机械学校杨春燕编写第五章，西安铁路职业技术学院黄晓芳编写第六章第一至四节，西安铁路职业技术学院柏承宇编写第六章第五、六节。西安铁路局机务处王大军担任主审。在编写中得到西安机务段、宝鸡电力机车检修厂的大力支持，在此深表谢意。

由于编者水平有限，错误之处在所难免，敬请广大读者和同行批评指正。

编　者

2011 年 10 月

目　　录

第一章 绪 论

一、电力机车在现代轨道交通运输中的重要地位

电力机车是一种通过外部接触网或轨道供给电能，由牵引电动机驱动的现代化牵引动力。它无论在现代铁路运输中，还是在城市轨道交通运输中都具有不可替代的重要地位。与其他牵引动力相比，电力机车具有不可比拟的优势：

1. 功率大，速度快。机车的功率大小决定了它的牵引力和运行速度。蒸汽机车和内燃机车由于受结构的限制，功率受到影响，而电力机车的功率相比较大，加之电网容量超过机车功率好多倍，使现代电力机车向重载、高速方向发展成为现实。

2. 热效率高，成本低。电力机车的平均热效率为26%，远高于蒸汽机车，也高于内燃机车，同时无非生产性消耗。运输成本低，经济效益好。

3. 综合利用资源，降低能源消耗。我国有丰富的水利资源可供发电。另外火力发电厂也可利用一些劣质燃料发电，做到资源综合利用，节约大量的优质燃料。

4. 清洁无污染。电力机车的动力来自电能，无任何有害排放物和污染，作为铁路运输和城市轨道交通的主要动力是十分理想的绿色交通工具。

5. 维修便利，成本低。电力机车上主要是一些电器设备，因此具有保养容易、维修量小、定修周期短等特点。

6. 工作条件舒适。电力机车乘务员的工作条件比起蒸汽机车在劳动强度、工作环境、噪声、采光、震动等方面都有很大的改善，也优于内燃机车。

7. 适应能力强。电力机车不同于蒸汽机车和内燃机车，运行中没有水消耗，不影响其无水区和缺水区运行。

二、电力机车机械部分组成和各部分的功能

电力机车由电气部分、机械部分和空气管路系统三大部分组成。

电气部分包括牵引电动机，牵引变压器，整流硅机组，各类电器等。通过他们把来自接触网的电能转变为机械能，同时实现对机车的控制。

机械部分包括车体转向架、车体与转向架的连接装置和牵引缓冲装置。

空气管路系统包括风源系统、制动机管路系统、控制管路系统和辅助管路系统。

下面简要叙述机械部分各部分的功能：

(一)车 体

车体是电力机车上部车厢部分，有车厢体和底架组成。就其功能可分为司机室和机器间。

1. 司机室：乘务人员操纵机车的工作场所。现代干线运输电力机车设置两端司机室，可以双向行使，不必调头。

2. 机器间：用于安装各种电气和机械设备。一般分为若干个室，各类设备根据不同用途分室安装。

(二)转 向 架

转向架即机车走行部分,它是机械部分最重要的组成部分,主要包括:

1.构架:是转向架的基础受力体,也是各种部件的安装基础。

2.轮对:是机车在线路上的行驶部件,由车轴、车轮及传动大齿轮组成。

3.轴箱:用于固定轴距,保持轮对正确位置,安装轴承等。

4.弹簧悬挂装置:也称一系弹簧。用于缓冲轴箱以上部件的振动,以减轻运行中的动作用力。

5.齿轮传动装置:通过降低转速,增大转矩,将牵引电动机的功率传给轮对。

6.牵引电动机:将电能变成机械能转矩,传给轮对。

7.基础制动装置:是机车制动机制动力的部分,主要由制动缸、传动装置、闸瓦装置等组成。

(三)车体与转向架的连接装置

车体与转向架的连接装置也称二系弹簧悬挂,设置在车体和转向架之间。它是转向架和车体之间的连接装置,又是活动关节,同时承担各个方向力的传递以及减振作用。

(四)牵引缓冲装置

牵引装置即指车钩,它是机车与列车的连接装置,为了缓和连挂和运行中的冲击,设置了缓冲器。

三、机车轴列式

所谓轴列式是指用数字或字母表示机车走行结构特点的一种简单方法。它可以用数字表示,也可以用字母表示。用数字表示的称为数字表示法,用字母表示的称为字母表示法。

(一)数字表示法

数字表示每台转向架的动轴数,注脚“0”表示每一动轴为单独驱动。无注脚表示每台转向架的动轴为成组驱动。数字之间的“—”表示转向架之间无直接的机械连接。例如,SS_1 型电力机车的轴式为 3_0—3_0;表示机车为两台三轴转向架;动轴为单独驱动。SS_4 型电力机车的轴列为 2(2_0—2_0);表示为两节机车,每节为两台两轴转向架,动轴为单独驱动。

(二)字母表示法

即用英文字母表示每台转向架的动轴数。英文字母 A、B、C……分别对应数字 1、2、3……其他含义与数字法相同。例如,3_0—3_0 可表示为 C_0—C_0;2(2_0—2_0)可表示为 2(B_0—B_0)。

为了区别无动力转向架与有动力转向架,常在表示轴的数字或英文字母的右上角加“′”号。例如,$3'_0$—$3'_0$,C'_0—C'_0和 2(B'_0—B'_0)等等。上角加“′”号,表示具有动力的转向架。但电力机车转向架都是有动力转向架,常常将角标省略不写。

四、机械部分的主要技术参数

表 1-1 中列出了 5 种国产电力机车机械部分的主要技术参数。

五、我国电力机车的发展史和展望

从 1958 年研制成第一台国产单相工频电力机车至今,我国电力机车走过了 50 多年的历程。

表 1-1 几种电力机车机械部分的主要技术参数

项目 \ 车型		SS_{3B}	SS_4 改	SS_8	SS_9	HXD3（23 t 轴重）
制造年代		1992	1993	1997	2001	2007
轴列式		$C_0—C_0$	$2(B_0—B_0)$	$B_0—B_0$	$C_0—C_0$	$C_0—C_0$
机车总重量(kN)		1 380	1 840	880	1 260	1 380
轴重(kN)		230	230	220	210	230
转向架重量(t)		32.5	21.2	13.0	31.5	30.193
机车宽度(mm)		3 100	3 100	3 100	3 105	3 100
机车落弓高度(mm)		4 700	4 778	4 628	4 754	4 770
车钩中心线距(mm)		21 416	2×16 416	17 516	22 216	20 846
车钩中心线高度(mm)		880±10	880±10	880±10	880±10	880±10
固定轴距(mm)		2 300+2 000	2 900	2 900	4 300	2 250+2 000
轴距(mm)		4 300	2 900	2 900	2 150	2 250+2 000
转向架中心距(mm)		11 200	8 200	9 000		20 846
牵引点高度(mm)		460	12	1 250	460	240
车轮直径(mm)		1 250	1 250	1 250	1 250	1 250
机车功率(持续制)(kW)		4 320	6 400	3 600	4 800	7 200
机车牵引力(kN)	持续制	316.7	120	120	169	370
	起动牵引力	490	210	210	286	520
机车速度(km/h)	持续制	48	100	100	99	70
	最 大	100	170	170	170	120
传动方式		双侧刚性斜齿轮传动	双侧刚性斜齿轮传动	单边直齿六连杆空心轴弹性传动	单边直齿传动	单边直齿六连杆空心轴弹性传动
牵引电机悬挂方式		抱轴式半悬挂	抱轴式半悬挂	全悬挂	全悬挂	抱轴式半悬挂
齿轮传动比		4.35	4.19	2.484	77∶31	4.81
一系弹簧悬挂静挠度(mm)		139	139	54	49.5	43.5+5.6
二系弹簧悬挂静挠度(mm)		6	6	110	96	90.3+1.43
牵引方式		牵引杆	中间斜拉杆推挽式	中间推挽式牵引拉杆	双侧低位平拉杆	中间推挽式牵引拉杆
基础制动装置		独立作用式闸瓦间隙自调	独立作用式闸瓦间隙自调	独立作用式闸瓦间隙自调	独立作用式闸瓦间隙自调	轮装式盘型制动

50 年来，我国电力机车走的是一条自力更生、艰苦奋斗，引进、消化、创新的发展之路，实现了从仿制到自主研制再到整车出口，从普通载重到重载，从常速到高速，从交直传动到交流传动的历史性飞跃。

50 多年艰难曲折的历程体现了中国铁路工作者自强不息的奋斗精神，特别是进入 20 世纪 80 年代后，随着国家改革开放和经济的快速发展，电力机车也获得了长足发展，以 SS_1 型，SS_3 型机车为基础，先后研制成功了 SS_4 型电力机车。SS_7 型、SS_8 型和 SS_9 型等系列机车。其中以 SS_4 型重载和 SS_8 型、SS_9 型客运为代表的电力机车技术，已完成了从级间调速到相控无级调速的技术升级换代，全面采用微机控制和故障检测、诊断技术，使我国交直流电力机车达到国际同类产品的先进水平。进入 90 年代后期，电力机车最高运行速度实现了由 100 km/h 到 160 km/h 准高速的飞跃。1999 年，我国首次设计速度为 200 km/h 的高速动力车诞生并投入广深高速铁路运营，标志着我国铁路电力牵引技术开始步入了国际高速行列。HXD_3 型电力机车项目从 2004 年开始启动，2006 年通过型式试验，2006 年 12 月 8 日交付使用，2007 年实现了大批量生产。目前该车在武汉、上海、济南、北京等铁路局已经替代了 SS_4 和 SS_3 型电力机车，担当主要牵引任务。HXD_3 型电力机车是目前世界上批量投入商业运行的 6 轴电力机车中功率最大的交流传动电力机车。机车单机功率 7 200 kW，牵引 5 000 t 列车运行最高速度 132 km/h。进入 21 世纪，随着国家加快现代化的步伐，为了改变铁路的发展已明显滞后于国民经济发展速度的状况，国家加大了对铁路的投入，特别是对电气化铁路里程建设和客运高速化投入。在引进、消化、吸收的基础上具有自主知识产权的具有国际先进水平的 200 km/h 动车组在 2007 年第六次大提速后在全国多条干线启用，时速达 300 km/h 的动车组也已于 2007 年年底试验成功。投资规模达千亿元设计时速达 300 km/h 以上的京沪高速客运线已在 2008 年破土动工，它标志着我国铁路和机车交流传动技术已进入世界先进水平行列。

展望未来，我们有理由相信，新世纪将为我国电力机车的发展迎来前所未有的挑战和机遇。在满足国内市场的同时我国电力机车的设计，制造企业面临与有各种精良技术和制造手段的国外著名公司的竞争。打造著名品牌，贴近国际前沿技术，赢得用户，占领市场，成为我国电力机车生存发展的必然选择，也将为我国铁路干线运输和城市轨道交通发展作出新贡献。

复习思考题

1. 简述电力机车在现代轨道交通运输中的主要地位。
2. 简述电力机车机械部分组成及其各部分的功能。
3. 轴列式的含义是什么？如何用轴列式来表示机车走行部的结构特点？
4. 现有国产电力机车车型有哪些？

第二章　车体和设备布置

车体和设备布置是电力机车总体结构、总体设计的重要组成部分。

车体是由底架、侧墙、车顶和车顶盖及司机室构成的壳形结构。

设备布置主要指车体内及车顶的设备和车外的辅助设备的布置。

本章除了对车体的功能、要求、和类型作必要的阐述外，将重点介绍 SS_4 改、SS_9、HXD_3 型电力机车的结构特点和结构组成，并对车体的设备布置原则、布置特点以及设备布置做了比较详细的叙述。

第一节　车　　体

一、车体的功能

车体是电力机车上部车厢部分。其功能有：

1. 车体是乘务人员操纵、保养和维修机车的场所。车体内设有司机室和机器间，机器间一般又分为几个室。

2. 安装各种电气、机械设备，并保护车内设备不受外界风沙雨雪的侵蚀。

3. 传递垂直力。将车体内外各种设备的重量经车体和车体支承装置传给转向架。

4. 传递纵向力。将转向架传来的牵引力、制动力经车体传给缓冲器，再传给车钩。

5. 传递横向力。在运行中，车体要承受各种横向作用力，如离心力、风力等。

二、对车体的要求

由于车体的功能要求和工作时的受力复杂性、严重性，因此车体必须满足如下条件。

1. 有足够的强度和刚度。要求机车在允许的设计结构速度内，保证车体骨架结构不发生较大变形和破坏，以确保运行安全和正常使用。

2. 为了提高机车的速度，必须适当减轻车体的自重，而且要求在各个方向上做到重量匀称、重心低。

3. 车体结构必须保证设备安装、检查、保养以及检修更换的便利。

4. 作为现代化的牵引动力，车体设计必须充分考虑改善乘务人员的工作条件，完善通风、采光、取暖、瞭望、隔声、隔热等措施。

5. 车体必须纳入国家规定的机车车辆限界尺寸中。

6. 在满足车体基本功能和空气动力学车体外形的基础上，应使车体外形设计美观、大方，富有时代气息。

三、车体的类型

电力机车的车体可谓形式多样。下面分类说明。

（一）按不同用途分类

根据车体不同用途，其结构可分为下列几种。

1. 工业电力机车：是在工矿运输或调车作业中使用的电力机车。由于速度较低，且经常调换运行方向，其司机室往往设在中央。特点是车体结构简单，但不便于设备安装、检查、保养，也不便于作业时的瞭望，如图 2-1 所示。

2. 干线运输大功率电力机车：是一种在铁路主干线承担运输任务的电力机车，其特点是两端设有司机室，中间为机器间，设备安装、检修方便，司机瞭望视线开阔，其形状类似客车车厢，如图 2-2 所示。

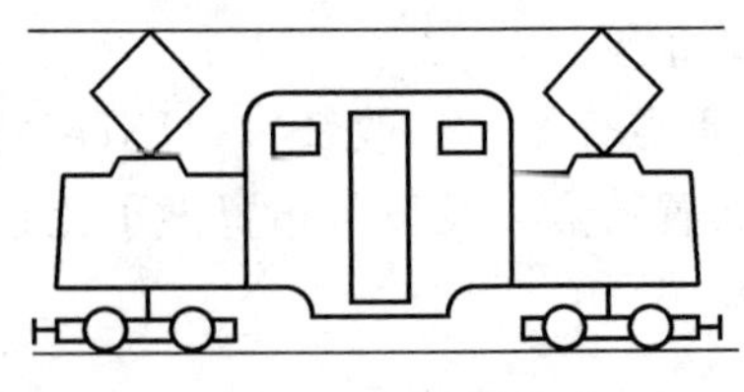

图 2-1　工业电力机车

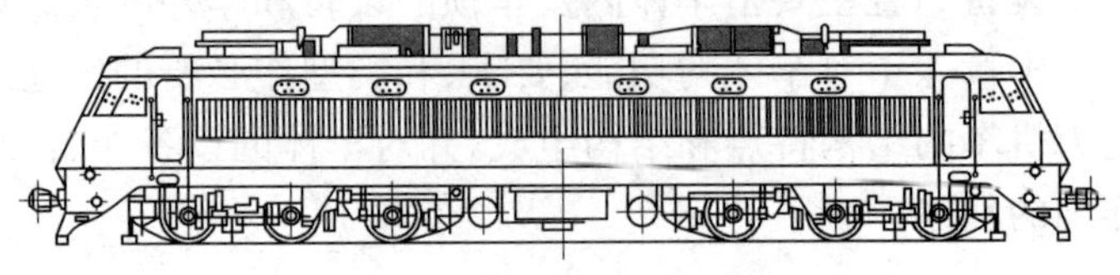

图 2-2　干线电力机车

（二）按车体车载结构分类

根据车体不同的承载需要，其结构可分为下列几种。

1. 底架承载式车体：这种车体，其底架承担所有载荷，而侧墙，车顶均不需参与承载。因此侧墙结构较为轻便。但由于底架承受全部上部载荷，因此必须保证有足够的强度和刚度，底架较为笨重。此种车体多用于工业用电力机车车体或客车车厢。

2. 底架和侧墙共同承载式车体（又称侧壁承载车体）：这种车体，由于侧墙参与承载，侧墙骨架较为坚固，外蒙钢板也比较厚，与车体底架焊成一个牢固的整体。

侧墙骨架采用型钢材或压型钢板制成框架式或桁架式两种结构形式，如图 2-3 所示。

桁架式侧墙骨架有斜拉杆，强度、刚度都高于框架式侧墙骨架，但桁架式门窗开设不便，故一般多用于货车车体。机车车体或客车车厢骨架多采用框架式侧墙结构。

由于侧墙与底架结合成一个较坚强整体，使底架重量大大减轻，从根本上降低了车体的自重。使机车的设计速度得以提高。

3. 整体承载车体：这种车体，是将底架、侧墙、车顶组成一个坚固轻巧的承载结构，使整个车体的强度、刚度更大，而自重较小。

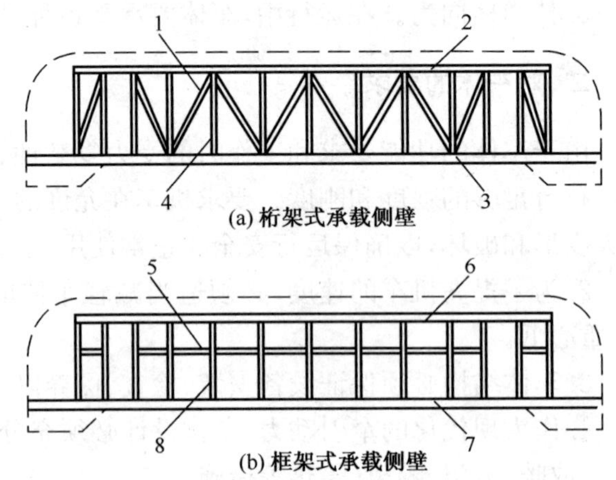

图 2-3　侧壁承载式车体的侧壁结构示意图

1—斜拉杆；2、6—上弦杆；3、7—下弦杆；4、8—立柱；5—中间杆

整体式承载车体过去在客货车辆中应用较多，电力机车应用较少。但随着电力机车向大功率重载和高速方向发展，现已广泛应用于电力机车车体中。目前代表重载货运的 SS_4 改型、HXD_3 型电力机车和代表准高速客运的 SS_8、SS_9 型电力机车，以及后期生产的机型均采用整体承载车体结构。

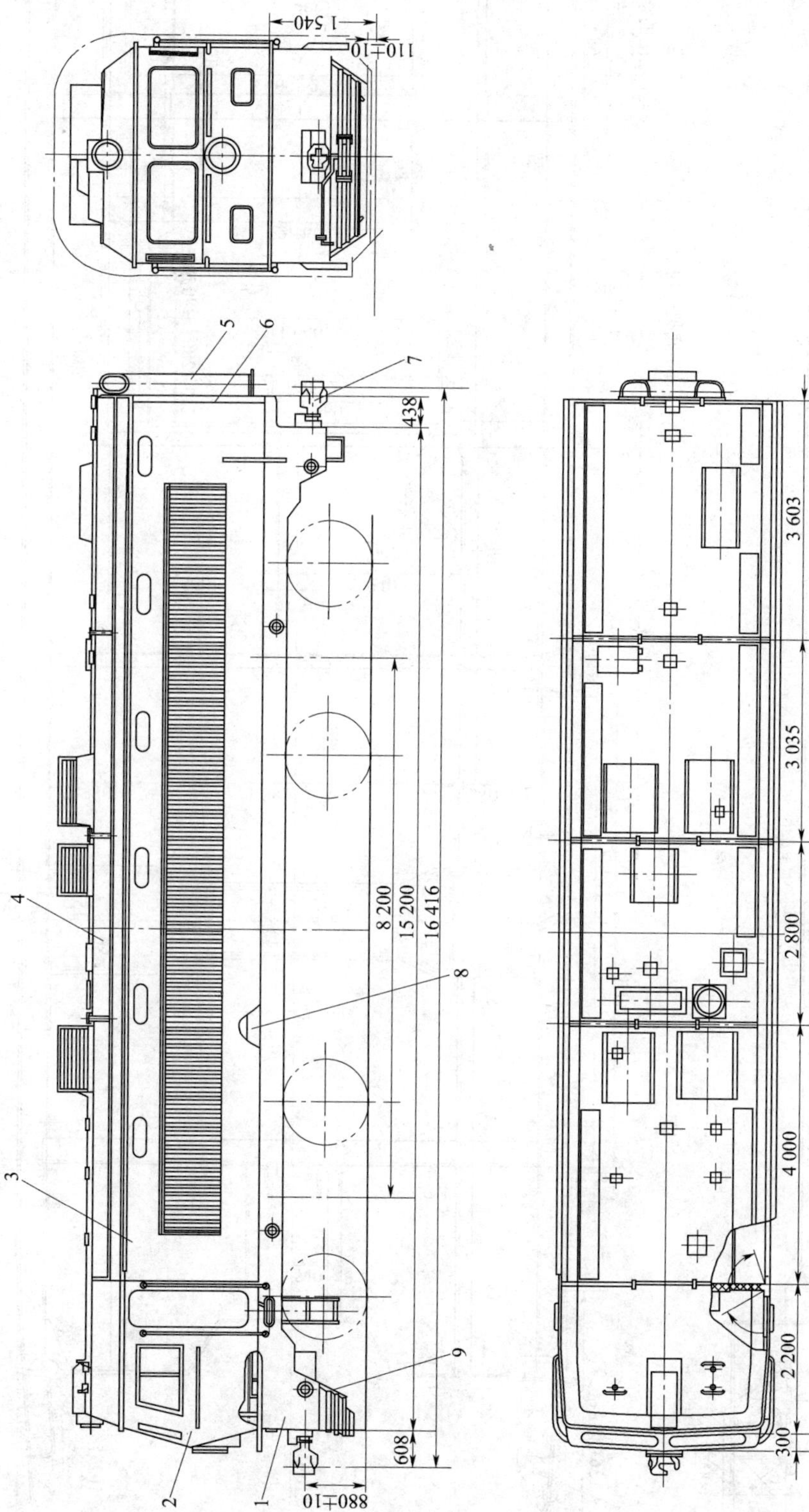

图2-4　SS_4改型电力机车车体总图

1—底架；2—司机室；3—侧墙；4—车顶盖；5—连挂装置；6—后端墙；7—牵引缓冲装置；8—台架；9—排障器

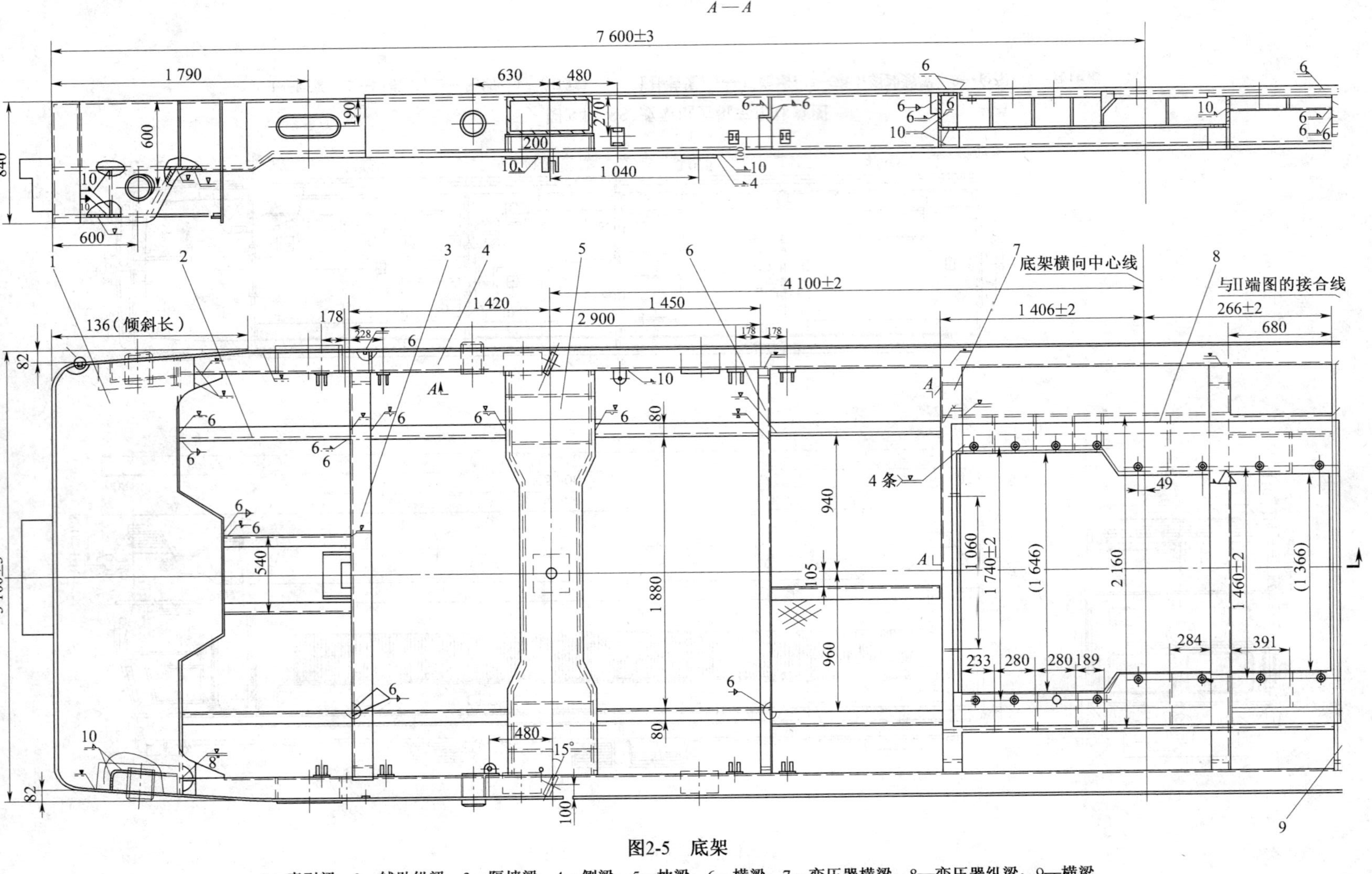

图2-5　底架

1—牵引梁；2—辅助纵梁；3—隔墙梁；4—侧梁；5—枕梁；6—横梁；7—变压器横梁；8—变压器纵梁；9—横梁

（三）高速机车车体

机车在运行中所受空气阻力在中低速时往往并不明显，但当速度达到一定值时，空气阻力就成为阻碍机车速度提高的重要制约因素。

为了使机车在高速运行中的气流和压力分布达到最佳，以减少运行阻力，各国在机车车体外形设计上均采用了流线型车体。例如，采用抛物线形车体外形、子弹头形车体外形等。

另外，减轻车体自重，保持较轻的轴重也是高速机车必须具备的，目前国内外高速机车车体在减轻其自重时除采用整体式承载结构，减轻其结构重量外，选用轻型材料，如铝合金车体、纤维增强复合材料车体等来减轻自重，以满足高速机车低重心、轻量化的要求。国产和谐客运系列均采用流线型车体外形。

四、SS_4 改型电力机车车体结构

（一）SS_4 改型机车车体结构特点

SS_4 改型电力机车是我国自行设计制造的大功率重载货运机车，由两节完全相同的 $B_0—B_0$ 机车组成。分离后单节机车可独立运行。其车体结构具有下列特点。

1. SS_4 改型电力机车车体首次采用 16Mn 低合金高强度钢板压型梁与钢板焊成整体承载式车体结构，既满足强度和刚度的要求，又达到了轻量化的目的。

2. 吸收了国外电力机车的先进技术，在车体设计中采用了大顶盖预布线预布管结构和推挽式牵引方式及横移式密封侧窗结构等。

3. 为便于制造和检修，SS_4 改型机车车体较多地进行了标准化、系列化和通用化设计，使其车体一些主要参数和零件结构尽量与 SS_4 型、SS_5 型和 SS_6 型车体通用。

4. 采用单端司机室和两侧多通式走廊，尾端有一横走廊相通，后端上设有中间后端门及连挂风挡，把两节机车连接起来。

（二）车体各部分主要结构

SS_4 改型机车车体主要由底架、侧墙、后端墙、车顶盖、司机室、台架、排障器等组成，如图 2-4 所示为 SS_4 改型机车车体总图。

1. 底架

底架主要由两根侧梁、两根枕梁、两根牵引梁、两根变压器横梁、两根变压器纵梁、一根台架横梁，一根隔墙梁和一些辅助梁焊接而成。底架结构如图 2-5 所示。

(1)侧梁

侧梁位于底架两侧，是由 380 mm×140 mm×10 mm 压型槽钢和 420 mm×10 mm 钢焊成箱型结构的两根长大梁。其断面形式如图 2-6 所示。

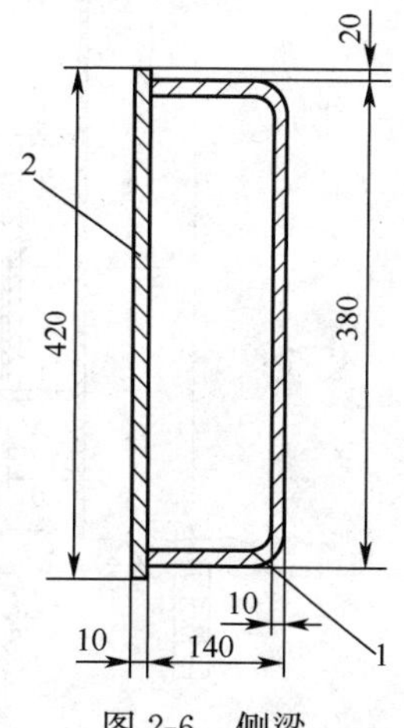

图 2-6　侧梁

1—压型槽钢；2—立板

(2)枕梁

枕梁是传递垂直载荷的主要部件。枕梁断面为钢板焊接成的箱型结构。枕梁座于转向架 4 个橡胶弹簧上，由于橡胶弹簧顶面高于两根枕梁下盖板 140 mm，且并列的两个橡胶弹簧支承面较宽，故将枕梁设计成底部挖空的藏入式结构，在宽度方向做成两端宽中间窄的变截面梁，其两端宽为 630 mm，中间宽为 430 mm，高为 260 mm，钢板厚度为 10 mm。其结构如图 2-7 所示。

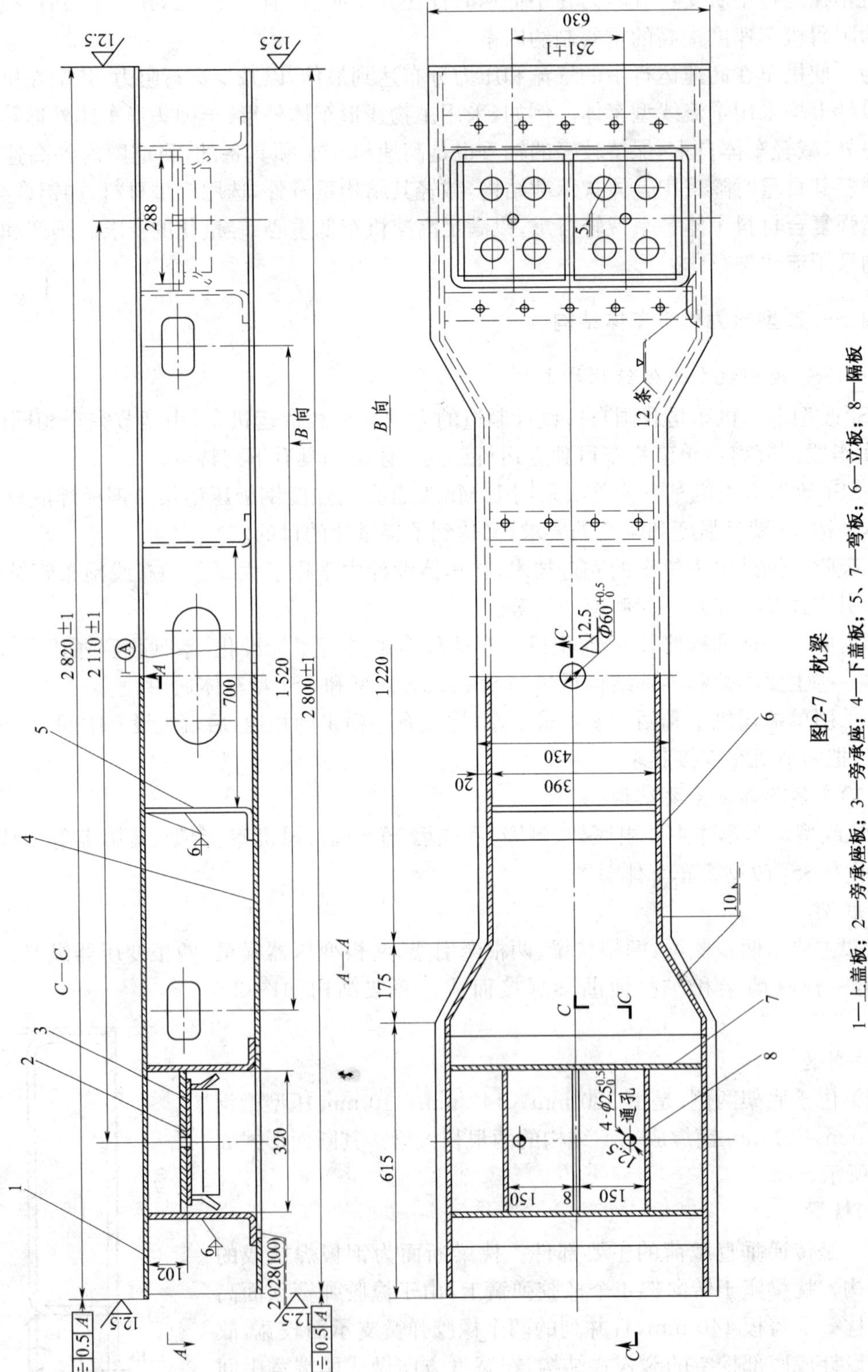

图2-7　枕梁

1—上盖板；2—旁承座板；3—旁承座；4—下盖板；5、7—弯板；6—立板；8—隔板

C—C
A—A
B—B
车钩高度中心线
(前端倾斜转折点)
1—前端板；2—上盖板；
3—限位板；4—拉杆座；
5—冲击板；6—加强撑板；
7—加强板；8—下盖板；
9—立板；10—后端板；
11—后端板（左）；
12—车钩箱组成；
13—前下板；14—下前撑板

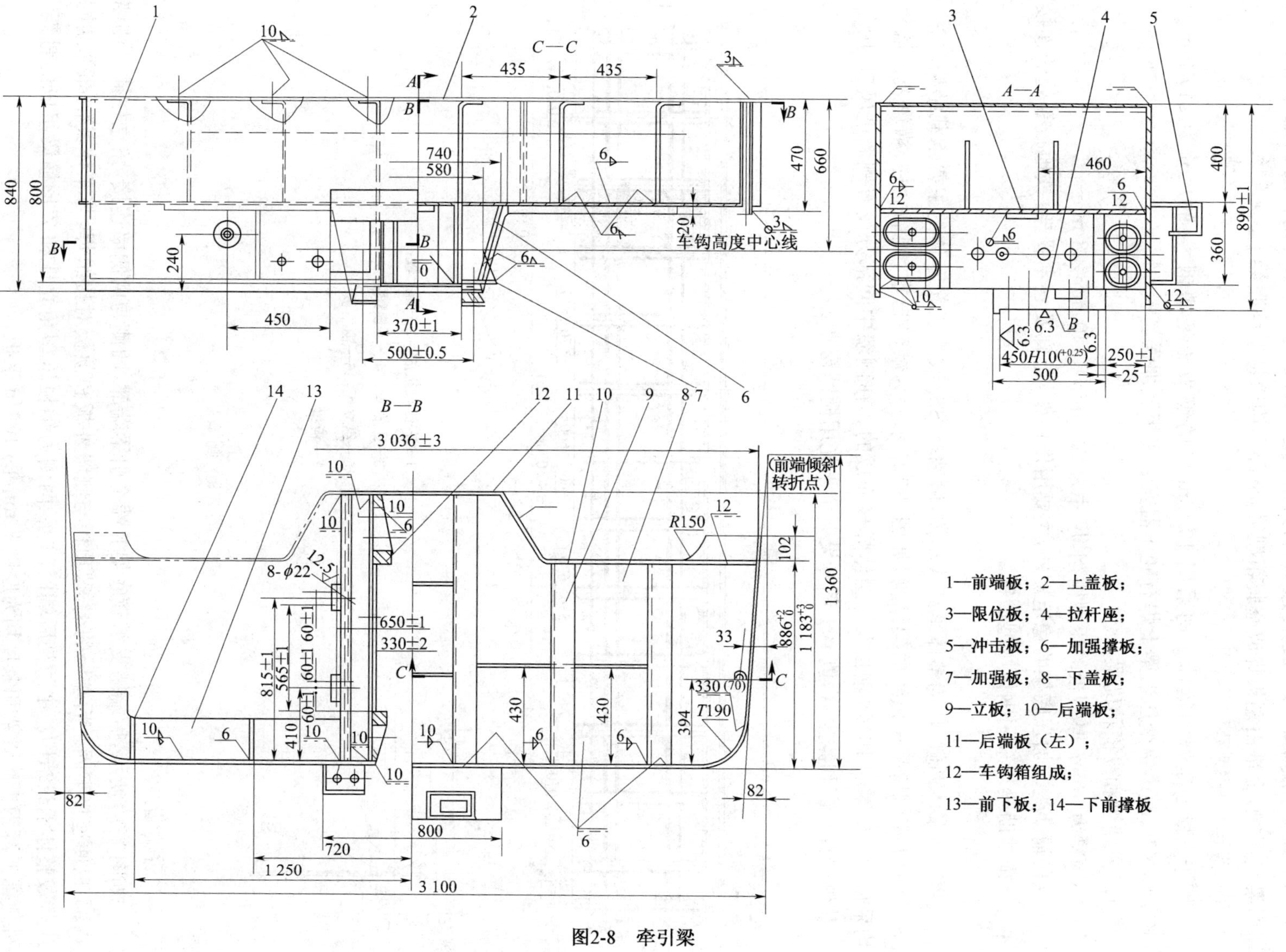

图2-8　牵引梁

(3)牵引梁

牵引梁位于底架的两端,起传递牵引力、制动力和承受列车冲击力的作用,如图 2-8 所示。牵引梁呈 T 型,上部由钢板焊成空腹箱型梁,下部车钩箱悬于空腹梁下。

(4)纵横变压器梁

用于支撑变压器的梁体。均采用 10 mm 厚的钢板压型槽钢,梁的尺寸为 240 mm×140 mm×10 mm,纵变压器梁上焊有变压器安装座板及加强筋板。

(5)隔墙梁和纵横辅助梁

隔墙梁为 8 mm 厚钢板的压型槽钢,尺寸为 200 mm×140 mm×8 mm。

纵横辅助梁起加强底架的稳定性外,主要用作台架,走廊及各室骨架,铁地板等处的连接件。纵横辅助梁均采用钢板压型槽钢。

2. 侧墙

侧墙在车体两侧,作为整体承载式车体,侧墙是 SS_4 改型机车车体的主要承载结构之一。SS_4 改型机车侧墙采用传统框架结构,如图 2-9 所示。为减轻自重,侧墙立柱、横梁及外墙板均采用 3 mm 厚的 16Mn 钢板及压型体焊接而成的。在侧墙中间部分设有侧墙进风口,用于安装侧墙百叶窗和滤尘器,侧墙上部开设 6 个采光用椭圆窗孔。

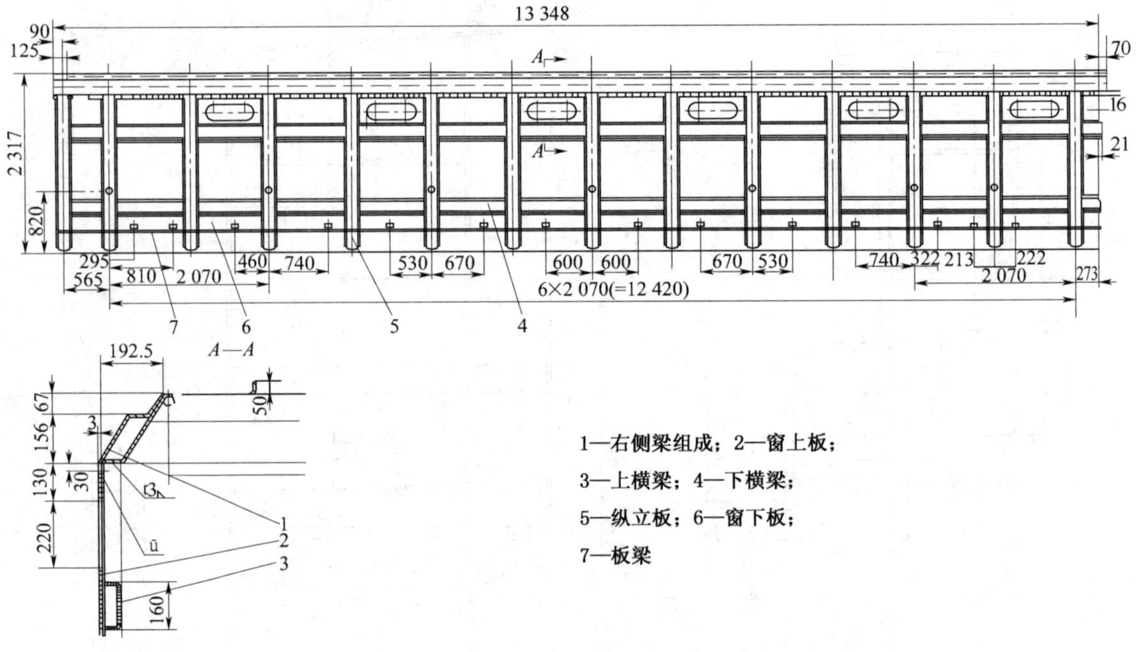

图 2-9 侧墙

3. 后端墙

如图 2-10 所示,后端墙支承载底架Ⅱ端牵引梁端部,两侧与两侧墙连接,角立柱插入侧墙内部,以便连接牢固。后端墙的端板、顶板与侧墙外板和顶板对接组焊,与车体其他部件共同组焊成整体承载结构。中间是后端门门框,两侧为钢板压型角立柱和 Z 形横梁组成的骨架,外侧铺上薄钢板。骨架和蒙皮均为厚度 3 mm 的 16Mn 钢板。

4. 车顶盖

车顶盖由 4 个顶盖和 3 根活动横梁组成。4 个顶盖由前至后依次为第一高压室顶盖、变

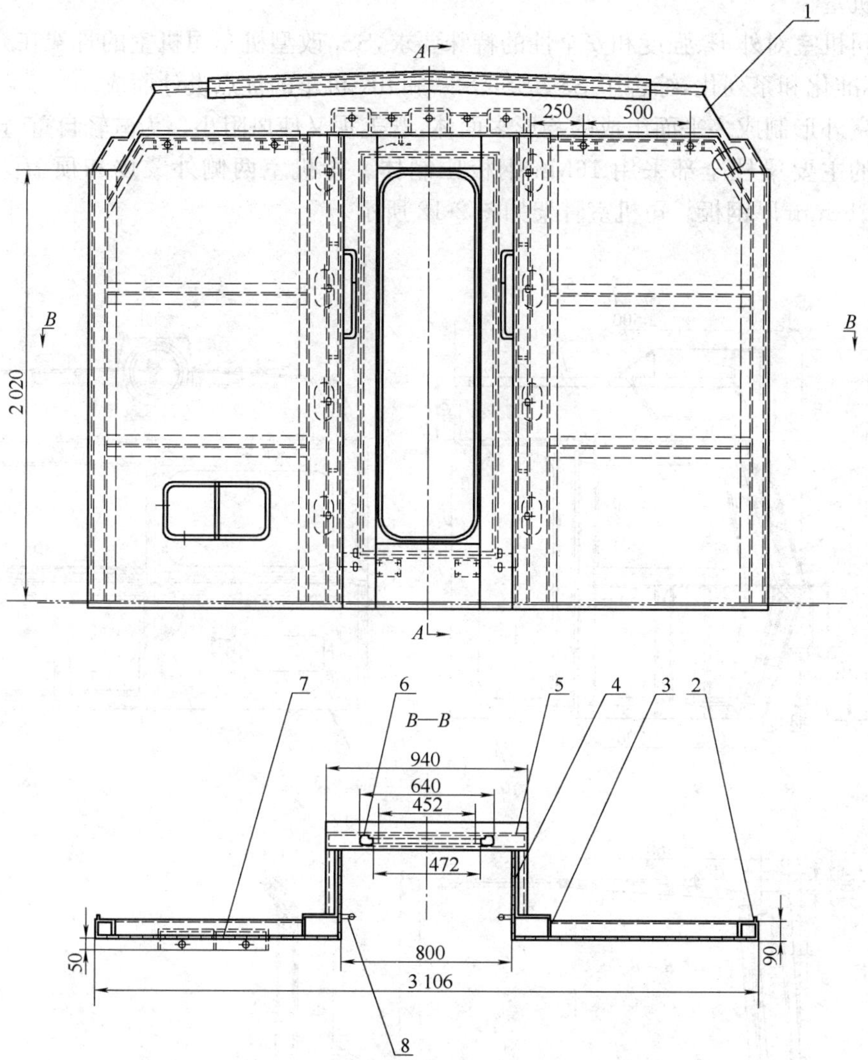

图 2-10　后端墙

1—后端墙顶板；2—角立柱；3—端立柱；4—端墙板；5—门立柱；6—走廊门框；7—端墙板；8—扶手

压器室顶盖、第二高压室顶盖、机械室顶盖，车顶盖上装有车顶电气设备。为了便于车内设备的拆装和预布线的需要，各车顶盖和活动横梁做成活动可拆式，并且各车顶盖都做成宽度较大的大顶盖。为了结构通用化，各车顶盖形状、尺寸和结构形式基本相同，如图 2-11 所示。

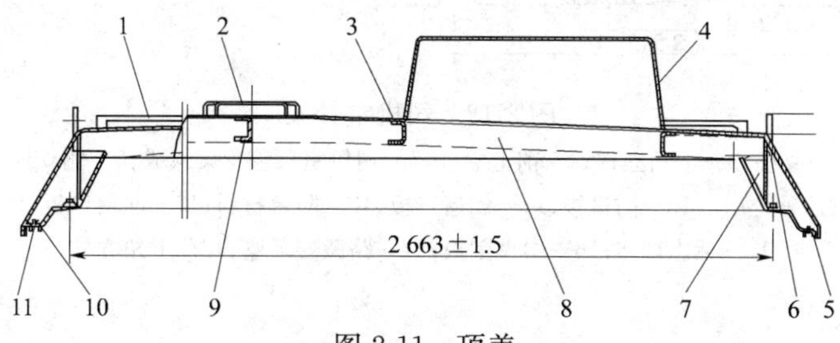

图 2-11　顶盖

1—走道板；2—瓷瓶室；3—盖板；4—罩盖组成；5—密封槽；6—吊环；
7—筋板；8—横梁；9—纵向梁；10—边梁组成；11—抽芯铆钉

5. 司机室

由于司机室对外形、强度和安全性的特殊要求，SS_4 改型机车司机室的骨架在充分考虑了通用化、标准化和系列化，综合了 SS_3、SS_4、SS_5 和 8K 机车的优点设计而成。

司机室外形制成多平面组成的菱形多面体，既美观又使风阻小。为减轻自重，司机室外墙板和骨架的主要梁柱全部采用 16Mn 钢板压制体。司机室两侧外蒙皮和顶盖蒙皮分别用 3 mm和 2.5 mm 厚钢板。司机室骨架如图 2-12 所示。

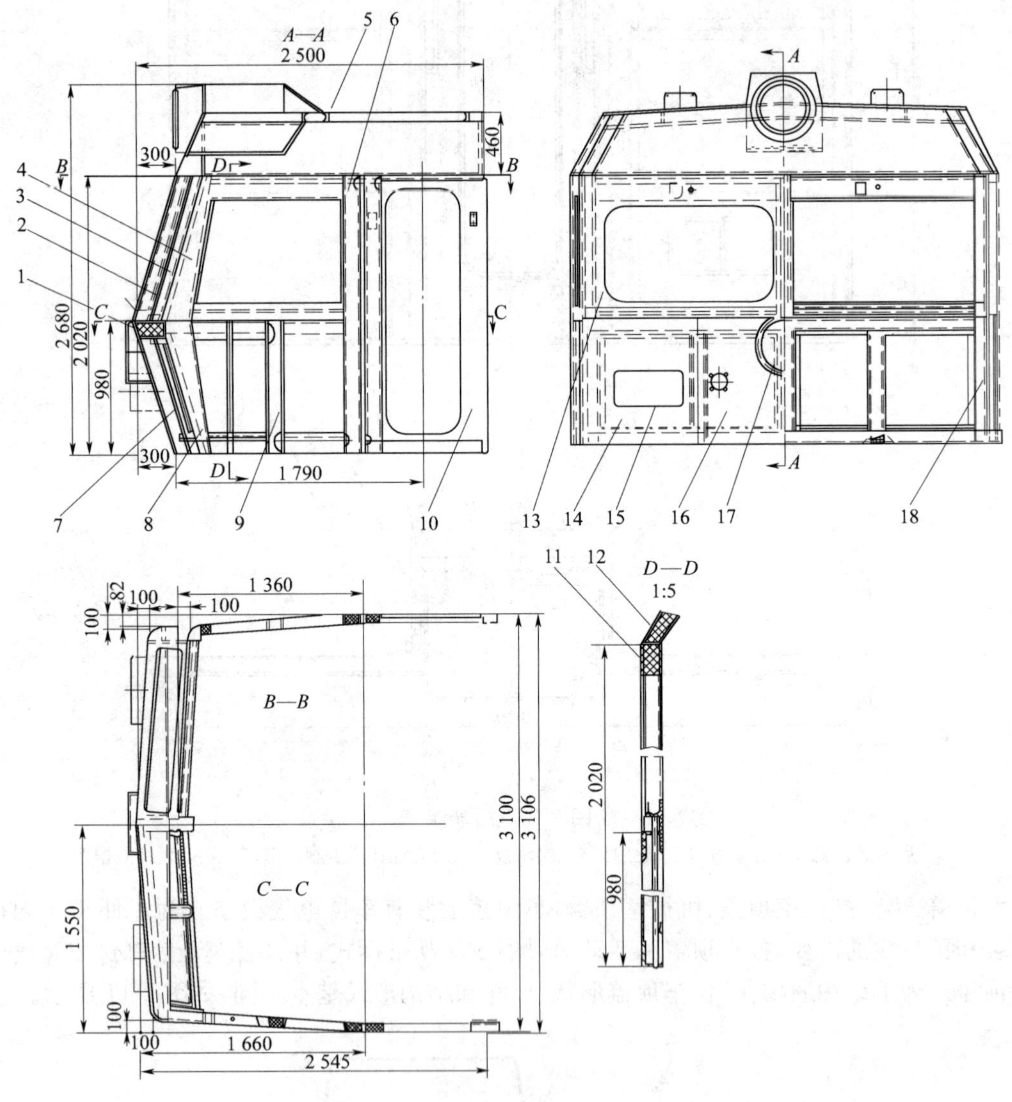

图 2-12　司机室骨架

1—腰梁；2—上中立柱；3—上角立柱；4—前上立柱；5—司机室顶盖骨架组成；6—侧立柱；7—下中立柱；8—前下立柱；9—立柱；10—门口板；11—侧窗口板；12—防寒材料；13—前窗口板；14—前围板；15—标志灯体；16—中央围板；17—路徽安装座；18—下角立柱

6. 台架

台架是为安装车内除变压器以外的其他电气和机械设备而设置。

SS_4 改型机车车体设有Ⅰ、Ⅱ端台架。台架面板和骨架全部采用 16Mn 钢板。为便于安装和连接各种电气和机械设备，在骨架内装有活动螺母，台架上设置通风机安装座和通风管道，骨架内设有电缆线槽。台架如图 2-13 所示。

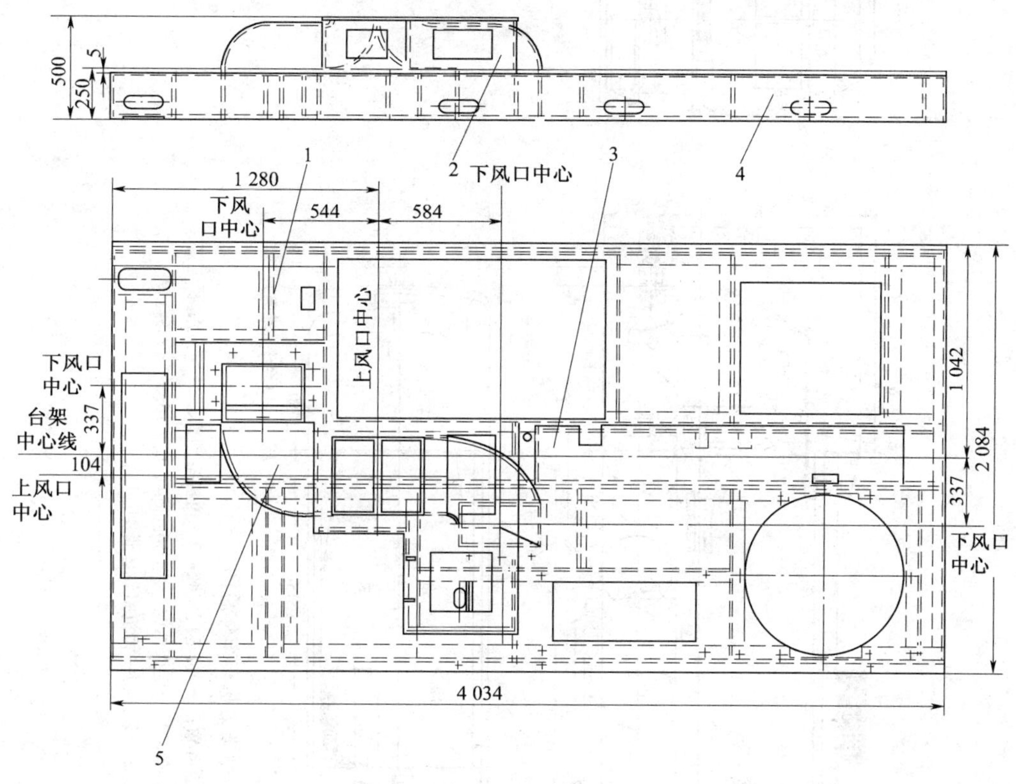

图 2-13 台架

1—台架面板；2—安装座；3—线槽盖板；4—骨架；5—风道

7. 排障器

排障器距轨面高度为(110±10) mm，主要作用是排除线路上的障碍物。在排障器主体下部装有可调节高度的小排障器。在排障器上设有脚踏板，可用于调车作业人员使用。

8. 其他

司机室前端及两侧距轨面 1 540 mm 高度上设有前踏板，在司机室前窗和侧窗下侧的外壳上焊有扶手。沿车顶前端和两侧焊有雨檐，司机室入口门两侧装有上车扶手。

五、SS_9 型电力机车车体结构

SS_9 型电力机车车体是机车的主要承载部件之一，如图 2-14 所示，其箱形壳体由板、梁组焊而成。车体采用框架式整体承载结构，由高强度低合金结构钢 Q345A、16MnL、耐候钢 Q345GNHL 及普通碳素结构钢 Q235A 等钢板或钢板压型组焊而成。曲面形状的司机室蒙皮采用便于成型的冷轧钢板 08AL，以满足司机室外表面光滑流畅的要求。车体底架、司机室、侧墙、台架和大顶盖装置，是车体的主要承载结构。

(一)底　　架

SS_9 型电力机车车体底架如图 2-15 所示，底架全长 21 300 mm，宽 3 105 mm。为适应光滑流畅的司机室头部的需要，有效地减少风阻，底架两端横截面制成 R10 000 mm 的圆弧，并

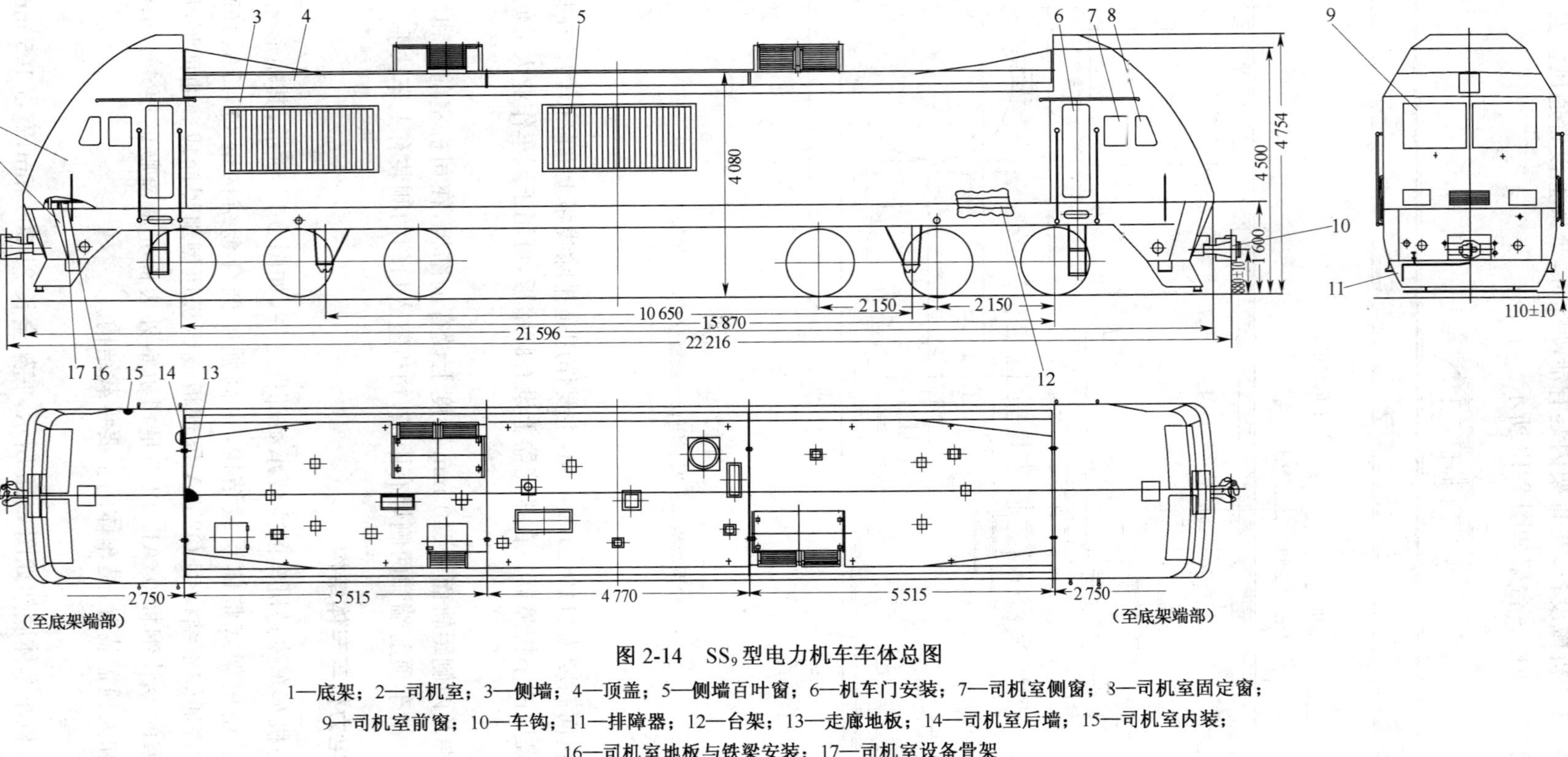

图 2-14 SS$_9$型电力机车车体总图

1—底架；2—司机室；3—侧墙；4—顶盖；5—侧墙百叶窗；6—机车门安装；7—司机室侧窗；8—司机室固定窗；9—司机室前窗；10—车钩；11—排障器；12—台架；13—走廊地板；14—司机室后墙；15—司机室内装；16—司机室地板与铁梁安装；17—司机室设备骨架

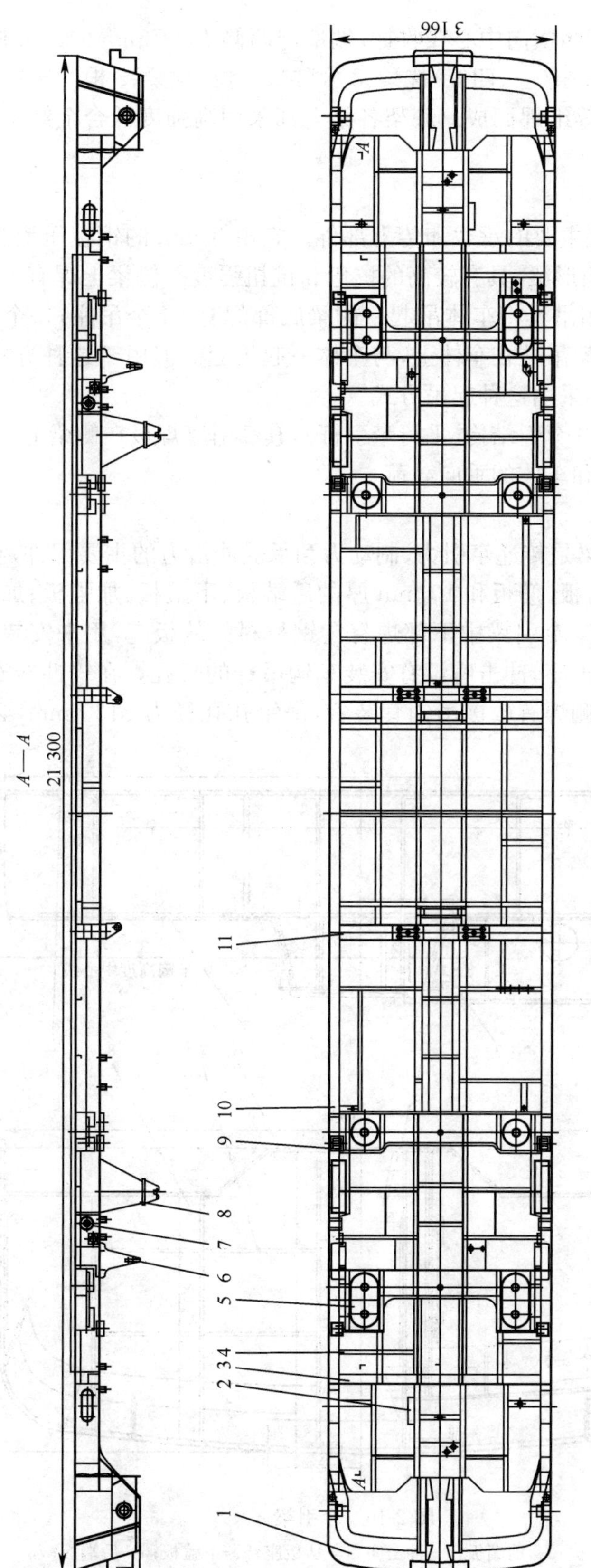

图 2-15　SS_9 型电力机车车体底架

1—牵引梁；2—小纵梁；3—隔墙梁；4—小横梁；5—一、四位枕梁；6—抗蛇行减振器安装座；7—吊销套组成；8—牵引座；9—二、三位枕梁；10—侧梁；11—变压器安装梁

在纵截面以 1∶3.3 的斜度向横向中心线收拢，端部与两侧 $R300$ mm 的圆弧相切。底架主要由两端牵引梁、两侧侧梁、2 根(一、四位)枕梁、2 根(二、三位)枕梁、2 根变压器梁、2 根隔墙梁、4 个牵引座和一些辅助梁等组焊而成。底架各梁全部采用高强度低合金结构钢 16MnL 钢板压型而成。

1. 侧梁

侧梁位于底架两侧，是主要的承载和传力部件。它由 8 mm 的钢板压型制成的槽型梁和 8 mm 的立板组焊而成的箱形梁，具有较高的抗弯和抗扭强度。侧梁上焊有吊销套装置，吊销孔径为 ϕ130 mm，可用专用吊具将车体吊起。侧梁底部焊有 24 个吊座，每个吊座上都有孔，可用吊具穿过该孔将转向架吊挂在车体上，与车体一起吊起。但由于这种方式会引起车体局部产生较高的应力，一般不采用这种起吊方式。

由于该机车采用低拉杆牵引结构(平行牵引杆)，其牵引座焊接在侧梁上，使侧梁承受和传递牵引力、制动力、冲击力和车体的垂向载荷。

2. 牵引梁

如图 2-16 所示，牵引梁是传递牵引力、制动力和承受冲击力的主要部件，它由 8 mm 厚的前端板、立板、侧立板、上盖板、筋板和 10 mm 厚的后端板、下盖板、加强板、加强撑板、弯板等组焊而成的空腹箱形结构。牵引梁中下部焊有铸钢材料的从板座，用来安装牵引缓冲装置。牵引梁前端焊有前凸的冲击座，冲击座设有安装车钩吊杆的长孔。在缓冲器安装处上方的两端焊有限位板。牵引梁两侧焊有救援吊销套装置，吊销孔孔径为 ϕ130 mm，必要时可用专用

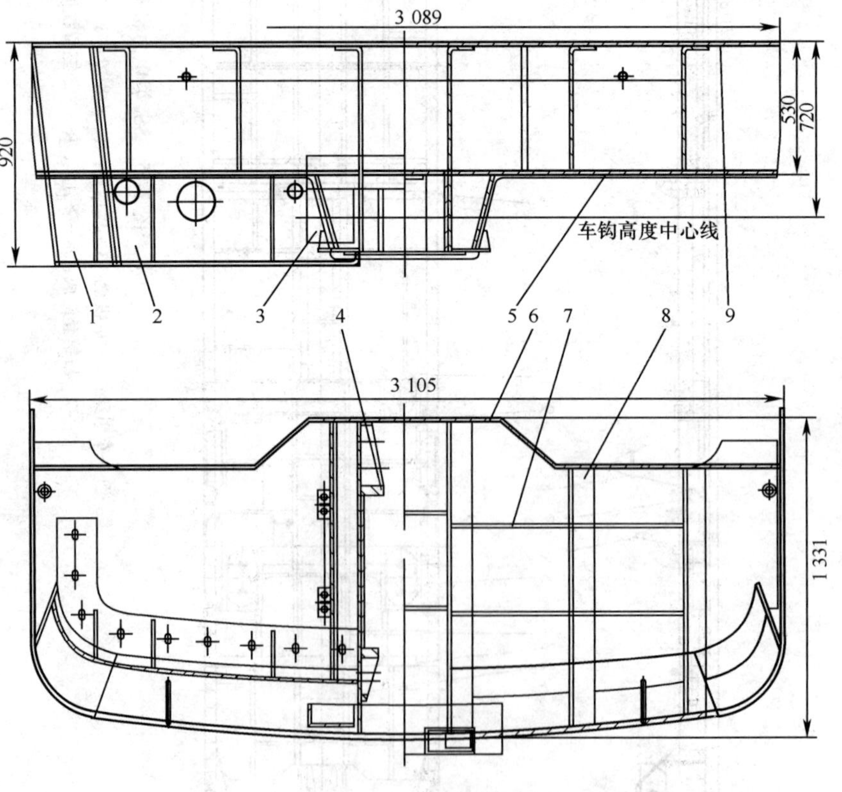

图 2-16　牵引梁

1—前角板；2—前端板；3—冲击座；4—从板座；5—下盖板；6—后端板；7—隔板；8—立板；9—上盖板

吊具从端部整体起吊机车。

3. 枕梁

枕梁有4个，其中一、四位枕梁如图2-17所示，二、三位枕梁如图2-18所示，它们是由8 mm厚的上、下盖板和立板以及6 mm厚的弯板组焊而成的箱形结构。由于机车二系弹簧的安装尺寸较大，支承高度较高，加上牵引电机通风口的限制和枕梁承受的载荷较高，枕梁设计成变截面形状。枕梁两端焊装有簧座和引导销，用于安装二系弹簧。枕梁内部焊有6 mm厚的弯板，以增强枕梁的抗弯和抗扭强度。

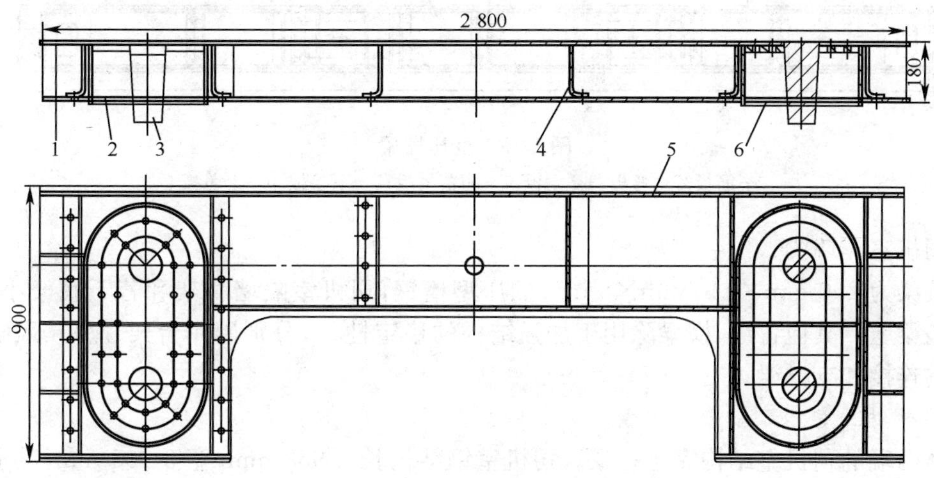

图2-17 一、四位枕梁

1—上盖板；2—下盖板；3—引导销；4—弯板；5—立板；6—簧座

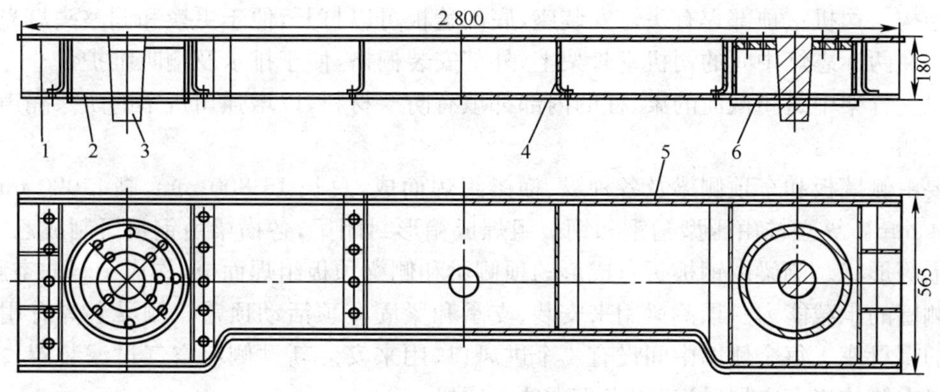

图2-18 二、三位枕梁

1—上盖板；2—下盖板；3—引导销；4—弯板；5—立板；6—簧座

4. 变压器梁

位于底架中部，由两根变压器安装梁组焊而成，用于安装卧式变压器。如图2-19所示，由10 mm厚的下盖板、8 mm厚的上盖板和立板以及6 mm厚的弯板和筋板组焊而成的箱形结构。两端焊有封闭筋板和加强筋板，并分别加工4个ϕ28 mm的孔，用于安装变压器。每组孔的中部，均加工锥形孔，用于变压器安装时定位。底部两端焊有加强底板和防落吊板，用于安装变压器的防落销。

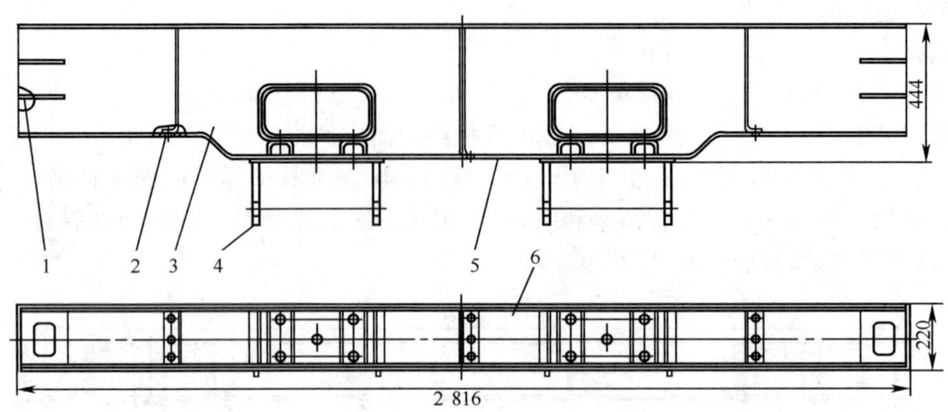

图 2-19　变压器梁

1—筋板；2—弯板；3—立板；4—防落吊板；5—下盖板；6—上盖板

5. 司机室隔墙梁

隔墙梁为 200 mm×140 mm×8 mm 的压型槽钢，司机室隔墙骨架和若干底架小纵梁均焊装在该梁上。其他各纵、横梁除用于加强结构的稳定性外，分别用作台架、座椅、风缸、固定地板等的连接和支撑梁。

(二)司 机 室

车体两端的司机室结构完全一致。司机室钢结构长 2 958 mm，宽 3 105 mm，其前部、顶部及与两侧连接部分均设计成曲面结构，造型美观，利用减小风阻。司机室骨架除门、窗周围的结构采用压型槽钢外，其余均为板梁组焊而成。板梁激光切割，轮廓尺寸准确，保证了曲面头型的流畅。司机室外蒙皮均采用钢板压制成形后拼焊而成。前窗、头灯、标志灯的安装框均为曲面结构。司机室顶部焊有头灯安装座，底部盖板可以打开，便于更换和调整头灯光源。喇叭箱组焊在两标志灯中间的司机室骨架上，外部安装栅格，便于排水及喇叭维护。

司机室骨架中封闭截面的梁、柱的内部都填有防寒材料，以增强司机室的防寒隔声效果。

(三)侧　　墙

主要由侧墙板和车顶侧梁及各种纵、横梁组焊而成，总长 15 800 mm，高 2 020 mm，上弦带高 224 mm。纵立柱由压型槽钢和钢板组焊成箱形封闭梁，各横梁由钢板压制成乙字形、角形或槽形等形状。侧梁由钢板折弯成形的顶侧梁和侧梁顶板组焊而成，构成一斜向空腹梁，从而增强侧墙的承载能力。顶侧梁用来安装、支承和紧固车顶活动顶盖。侧梁上焊有用于紧固车顶盖的螺母座。每个侧墙中间设有 4 个进风口，用来安装新型侧墙空气过滤装置。每个侧墙进风口内侧均焊有夹层风道，用来实现独立通风。

(四)台　　架

台架是由钢板制成乙字形、角形或槽形梁组焊而成的骨架，面板、底板及各种安装座、风道等焊接而成。机车各室设备都集中安装在台架上。台架的骨架、面板和底板上开有通过电缆或电线的孔及通风和设备安装孔，并安装有铺装电缆和电线的线槽。为了便于布线，在线槽上方设有可拆卸的活动盖板。

(五)车顶盖装置

所有车顶盖的断面形状和密封结构都相同。两边是边梁，截面形状为台阶状，其上台阶用来支撑，定位和紧固顶盖，下台阶上焊有密封槽，用来安装橡胶密封垫。各顶盖两侧边梁的密封槽内嵌装有软橡胶密封垫，与侧墙侧梁形成密封面。两端梁的凹槽内也嵌装密封条，与车顶横梁或司机室顶、侧排水槽形成密封。通过螺栓、压板装置使顶盖四周与相应部位紧贴密封，防止雨水或灰尘侵入。

车体顶盖装置主要包括一位端顶盖、中央顶盖、二位端顶盖及顶盖密封装置。为了减少车顶的风阻，并使车体整体效果更美观，车顶四角安装有三角裙板。

一位顶盖紧靠司机室，顶盖上焊有受电弓安装座、瓷瓶安装座、隔离开关安装座及由车内通往车顶的人孔天窗、制动电阻柜和变压器的通风口框架，还安装了制动通风罩和变压器通风罩。

中央顶盖位于车顶中央，上方焊有避雷器，支持瓷瓶、电流互感器、电压互感器、真空断路器、高压隔离开关等的安装座。

二位顶盖紧挨Ⅱ端司机室，形状和规格与一位顶盖基本相同。顶盖上焊有受电弓，支持瓷瓶安装座，制动电阻柜通风口框架，并装有制动通风罩。

（六）其　　他

司机室前上部设有宽敞明亮的前窗，两侧设有升降式活动侧窗，视野开阔，便于瞭望。司机室两侧还设有固定侧窗，便于司机观察后视镜。

从入口门可直接进出司机室，通过走廊门可进入车内各设备室。

车体设有 8 个新型侧墙空气过滤装置，2 个一组，车体左右两侧各安装两组 4 个过滤装置。牵引电机和硅机组通过独立风道从侧墙进风进行冷却。

机车两端下部装有排障器，用来排除线路上的障碍物，保证机车运行安全。排障器上设有脚踏板，便于工作人员调车作业。

司机室侧窗前下部的外壳上焊有扶手，供工作人员调车、维护等作业时用。车体外壳焊装完后应进行外表面防锈处理（打砂或喷丸处理），除锈后的车体应立即喷涂防锈底漆，然后按有关规定进行油漆作业。

司机室内层从外墙板到内墙板的空隙内，先涂一层阻尼浆，再填充一层高发泡聚乙烯材料，作为隔热防寒，减振和隔声的材料。在司机室骨架与内墙板之间，粘贴一层条形工业毛毡，用于隔热和隔声的传导。

司机室地板分为三大块，中间一块为活动地板，便于控制电路的布线及管路的安装和检修，两侧为固定地板。司机室地板为新型轻质复合地板，上表面粘贴一层防滑耐磨地板布，下表面粘贴一层高发泡聚乙烯材料。安装时，在地板铁梁上配钻螺孔，各地板均通过螺钉紧固在地板铁梁上。

为了避免灰尘从底架进入车内，在底架上表面除通风所需的位置外，凡是露空的地方都加焊固定铁地板封闭。在中央走廊及两侧通道上离固定地板高 150 mm 处覆盖一层活动盖板，称为走廊地板。走廊地板由菱形花纹铝板制成，通过特制的螺栓压紧装置紧固在地板梁上。

SS_9 型电力机车为中间走廊形式，两侧为电气屏柜、通风机组和劈相机等，各电气屏柜均设置有带安全门联锁装置的柜门，柜门上部嵌装有用于观察柜内设备运行状况的玻璃。走廊两侧分别设有一道带安全门联锁装置的侧门，通过侧门可进入屏柜后面，以便检修车内设备。车内安全门联锁装置及车顶门的钥匙都放在钥匙箱中。

六、HXD_3 型电力机车车体结构

HXD_3 型大功率交流传动货运机车车体为整体承载结构，主要由司机室装配、底架装配、

侧墙装配、顶盖以及连接横梁等结构组成,如图 2-20 所示。

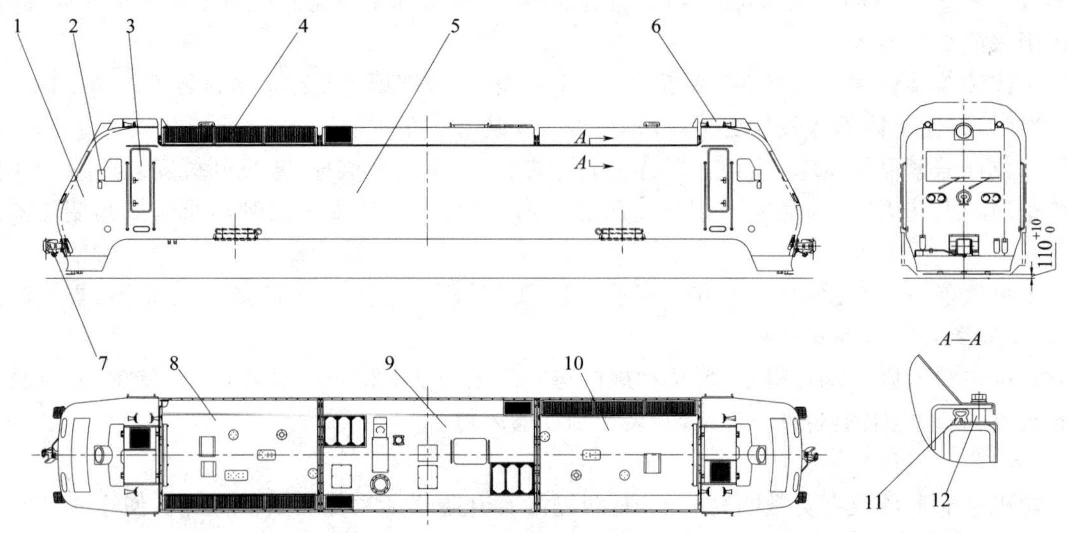

图 2-20　车体总图

1—司机室装配;2—后视镜;3—司机室入口门;4—牵引电机进风口百叶窗;5—侧墙;6—空调;7—车钩;8—顶盖(Ⅰ端侧);9—顶盖(中央);10—顶盖(Ⅱ端侧);11—顶盖密封胶条;12—顶盖安装螺座

为满足车体强度、刚度、工艺、寿命等性能的要求,承载结构选用普通碳素结构钢 Q235,普通低合金结构钢 Q345B、高耐候性结构钢 09CuPCrNi 等材料。车体的非承载部分,一般采用普通碳素结构钢 Q235A 和高耐候性结构钢 09CuPCrNi;司机室门、侧提窗等采用铝合金复合材料。

(一)底架装配

底架是机车主要承载部件,它不但承受车体本身的质量和车内所有设备的质量,同时还传递牵引力和制动力以及复杂的动应力。HXD_3 车体底架主要分端梁、旁承梁、中梁(变压器梁)、边梁等。其中端梁安装有钩缓装置用以牵引,中梁下面吊挂着主变压器,旁承梁则通过旁承座连接转向架支撑整个车体。对于重载机车,底架钢结构的强度和刚性尤其重要,底架装配结构如图 2-21 所示。

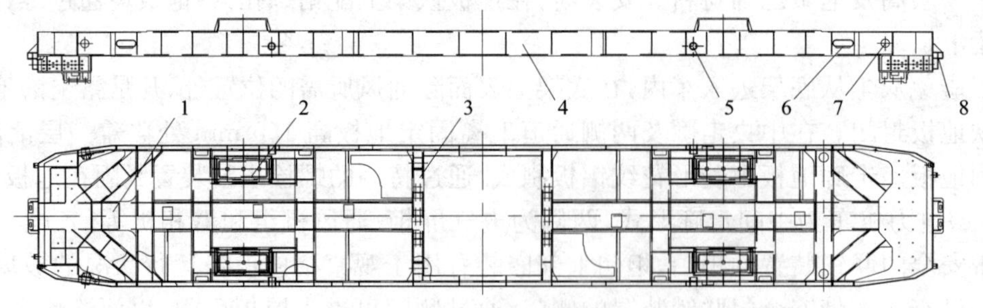

图 2-21　底架装配

1—端梁;2—旁承梁;3—中梁;4—边梁;5—吊车筒;6—脚蹬;7—救援吊座;8—冲击座

1. 端梁

底架前后端梁直接传递机车的纵向牵引力及纵向冲击载荷,其下部结构为车钩箱,用于安装车钩及缓冲装置。车钩箱与端牵引梁上、下盖板及前、后端板等主要板件组焊成一较为复杂的箱形体，端梁结构如图 2-22 所示。图中件 10 八字形箱形斜撑与侧边梁和端部横梁连接，将力传到边梁上，很好的将牵引及冲击载荷分散到侧边梁处。前、后端牵引梁两侧与底架边梁相连接。由于该车为低位牵引，牵引拉杆座位与端部下方，因而后端板与端部中梁之间落差较大，极易造成应力集中。为改善连接结构处的受力状况，在此位置加一带圆滑过渡连接加强板的中梁，如图中件 13，使受力结构件组成的横截面平缓过渡，很好的消除应力集中，将牵引载荷顺利地过渡到中间梁进而传递到两侧边梁。端部上、下盖板的厚度 16 mm，前后端板厚度均为 20 mm。在端部牵引梁两侧边梁上安装有救援吊座，座位单头起吊吊销孔，图中件 8，采用 ZG230-450 整体铸造。

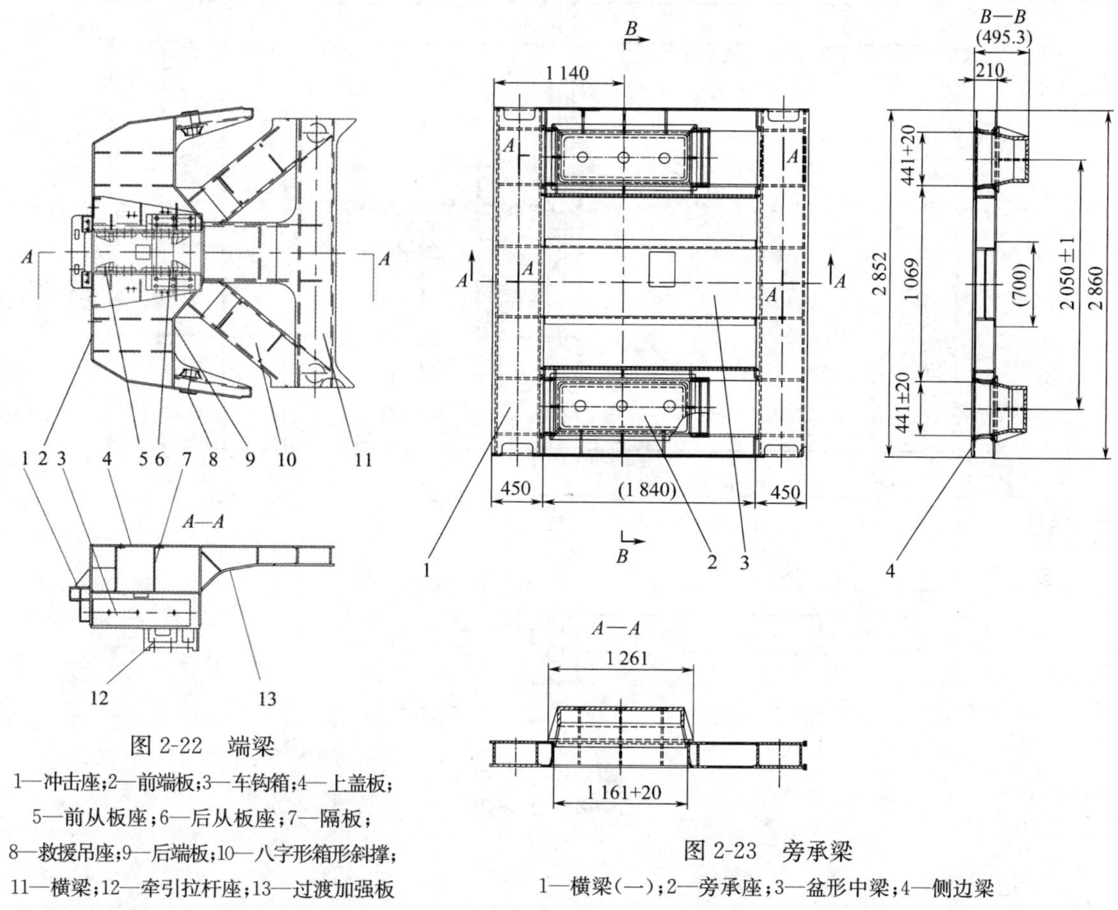

图 2-22　端梁

1—冲击座；2—前端板；3—车钩箱；4—上盖板；5—前从板座；6—后从板座；7—隔板；8—救援吊座；9—后端板；10—八字形箱形斜撑；11—横梁；12—牵引拉杆座；13—过渡加强板

图 2-23　旁承梁

1—横梁(一)；2—旁承座；3—盆形中梁；4—侧边梁

2. 旁承梁

旁承梁(二系簧座梁)通过二系簧座与转向架二系弹簧连接，主要承受机车的垂向载荷，纵向连接着端部牵引梁与中梁，横向箱形梁跨连着两侧边梁，使整个底架大的网格框架有机组合起来，对于从前、后端牵引梁和侧梁传递过来的力进行分散。旁承梁结构如图 2-23 所示。旁承梁主要由两组横梁加盆形中梁以及旁承梁组成。横梁是箱形结构，上盖板和腹板的厚度是 16 mm，下盖板的厚度是 20 mm，高度是 210 mm，材质都是 Q345B。图中件 2 旁承座为转向架支撑车体的支点，对强度和刚性有很高的要求，采用 ZG230-450 铸造，组焊后整体加工。在旁承座四周为压形弯梁，连接旁承座及横梁和侧边梁，组成网格结构。

3. 中梁

中梁，也叫变压器梁，是由两根横梁加侧边梁组成。中梁主要承载变压器的垂向载荷及其产生的惯性力。HXD_3 型电力机车采用吊挂式安装变压器，主要由两组相同的变压器横向安装梁组成，两端与底架侧梁连接，变压器通过安装螺栓穿过吊挂孔，吊挂在变压器梁下方。横梁是箱形结构，为增加刚度和强度，中间均布有立板，上、下盖板的厚度是 20 mm，腹板的厚度是 16 mm，材质是 Q345B。横梁下侧有三块开 4 个吊孔的安装座板，横梁侧腹板开有 4 个方便安装的工艺孔。中梁如图 2-24 所示。

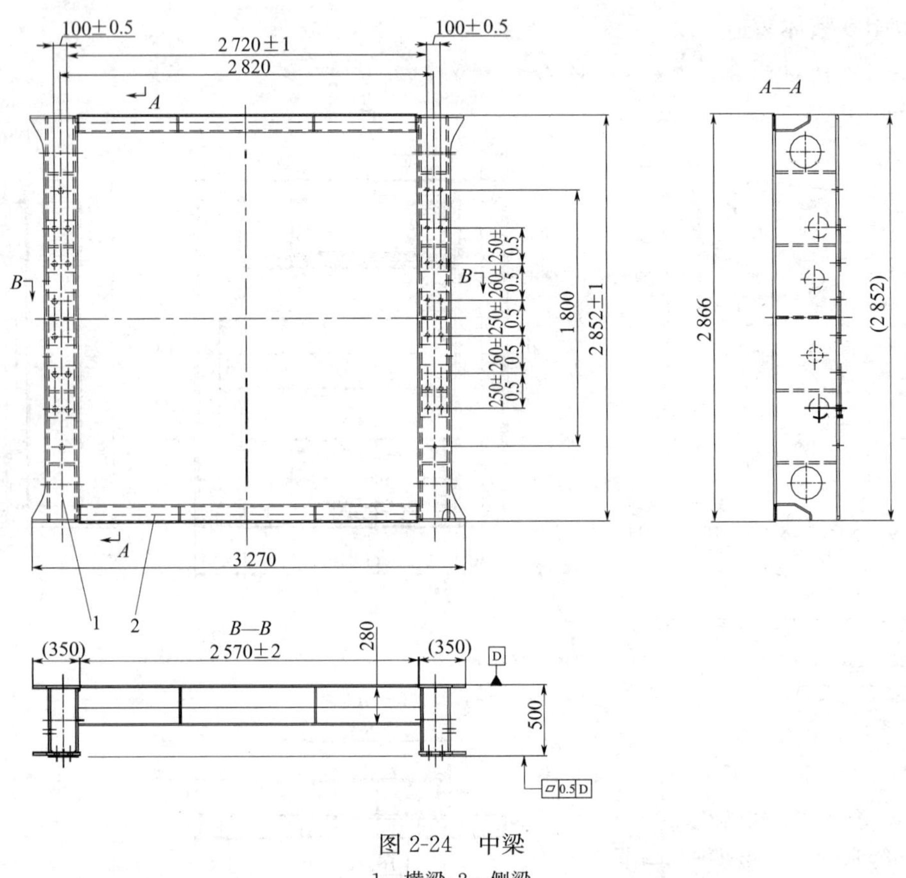

图 2-24　中梁

1—横梁；2—侧梁

4. 边梁

边梁是狭长的箱形结构，由压型槽钢与厚 16 mm 的外板组焊而成。侧墙就固定在边梁上面，箱形梁内部布置有加强筋板。边梁结构如图 2-25 所示。

(二)司 机 室

根据司机室小流线外形特点，钢结构采用传统的板、梁组合结构，图 2-26 所示司机室钢结构的所有板梁厚度均为 8 mm，司机室内部采用铝板装修。前窗玻璃为一块柱面玻璃，直接黏结于司机室的风挡玻璃框上，侧窗采用提拉式结构。司机室各墙、顶棚、地板都填加防寒隔声材料。司机室门采用气密封整体门，即门和门框是一个整体，门框直接安装到司机室门洞口钢结构上。门为铝蜂窝材料，门框为铝合金材料，门和门框之间有一层充气密封条。

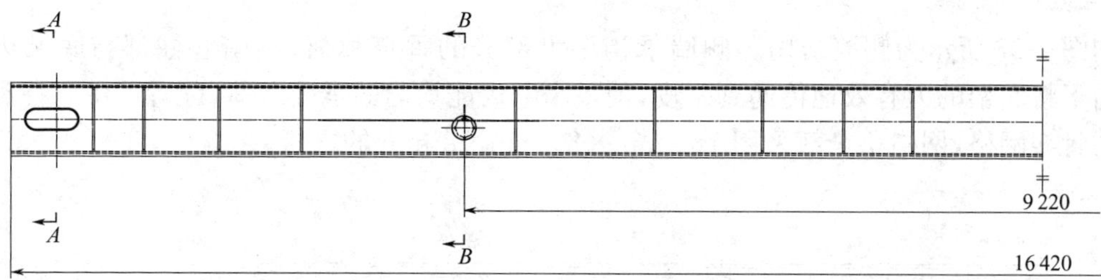

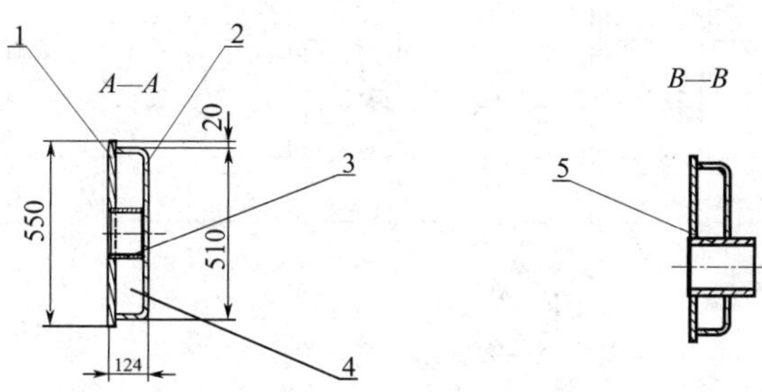

图 2-25　边梁

1—外板；2—压型梁；3—司机室入口门脚蹬；4—加强板；5—吊车筒

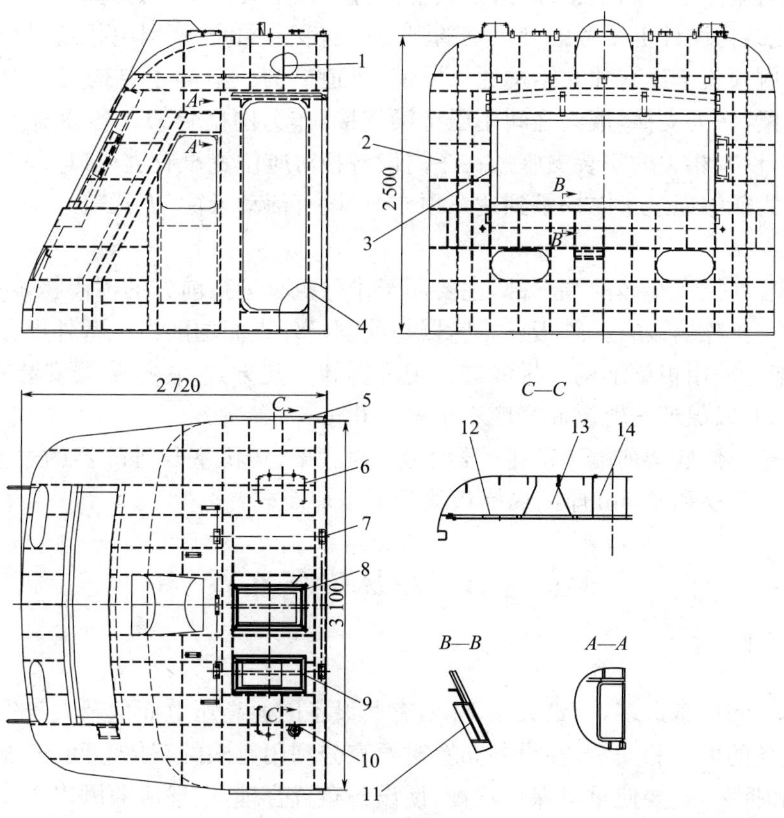

图 2-26　司机室钢结构

1—司机室梁组成；2—司机室蒙皮组成；3—前风挡玻璃框；4—司机室侧墙装配；5—雨檐；
6—喇叭安装座；7—空调安装座；8—回风口密封条；9—出风口密封条；10—天线座安装；
11—补强板；12—顶盖装饰骨架；13—出风风道；14—回风风道

(三)侧　墙

如图 2-27 所示为侧墙结构。侧墙承担了大部分的垂直载荷,侧墙立柱都与底架边梁相连。为了将底架的力有效地传递到蒙皮,使整个蒙皮能均匀的承受载荷,配置了由立柱和横梁组成的骨架网格,网格梁全部采用 120 mm×80 mm×8 mm 的方管。

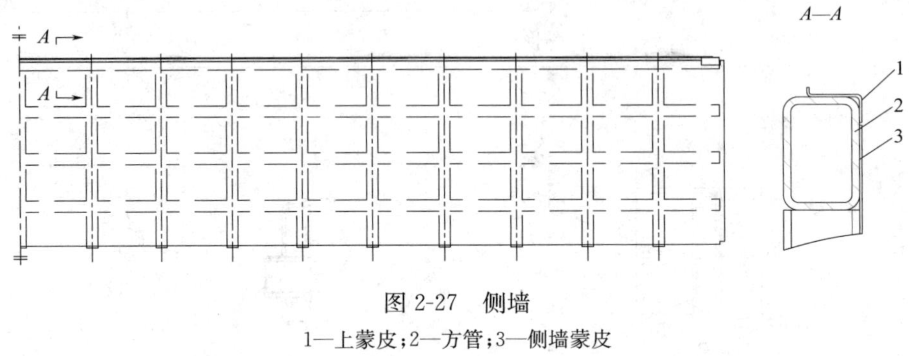

图 2-27　侧墙

1—上蒙皮;2—方管;3—侧墙蒙皮

(四)顶　盖

HXD3 型电力机车有三个可拆卸的活动顶盖,分别为Ⅰ端侧顶盖、中央顶盖、Ⅱ端侧顶盖。虽然顶盖不作为车体整体的承载部分,但其上面有车顶电气设备,对提高车体的自振频率有很大的作用,因此结构设计也要考虑到足够的强度和刚度。同时,牵引电机通风也从顶盖部分进入,在Ⅰ、Ⅱ端侧顶盖上设有独立结构通风风道,风道成为顶盖的主要构架。中央顶盖蒙皮内侧分布有立板梁,作为支撑,板梁之间用压型梁连接,作为网格骨架。各顶盖上根据车顶电气设备安装需要,设有相关的安装支座。在车内设备相对应位置设有进风口,装有百叶窗供电器件通风冷却。为能够通过车内梯子到达车顶作业,设有活动天窗(人孔盖)。

(五)其　他

排障器安装在机车车体前端下部,主要用于排除机车运行前方的障碍物,对机车的安全运行起保护作用。排障器设有脚踏板。排障器与前围板外表面均随司机室外形方案采用流线型圆滑过渡,骨架也采用板梁结构。排障器采用可拆卸安装方式,在排障器安装有小排障器,它与轨面距离可调,以保证与轨道面高度不小于 110 mm。

前围板位于车体底架前端下部排障器上方,为底架、司机室与排障器的过渡部件,它主要由 2.5 mm 厚的蒙皮和 8 mm 厚的纵横板梁骨架组焊而成。

第二节　车体设备布置

一、概　述

电力机车上的设备众多,重量大小不一,有些设备因通高压电而危及人身安全。为了保证运行中各种设备的可靠和安全,在设备布置时要充分利用有限的车体空间,既要考虑便于设备的检查、维修和拆装,又要使重量保持均衡,使设备布置合理,一般应兼顾以下原则:

(1)必须保证重量分配均匀。目的在于使机车轴重保持均衡,以利于牵引力的充分发挥。为此,在设备布置时要进行重量分配计算:根据各种设备的位置、轻重、机车车体、转向架的支承情况,计算出各设备的重量力臂,按力矩平衡原理进行计算,计算结果要保证各转向架载荷前后左右相等,各轴重在规定的偏差之内。如计算结果不符合要求,要对设备进行调整,重新计算。

(2)要充分满足设备的安装、拆卸、检查和检修的方便,特别是易损的设备要易于拆装。司机室设备布置要求作业范围合适、操纵方便、视线合理,易于观察各种仪器、仪表和信号灯指示。要有必要的隔热、隔声设施。各机器间的设备要便于检查、维修和保养,要注意设备布置的规律化,便于乘务员熟记各设备位置,对危及人身安全的电器设备,要有严格的安全联锁防护装置等。

(3)应注意节约导线、电缆和压缩空气、冷却空气管路。合理地布置电器线路的导线、电缆和空气管路,不仅可以节约大量材料、降低成本,还可使布置简捷、集中,便于查找故障,减少空间占用和减少风阻。

总之,机车的设备布置是总体设计的重要组成部分,必须综合考虑,选择最佳方案。

二、SS_4 改型电力机车设备布置

(一)设备布置的特点

SS_4 改型电力机车的设备布置具有下列特点:

(1)除牵引电机外,所有的电气设备都布置在车体上,其中绝大部分布置在车体内,安全可靠,运行中便于检查。

(2)机车为单节单端司机室,两节完全相同,单节机车共分 5 个室。依次为:司机室、Ⅰ端电器室、变压器室、Ⅱ端电器室、辅助室。

(3)继承了韶山系列电力机车的传统特点,采用双边走廊,分室斜对称布置。设备屏柜化、成套化,便于车下组装,车上吊装,结构紧凑,维修方便。

(4)除轴流式通风机组外,其他设备为平面单层布置,设备拆装,互不影响。

(5)根据单端司机室的特点,将噪声较大的劈相机,主压缩机等辅助机组安装在远离司机室的Ⅱ端辅助室内,使司机室的噪声大大低于 SS_1 和 SS_3 型机车。

(6)在布线和布管结构设计上,首次采用控制电路的预布线和机车管路的预布管结构新工艺。

(7)平波电抗器采用油冷方式,且与主变压器共用油箱和油散热器风冷系统。提高了平波电抗器在冷却系统故障时的可靠性,是国产电力机车在总体布置时的一大进步。单节机车设备布置如图 2-28 所示。

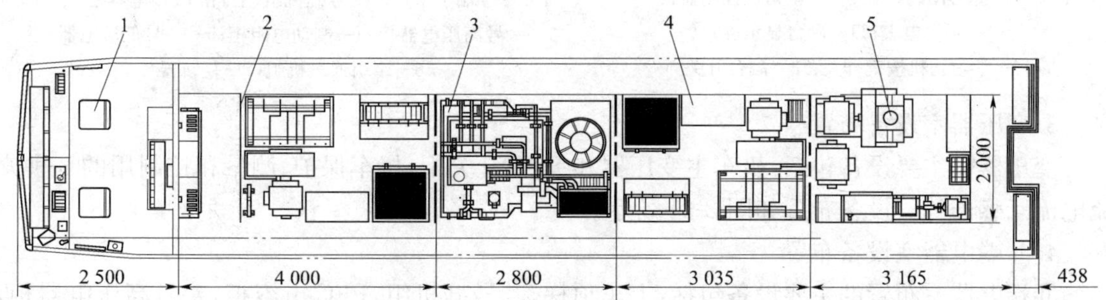

图 2-28　SS_4 改型电力机车设备布置总图

1—司机室;2—Ⅰ端电器室;3—变压器室;4—Ⅱ端电器室;5—辅助室

(二)各室及设备布置

1. 司机室设备布置

司机室左侧为正司机工作区域，设有正司机操纵台和调车控制器等；司机室右侧为学习司机工作区域，设置有学习司机操纵台和紧急放风阀，司机室的设备布置如图 2-29 所示。

(1)正司机操纵台

正司机操纵台设有司机控制器、按键开关器，电空制动控制器、空气制动阀、速度表、汽笛、记点灯等。操纵台正面设主台气表、主台电表和主台显示屏及开关。

(2)学习司机操纵台

学习司机操纵台设置按键开关盒和汽笛，操纵台的正面设置有副台电表、副台显示屏及开关。副台开关安装辅助压缩机控制开关按钮、紧急制动按钮、自动撒砂控制开关、空调开关、取暖开关和窗加热开关。

2. Ⅰ端电器室设备布置

Ⅰ端电器室与司机室相邻。安装的主要设备包括：一号端子柜，一号硅机组，PFC 电容柜，一号高压柜，制动电阻柜，一号低压电器柜和牵引通风机组，其中一号硅机组于 PFC 电容柜重叠放置，节省了机车空间。设备布置如图 2-30 所示。

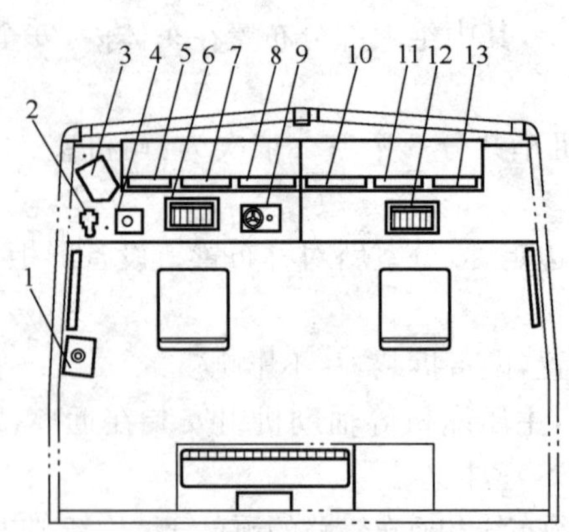

图 2-29 司机室设备布置

1—调车司机控制器；2—空气制动阀；3—速度表；4—电空制动控制器；5—主台气表；6—主司机按键开关；7—主台电表；8—主台显示屏及开关；9—正司机控制器；10—副台电表；11—副台显示屏；12—学习司机按键开关；13—副台开关

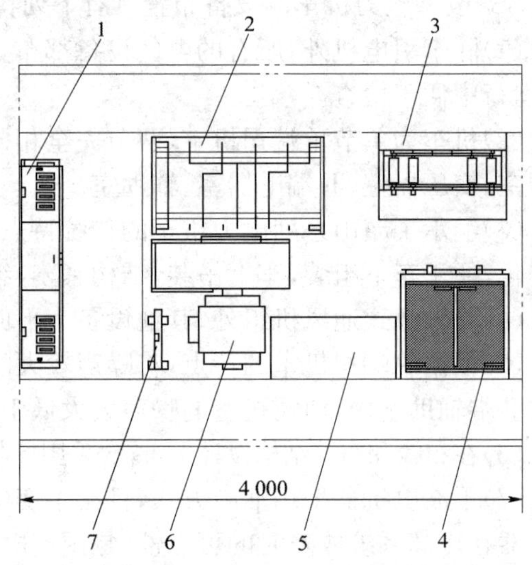

图 2-30 Ⅰ端电器室

1——号端子柜；2——号硅机组(上)和 PFC 电容柜(下)；3——号高压电器柜；4—制动电阻柜；5——号低压电器柜；6—牵引通风机组；7—复轨器

3. 变压器室设备布置

变压器室主要设备包括：机车主变压器和 PFC 开关柜，机车保护、测量和控制用的 3 种交流电流互感器等。设备布置如图 2-31 所示。

4. Ⅱ端电器室设备布置

Ⅱ端电器室布置的主要设备包括：上车顶梯，二号硅机组，PFC 电容柜，二号高压电器柜，制动电阻柜，二号低压电器柜和牵引通风机组。设备布置如图 2-32 所示。

5. 辅助室设备布置

辅助室布置的主要设备包括：电子电源柜、空气制动柜、劈相机、压缩机组、空气干燥器、起动电容柜、二号端子柜和综合柜，柜顶安装有轮滑润滑控制器和电阻制动记录仪。设备布置如图 2-33 所示。

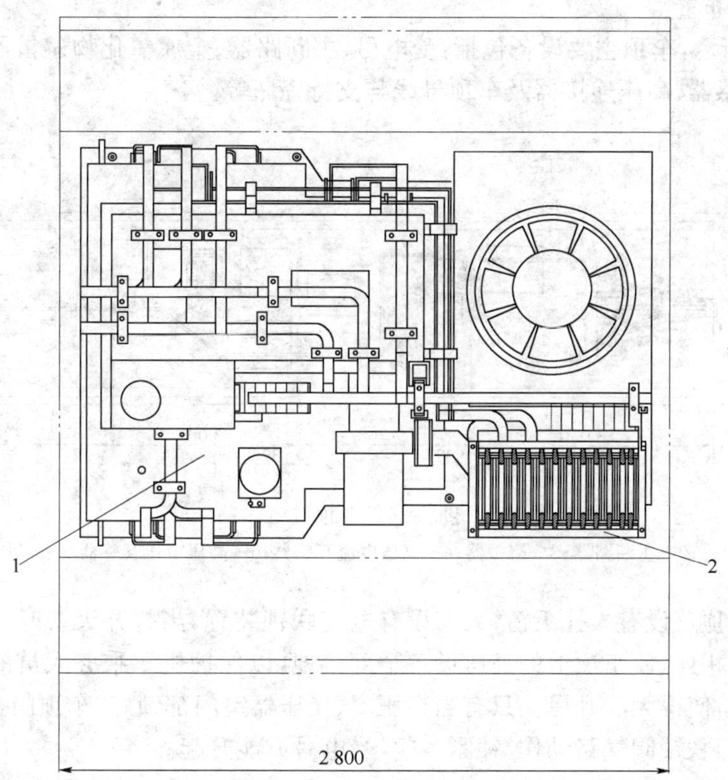

图 2-31 变压器室

1—主变压器;2—PFC 开关柜

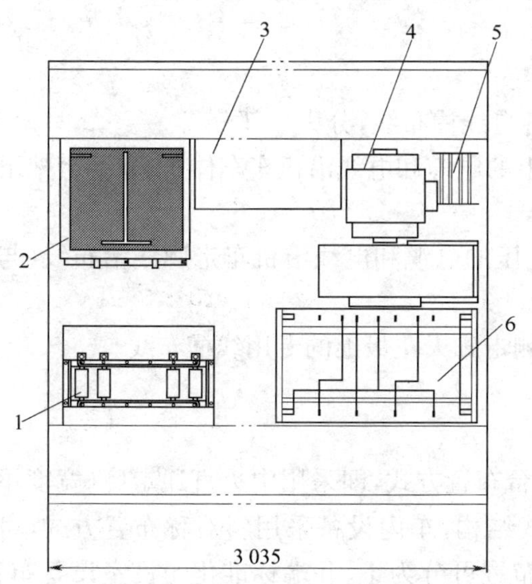

图 2-32 Ⅱ端电器室

1—二号高压电器柜;2—制动电阻柜;3—二号低压电器柜;
4—牵引通风机组;5—上车顶梯;
6—二号硅机组(上)和 PFC 电容柜(下)

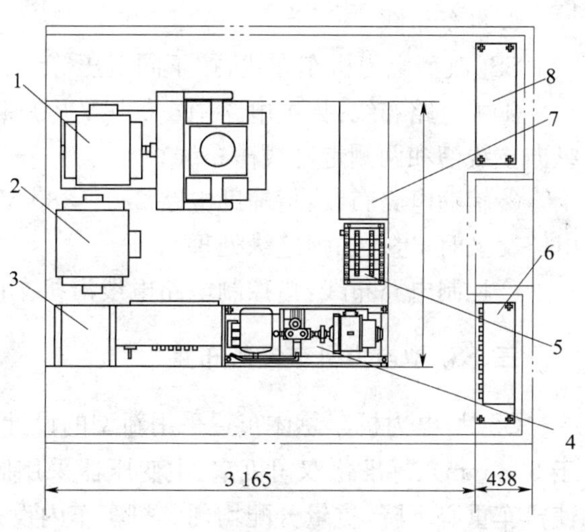

图 2-33 辅助室

1—空气压缩机;2—劈相机;3—电子电源柜;
4—空气管路柜;5—起动电容柜;
6—二号端子柜;7—空气干燥器;8—综合柜

6. 车顶设备布置

如图 2-34 所示，车顶主要设备包括：受电弓、主断路器、金属氧化物避雷器、高压电流互感器、高压电压互感器、高压连接器及车顶母线与支持瓷瓶等。

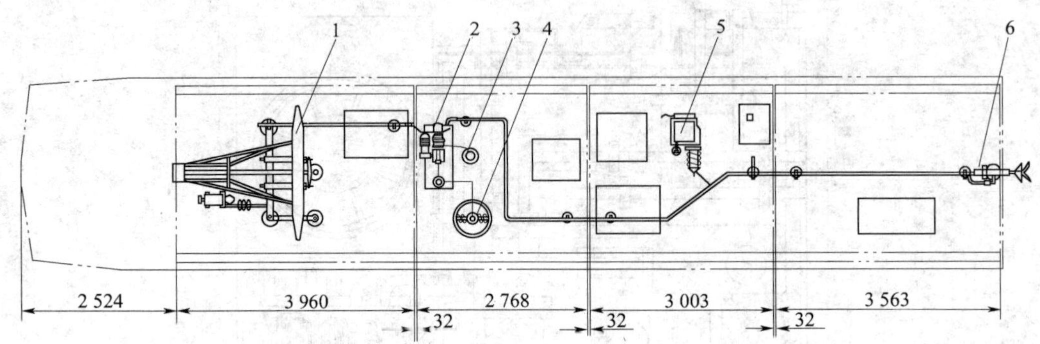

图 2-34　车顶设备

1—受电弓；2—主断路器；3—避雷器；4—高压电流互感器；5—高压电压互感器；6—高压连接器

Ⅱ端电器室顶盖设有人孔天窗，天窗设有电气联锁装置，当打开天窗时，顶盖将与车顶的母线的接地装置相连，使车顶上的高压设备全部接地，以保护机车乘务人员的安全，同时切断受电弓控制电路，使得无法升弓。只有当高压室、变压器室门都锁好，车顶门盖好后，保护电空阀才能得电，使门联锁阀气路动作，锁紧各门，受电弓方能升起。

车顶盖上还设有电阻制动的百叶窗出风口。司机室顶上设有 3 个风喇叭。

7. 车底设备布置

车底辅助设备包括主电路库用插座 2 个，辅助电路库用插座 1 个、控制电路库用插座 1 个、行灯插座 2 个，重联插座、自动信号装置的接收线圈、蓄电池柜、总风缸、接地棒，照明灯和标志灯等。

8. 机车布线

SS_4 改型电力机车布线，按不同电压等级分各自线槽布线，分为三部分。

①主电路布线：指主电路中 1 000 V 电压以上的电缆和电线沿机车车体Ⅰ、Ⅱ端台架下的纵向主线槽和两侧走廊线槽布线。

②辅助电路布线：指辅助电路 220～380 V 电压的电缆和电线沿机车走廊线槽布线（与主电路交叉时，进行加强绝缘处理）。

③控制电路布线：指控制电路电线沿机车两侧走廊天花板上的专用线槽布线。

三、SS_9 型电力机车设备布置

SS_9 型电力机车总体布置采用新型的设计平台布置方式，即采用中央直通走廊（宽度不小于 600 mm）、标准化双司机室、主变压器采用卧式结构，车内设备采用斜对称布置方式，可以使机车重心下降，重量分配均匀。机车车内设备布置可分为Ⅰ、Ⅱ端标准化司机室设备布置；Ⅰ、Ⅱ端电气室设备安装；主变流室设备安装。机车电气设备主要安装在各室内，尚有一些设备布置在车顶及其他部位。机车设备布置总图如图 2-35 所示。

（一）车顶设备布置

机车车顶设备属高压户外电气设备，既要满足机车电气性能的要求，还要具有足够的高压

绝缘性能和抗击风沙雨雪等恶劣气候的侵害及雷电过电压袭击的能力。车顶设备布置主要分为：Ⅰ端机械室车顶设备安装、主变流室车顶设备安装、Ⅱ端机械室车顶设备安装，如图 2-36 所示。

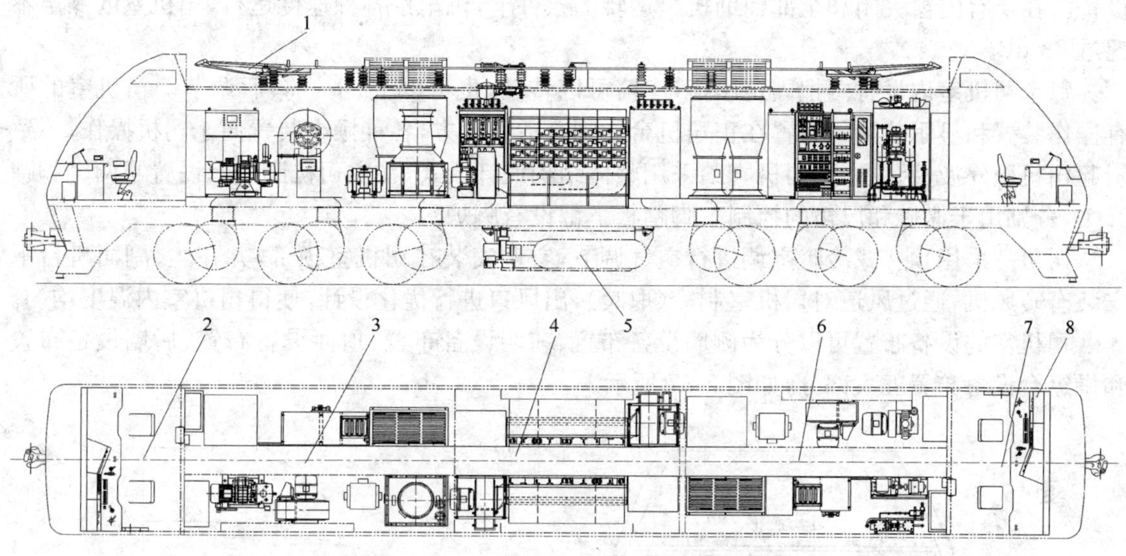

图 2-35　SS_9 型电力机车设备布置总图

1—车顶设备安装；2—Ⅰ端司机室设备布置；3—Ⅰ端电气室设备安装；4—主变流室设备安装；5—辅助设备安装；6—Ⅱ端电气室设备安装；7—Ⅱ端司机室设备布置；8—机车布线

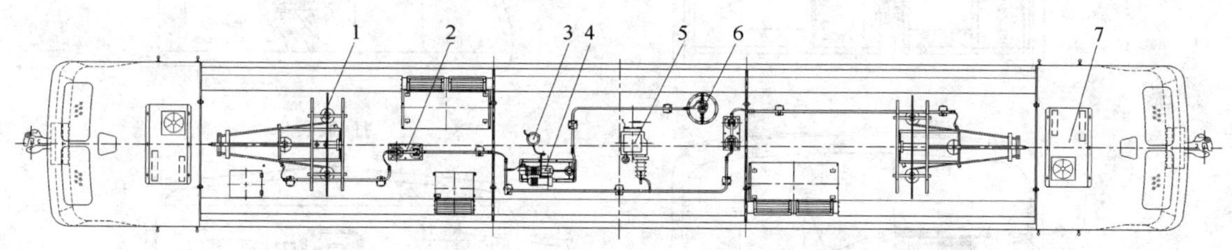

图 2-36　SS_9 型电力机车车顶设备

1—受电弓；2—高压隔离开关；3—避雷器；4—主断路器；5—高压电压互感器；6—高压电流互感器；7—空调

机车车顶主要布置有高压电器设备、导电杆母线及支持绝缘瓷瓶。在Ⅰ、Ⅱ端机械室车顶上各安装有一台 DSA200 型受电弓、THG2-400/25 型高压隔离开关（仅Ⅰ端），还有受电弓和母线支持瓷瓶，并设有制动电阻的出风口，该出风口为百叶窗结构，通风时自动打开；在主变流室顶盖上安装有 TBY1-15 型高压电压互感器、TBL1-25 型高压电流互感器、YH10WT-42/105 金属氧化锌硅橡胶避雷器以及 TDZ1A-10/25 型空气主断路器（或 ALSTON 或 BVAC.N99 型真空断路器）。另外司机室车顶安装有空调机。

变压器室顶盖设有登车顶门及车顶接地装置，乘务人员确认接触网无电后，可由此上车顶进行检查和维修作业，为保证司乘人员安全，车顶门设有电气联锁装置，当打开车顶门时，受电弓控制回路被切断，无法升弓，同时车顶接地装置将 25 kV 电路接地，使因分布电容积聚的电荷放电以确保安全。

（二）标准化司机室设备布置

SS_9 型电力机车设有两个标准化司机室，布置基本相同。司机室正、副司机侧各设有 1 扇通向车外的门,后墙中间设有 1 扇通向电气设备室的门,与车内中央走廊连通。

司机室的结构和设备的布置满足 UIC617-6《机车动车司机室布置规则》的有关规定,并符合人机工程学的要求,保证方便清楚地瞭望到前方信号、线路,并能看清司机控制台上的仪表设备。在所有门窗关闭和全部辅助机组运转的条件下,机车按各种速度运行,司机室的噪声不超过 78 dB。

每个司机室内设有两把固定座椅,座椅可以转动,也可以上、下、前、后调节。司机室的所有操作装置和显示装置均布置在正司机台周围合适的地方,各种操纵装置便于司机操作,不致引起司机额外疲劳。主、副司机脚踏采用整体结构设计模式,在主司机脚踏上设置了两个脚踏开关,分别用于撒砂和风笛的控制。脚踏板下部设有脚炉。

司机室采用顶置式冷暖空调进行空气调节,空调安装在司机室顶部,并在主、副司机台下安装有暖风机,通过风道对司机室制冷(取暖),出风口进行优化设计,使得司机室内温度均匀。

司机室的设备布置可以分为侧墙设备布置、前墙设备布置、顶面设备布置、后墙设备布置和操纵台设备布置五大部分,如图 2-37 所示。

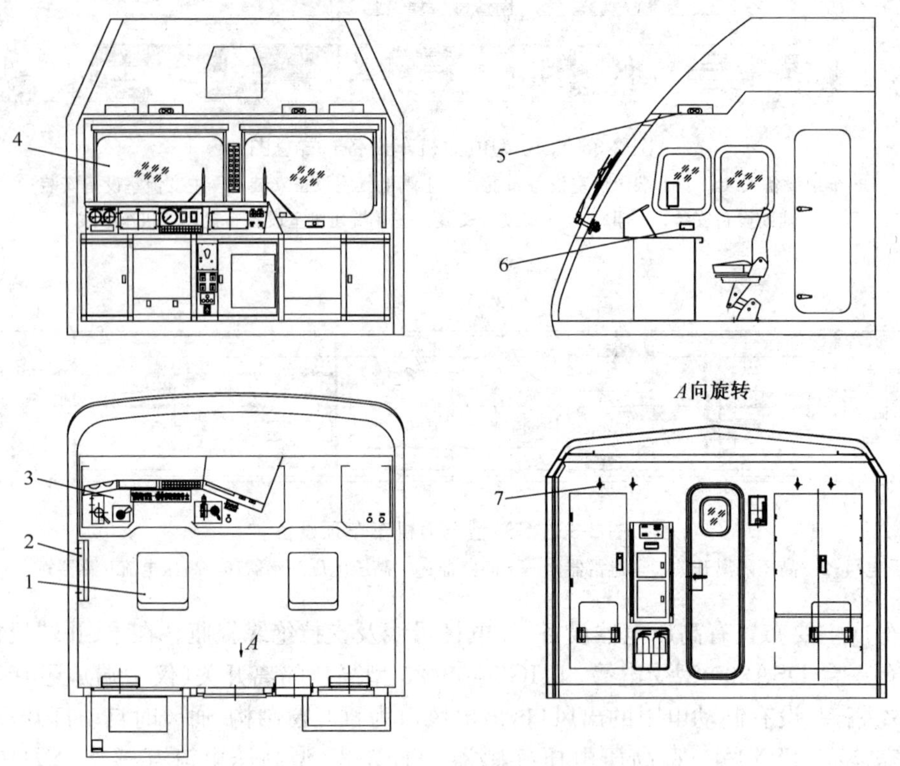

图 2-37　SS_9 型电力机车司机室设备布置

1—司机座椅;2—左侧墙设备布置;3—操纵台设备布置;4—前墙设备布置;
5—顶盖设备布置;6—右侧墙设备布置;7—后墙设备布置

1. 司机室侧墙设备布置

司机室的左侧墙上安装的设备有辅助司机控制器组装、侧窗遮阳帘、烟灰盒、机车标识牌、下拉式活动侧窗和一个固定的三角侧窗,车外侧还装有机车后视镜。辅助司机控制器组装包括一个辅助司机控制器、一个风笛按钮以及一个由无线列调电台控制盒、无线调度指令接收器和扬声器组成的模块。

司机室的右侧墙上安装的设备有侧窗遮阳帘、烟灰盒、下拉式活动侧窗和一个固定的三角侧窗，车外侧还装有机车后视镜。

2. 前墙设备布置

司机室的前墙布置刮雨器装置、前窗遮阳帘、双面八色显示机车信号。其中刮雨器装置主副司机侧各一个，采用下置式安装，用来清除灰尘和雨水，保证司机的视野前方清晰。

3. 司机室顶面设备布置

司机室顶面布置的设备有前照灯、司机室灯、吸顶风扇和空调的进出气风栅等。前照灯和司机室灯均分强弱两挡分别进行控制。

4. 司机室后墙设备布置

每个司机室后墙上安装有一台多功能饮水机，在饮水机下方装有灭火器，上方安装有衣帽钩，在主司机侧的后墙上装有紧急制动放风阀。中间安装有通往电气室的走廊门。两侧还安装有添乘座椅。

Ⅰ、Ⅱ端司机室后墙上安装的设备不同之处有，Ⅰ端司机室后墙主司机侧为信号柜，里面装有行车安全装置，包括监控装置主机箱、信号主机、枪喷控制器、信号接线盒、TAX2 监测装置主机箱、列车供电集控盒；Ⅱ端司机室后墙主司机侧下部为逻辑控制单元，上部为微机柜；Ⅰ、Ⅱ端学习司机侧为端子柜，端子柜门上安装有机车相关设备隔离开关板。

5. 司机室操纵台设备布置

司机室操纵台的布置如图 2-38 所示。整个操纵台的设备布置，主要包括仪表座、司机台面布置、左柜、中间柜、右柜五大部分组成。

(1)仪表座位于司机操纵台的前方，在仪表座上几乎集中了所有提供给司机的显示信息。

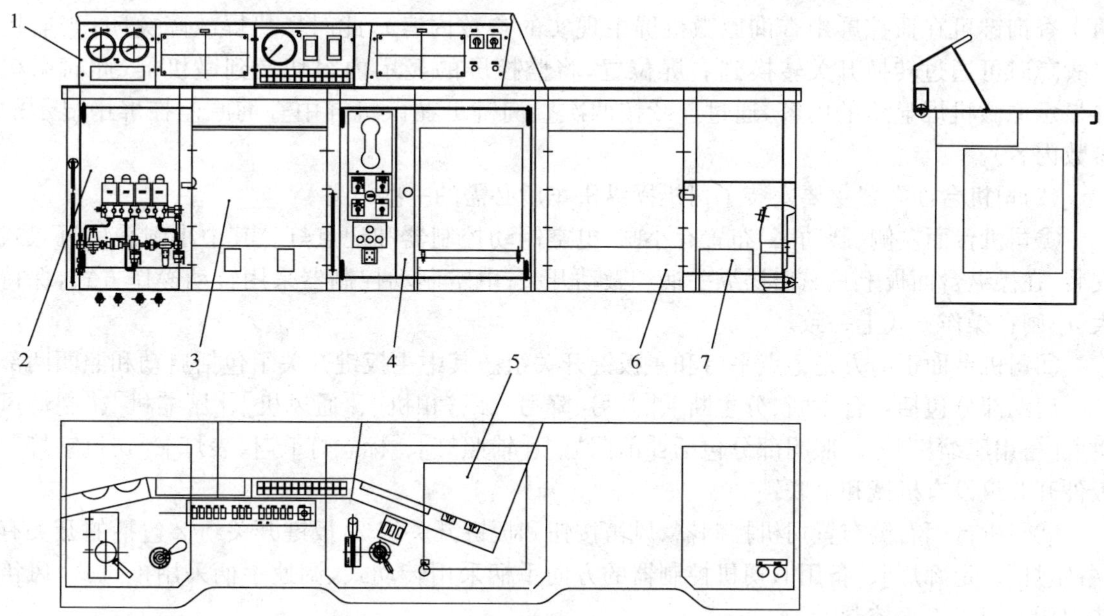

图 2-38　SS_9 型电力机车司机室操纵台设备布置

1—仪表座设备布置；2—左柜组成；3—主司机脚踏组成；4—中柜组成；5—台面板组成；6—学习司机脚踏组成；7—右柜组成

仪表座上安装有仪表面板共 4 块,从左到右依次为:压力仪表模块、监控显示安装、多功能状态组合模块、微机显示安装、开关安装。

①压力仪表模块由两块风压表,一个语音箱和供风指示灯组成。两块压力表用于显示的四个参数是[制动缸(黑)、总风缸(红)]和[列车管(黑)、均衡风缸(红)]。压力仪表模块的气路的对外接口通过快拧式接头和软管与司机室管路屏连接。指示灯用于指示双管供风情况。语音箱用来实现机车司机室各种设备语音提示、报警的集中管理、规范发声。语音范围包括监控装置语音,无线录音测试语音,弓网监测、轨道监测、轴温监测、列尾遥控、升降弓提示等语音。

②监控显示安装了 TPX10 型通用屏幕显示器,用于显示机车 LKJ2000 监控运行的相关参数和曲线。

③多功能状态组合模块包括两块状态表,一块双针速度表,一个紧急制动按钮和 24 个状态指示灯。两块状态表用于显示[网压、控制电压]和[一架电压、二架电压]4 个参数,其中一架电压和二架电压分别指该架电机中的最高电机电压。双针速度表用于显示机车的运行实际速度,机车在线运行的限制速度和机车运行的里程计。状态指示灯用于显示机车运行状态及故障信息。

④微机显示同样安装了 TPX10 型通用屏幕显示器,与监控显示屏可以互换,同时监控屏和微机屏的显示内容也可通过屏切换开关进行相互切换。

⑤开关安装板安装了列车供电钥匙开关、屏切换转换开关、微机复位按钮和停放制动按钮,另外还安装了一个后视镜控制阀。屏切换开关目的是可以将监控显示屏的内容和微机显示屏的显示内容互相切换,实现两屏之间的冗余。屏切换开关为三位置转换开关[左屏、关、右屏],其中间为两屏均正常工作时的正常位;当微机屏故障时可通过转换开关转换到左屏位置,将微机屏的显示内容切换到监控屏(此时监控屏仍显示监控内容,通过连续按两次查询键可在监控屏中查询原微机屏中现实的参数内容),此时微机屏故障关闭;当监控屏故障时可通过转换开关转换到右屏位置,将监控屏的显示内容切换到微机屏(此时微机屏显示原微机屏显示的内容,通过连续按两次查询键可在微机屏中查询原监控屏中显示的参数内容)。

(2)司机台面布置主要安装了司机操纵机车所必需的一些设备。

①司机台面左侧(制动区)布置有小闸、电空制动控制器和记点灯。其中小闸采用沉入式安装,在操纵台面板上只露出操纵手柄和微动开关;电空制动控制器采用转动操作方式,保持大、小闸在操作方式上一致。

②司机台面正前方是记点平台和主扳键开关组。其中主扳键开关组包括启动和照明两部分。启动部分包括:[合主断、分主断]、[升弓、降弓]、[劈相机]、[通风机]、[压缩机]、[制动风机]、[备用压缩机]等。照明部分包括:[前照灯]、[辅照灯]、[标志灯]、[仪表灯]、[司机室灯]。扳件开关组设有机械和电联锁。

③司机台面右侧布置司机控制器、风笛按钮和扳键开关组 2,扳键开关组 2 包括的开关有[各室灯]、[走廊灯]、[备用];司机控制器的方向手柄采用转动式,调速手柄采用推拉式,风笛按钮用于司机鸣笛控制。

(3)左柜主要布置了司机室空气管路屏和刮雨器的二联体。

(4)中柜位于正司机的右侧。在中柜面板上布置了重联电话、刮雨器控制开关及 4 个气候开关。在中柜内布置了冰箱和操纵台对外接线的插头插座安装板。4 个气候开关分别为:司机室取暖、空调、电热玻璃、电风扇。

(5)操纵台的右柜分成两层设计,其下层内布置有刮雨器水箱、安全防护用品箱。上层作为无线列调主机的预留安装位置。

(三)电气室设备布置

SS_9 型电力机车的电气设备室紧邻司机室两端电气设备室的设备布置呈基本斜对称分布:

Ⅰ端电气设备室内的设备有:1 号电器柜(含控制电源柜及部分蓄电池柜);列车供电柜;1 号牵引通风机组;往复式活塞压缩机组(73 号机车以前为螺杆压缩机组);制动电阻柜 1;复轨器;劈相机 1;变压器风机(油散热器)。Ⅰ端电气室设备布置如图 2-39 所示。

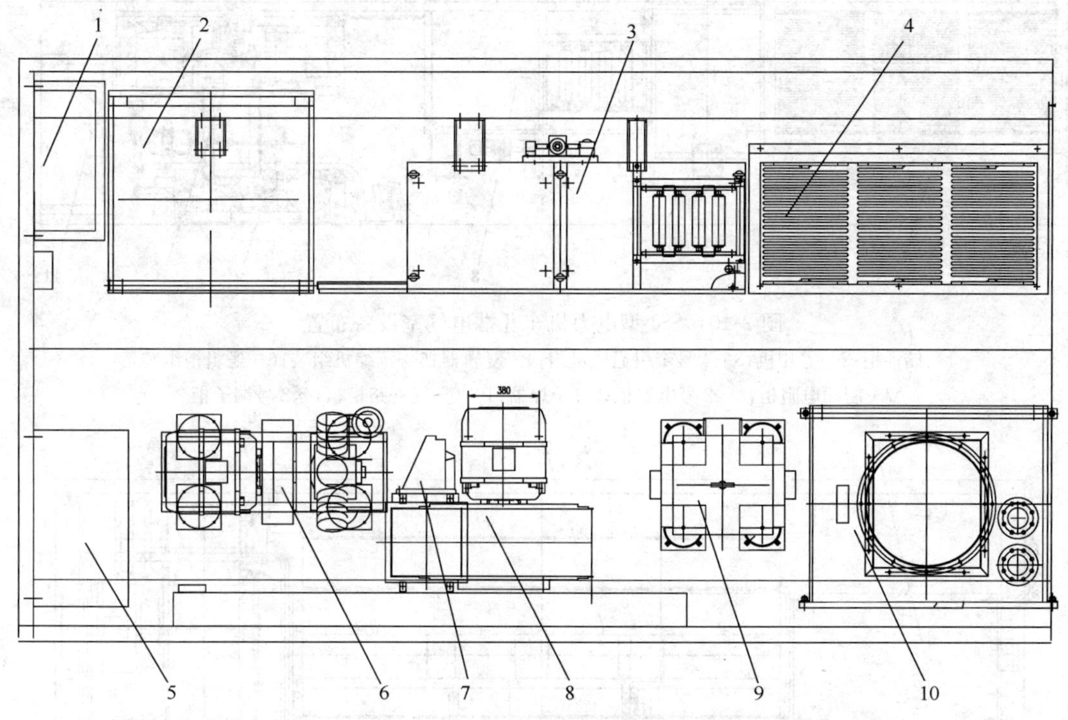

图 2-39 SS_9 型电力机车Ⅰ端电气室设备布置

1—1 号端子柜;2—列出供电柜;3—1 号电器柜;4—制动电阻柜;5—控制柜;6—压缩机组装;7—复轨器;8—1 号牵引通风机组;9—劈相机;10—变压器风机

Ⅱ端电气设备室内的设备有:空气管路柜;螺杆压缩机(73 号机车以前为活塞压缩机组)、干燥器、4 号牵引通风机组;制动电阻柜 2;2 号电器柜(含部分蓄电池柜);劈相机 2;储油柜(下部为空调电源)Ⅱ端电气室设备布置如图 2-40 所示。

(四)主变流室设备布置

SS_9 型电力机车的主变流室位于机车中部,变压器改为卧式结构,悬挂在主变流室底部。车上主要设备为 1 号、2 号硅整流柜;1 号、2 号高压柜;2 号、3 号牵引通风机组。主变流室设备布置见图 2-41 所示。

(五)辅助设备布置

机车辅助设备布置主要包括库用插座、110 V 照明插座、感应线圈,在机车的两端还装有列车供电装置的插座及电空制动用的插座等。辅助设备根据其功能需要布置在车体的各个地

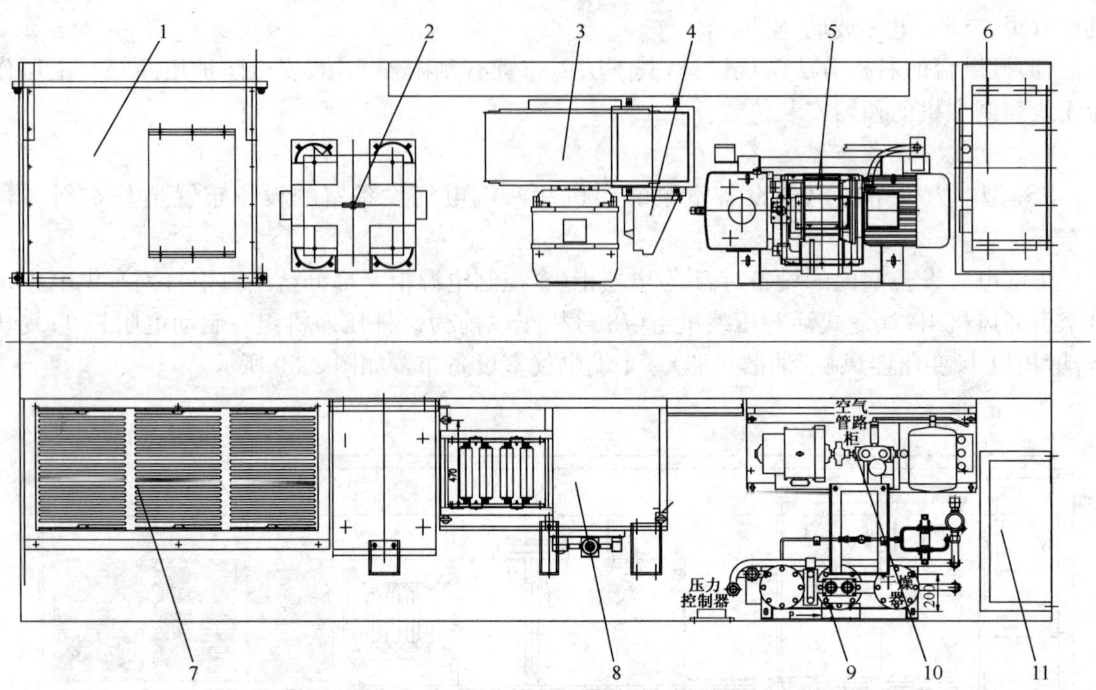

图 2-40　SS_9 型电力机车Ⅱ端电气室设备布置

1—储油柜；2—劈相机；3—4 号牵引通风机组；4—复轨器；5—压缩机组装；6—逻辑柜组装；
7—制动电阻柜；8—2 号电器柜；9—干燥器；10—空气管路柜；11—2 号端子柜

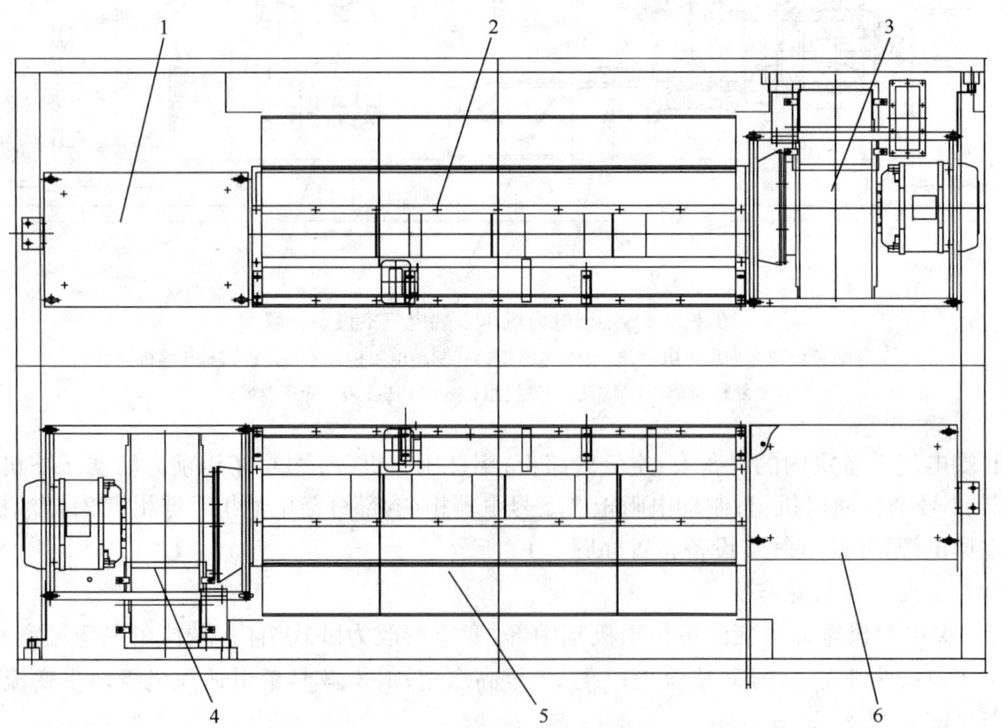

图 2-41　SS_9 型电力机车主变流室设备布置

1—1 号高压柜；2—1 号硅整流柜；3—2 号牵引通风机组；
4—3 号牵引通风机组；5—2 号硅整流柜；6—2 号高压柜

方。辅助设备布置如图 2-42 所示。

主要设备布置如下：

1. 感应线圈安装(整车数量为 4 个)：给安全系统提供地面信号，安装在车端排障器的后方，每端两个，附相应的接线盒。

2. 控制回路库用插座(整车数量为 1 个)：当机车在车库内时，给蓄电池充电和给车内控制系统提供直流 110 V 电源。

3. 光电速度传感器(整车数量为 4 个)：给微机、监控、轮喷、速度表提供机车速度信号，安装在 1、3、4、6 轴轴端，对称布置，附相应的接线盒。

4. 主回路库用插座(整车数量为 2 个)：当机车在车库内时，给牵引电机提供三相交流 380 V电源，实现库内动车。

5. 帆布连管组装(整车数量为 6 个)：连接机械室内的牵引风机出风口和转向架上牵引电机的进风口是牵引风道的组成部分之一，分别位于进风口之上。

6. 辅助回路库用插座(整车数量为 1 个)：当机车在车库内时，给辅助回路各电气设备提供三相交流 380 V 电源。

(六)机车布线

机车布线就是机车电路的连接。布线的作用，是将机车各电气设备按其作用的不同用不同型号规格的电缆连接起来，形成完整的系统，使各电气设备能按设计好的逻辑关系工作，进行能量的传输和信号的传递。机车布线按 TB/T 1507—1993《机车电气设备布线规则》的要求进行。

根据连接不同的电气回路要求，机车布线可分为主电路布线、辅助电路布线和控制电路布线。

(1)主电路布线

主电路布线是指主电路中从变压器牵引绕组、励磁绕组至牵引电动机之间的电连接。

主电路布线除母排连接外，库用动车插座采用 70 mm^2 的 WDZ-DCYJ-125 1 500 V 电缆，其余均为 2×150 mm^2 的 DCEYHR-1 500 V 电缆并联。

电缆主要布设在机械间内靠侧墙的走廊的底架上和车下，呈斜对称分布，这些电缆的布置路径如图 2-43 所示。

双侧走廊设备布置机车的主电路电缆则主要分布在台架中部的纵向线槽、靠侧墙的走廊线槽、变压器两端横向线槽以及车下。

(2)辅助电路布线

辅助电路布线主要是指三相交流 380 V 辅助电机和单相交流 220 V 加热电器设备的电连接，包括单相交流 860 V 的客车取暖供电回路。

三相交流 380 V 回路布线过程为：由牵引变压器辅助绕组引 2×95 mm^2 的 WDZ-DCYJ-125 1 500 V 电缆至电器柜，提供 380 V 单相交流电源，该电源经劈相机劈成 3 相后输送给各辅机，各辅机则根据各自的功率大小采用 2.5 mm^2、6 mm^2、16 mm^2 的 WDZ-DCYJ-125 1 500 V 电缆连接。

单相交流 220 V 回路的布线过程为：用 25 mm^2、WDZ-DCYJ-125 1 500 V 电缆将牵引变压器辅助绕组 229 V 单相电源引至电器柜作为各加热设备的电源，各加热设备根据各自的功率大小采用 1.5 mm^2、2.5 mm^2 的 WDZ-DCYJ-125 1 500 V 电缆与电器柜连接。

对于中央走廊结构的独立通风的 SS_9 型车，中央线槽是辅助电路、控制电路布线的主通

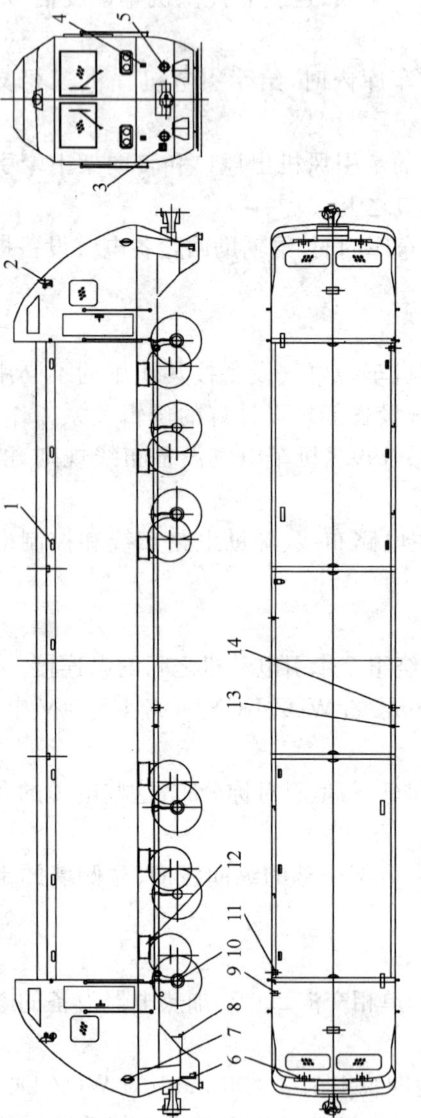

图 2-42　SS_9 型电力机车辅助室设备布置

1—无网灯；2—机车前照灯；3—43芯集控插座；4—5芯插座；5—供电插座；6—感应线圈安装；7—标志灯组装；8—机车电子标签；9—控制回路库用插座；10—光电速度传感器；11—主电路库用插座；12—帆布连管组装；13—行灯插座；14—辅助回路库用插座

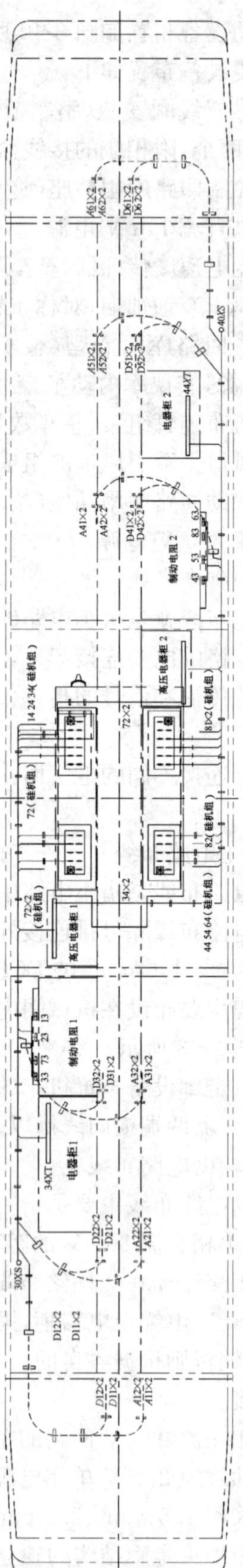

图 2-43　主电路布线路径示意图

道。它布置在机械间内中央走廊地板下、用螺栓固定在管排上、贯穿整个机械间。中央线槽视图如图 2-44 所示。线槽分为三格，中间一格为辅助线槽，旁边的两格为控制线槽，每个线槽侧边均开有进出线用的缺口。中央走廊的两侧布置有屏柜，各屏柜的辅助电线路和控制线路的对外接口均设在屏柜下部前方，通过中央线槽对应的缺口引出导线来连接各电气设备。

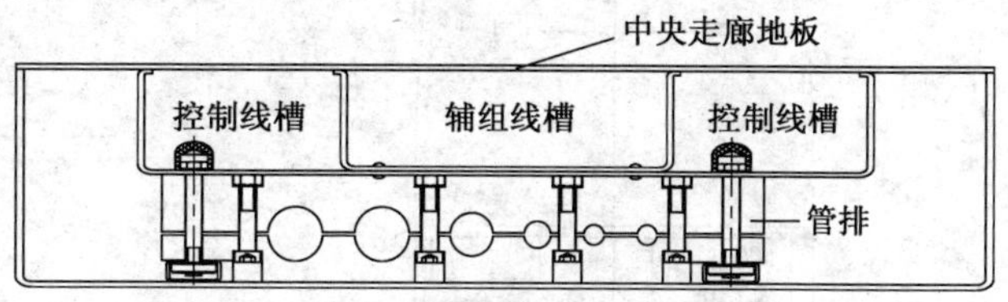

图 2-44　中央线槽

三相交流 380 V 和单相交流 220 V 辅助回路的导线主要布置在中央线槽的辅助线槽内，由线槽所开出线缺口处绕出线槽与附近的电器设备端子或插头相连，布线路径如图 2-45 所示。

单相交流 860 V 客车取暖供电回路的布线过程为：用电缆将牵引变压器 870 V 辅助绕组接至列车供电柜，再由列车供电柜引至机车两端的列车供电插座，提供客车取暖用电源。客车取暖供电回路的电缆均采用 2×95 mm^2 的 WDZ-DCYJ-125 1 500 V 电缆。

客车取暖供电回路的导线主要分布在中央线槽的辅助线槽内、车体底架上和车下。电缆的布置路径如图 2-46 所示。

对于双侧走廊设备布置机车的辅助电路布线，电缆是通过两侧走廊下的线槽至各电气设备的。

(3)控制电路布线

控制电路布线主要是指 DC 110 V 各电气设备之间的导线连接，包括 DC 24 V、DC 15 V 电气回路。

控制回路的布线过程为：在机械间两端部各设有一个端子柜，呈斜对称分布。司机室内各电气设备的对外连线通过司机室内的行线槽和扎带、扎带座汇集在中柜组成的下部，然后通过司机室中部的铝合金线槽至端子柜。而机械间内的各控制导线则通过中央走廊线槽的控制线槽接入附近的端子柜。通过端子柜的转接以及 1 号端子柜与 2 号端子柜的互联，形成一个完整的控制系统。

控制电缆采用的是 1.0 mm^2、1.5 mm^2、2.5 mm^2 的 LAPPTHERM 145 电缆以及 100G1121-0.5-9、100G1131-0.5-9、RVVP5×0.5 屏蔽电缆。主要分布在中央线槽的两控制线槽中，这些电缆的布置路径如图 2-47 所示。

双侧走廊设备布置机车的控制电路布线路径为：在机械室两端司机室后端墙的中部，各布置有一个端子柜，司机室内各电气设备的对外连线通过司机室地板，司机室后端墙下部的开孔汇集到端子柜。机械间内各电气设备对外的控制电路导线(屏柜控制电路对外接口均设在屏柜上方侧面)则通过车内两侧走廊顶部的控制线槽、机械间内司机室后墙的线槽汇集到附近的端子柜。通过端子柜的转接以及端子柜与端子柜与端子柜的互联，完成控制电路的连接。

四、HXD3 型电力机车设备布置

HXD3 型电力机车的两端各设一个司机室，中间为机械室。在机械室内设有 600 mm 宽的中央通道，在通道两侧安装有变流器、通风机、空压机等设备。全车分为司机室设备安装、车

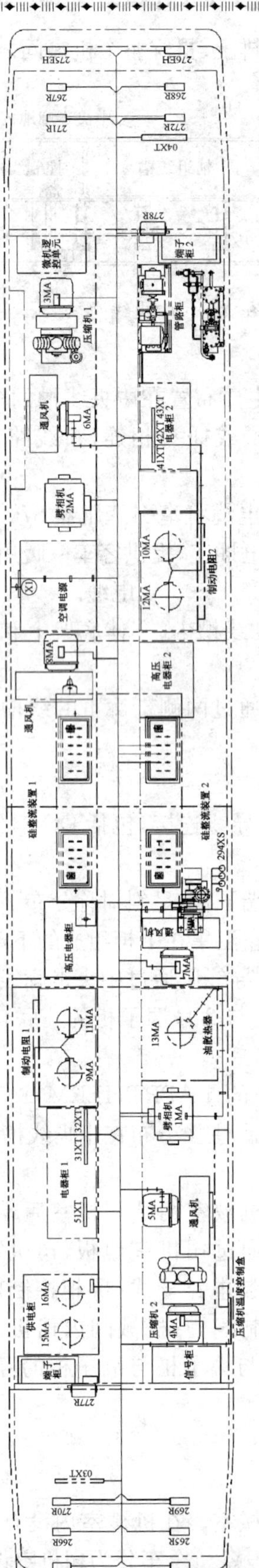

图 2-45　380 V和220 V辅助电路布线路径示意图

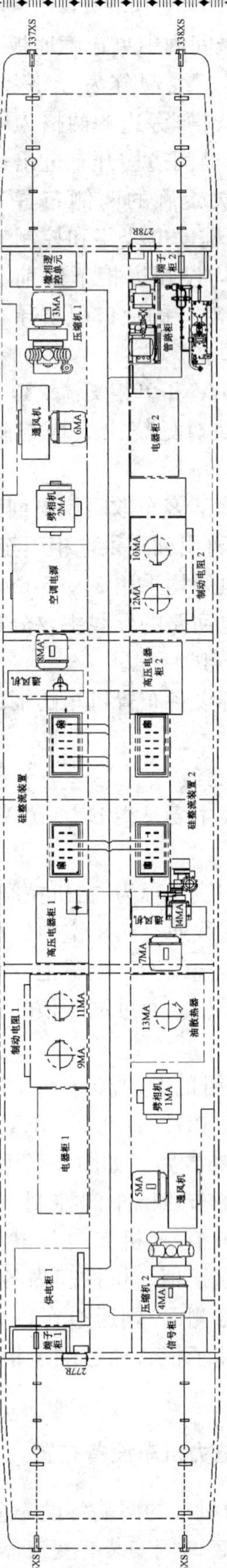

图 2-46　客车取暖供电回路布线路径示意图

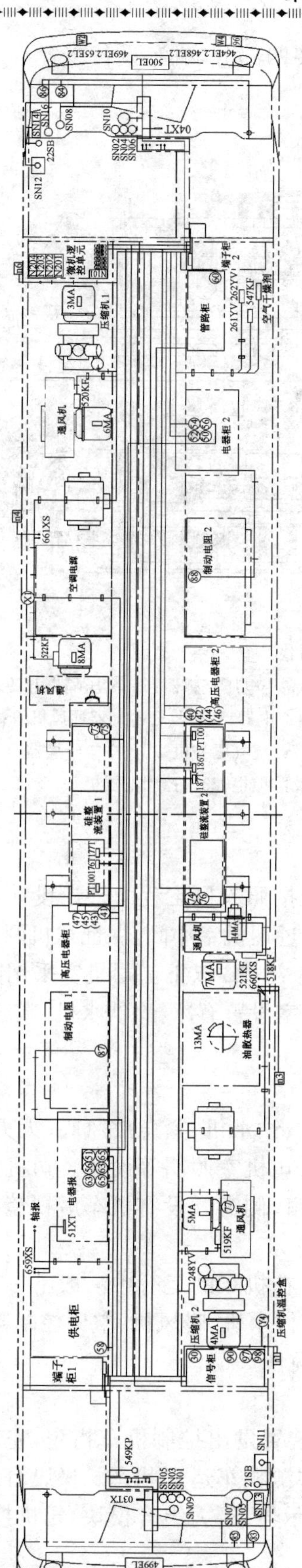

图 2-47　控制电路布线路径示意图

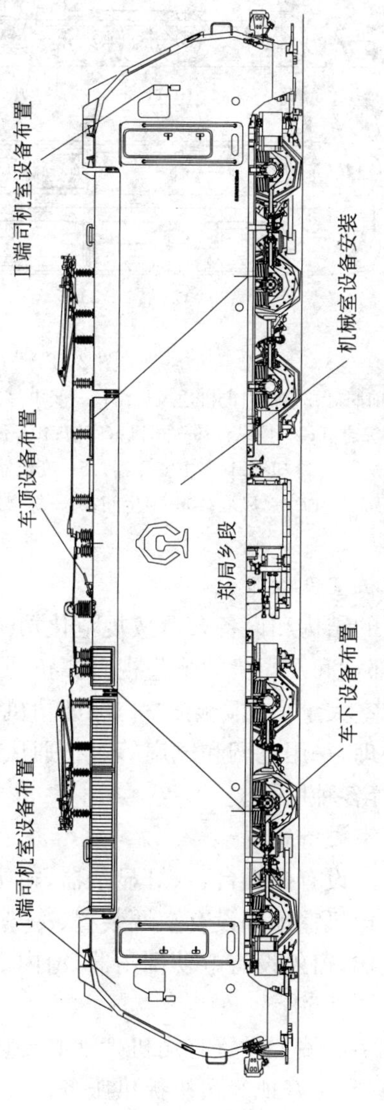

图 2-48　机车设备布置及外形图

内机械室设备安装、车顶设备安装和车下与车端设备安装四部分，机车设备布置及外形如图 2-48、图 2-49 所示。

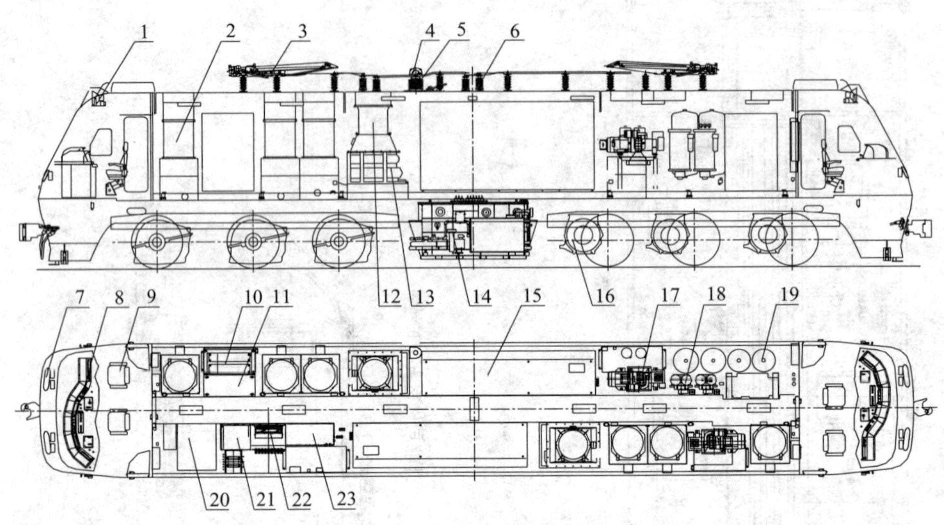

图 2-49　机车主要设备布置图

1—前照灯；2—牵引电机通风机组；3—受电弓；4—主断路器；5—高压电压互感器；6—高压隔离开关；7—标志灯；8—操纵台；9—司机室座椅；10—滤波柜；11—蓄电池充电器；12—复合冷却器通风机组；13—复合冷却器；14—主变压器；15—变流器；16—牵引电机；17—空气压缩机；18—空气干燥器；19—总风缸；20—卫生间；21—综合通信柜；22—微机及监控柜；23—控制电器柜

(一)司机室设备布置

司机室的结构和设备布置按规范化司机室要求设计，按照人机工程学理论设计司机的座椅位置、腿部空间及司机的瞭望视野。正司机座椅尽量靠近司机室中间，保证司机两侧的视野范围。司机室大量采用降噪材料，保证司机室的噪声降到 75 dB 以下。司机室采用隔热材料进行防寒处理，采用空调和风扇等进行通风和防暑。司机室设置有冰箱、饮水机、微波炉、电水壶、灭火器等各种用品。

1. 司机室设备布置

司机室内设有操纵台、八灯显示器、司机座椅、端子柜、饮水机、紧急放风阀、灭火器、暖风机等设备。司机室顶部设有空调装置(冷热)、风扇、头灯、司机室照明等设备。司机室前窗采用电加热玻璃，窗外设有电动刮雨器，窗内设有电动遮阳帘，侧窗外设有机车后视镜。司机室设备布置见图 2-50。

在司机室后墙上设置有司机生活必要设备，这些设备在机车的运行中一般不参与机车的运行控制，只是更好地为司机提供服务。在后墙上设置有饮水机、暖风机、空调控制箱、灭火器等，此外，后墙上装有一个紧急制动阀。具体各设备布置见图 2-51。

2. 操纵台

操纵台是机车人机交换设备，司机通过操纵台上各装置发出控制机车指令，完成机车牵引、制动等各项工作，通过操纵台上各个仪表、显示器等观测机车运用状态。操纵台设备布置如图 2-52 所示，在操纵台上设有 TCMS 显示器、ATP 显示器、压力组合模块、司机控制器、制动控制器、扳键开关组、制动装置显示器、冰箱等设备。

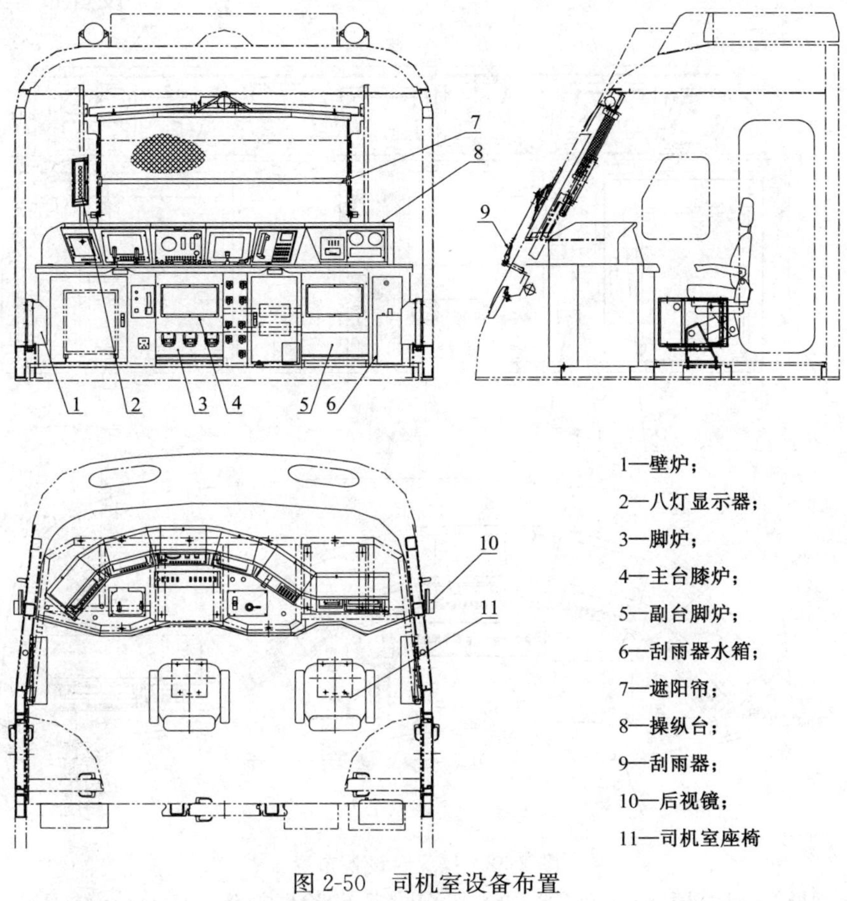

图 2-50　司机室设备布置

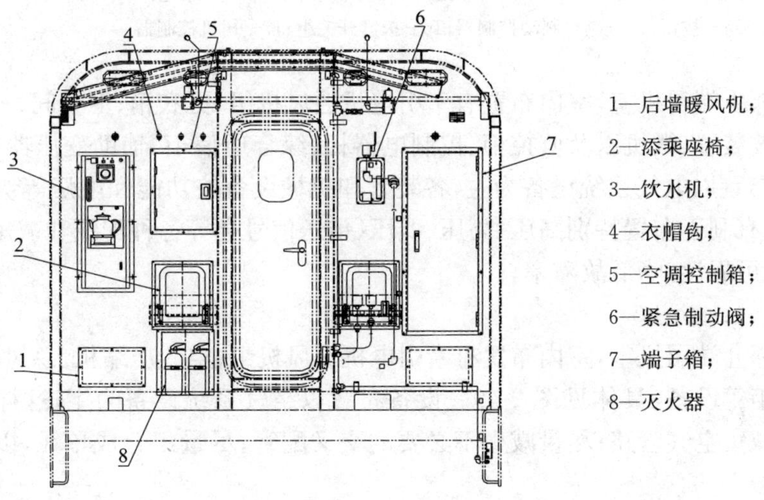

图 2-51　司机室后墙设备布置

(二)机械室设备布置

机械室分为Ⅰ端机械室、中央机械室和Ⅱ端机械室。

1. Ⅰ端机械室

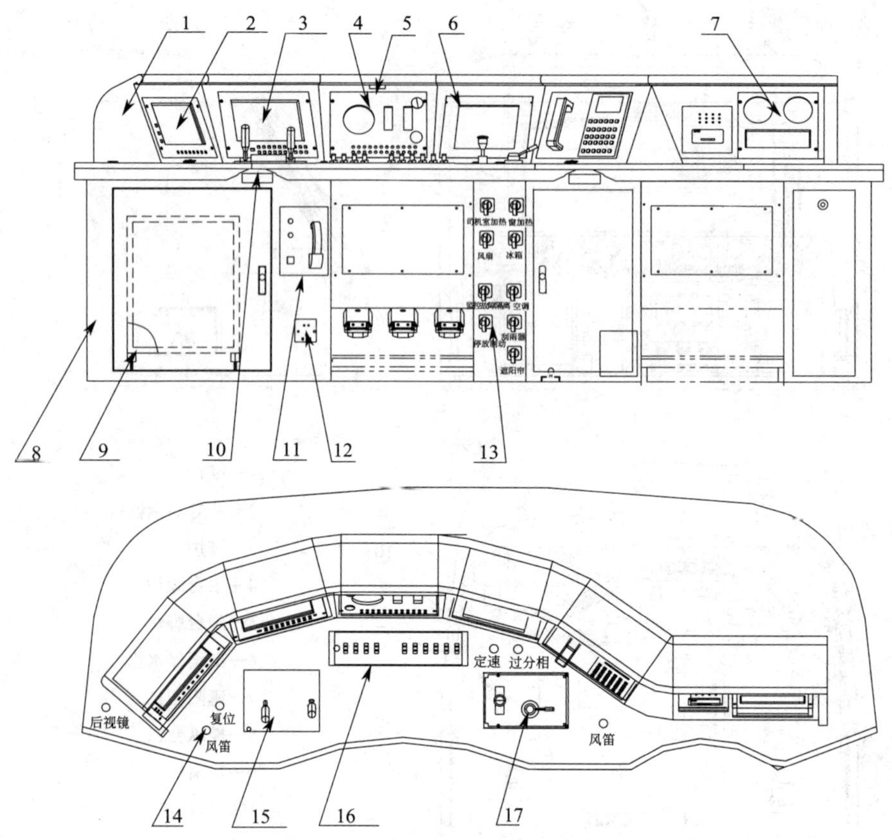

图 2-52　操纵台设备布置

1—面板；2—制动显示屏；3—监控显示屏；4—多功能状态组合模块；5—记点灯；6—微机显示屏；7—压力仪表模块；8—柜体；9—冰箱；10—烟灰缸；11—重联电话；12—电源插座；13—万转开关；14—按钮；15—电空制动控制器；16—扳键开关组；17—司机控制器

Ⅰ端机械室紧邻Ⅰ端司机室，室内布置有牵引电机通风机组、更衣箱、卫生间、蓄电池充电装置、蓄电池柜、滤波装置、微机以及监控柜、控制电器柜、综合通信柜、辅助变压器等设备，具体见图 2-49。设备布置以电气系统设备为主，各装置和机械设备按功能和电压等级进行分区集中布置，这样布置有利于布置特别高压、高压、低压、传送信号类等各种配线和减短各装置之间的连线，提高系统可靠性，降低故障率。

2. Ⅱ端机械室

Ⅱ端机械室紧邻Ⅱ端司机室，室内布置有牵引电机通风机组、空气压缩机、总风缸、辅助风缸、干燥器、制动屏柜等设备，具体见图 2-49。设备布置以空气系统设备为主，这样布置有利于布管作业和尽量减短空气管路；尽量减少不必要的交叉配管；尽量组合成单元，以提高作业效率。

3. 中央机械室

在Ⅰ端机械室和Ⅱ端机械室之间设有中央机械室，室内布置有主变流装置、复合冷却器及复合冷却器通风机组等设备，具体见图 2-49。为了保证机车的质量分配，机车安装有两套完全一样的牵引变流器和两台用于冷却牵引变流器和主变压器的复合冷却器。中央机械室内设备按斜对称布置，为了保证牵引变流器冷却系统的可靠性，尽量减短冷却管路。在室内将牵引变流器和复合冷却器作为整体单元布置在机车中心位置，与复合冷却器和牵引变流器相连接的牵引控制系统也按左右配置。因牵引变流器的输入端子部位直接连接在主变压器的 2 次端子上，主变压器的 2 次端子的排列顺序和牵引变流装置的主回路端子的排列顺序一致，并且尽量缩短与复合冷却器的连接管路。主变压器的 2 次线圈侧的端子互相隔开，配置在主变压器的中央部位，即将主变压器的 2 次端子设置在牵引变流器端子正下方。

(三)车顶设备布置

机车顶盖设计成大顶盖结构，有利于机车设备的安装。机车顶盖由 3 个顶盖组成，车顶设备布置分为Ⅰ、Ⅱ端顶盖设备布置和中央顶盖设备布置，机车车顶设备布置见图 2-53。

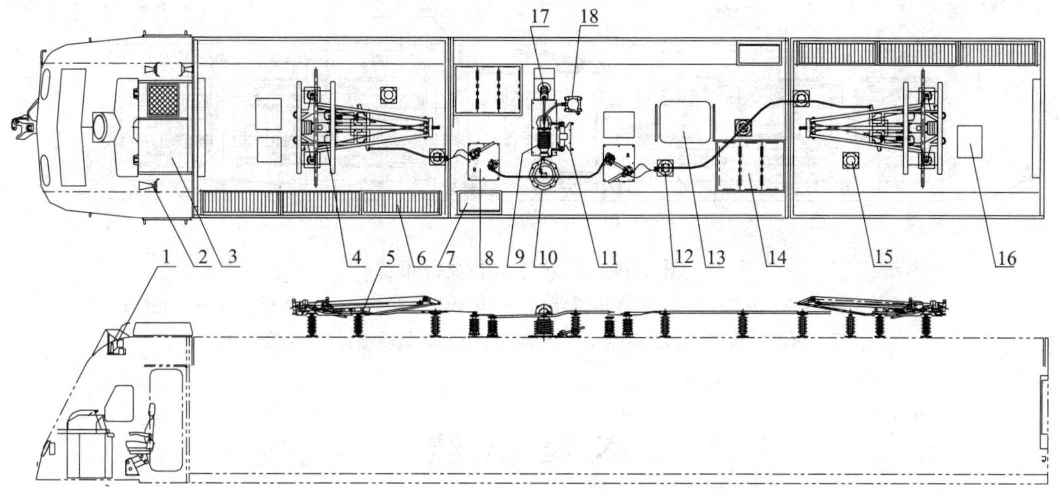

图 2-53　车顶设备布置

1—前照灯；2—风笛；3—空调；4—受电弓；5—受电弓绝缘子；6—牵引风道过滤器；7—辅变流器风道过滤器；8—高压隔离开关；9—真空断路器；10—高压电压互感器；11—接地开关；12—支持绝缘子；13—车顶天窗；14—复合冷却器通风过滤器；15—绝缘子；16—车顶通风口；17—高压电缆；18—避雷器

1. Ⅰ、Ⅱ端顶盖设备布置

Ⅰ端顶盖设备布置与Ⅱ端顶盖设备布置完全一样，顶盖上布置有受电弓和空气绝缘子。两个顶盖的结构和安装尺寸也完全相同，但在端顶盖上开有卫生间通风口，因此两个顶盖不可以互换安装。顶盖上设置有牵引电机冷却风进风口，顶盖通风道横向贯通顶盖，通风口开在通风机相对侧，车体侧墙不设通风口，有利于提高车体强度。通风道与顶盖在车下整体焊装，有利于提高机车组装的工作效率。顶盖设有与外界交换空气的换气孔，有利于夏季车内降温。

2. 中央顶盖设备布置

机车上的主要高压设备大部分都布置在中央顶盖上。中央顶盖上设有检修用天窗，由此上车顶对高压电器件进行检修和维护作业。为确保安全，天窗与接地开关设置了钥匙联锁装置。

中央顶盖上布置的高压电器设备有受电弓高压隔离开关、高压电压互感器，真空断路器、接地开关、避雷器、高压电缆及连接母线等，同时设置有辅助变流器通风口和过滤网。

(四)车下与车端设备布置

主变压器悬挂在机车车下中部，以主变压器为中心对称布置了 2 台转向架。在转向架上配置有牵引电机等设备。另外在车下还配置了动车用插座、辅助/控制电路外接电源、行灯插座、机车电子标签、速度传感器等设备。车下与车端设备布置见图 2-54。

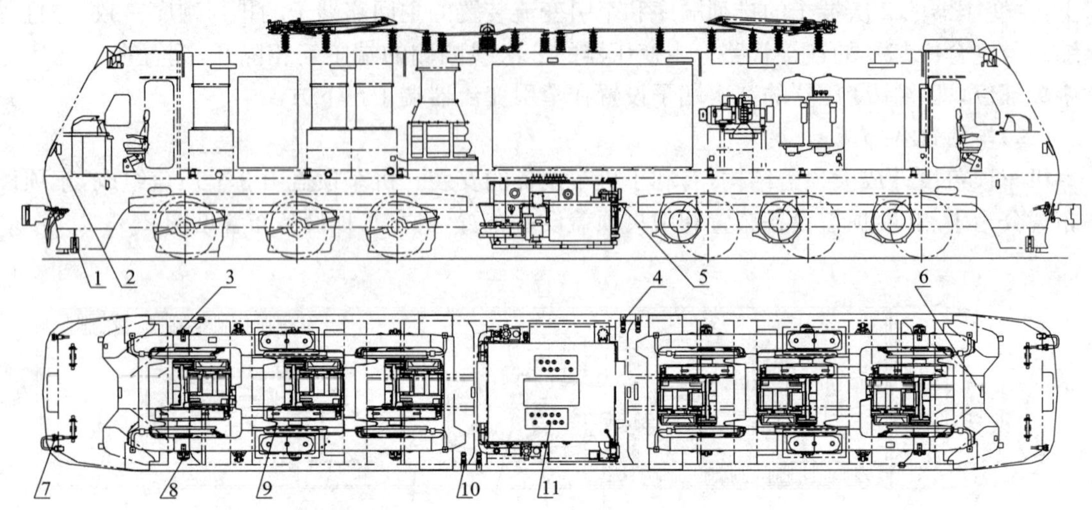

图 2-54　车下与车端设备布置

1—信号互感器;2—标志灯;3—速度传感器;4—110 V 充电插座;5—电子标签;6—车底灯;7—重联插座;8—接地装置;9—转向架;10—动车插座;11—主变压器

本章小结

1. SS_4 改型电力机车是大功率重载货运机车,轴列式为 2(B_0—B_0),车体主要由底架、侧墙、车顶盖、司机室、台架、排障器等组成。

SS_4 改型电力机车采用单节单端司机室,其设备布置主要分为六大区域:司机室、Ⅰ端电器室、变压器室、Ⅱ端电器室、辅助室、车顶。

2. SS_9 型电力机车是新型准高速客运机车,轴列式为 C_0—C_0,车体主要由底架、侧墙、车顶盖、司机室、台架等组成。

SS_9 型电力机车采用直通式走廊,标准化双端司机室,其设备布置主要分为六大区域:Ⅰ、Ⅱ端司机室,Ⅰ、Ⅱ端电气室,主变流室,车顶。

3. HXD_3 型电力机车为交流传动货运机车,轴列式为 C_0—C_0,车体主要由司机室装配、底架装配、侧墙装配、顶盖以及连接横梁等结构组成。

HXD_3 型电力机车采用双端司机室,其设备布置主要分为四大区域:Ⅰ、Ⅱ端司机室,机械室,车顶。

复习思考题

1. 车体有哪些功能?对车体的要求有哪些?
2. 按车体的用途分类,有哪几类车体?
3. 按车体承载方式分类,有哪几类车体?
4. 高速机车车体有哪些特点?

5. SS_4 改型电力机车车体有哪些特点?
6. SS_4 改型电力机车车体由哪几部分组成?
7. SS_9 型电力机车车体有哪些特点?
8. SS_9 型电力机车车体由哪几部分组成?
9. HXD3 型电力机车车体有哪些特点?
10. HXD3 型电力机车车体由哪几部分组成?
11. 机车设备布置应遵循哪些原则?
12. SS_4 改型电力机车设备布置有哪些特点?
13. 简述 SS_4 改型电力机车各室的位置和名称。
14. 画出 SS_4 改型电力机车主要设备的平面简图。
15. SS_9 型电力机车设备布置有哪些特点?
16. 简述 SS_9 型电力机车各室的位置和名称。
17. 画出 SS_9 型电力机车主要设备的平面简图。
18. HXD3 型电力机车设备布置有哪些特点?
19. 简述 HXD3 型电力机车各室的位置和名称。
20. 画出 HXD3 型电力机车主要设备的平面简图。

第三章 转 向 架

转向架是电力机车的走行部分，它对机车动力学性能、牵引性能和安全性能起着决定性的作用。随着电力机车向高速和大功率发展，对转向架的性能提出了新的要求，转向架的结构、设计和工艺都有了新的发展。本章介绍了电力机车转向架的作用、组成和种类；SS_4 改型、SS_9 型和 HXD_3 型电力机车的转向架构架、轮对、轴箱及轴箱悬挂、传动及电机悬挂装置；电力机车转向架主要部件的检修方法和要求；弹簧元件的性能和特点、油压减振器的工作原理和结构。简要介绍了高速机车及动车组转向架的特点和性能要求，径向转向架的特点和基本原理。

第一节 概 述

转向架是电力机车的重要组成部分，其结构和性能对整个机车的运行速度、走行品质、安全性能起着决定性的作用。

一、转向架的作用

1. 承重。承担机车上部电气、机械设备的质量，并把质量均匀分配给每个轮对。

2. 传力。在轮轨接触点产生轮周牵引力，并将其传给车体底架、车钩，牵引列车前进；产生必要的制动力，并将其传给车体底架、车钩，实现机车和列车速度控制及在规定的制动距离内停车。

3. 转向。在钢轨的引导下，实现机车在直线和曲线上运行，并保证机车曲线运行的安全顺利。

4. 缓冲。尽可能缓和线路不平顺对机车的冲击，保证机车运行的平稳性，减少运行中的动作用力及其危害。

二、转向架的组成和分类

转向架一船包括构架、轮对、轴箱、轴箱悬挂装置、牵引电动机及其悬挂、齿轮传动、基础制动装置等主要组成部分。这些装置组装在一起，使转向架成为一个复杂而又紧凑的整体部件。

转向架有很多种分类方法。按轴数分类，有二轴转向架和三轴转向架。普遍认为，二轴转向架固定轴距较小，在曲线运行中的动力学性能比三轴转向架优越；三轴转向架，由于其固定轴距长，直线运行中轮轨作用力和轮轨磨损较小，平稳性优于二轴转向架。具体选择二轴转向架还是三轴转向架，应根据线路、机车功率、速度、轴重要求等综合因素确定，比如我国的 SS_1、SS_3、SS_9、HXD_3 等型电力机车采用三轴转向架 $C_0—C_0$ 轴列式，SS_4 改、SS_7、SS_8 型电力机车采用两轴转向架，SS_4 改型电力机车轴式为 $2(B_0—B_0)$，SS_8 型电力机车轴列式为 $B_0—B_0$，SS_7 型电力机车轴列式为 $B_0—B_0—B_0$。

按传动方式分类，有独立传动和组合传动两类。独立传动又叫单独传动或个别传动；组合传动又叫单电机传动。前者每根轴有一台电机进行驱动，后者整台转向架只有一台电机。独立传动方式，其传动装置比较简单，运行可靠性也较好，目前是世界各国普遍采用的传动方式。单电机传动方式，有利于增大电机功率(外形尺寸受转向架结构限制较小)；有利于减轻转向架和机车质量，降低制造成本；有利于机车黏着性能的改善。从 20 世纪 50 年代开始，法国一直在发展单电机组合传动转向架电力机车，目前已进入高速大功率阶段。

按弹簧悬挂方式分类有一系悬挂和两系悬挂之分。转向架构架与轴箱之间的悬挂称为一系悬挂；转向架构架与车体底架之间的悬挂是二系悬挂。速度低的机车有的仅设一系悬挂，干线电力机车，尤其是高速机车，都采用既有一系悬挂，又有二系悬挂的两系悬挂方式。两系悬挂机车总的垂向刚度小而挠度大，动力性能好。

按轴箱定位方式分类，分为导框轴箱定位和无导框轴箱定位两类。导框定位是一种比较陈旧的定位方式，重量大、磨耗严重，目前只在少数内燃机车(DF_3 型内燃机车)和车辆转向架上采用。无导框定位又有多种不同的结构形式，普遍应用于现代机车转向架上。采用最普遍的是法国阿尔斯通式的轴箱拉杆橡胶关节定位形式。我国目前电力机车大都采用这种形式。

按电机悬挂方式分类，分轴悬式(抱轴式半悬挂)、架悬式(全悬挂)、体悬式(全悬挂)三大类。轴悬式电机悬挂，电机一部分支承在车轴上，一部分悬挂在转向架构架上，适用于速度较低的机车，国产 SS_1、SS_3、SS_4、SS_6 型等电力机车采用此种悬挂方式。架悬式电机悬挂，电机全部支承在转向架构架上，电机重量全部置于簧上，但传动装置比较复杂，一般速度在 120～140 km/h以上的机车，必须采用全悬挂。国产 SS_8、SS_9 型电力机车采用此种悬挂方式。体悬挂，指牵引电动机大部分或全部支承在车体底架上的悬挂方式。目前，国外一些高速机车上采用此种悬挂方式。

三、SS_4 改型电力机车转向架的特点

SS_4 改型电力机车有四台相同的转向架，转向架总图如图 3-1 所示。

SS_4 改型电力机车转向架的主要特点有：

1. 一系悬挂采用轴箱螺旋钢弹簧与弹性拉杆定位的独立悬挂结构，并配置垂向油压减振器；二系悬挂采用全旁承橡胶堆加横向油压减振器和摩擦减振器的简单悬挂结构。

2. 牵引力、制动力传递为斜拉杆低位牵引方式。

3. 轴箱轴承均采用能承受轴向力和径向力的圆柱滚子轴承。

4. 牵引电机悬挂方式为刚性半悬挂。

5. 构架受力状态和结构合理，工艺性好。

6. 基础制动采用单边高摩合成闸瓦。

四、SS_9 型电力机车转向架的特点

SS_9 型电力机车有两台完全相同的转向架，转向架总图如图 3-2 所示。

SS_9 型电力机车转向架的主要特点如下。

1. 采用轮对空心轴六连杆驱动装置，牵引电动机架悬在构架上，减小了转向架的簧下质量，降低轮轨冲击及振动，同时改善牵引电机的工作条件。

2. 一系悬挂采用轴箱螺旋钢弹簧与弹性拉杆定位的独立悬挂结构，并配置垂向油压减振器；二系悬挂采用高圆弹簧支承，配以横向、垂向油压减振器及抗蛇行油压减振器，转向架有较

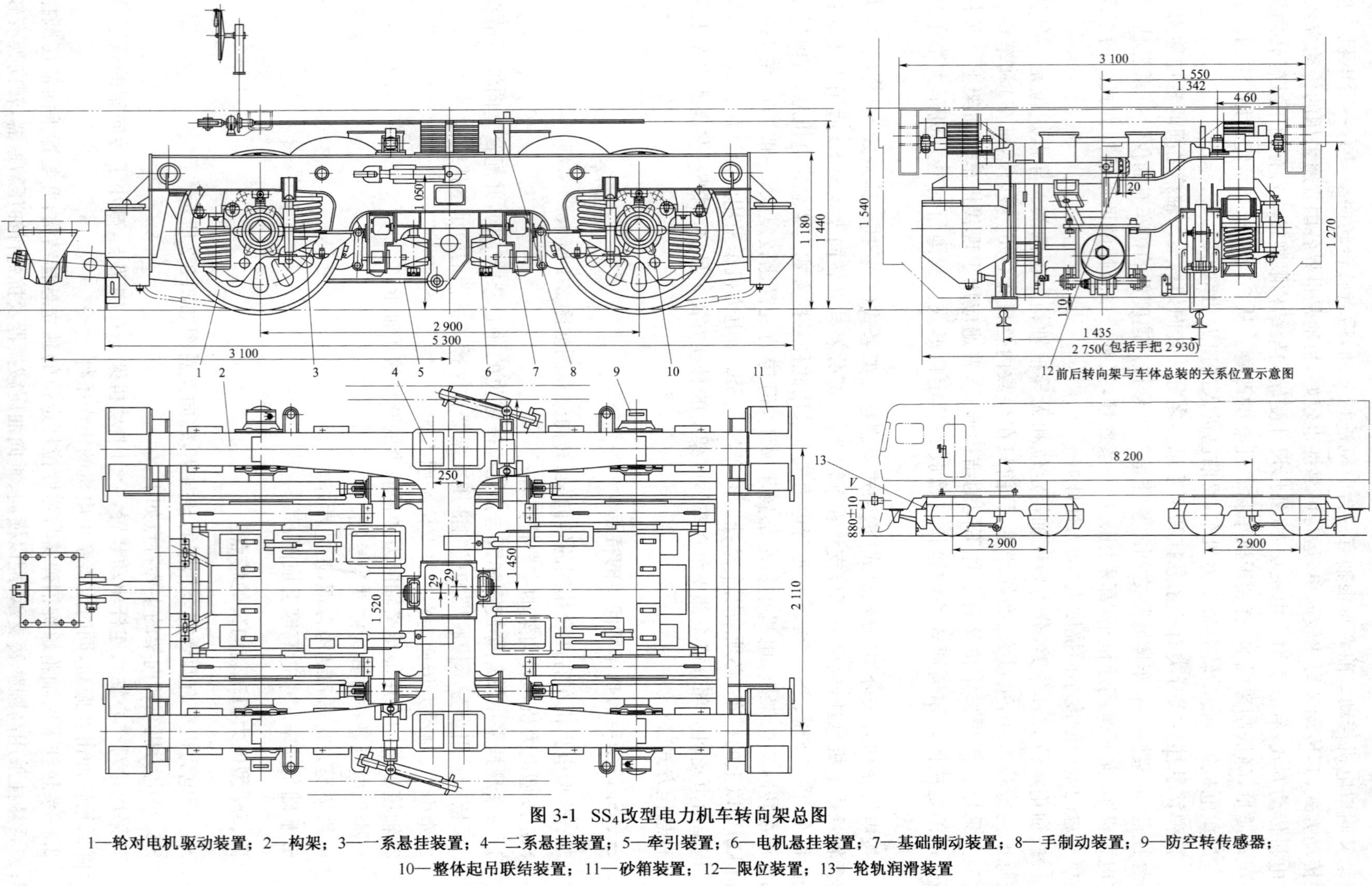

图 3-1　SS_4改型电力机车转向架总图

1—轮对电机驱动装置；2—构架；3—一系悬挂装置；4—二系悬挂装置；5—牵引装置；6—电机悬挂装置；7—基础制动装置；8—手制动装置；9—防空转传感器；10—整体起吊联结装置；11—砂箱装置；12—限位装置；13—轮轨润滑装置

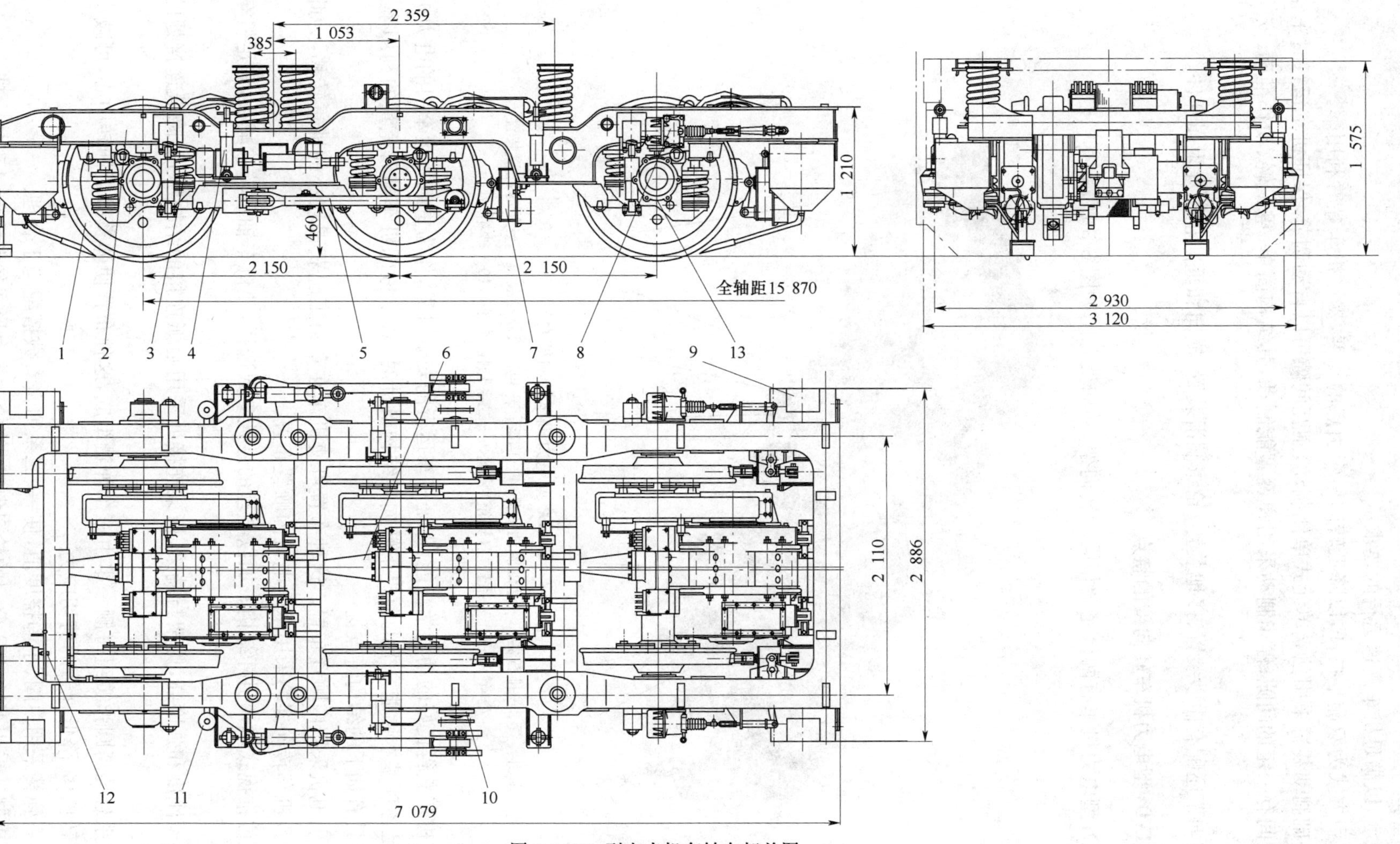

图 3-2　SS$_9$型电力机车转向架总图

1—轮对驱动装置；2—构架；3—一系悬挂装置；4—二系悬挂装置；5—牵引装置；6—电机悬挂装置；7—基础制动装置；8—停车制动装置；9—砂箱组成；10—附属装置；11—轮轨润滑装置；12—空气管路；13—整体起吊联结装置

大的静挠度,以满足机车高速运行的要求。

3. 牵引方式为双侧平拉杆,以降低转向架牵引点的高度,提高机车黏着利用率。

4. 基础制动装置采用独立单元式单侧制动,闸瓦间隙可以自动调节,保证机车运行时车轮与闸瓦之间有一定的间隙;停车制动采用弹簧蓄能制动,其结构简单、重量轻、动作准确、安全可靠。

5. 转向架还配有撒砂装置、接地装置、轮缘润滑装置、横向和垂向止挡等附属部件。

五、HXD3 型电力机车转向架的特点

HXD3 型电力机车有两台完全相同的转向架,转向架总图如图 3-3 所示。

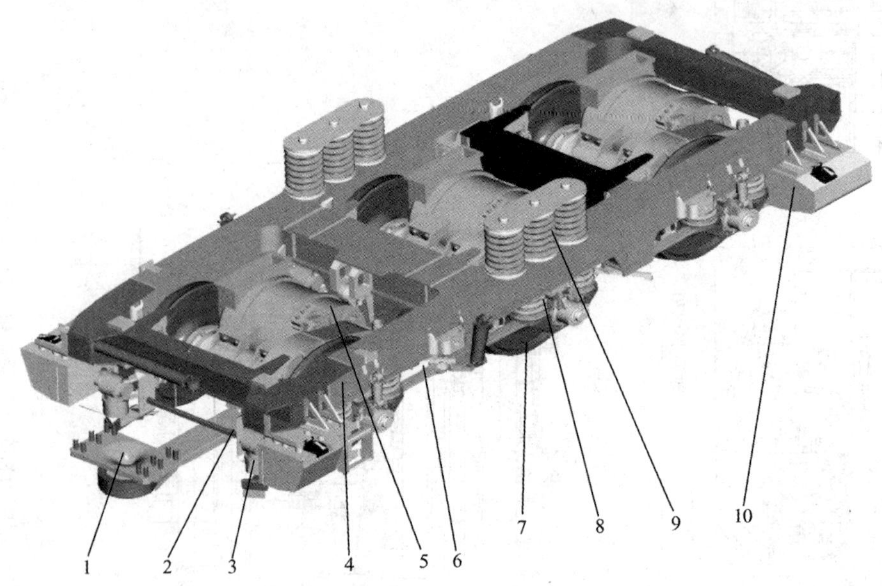

图 3-3 HXD3 型电力机车转向架总图

1—牵引装置 2—排石器;3—基础制动装置;4—构架;5—电动机悬挂装置;6—轮缘润滑装置;
7—轮对;8——系悬挂(轴箱)装配,9—二系悬挂(支承),10—砂箱

为使机车获得良好的动力学性能,保证机车运行的安全可靠,作为重载货运牵引的电力机车,在满足各项基本性能要求的前提下转向架结构设计时,着重考虑机车黏着重量的利用率。该转向架具有如下的结构特点:

1. 牵引电机采用内顺置布置。这种布置可使机车在牵引工况获得较小的轴重转移,为此现在大多数机车转向架均采用牵引电机内顺置布置。

2. 低位推挽式单牵引杆结构。加以合理的悬挂参数选择,使机车轴重转移减小,满足机车牵引要求。

3. 构架刚度和强度高,侧架与端梁、横梁连接处采用圆弧连接的结构形式,降低连接处的应力集中。

4. 二系悬挂高圆弹簧组每侧一组由三个弹簧组成,这种布置使弹簧接近回转中心,可减小弹簧的回转位移,降低弹簧的剪切应力。

5. 一系弹簧采用单圈、小静挠度值,使一、二系弹簧参数搭配趋于合理。

6. 基础制动采用 KNORR 公司的轮盘制动,使轮对受力形式较踏面制动更加合理。

7. 驱动装置采用德国 VOITH 公司设计的滚动抱轴式半悬挂结构。抱轴箱体(cannonbox)采用高强度、高冲击韧性的球墨铸铁材料,与“U”形管式抱轴箱(U-tube)相比,装配结构更加简单,适用性强。

六、转向架力的传递

转向架的受力十分复杂,在运行中,除承受垂向重力、纵向和横向的水平载荷外,还常常经受很严重的动作用力。下面以 SS_4 改型电力机车为例,略述转向架力的传递过程,如图 3-4 所示。

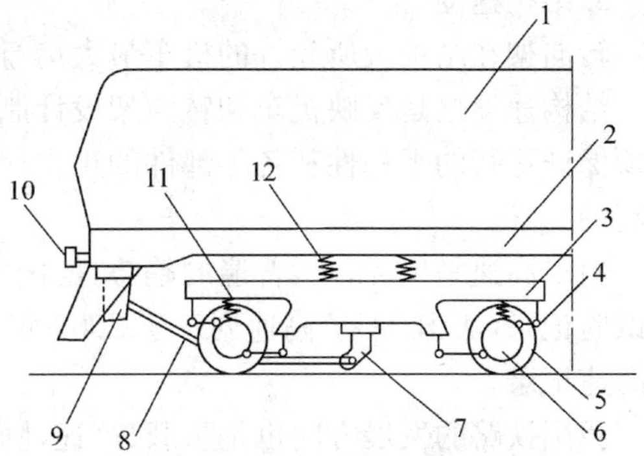

1. 垂向力的传递(以车体及上部重力为例,钢轨对机车的垂向冲击作用力传递顺序与重力相反):

机车上部重量→车体支承装置→转向架构架→轴箱弹簧悬挂装置→轴箱→轮对→钢轨。

2. 横向力的传递(以轮轨侧压力为例,车体所受的离心力、风力等横向力将按相反的传力顺序,由机车上部传向钢轨):

钢轨→轮缘→车轴→轴箱→轴箱拉杆→转向架构架→车体支承装置→车体底架→机车上部。

图 3-4　转向架力的传递示意图

1—车体;2—车体底架;3—转向架构架;4—轴箱拉杆;5—车轮;6—轴箱;7—构架牵引座;8—牵引拉杆;9—底架牵引座;10—车钩;11—轴箱弹簧悬挂装置;12—车体支承装置

3. 纵向力的传递(以牵引力、制动力为例):

轮轨接触点产生牵引力或制动力→轮对→轴箱→轴箱拉杆→转向架构架→牵引装置→车体底架→缓冲器→车钩。

七、有关机车轴重、单轴功率和结构速度的概念

1. 轴重

机车在静止状态下,每个轮对作用在钢轨上的重量,称为轴重。轴重越大,机车每根轴所能发挥的黏着牵引力也越大。然而轴重越大,机车运行中对线路的影响和破坏性也越大。同样重量的机车,轴数多则轴重小,轴数少则轴重大;线路质量好,运行速度低,轴重可以加大;反之,线路质量差,运行速度高,轴重必须减小。

世界各国对轴重并无统一规定,视具体情况而定。一般速度低于 100～120 km/h 的机车,轴重限制为 22～23 t;结构速度为 160～200 km/h 的机车,轴重限制为 19～21 t;结构速度为 200～250 km/h 的机车,轴重限制为 16～17 t。如果不符合这个限制,则需改变机车轮轴的配置。

美国铁路在 20 世纪 80 年代前,偏重于发展重载牵引,所以轴重较大。那时制造的 GM108 型电力机车,轴重达 29.7 t。

我国电力机车,轴重大多数在 23 t 以下。SS_4 改型电力机车轴重为 23 t,SS_9 型电力机车轴重为 21 t,HXD_3 型电力机车轴重:无配重为 23 t,加配重为 25 t。

2. 单轴功率

机车每根轮轴所能发挥的功率,称为单轴功率。

单轴功率反映了机车牵引电动机和转向架的制造水平。在相同轴重下，单轴功率越大，机车所能达到的运行速度越高。单轴功率应根据运行速度和牵引力的设计要求而定。西欧各国发展的结构速度大于 200 km/h 的机车，其单轴功率普遍大于 1 000 kW；结构速度达到 160 km/h的机车，其单轴功率一般大于 800 kW；德国 E120 型电力机车，其小时制单轴功率达 1 400 kW。我国电力机车单轴功率也在不断提高，SS_4 改型电力机车单轴功率为 800 kW，SS_9 型电力机车单轴功率为 900 kW，HXD_3 型电力机车单轴功率为 1 200 kW。

3. 结构速度

转向架在结构上所允许的机车最大运行速度，称为机车的结构速度。

结构速度也是反映机车和转向架设计制造水平的重要参数。在高速下运行的机车，同样必须保证运行的平稳性和各零部件的正常使用寿命，这就对转向架的结构、工艺等方面提出了更高的要求。

追求高速是世界各国普遍的趋势，德国 ICE 高速列车于 1988 年 5 月达到 406.9 km/h 高速试验记录，法国 TGV 高速列车于 2007 年 4 月 3 日创造了 574.8 km/h 的轮轨系列车的世界高速记录。

我国铁路的发展方向也是重载、高速，随着铁路的六次大提速，对机车速度的要求越来越高，SS_4 改型电力机车的结构速度为 100 km/h，SS_9 型电力机车的结构速度为 170 km/h，HXD_3 型电力机车的结构速度为 120 km/h；2007 年底时速 300 km/h 的动车组也已组装完成，在京津城际快速轨道上运用。新一代高速动车组 CRH380A 是目前世界上运营速度最快、科技含量最高的国产和谐号动车组。该高速列车持续运营速度 350 km/h，最高运营速度 380 km/h，在高气密强度、隔声减振等多个方面进行了技术创新，达到了世界领先水平。2010 年 10 月 26 日，沪杭高铁正式开通运营，首次选用中国新一代高速动车组 CRH380A。

第二节 转向架构架

构架是转向架的重大部件之一，是转向架众多部件联结的基体，也是承载和传力的基体。机车运行中，构架除承受垂向重力、纵向的牵引力、制动力及横向的离心力、轮轨侧压力等之外，还常常经受很严重的动作用力和冲击载荷。此外，电机悬挂、齿轮传动、轴箱定位、基础制动装置等工作时，构架的载荷更加复杂严重。因此可以说，转向架构架是一个受力十分复杂，载荷很大的重要部件，必须保证足够的强度和刚度，各梁的尺寸、各种附件的组装位置必须精确；质量轻，结构紧凑；运行中还必须注意经常检查，特别是各焊缝处，如产生裂纹，应及早发现，以免酿成更大的事故。

一、转向架构架的分类

1. 转向架构架就设计和制造工艺而言，分为铸钢构架和焊接构架。焊接构架又可分为钢板焊接构架和压型钢板焊接构架。铸钢构架由于质量大，铸造工艺复杂，目前在电力机车上已很少采用；焊接构架质量轻，各梁皆为中空箱形构件，使用材料省、强度和刚度都能得到保证，所以得到了普遍的采用。尤其压型钢板焊接构架，各梁按等强度梁设计制造，其箱形截面的尺寸依各部位受力情况而大小不等，使各截面的应力相近，具有足够的强度，且质量轻，材料利用率高。我国 SS_2 型电力机车采用这种构架。但由于制作时必须具备 1 000 t 以上的大型水压机和大型加热炉，成本比一般钢板焊接构架高，现已很少采用。

2. 根据轴箱及其定位装置的结构，构架又分为有导框式和无导框式。构架采用无导框轴箱定位方式时不需要开切口，可避免强度削弱。近代干线电力机车，尤其是高速电力机车越来越广泛地采用无导框式钢板焊接结构的转向架构架。

3. 根据构架的结构形式，转向架构架有封闭式构架和开口式（或 H 式）构架之分；封闭式构架又有“日”字形（两轴转向架构架）和“目”字形（三轴转向架）构架，如图 3-5 所示。

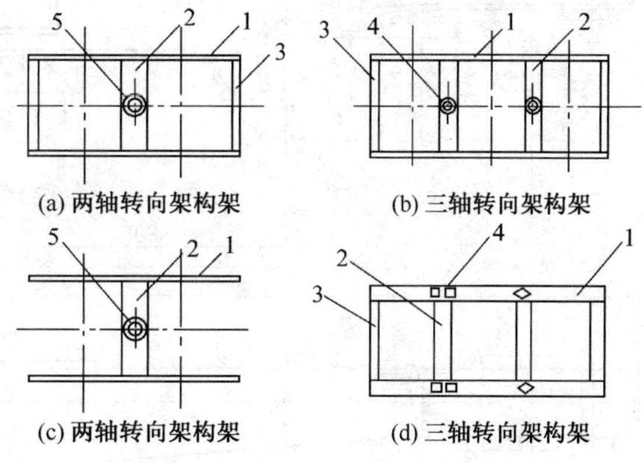

图 3-5 转向架构架的一般组成

1—侧梁；2—横梁；3—端梁；4—支承座；5—心盘

由图可知，转向架构架主要由左右侧梁，一根或几根横梁（两轴转向架为一根，三轴转向架为两根）以及前后端梁组焊而成。有的转向架构架没有端梁，称为开口式或 H 形构架；有端梁的构架称为封闭式构架。

侧梁是构架的主要承载梁，是传递垂向力、纵向力和横向力的主要构件，现代电力机车车体和车上部质量几乎都是通过旁承支承在构架侧梁上的。

横梁和端梁用来保证构架在水平面内的刚度，保持各轴的平行及承托牵引电动机。砂箱一般安装在前后端梁上。

二、SS_4 改型电力机车转向架构架

SS_4 改型电力机车转向架构架由两根侧梁，一根前端梁，一根后端梁，一根牵引梁和各种附加支座等组成，各梁焊装后，构架成“日”字形结构，如图 3-6 所示。

1. 侧梁

SS_4 改型电力机车侧梁是钢板焊接箱形封闭截面梁，左右各一根，形状为倒“凸”形，梁体上焊装有旁承座、圆弹簧座、圆弹簧拉杆座、拉杆座、定位块、吊座和端板等零部件。

侧梁焊装后，必须调梁，使梁体上挠度≤5 mm，旁弯不直度≤3 mm。

2. 前后端梁

前端梁上有端梁体和牵引装置三角形撑杆固定上支座。端梁体为无缝钢管，支座为普通铸钢件。

后端梁采用一根无缝钢管，无其他部件。

3. 牵引梁

SS_4 改型电力机车牵引梁为蝶形箱式梁体。它由上下盖板、定位销、防落框、电机悬挂吊座、筋板、隔板、立板和套等焊接而成，如图 3-7 所示。

牵引梁下部焊装牵引座，为了不使牵引座和焊缝在受力的状态下应力集中，一方面采用宽焊角，另一方面对焊缝进行打磨，以免产生应力集中源。在牵引座的下部有四个 ϕ60 mm 的孔，并配置销套。牵引装置中的三角形牵引杆用销与此孔相连接，通过此结构把转向架上的牵引力和制动力传给牵引装置，牵引装置把此力再传给车体。

牵引梁焊装后也必须调梁，梁体上下左右不直度均≤2 mm。

4. 附属部件

附属部件包括旁承座、各种减振器座（横向液压减振器座，纵向摩擦减振器座和垂向液压减振器座）和接地台。各座材料均为低碳钢或普通铸钢。

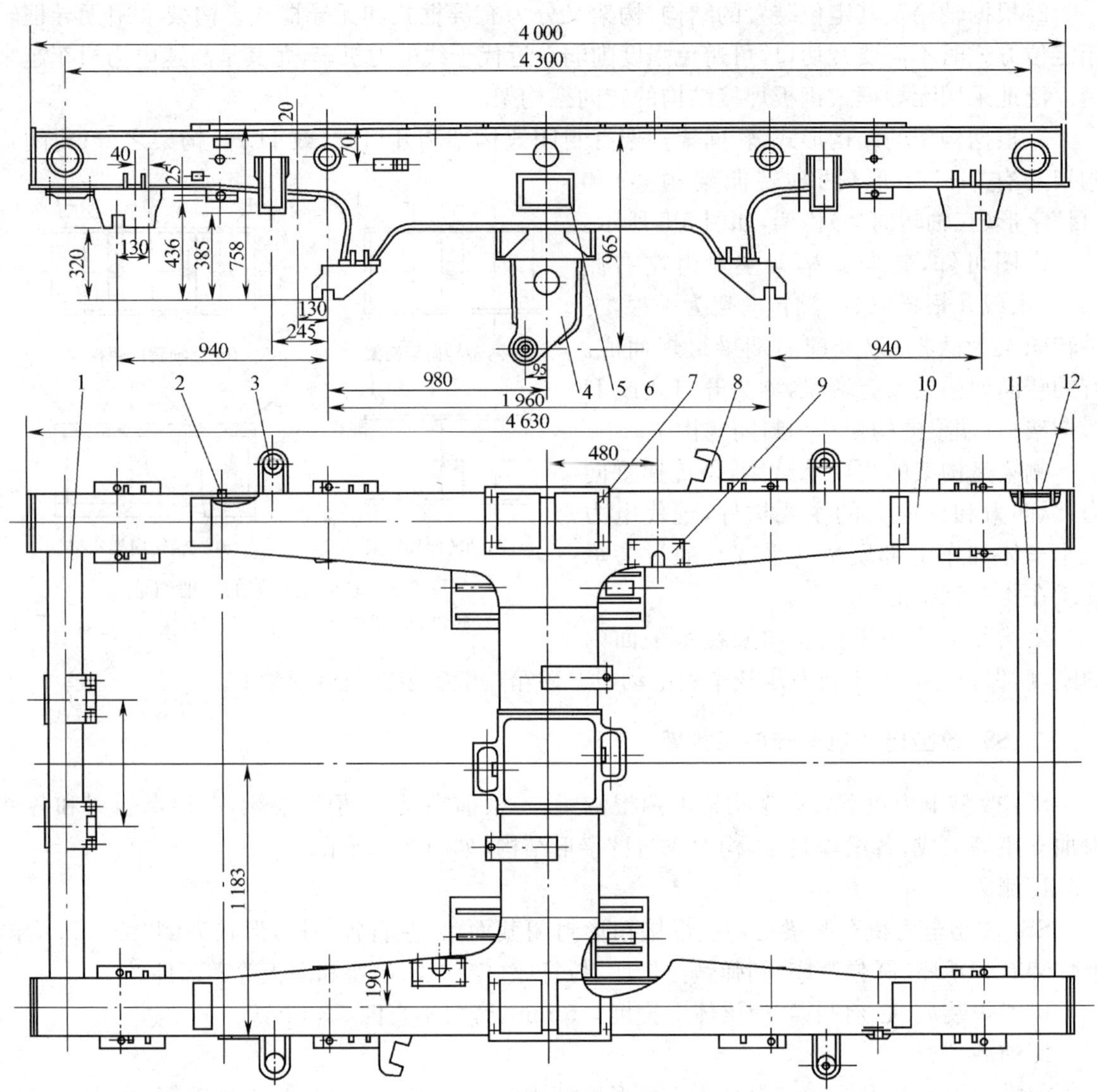

图 3-6 SS_4 改型电力机车构架

1—前端梁；2—接地台；3—减振器上座；4—牵引梁装配；5—铭牌；6—螺钉；7—旁承座；8—减振器座；9—横向油压减振器座；10—侧梁装配；11—后端梁；12—端盖

另外，在每台转向架构架左侧梁立板处组装有铭牌一块，上方是制造厂家，下方是编号和制造年、月、日。

5. 砂箱装置

为了提高机车黏着系数，防止轮对空转和踏面擦伤，可对车轮踏面相对应的钢轨轨面撒砂。SS_4 改型电力机车在每台转向架前后左右 4 个角处设置了 4 个砂箱装置，每个砂箱容积为 0.1 m^3，每台转向架砂箱的总容积 0.4 m^3。

砂箱装置由砂箱、砂箱盖、支架和排石器等组成，如图 3-8 所示。

砂箱装置均为钢板焊接结构，在组装前应对砂箱焊缝外观，砂箱盖密封情况进行检查。在机车出厂前，应对排石器角钢下端至轨面尺寸 70～80 mm 进行调整检查，符合要求方能出厂。

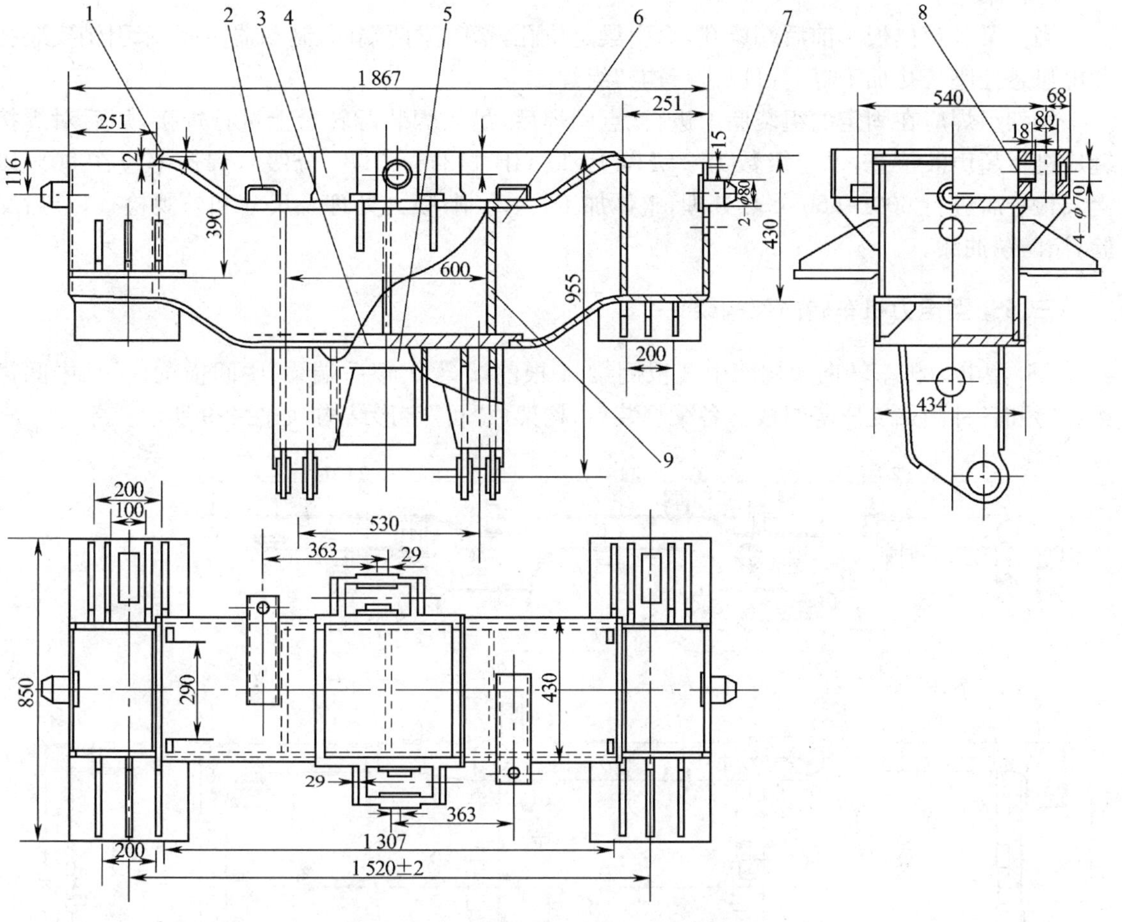

图 3-7　SS_4 改型电力机车构架牵引梁

1—上盖板；2—防落框；3—下盖板；4—电机悬挂吊座；5—牵引座；
6—立板；7—定位销；8—套；9—隔板

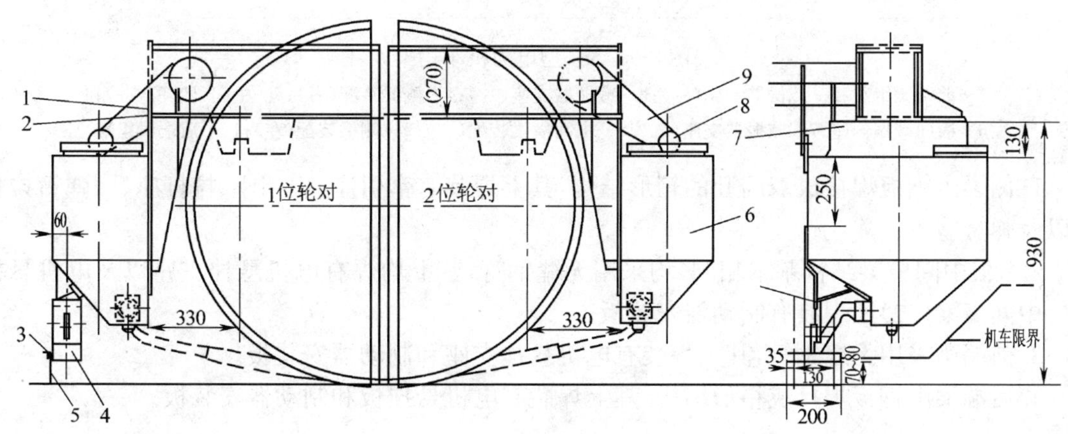

图 3-8　砂箱装置

1—筋板；2—下盖板；3—排石器；4—调节板；5—排石器支架；6—砂箱；
7—砂箱支架；8—砂箱支板(一)；9—砂箱支板(二)

6. 构架组装

当侧梁各定位板和前后端梁孔，牵引梁定位孔，牵引梁两端面，制动器座面，牵引销安装孔和电机悬挂座各孔加工好后可以进行构架组焊。

构架组焊应在固定的组装胎上进行，点固焊后，吊入焊装翻转台上进行焊接，焊后对焊接缝应进行超声波检查，评定级数为 2 级以上(以 GB 11345—1989 分级)，焊透率应在 90%以上。检查后进行 600～650 ℃热处理，整体加工，去毛刺，喷丸处理及尺寸和外观检查，最后交验，涂防锈油漆。

三、SS_9 型电力机车转向架构架

SS_9 型电力机车转向架构架由 2 根侧梁、1 根前端梁、1 根后端梁、中间横梁(一)、中间横梁(二)和各种附加支座等组成。各梁焊装后，构架成"目"字形结构，如图 3-9 所示。

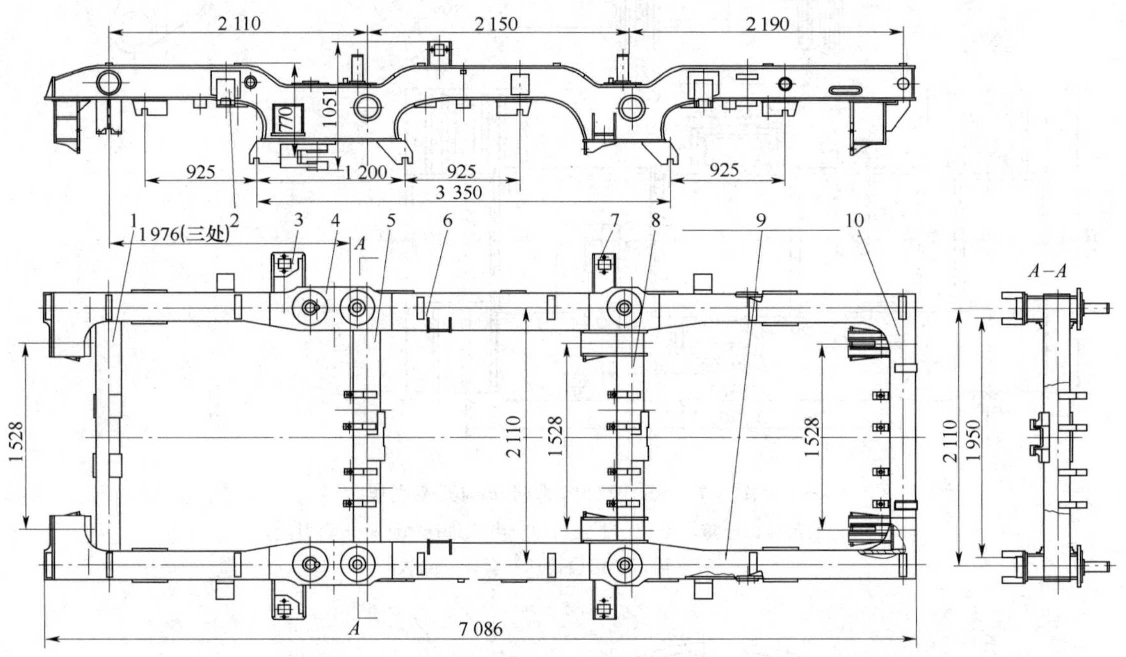

图 3-9　SS_9 型电力机车构架

1—前端梁组装；2—减振器上座(一)；3—减振器支座(一)；4—侧梁装配(右)；5—中间梁装配(一)；6—横向减振器座；7—减振器支座(二)；8—中间横梁装配(二)；9—侧梁装配(左)；10—后端梁组装

1. 侧梁由钢板焊接成双凸肚的箱形结构，其上焊装有牵引座、止挡座、拉杆座、圆弹簧拉杆座以及弹簧座等。

2. 2 根中间横梁结构基本相同，均采用无缝钢管，其上均焊有电机悬挂支座以及电机悬挂板。中间横梁(二)还焊装有制动器安装板。

3. 前端梁采用无缝钢管，其上焊装有电机悬挂支座和制动器安装板。

4. 后端梁由钢板焊接成箱形结构，其上焊装有电机悬挂板和制动器安装板。

四、HXD_3 型电力机车转向架构架

构架是由左右对称布置的两个侧梁、前端梁、后端梁、牵引横梁、横梁和各种附加支座等组成。构架组焊后，成为完全封闭的框架式"目"字形箱型结构，如图 3-10 所示。

为了保证构架在机车正常运用中具有足够的强度、刚度和疲劳寿命，设计中有必要对构架进行有限元结构强度分析和模态分析。并且通过试验，来验证设计和计算的正确性。

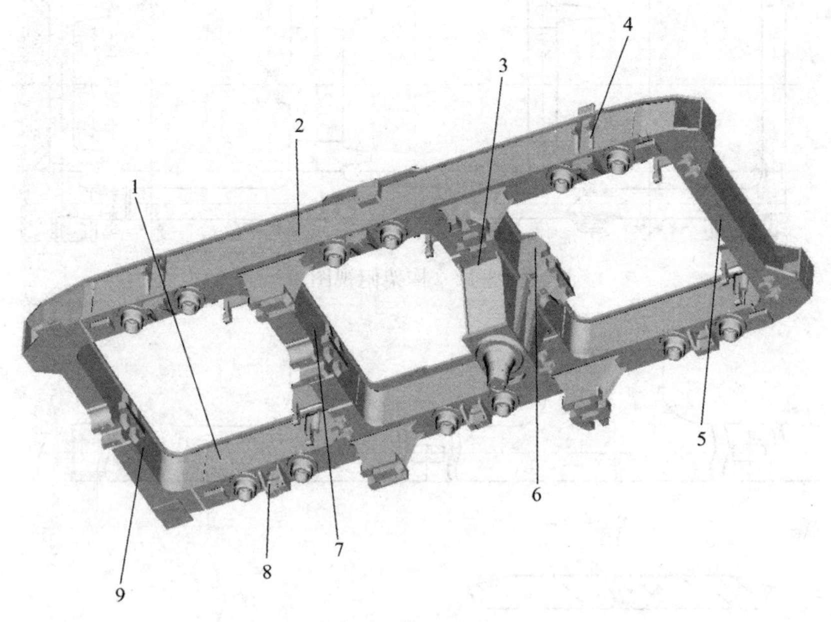

图 3-10 转向架构架

1—左侧梁；2—右侧梁；3—牵引横梁；4—减震器座；5—前端梁；6—电机吊杆座；7—横梁；8—轴箱止挡；9—后端梁

为满足相关试验标准的要求，HXD_3 型机车转向架构架按照 TB/T 2368—2005 进行了静强度和 1 000 万次抗疲劳强度试验。

为了满足重载货运牵引性能的要求，降低整车的质心，同时满足轴重要求，考虑电力机车车体上部质量较轻，适当增加了一系悬挂以上的质量。在构架设计时，为保证构架有足够的强度和刚度，侧架、横梁的下盖板采用了 30 mm 厚的钢板。各梁受力部分的内腔均设有 10 mm 厚的筋板。

牵引横梁承受较大的扭矩，设计成如图 3-11 所示的结构。横梁内除设有筋板，并且钢管串联，以增加牵引梁的刚度和强度。

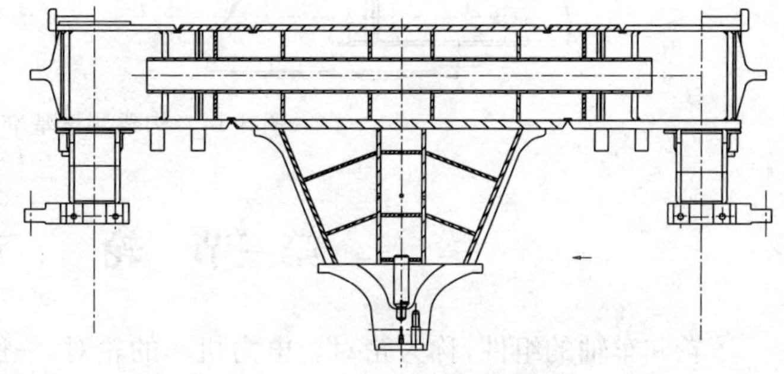

图 3-11 构架牵引横梁

侧架与端梁、横梁采用圆弧连接的结构形式。以降低连接处的应力集中，如图 3-12 所示。为了增加侧架与端梁、横梁的连接强度，连接处的上下盖板交错，并且在横梁受力较大的 4 个连接处，采用双面焊。为实现整体起吊功能，在侧架内和轴线相交处还设有断面为 H 形的筋板结构，以保证吊装时此处的强度。端梁连接处下盖板用排障器座板和砂箱座板补强。

侧架上下盖板与各梁焊接处的边均加工焊接坡口，确保焊接质量，如图 3-13 所示。

构架作为组焊件，在整体组焊后，整个构架进行回火处理。该构架采用整体加热方式，消

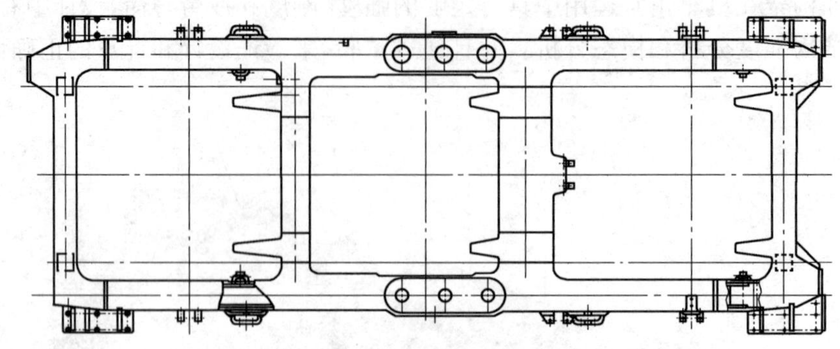

图 3-12 构架俯视图

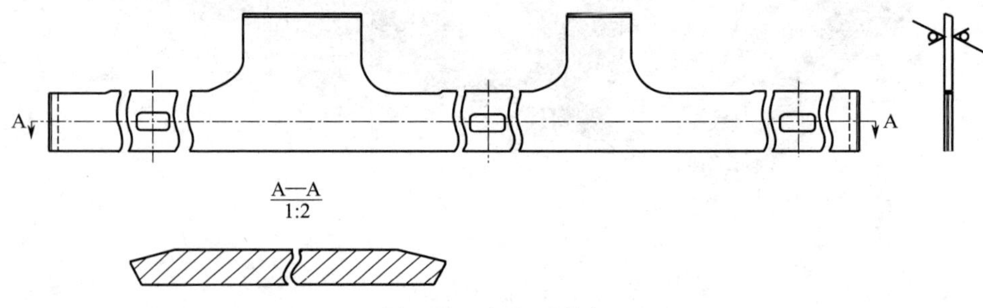

图 3-13 侧架下盖板

除焊接过程中产生的焊接应力。

为了方便检修，在构架的前后端梁各有两个水平基准，这些基准作为机车检修时的测量依据，如图 3-14 所示。

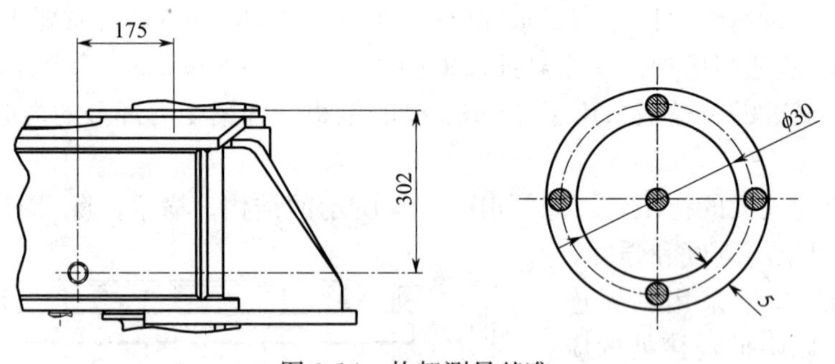

图 3-14 构架测量基准

第三节 轮 对

车轮和车轴的组件，称为轮对。电力机车的轮对，一般还包括传动大齿轮。轮对是机车走行部中最重要的部件之一。机车的全部静载荷都通过轮对传给钢轨；牵引电动机的转矩经过轮对作用于钢轨，产生牵引力，通过轮对的滚动使机车牵引列车前进。

当轮对沿着钢轨运动，在通过钢轨接头、道岔、辙叉及线路的各种不平顺处时，刚性地承受了全部垂直方向及水平方向的冲击。另外，组成轮对的各部件在组装时，要产生很大的组装应力。

静载荷、动作用力、组装应力，共同作用在轮对上，使得轮对工作时的受力，既复杂又很严重。另一方面，由于轮对是簧下质量，为了减轻它对线路的作用力，还应该尽可能地减轻它本身的质量，这一点对高速机车尤为重要。因此，对于轮对的制造、维护应给以特别的重视，适当地选择轮对部件的材料，保证轮对的正确形状和良好的状态，是机车安全运行的必要条件。

一、轮对的组成和组装

轮对一般由车轴、车轮和大齿轮组成，车轮又由轮箍和轮心组装而成。它们之间都采用过盈配合，用热套装或冷压装或注油压装的方式紧紧的装配在一起，如图 3-15 所示。

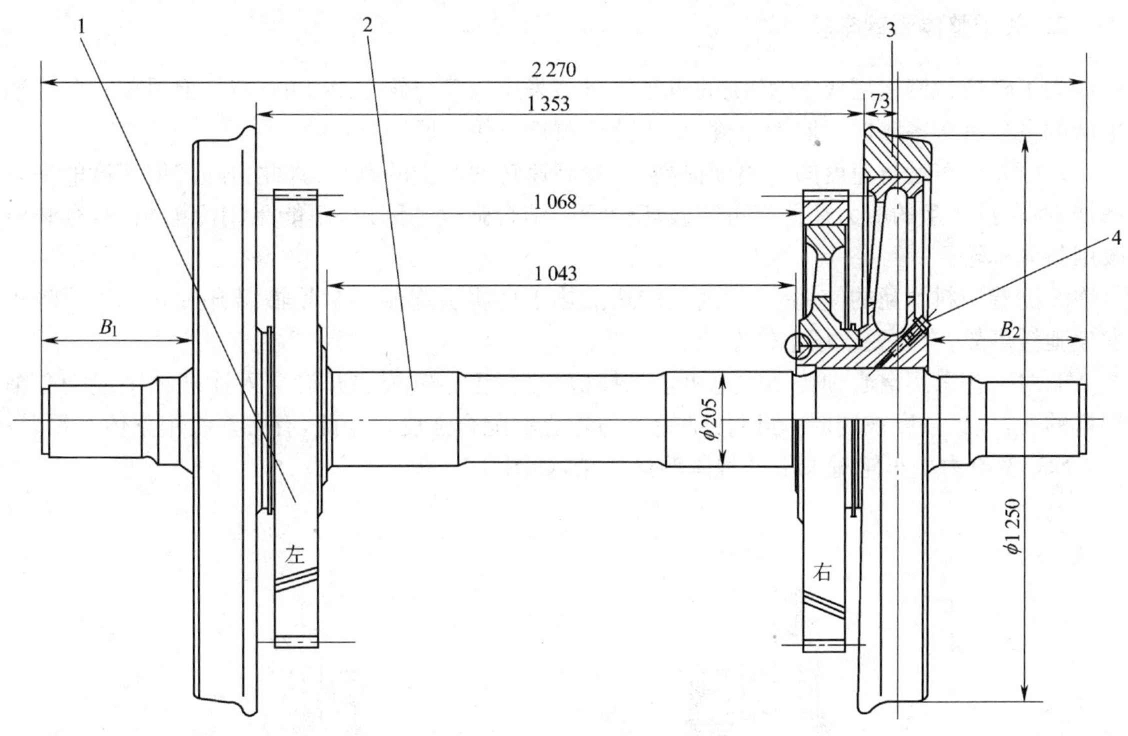

图 3-15 SS_4 改型机车轮对

1—大齿轮；2—车轴；3—车轮；4—油堵

有的机车大齿轮直接装在车轴上，有的机车大齿轮装在轮心加长的轮毂部分，与车轮一起装在车轴上。车轮和车轴的装配工艺，有先套轮箍后压装车轴或先压装车轴后套轮箍两种，一般采用后者。大齿轮和轮心、轮心和车轴的组装，由于直径较小，一般采用直接冷压装的方法(在专用的卧式水压机或油压机上进行)；而轮箍和轮心的组装，由于直径大，一般采用把轮箍加热后套装在轮心上，冷却后自然收缩抱紧的热套装方法。

值得注意的是：轮心和车轴的组装，国外采用热套装工艺比较普遍，而我国近来常采用注油压装工艺。热套装易于保证装配质量和装配尺寸，生产效率也高。在采用热套装后必须进行反压试验，以检查套装质量，就是将车轴在压力机上向退出轮心方向试压一定吨位的压力，轮轴不发生相对移动者为合格。

所谓注油压装工艺，是在轮心上设有注油孔和与油孔相连的注油槽，当压装或退轮时，可用高压油泵向油孔内注入高压油，使轮心与轴配合表面渗满高压油，再用压力机施予压力，将车轴压入或退出轮心的组装工艺。这种工艺，不但可降低压入或退出吨位，更主要的是可避免配合表面被拉伤，保证了产品质量。

过盈配合的过盈量，是决定组装后配合压力大小是否合适的关键。过盈量太小，则组装配合压力不足，容易造成松缓甚至脱落，发生重大事故；过盈量太大，则组装后配合压力太大，部件会因内应力过大而发生崩裂。

过盈量大小是否合适，还可由冷压装时的压装吨位或热套装时的加热温度或注油压装时的油压大小来反映。冷压装时的压装吨位过大或热套装时的加热温度过高或注油压装时的油压太大，就说明过盈量太大；反之，就说明过盈量太小。所以，各部件加工时的过盈量、组装时的压装力、加热温度、油压大小，都有严格的要求。一般过盈量为配合直径的 1‰～1.5‰。

二、关于整体碾钢车轮

为了降低检修运用成本，传统的机车轮对多采用轮箍与轮心组装的轮对，但目前一些国家生产的电力机车多倾向于取消轮箍，采用整体辗钢车轮。原因是：

1. 随着机车运行速度的大幅度提高，车轮高速转动产生的离心力(此力随圆周速度的平方增加)对轮箍产生的应力往往有可能破坏轮箍的结合强度。因此，不能采用冷缩轮箍，有必要改用整体车轮。

2. 随着塑料闸瓦的使用推广，闸瓦传热散热不良将引起制动时轮箍温升过高。为了防止发生弛缓事故，有必要改用整体车轮。

3. 对某些采用空心轴传动的电机全悬挂机车，在轮心辐板要开设穿入连杆轴销或空心轴拐臂的孔，辐板强度被削弱，难以保证轮箍与轮心的配合强度。为此，有必要改用整体车轮。

SS_9 型电力机车轮对采用了整体辗钢车轮，如图 3-16 所示。

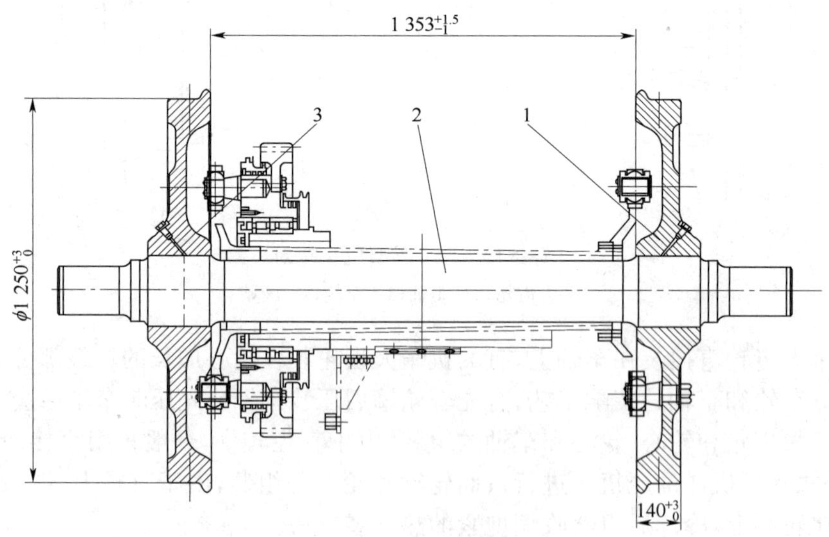

图 3-16　SS_9 型机车轮对

1—主动车轮；2—车轴；3—从动车轮

三、轮心各部分名称及分类

轮心是车轮的主体，它的外周装设轮箍，中心安设车轴。不论何种形式的轮心，都由下列部分组成(图 3-17)：

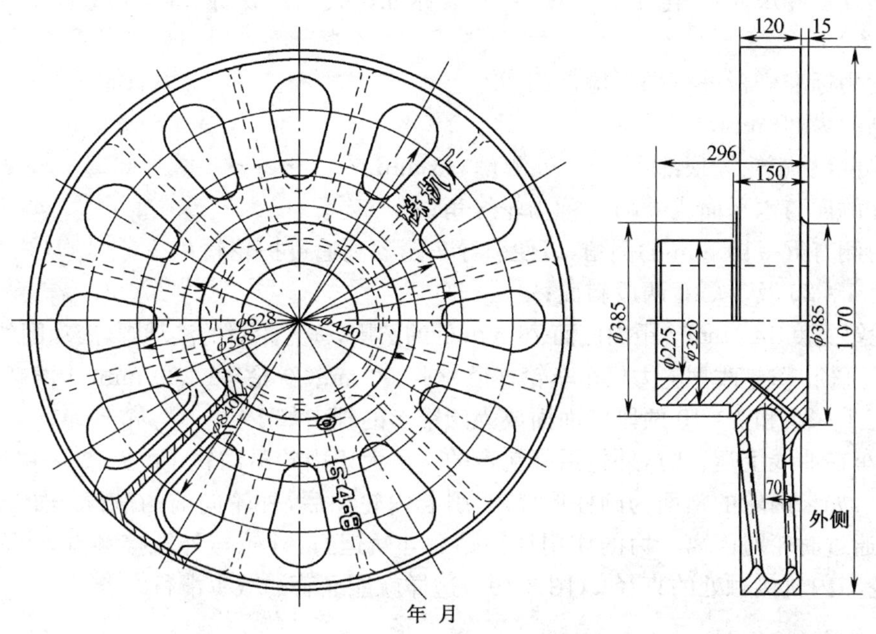

图 3-17　SS_4 改型机车轮心

轮心上和车轴压装的部分，称为轮毂；轮心上和轮箍套装的部分，称为轮辋；轮毂和轮辋之间的部分，称为轮辐(或辐板、辐条)。以上各部分，一般用优质钢铸成整体，在铸件铸成后，要用退火和正火等热处理方法消除内应力。

根据轮辐部分形式的不同，轮心可以分为辐板式轮心、辐条式轮心和箱式轮心等几种。

辐板式轮心具有质量轻、弹性好等优点，但强度较差；辐条式轮心质量大，铸造时内应力大，运用中易发生辐条断裂；箱式轮心采用了薄壁中空夹层的结构形式，其质量轻、强度大，还具有一定的弹性，可以适当减轻动作用力的危害，是目前大功率电力机车普遍采用的形式。

根据轮心上是否压装传动大齿轮，轮心又可分为长毂轮心和短毂轮心两种。在长毂轮心的轮毂部分压装传动大齿轮，这种组装方法可以减小车轴应力，避免压装时擦伤车轴，但轮对质量必然有所增加。目前长毂轮心在国外已经少见，原因就在于高速机车追求减轻轮对质量。

四、轮　　箍

轮箍是车轮直接在钢轨上滚动运行的部分。它是用热套法套在轮心上，俗称“红套”。

套装过紧会引起轮箍崩裂，特别是冬季气温低，材质脆性大，更易发生崩裂。套装过松，就很容易松缓，尤其是在长大下坡道，连续施行空气制动时，轮箍发热，更易产生松缓(弛缓)。

为了检查轮箍是否发生了松缓，在轮箍套装到轮心以后，用黄色油漆在轮箍轮心结合处画一条经向宽线，可以观察它有无错位来判断是否发生了松缓现象。轮箍在机车运用中，须定期旋修，旋修或磨耗到限后必须更换新的轮箍。

1. 轮箍的外形

轮箍的外形，是一个带凸缘的圆环。它是与钢轨直接接触的部分，由轮缘和踏面两部分组成。其外表面与钢轨顶面接触的部分称为踏面；与钢轨内侧面(轨肩)接触的凸缘部分，称为轮缘。轮缘起着导向和防止脱轨的重要作用。

轮箍的外形和尺寸,各国不尽一致,各有其标准。我国按铁标 TB 449—76B 型加工轮缘和踏面(图 3-18)。

加工后用标准样板进行如下检查:

轮缘高度为 28 mm;

轮缘厚度(从距轮缘顶部 18 mm 处测量)33 mm;

轮缘外侧面与水平面成 65°角,称为轮缘角;

轮缘内侧有 $R=16$ mm 的倒角,以便引导车轮顺利通过护轮轨;

踏面有 1∶20 及 1∶10 两段斜面;

整个轮箍宽度 140 mm。距内侧面 73 mm 处的圆周,称为轮对的滚动圆,滚动圆的直径即为车轮的名义直径。SS_4 改型电力机车车轮直径为 1 250 mm(新轮),1 200 mm(半磨耗)。

踏面有 1∶20 和 1∶10 两段斜面而成为圆锥形的理由如下:

(1)机车在曲线上运行时,外轮沿外轨走的距离大于内轮沿内轨走的距离。由于内外轮装在同一轴上,如果两轮的踏面为圆柱形,势必引起内轮向后,外轮向前的滑行。如果踏面具有锥度,曲线通过时轮对因离心力的作用往往贴靠外轨运行,外轮与外轨接触点处的直径 D 必然大于内轮与内轨接触处的直径 d(图 3-19),这样就能显著的减少滑行。

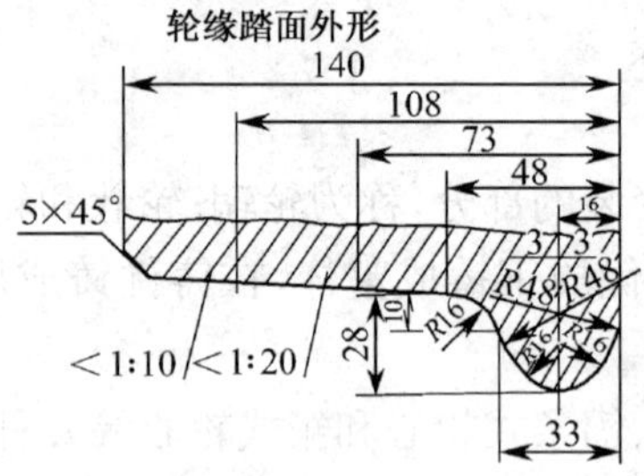

图 3-18　SS_4 改型机车轮箍(TB 449—76B 型)

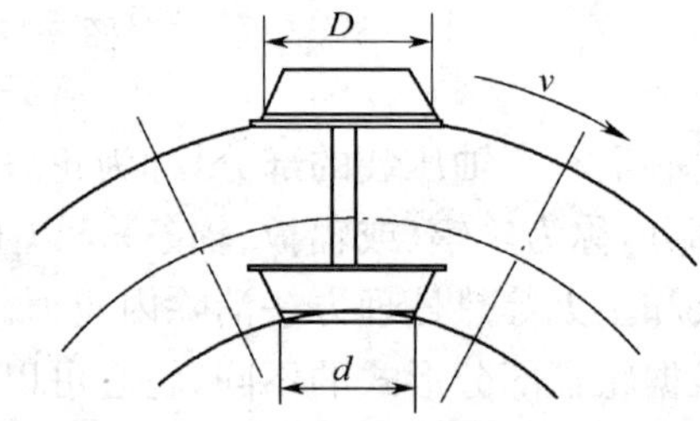

图 3-19　车轮踏面锥度避免曲线上车轮的滑行

(2)踏面具有锥度后,轮对在直线上运动时,会因两轮以不同直径的圆周滚动,产生轮对自动滑向轨道中心的倾向,形成轮对的蛇行运动。这种运动对于防止轮缘单靠,降低轮缘与轨肩的磨耗,使整个踏面均匀磨耗都有积极的意义,如图 3-20 所示。

(3)斜率 1∶20 的一段踏面,是经常与钢轨顶面接触的,因而磨耗较快,磨耗将使踏面凹陷,在进入道岔或小半径曲线时,可能产生剧烈的跳动,甚至会引起出轨事故,为了避免这种现象,在 1∶20 斜率的这一段踏面外侧,有一段 1∶10 斜率的踏面,以减轻磨耗凹陷的严重程度,如图 3-21 所示。这一段踏面接触轨面的几率较少,仅在小半径曲线上运行时,才可能接触轨面。

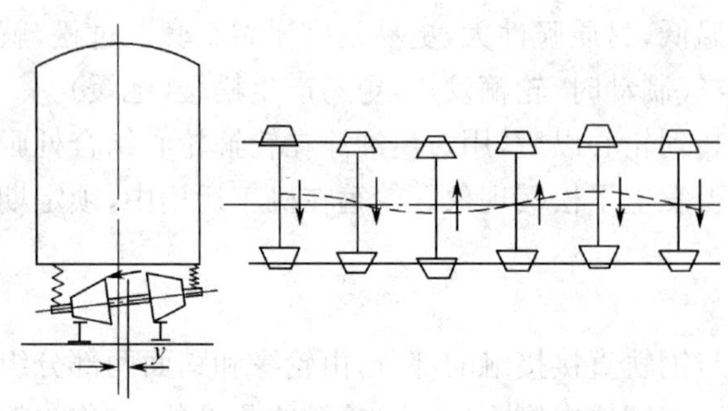

图 3-20　车轮踏面锥度引起轮对蛇行运动

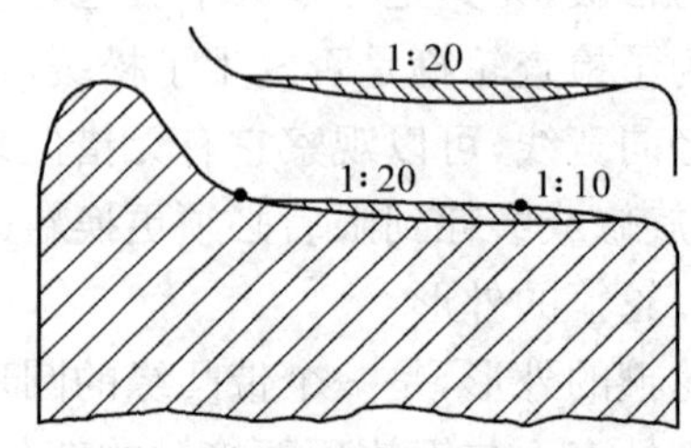

图 3-21　踏面磨耗情况

2. 关于低斜度锥形踏面及磨耗形踏面

踏面具有斜度，会引起转向架的蛇行运动，随着机车运行速度的提高，这种蛇行运动会引起机车横向振动的加剧，使机车运行品质恶化，影响机车的横向稳定性和平稳性。因此近年来，对踏面外形做了大量研究，低斜度锥形踏面及磨耗踏面得到了应用。

日本和法国的高速列车，把 1∶20 斜度的锥形踏面改为 1∶40 斜度，提高了机车的蛇形临界速度，但应注意，踏面磨耗后，斜率显著增大，需及时旋轮，尽量保持原有外形。

一般情况下，锥形踏面与钢轨接触范围很窄，在这狭小的接触面积上产生局部磨耗，使踏面呈现凹形。但踏面达到某种凹形程度后，外形便相对稳定，磨耗变慢。如果把踏面外形设计成磨耗形(凹形)，则轮轨接触一开始就比较稳定，磨耗较慢，这就是近年来世界各国广泛采用的磨耗形踏面。

SS_9 型电力机车车轮踏面采用 JM3 型磨耗型踏面，如图 3-22 所示。

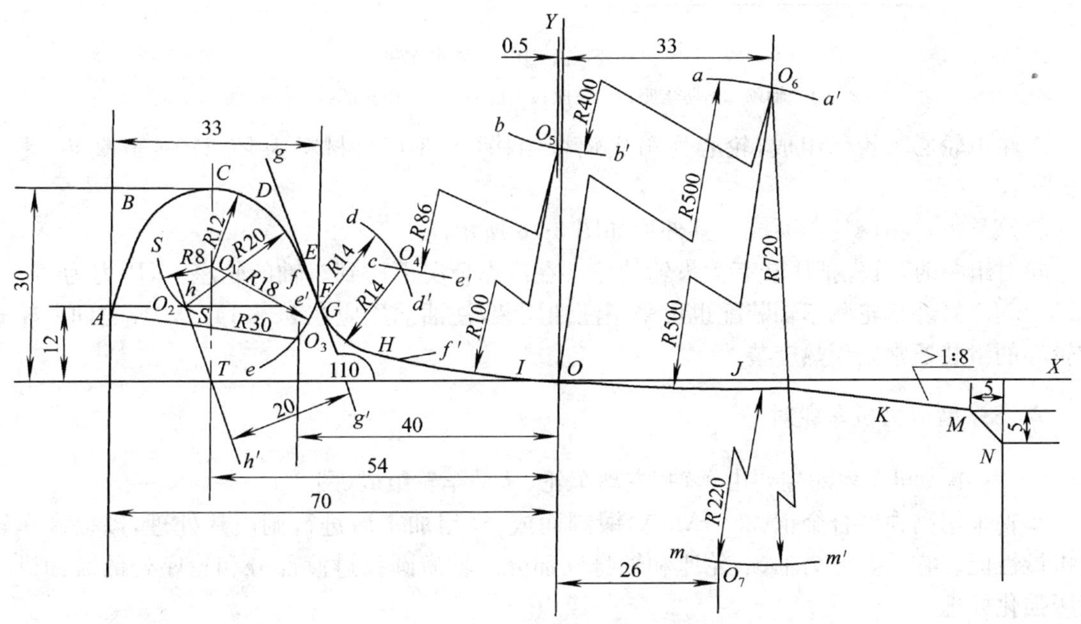

图 3-22 JM3 型磨耗型踏面

磨耗形踏面与锥形踏面相比，在外形上的主要特点有：

(1)磨耗形踏面与圆弧形轨头接触不是锥形而是圆弧形的凹面。轨头表面圆弧半径通常为 R300，踏面圆弧半径宜为 R500 左右。

(2)轮缘根部与踏面连接处有一段小圆弧 R14～R16，磨耗形踏面在此小圆弧与踏面连接处加了一段过渡圆弧，通常为 R100 左右。正是这段过渡圆弧避免了踏面和轮缘与钢轨的两点接触。

磨耗形踏面的主要优缺点：

优点：①延长了旋轮里程，减少了旋轮时的车削量；②在同样的轴重下，接触面积增大，接触力较小；在同样的接触应力下容许更大的轴重；③减少了曲线运行时的轮缘磨耗；④减少了踏面磨耗。

缺点：磨耗形踏面的缺点是等效斜率较大，对机车运行稳定性不利。对于速度较高的机车，必须采取相应的措施来保证机车具有足够的运行稳定性。

五、SS_4 改型电力机车轮对

SS_4 改型电力机车轮对由一根车轴、左右两个车轮和两个大齿轮组成(图 3-15)。

车轴用 JZ 车轴钢锻成。它分轴颈、防尘座、轮座、抱轴颈和中间身部分组成。轴按图加工后,其圆弧部分和 ϕ228 mm 及 ϕ205 mm 处的表面均通过滚压强化处理,如图 3-23 所示。

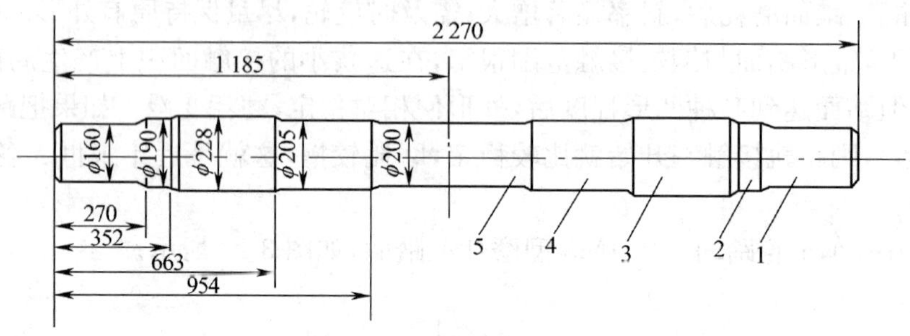

图 3-23　SS_4 改型电力机车车轴

1—轴颈;2—防尘座;3—轮座;4—抱轴颈;5—中央部(轴身)

车轮由轮心和轮箍组成,轮心为箱式辐板结构(图 3-17),材料为 ZG230-450 铸钢,重量 370 kg。

轮箍是由轮箍钢轧制而成。其外形如图 3-18 所示。

轮对组装时,首先把压装有大齿轮的轮心在冷态情况下压到车轴的轮座上,压力为 785～1 275 kN。另外车轮和车轴装配也可采用注油压装,注油油压应在 98～147 MPa 之间。轮箍和轮心的组装通常采用热套装。

六、SS_9 型电力机车轮对

SS_9 型电力机车轮对主要由车轴、主动车轮、从动车轮组成(图 3-16)。

车轴采用高强度合金钢(35CrMoA)锻制而成,经粗加工后进行调质热处理,以提高车轴的机械性能。它主要分为轴颈、轮座和轴身三部分。轴肩圆弧过渡部分和轮座处的表面进行滚压强化处理。

主、从动车轮均采用整体辗钢车轮加工而成。车轮粗加工后需进行超声波探伤检查。确定无不良内部缺陷后再进行精加工和表面磁粉探伤,并做静平衡试验。为了便于压装和退轮,在车轮轮座(轮毂)部位设有注油孔和油槽。压装和退轮时用高压油泵向注油孔内注入高压油,不但可降低压入或退出车轮的吨位,更重要的是可避免配合表面被拉伤。

车轮踏面采用 JM3 型磨耗型踏面(图 3-22)。以减少机车运行时的车轮踏面磨损。

轮对组装采用注油压装法,注油油压应在 98～147 MPa 之间,注油压装终止时压入力不得超过 196 kN。

车轴与车轮的组装允许热套装。热套装前车轮和车轴装配面必须清洁,车轮的加热温度和热装过盈量必须控制在要求的范围内。在热套 15 h 后应逐个进行车轮反压检验,不允许车轮在车轴上发生任何移动。

轮对电阻检验不应超过 0.01 Ω。

轮对组装完后应在车轮注油孔上拧紧螺栓,保护孔道。

轮对组装完后应检查同一轮对两车轮直径之差不大于 0.5 mm,同一转向架轮对直径之差不大于 1 mm,加工后轮辋宽度不小于 140 mm。

七、HXD_3 型电力机车轮对装配

轮对装配是由车轴、车轮装配、驱动装置组成，如图 3-24 所示，车轮组装采用注油压装方式将车轮组装到车轴的轮座上；车轮拆卸时仍通过轮毂上的高压油孔注油退下。从动齿轮直接套在车轴上，滚动抱轴箱装配在车轮压装前组装到车轴上，并调整好轴承油隙。

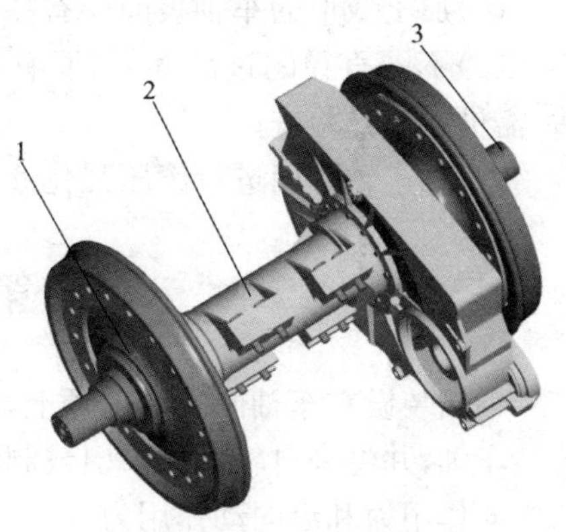

图 3-24　轮对装配

1—车轮装配；2—驱动装置；3—车轴

车轴装配包括整体车轮和摩擦盘组装，如图 3-25 所示。整体车轮采用进口整体辗钢轮，车轮踏面为标准规定的 JM_3 型踏面；制动盘采用进口的 KNORR 公司制动盘。

车轴是用碳素钢锻制成的，其材料必须符合 GB 5068—1999 的规定，HXD_3 车轴采用 JZ50 钢。由于车轴在机车运行中受较大的交变耦荷、牵引力、侧压力以及各种复杂的动载荷等，所以车轴除保证有足够的强度外，还应尽可能地减少车轴各载面上的应力集中。为此在设计时，相邻部位两轴颈之比 D/d 不大于 1.12，任意两个相邻轴肩处均采用圆弧过渡，其半径选择尽可能大些。为了提高车轴的抗疲劳强度，在轴颈和大圆角处均采用滚压加工。

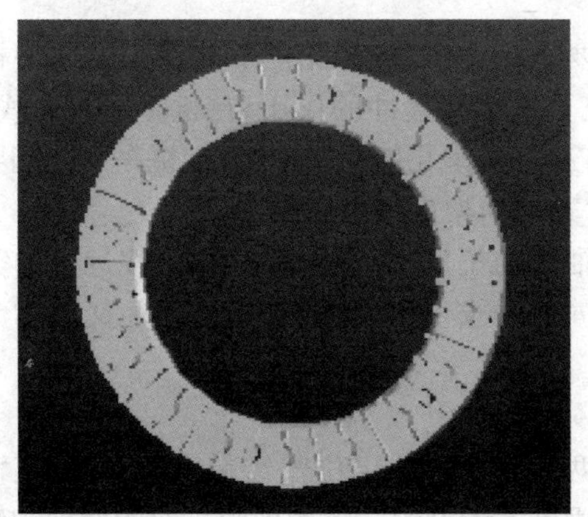
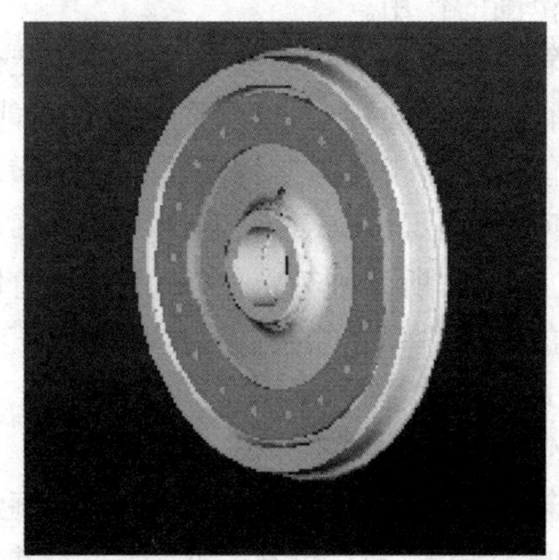

图 3-25　制动盘与车轮组装

八、车轴的受力及破坏

车轴承受的载荷相当复杂：有由于垂直载荷而引起的弯矩；有曲线运动时轮轨侧压力引起的弯矩；有齿轮转动时引起的扭矩；有某侧车轮发生滑行时引起的扭矩；线路的冲击，簧上部分的振动、制动力作用等都要产生附加载荷。所以，车轴的工作条件十分恶劣，不仅受弯，而且受扭，不仅有交变载荷，而且常常有突加载荷。

由于车轴所受的主要应力都是交变的，所以多数车轴的折损是由于疲劳裂纹引起的。实践证明，车轴的断裂，多发生在以下 3 个区域：轴颈的圆根部；轮座的内侧；抱轴颈的圆根部。车轴的其他破坏，如轴颈烧损、拉伤；轮座部分擦伤；磨耗到限度等一般不会引起重大事故，且可以修复。疲劳裂纹和折断，是车轴各种破坏中后果最严重的破坏。如何防止和减少车轴的

疲劳破坏，是制造、使用和修理中的重要课题。

为了减少车轴的疲劳破坏，一般可采取以下措施：

(1)锻造车轴钢坯应进行人工时效或自然时效处理，待内应力消除后再进行机械加工；

(2)加工成形的车轴表面应有高的表面光洁度；

(3)不同直径的过渡部分，要有尽可能大的过渡圆弧，以减小应力集中，车轴正火热处理后，需进行试样检查；

(4)对车轴表面进行滚压强化处理，使表层金属材料更加密致，提高抗疲劳能力等。

第四节　轴　　箱

轴箱装设在车轴两端的轴颈上，用来安设轴承，将全部簧上载荷，包括垂直方向的动载荷传给车轴，并将来自轮对的牵引或制动力传到转向架构架上去。此外，它还传递轮对与构架间的横向作用力和纵向动作用力。

一、轴箱定位方式

1. 轴箱定位的概念

轴箱与转向架构架的连接方式，通称为轴箱定位。轴箱定位的结构、性能对机车的运行品质有很大的影响。由于轴箱位置决定了轮对的位置，所以轴箱定位起到了固定轴距和限制轮对活动范围的作用。

轴箱对构架是个活动关节。对轴箱定位的要求是：应保证轴箱能够相对于转向架构架在机车运行中作垂向跳动，以保证弹簧装置能够充分发挥其缓冲的作用；在机车通过曲线时，轴箱应当能够相对于转向架构架作小量的横动，有利于机车几何曲线通过；在机车纵向则要求有较大的刚度，以保证牵引力、制动力的传递(对普通转向架而言)。

由上可知，所谓轴箱定位，决不意味着固定轴箱的位置，而是要保证轴箱按运行的需要进行恰当的位移，在不同的方向，位移的数值有不同的要求。所以，轴箱定位往往又被称为轴箱导向方式。

2. 轴箱定位方式的分类

轴箱定位方式分为导框定位和无导框定位两大类。导框定位曾经是机车、客货车辆轴箱定位的唯一方式，现在仍在一些机车，尤其是车辆上大量沿用。随着橡胶工业的发展和转向架技术上的进步，取消了转向架上的轴箱导框或轴箱导筒，出现了无导框轴箱定位。无导框轴箱定位在结构形式上又有多种，目前通常采用的有轴箱拉杆定位和八字形橡胶堆式轴箱定位(SS_7 型电力机车采用弹性导筒轴箱定位)。

(1)导框轴箱定位

如图 3-26 所示，在构架的侧梁下面设轴箱导框；在轴箱体的前后两侧设有导槽；轴箱上的导槽与构架上的导框配合滑动，组成导框定位。轴箱在导框内沿导框上下移动，也可以在导框与导槽间隙允许的范围内适当横动，使轮对有一定的横动量。为了加固轴箱导框，并防止轴箱脱出，在导框下面，安装轴箱托板。为了便于检修，在构架导框与轴箱导槽的摩擦面上，装设耐磨的衬板，并且经常加注润滑油，磨耗到限的衬板，应及时予以更换。

导框定位方式的缺点是：存在摩擦面，磨耗严重，增加了检修工作量和检修成本；运用中需经常加注油润滑，维修保养比较困难；磨耗松旷后产生打音；横向位移没有弹性，不利于降低轮轨之间的动作用力，动力曲线通过性能不好等等。

(2)八字形橡胶堆式轴箱定位

八字形橡胶堆式轴箱定位，也称人字形橡胶弹簧轴箱定位。是瑞典 Rc 系列电力机车上发展起来的轴箱弹簧装置。同时具有轴箱定位装置的功能，如图 3-27 所示。

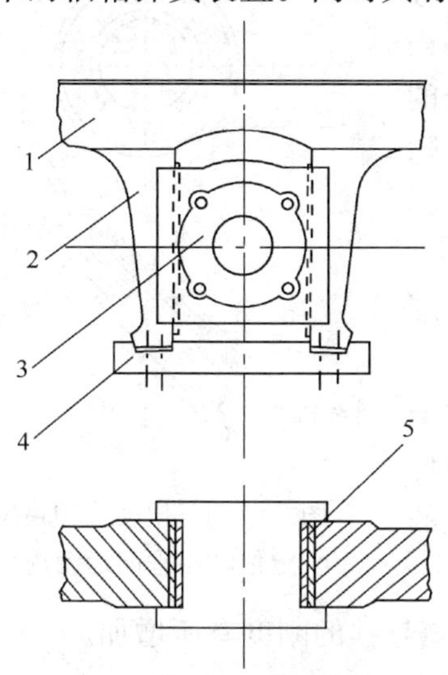

图 3-26　导框轴箱定位

1—构架侧梁；2—轴箱导框；3—轴箱；4—托铁；5—衬板

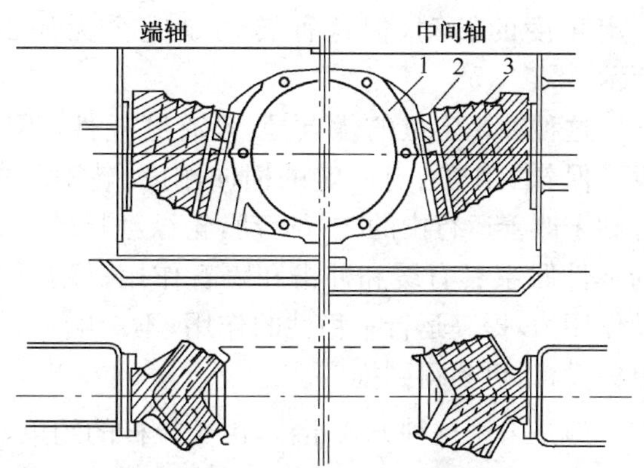

图 3-27　八字形橡胶堆式轴箱定位

1—轴箱；2—金属夹层；3—橡胶元件

这种轴箱定位方式，在每一轴箱的前后侧各装一个金属橡胶夹层弹簧(俗称“三明治”橡胶金属结构)，一端与转向架构架固结，另一端与轴箱体固结。这种结构不仅能支承上部重量，而且还可以弹性地传递纵向力和横向力。改变夹层钢板的形状、数量和改变弹簧的安装角度，可使弹簧在各个方向达到所需要的不同刚度，适应承载和轴箱定位的需要。

这种轴箱定位的优点是：重量轻，结构简单，能吸收音频振动，运行中没有噪声，不存在磨耗等。

但由于这种装置取代了传统的一系弹簧悬挂装置，而橡胶弹簧目前还存在性能不够稳定，受温度影响大，制造工艺复杂等问题，所以只在一部分国家得到应用。我国从罗马尼亚进口的 6GL 型电力机车采用了这种轴箱定位。

(3)拉杆式轴箱定位

拉杆式轴箱定位是目前各国认为比较先进可靠的、采用较普遍的一种无导框轴箱定位方式。它最早由法国阿尔斯通公司设计制造，所以又称阿尔斯通式轴箱定位，如图 3-28 所示。

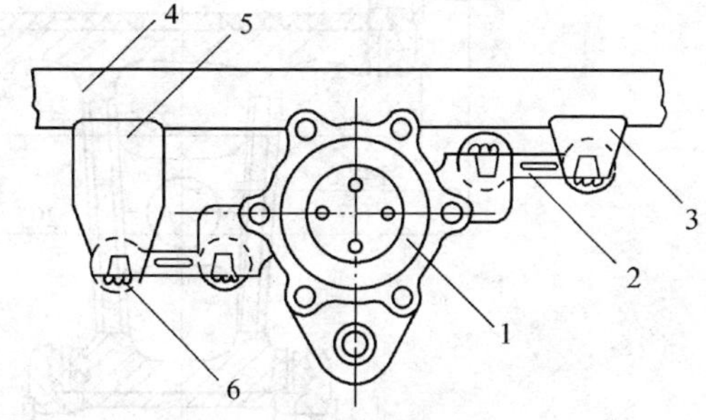

图 3-28　拉杆式轴箱定位

1—轴箱；2—拉杆；3—构架拉杆座；4—构架侧梁；5—构架拉杆座；6—螺栓

在轴箱体的前后两侧，伸出高低不同的两个轴箱耳，各连接一根轴箱拉杆，通过轴箱拉杆，将轴箱与转向架侧梁下焊装的轴箱拉杆座连接起来。轴箱拉杆两端处装有橡胶套，销子两端有橡胶垫。

采用这种带有橡胶关节的轴箱拉杆定位方式，轴箱可以依靠橡胶关节的径向、轴向及扭转弹性变形，实现各方向的弹性位移，使轮对与构架的联系成为弹性联系。适当选择它的横向刚度和纵向刚度，可以显著地改善机车运行的稳定性。

这种拉杆定位的纵向刚度一般比八字形橡胶堆式定位的纵向刚度大，更适合传递牵引力、制动力等纵向力的需要。

两个轴箱拉杆的位置高低不同，这种形式叫做双扭动式拉杆机构。其目的是为了满足轴箱垂向位移的需要。因为拉杆在纵向上刚度很大，不能伸长或缩短，如果将两个拉杆设在同一高度，轴箱的垂向位移势必因拉杆长度不能变化而受到极大的限制。把两个轴箱拉杆安排得一高一低，就可以允许轴箱在拉杆长度不变的条件下上下跳动。不过应注意，在轴箱上下位移时还伴随一定角度的转动，但这种转动是完全无碍的，如图 3-29 所示。

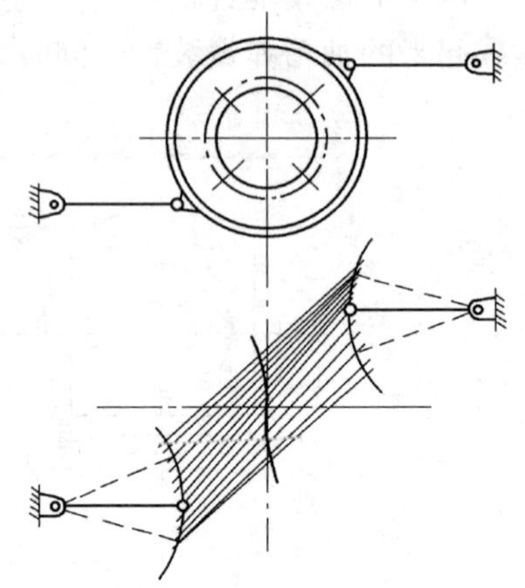

图 3-29 双扭动式轴箱拉杆定位轴箱垂向运动规律

这种轴箱定位的优点是：没有磨耗件，不需要润滑，减少了保养工作量；有一定的横向刚度，轮对不能自由横动，有利于改善运行中的蛇行运动，轮缘磨耗较小；轴箱与构架的弹性联系具有缓和冲击和隔音作用；橡胶件起到了降低动作用力，提高运行平稳性的作用；不影响一系弹簧悬挂的单独设计，更易得到推广。

但是采用这种方式定位，由于拉杆的约束，使一系弹簧悬挂的刚度有所增加。

SS_4 改型、SS_9 型电力机车都采用双扭动式弹性拉杆轴箱定位。

二、SS_4 改型电力机车轴箱拉杆

SS_4 改型电力机车轴箱拉杆由连杆体、长拉杆、短拉杆、橡胶圈、端盖、橡胶端垫组成，如图 3-30 所示。

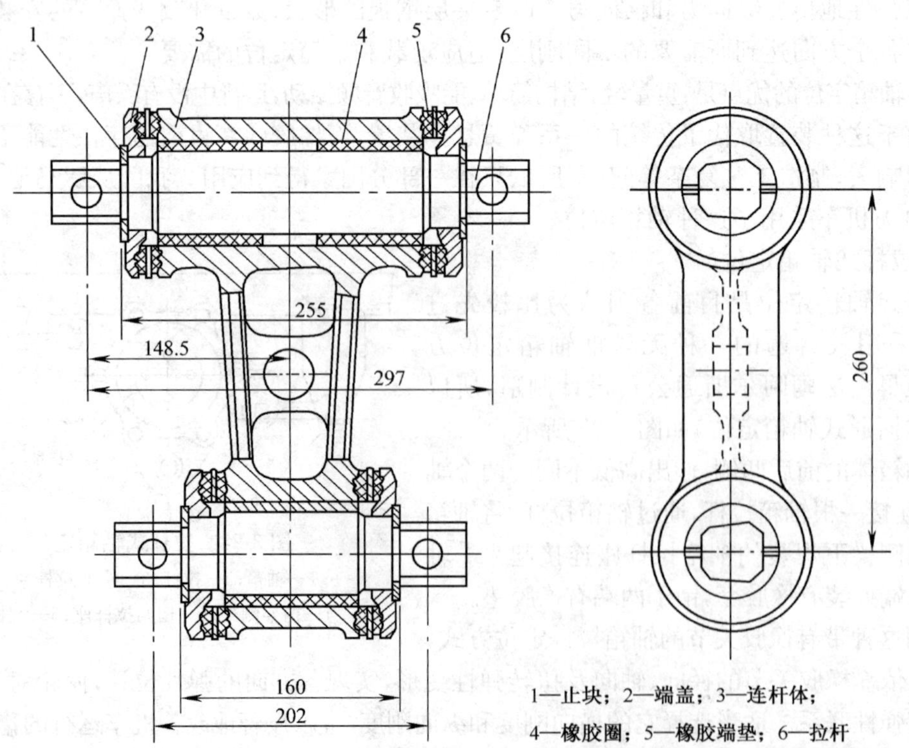

1—止块；2—端盖；3—连杆体；
4—橡胶圈；5—橡胶端垫；6—拉杆

图 3-30 SS_4 改型电力机车轴箱拉杆

连杆体为 ZG230-450 铸钢件，成双筒形，中间连接部分呈工字形，两筒中心距为 260 mm。长短拉杆为 45 号锻钢。拉杆中间为圆柱形，两端成八字形，八字形凸面与轴箱体和构架拉杆座凹八字形面相配合，并用螺栓紧固。橡胶圈为橡胶元件，长拉杆两个，短拉杆一个。为增加橡胶端垫的刚度和强度，在其中部加 2 mm 厚的钢板金属夹层。端盖用半圆卡环固定。

三、SS_9 型电力机车轴箱拉杆

SS_9 型电力机车轴箱拉杆由连杆体、拉杆组件、端盖、橡胶端垫和止块等组成，如图 3-31 所示。

连杆体为 C 级钢铸钢件，成双筒形，中间连接部分呈工字形，两筒中心距为 280 mm。

拉杆组件由橡胶和拉杆组成，橡胶硫化在拉杆上。拉杆中间为圆形，两端成八字形，八字形面与轴箱体和构架拉杆座凹八字面装配，并用螺栓固定。这种结构，其轴箱拉杆刚度可以任意调整，以满足机车动力学性能的要求。

橡胶端垫是带有金属夹层的橡胶硫化件，它被端盖压死在连杆体的两侧。端盖用半圆卡环固定。

组合后的轴箱拉杆形成一个整体弹性体。它承受传递牵引力和制动力及各种负荷，并缓和各种冲击振动，改善机车性能。

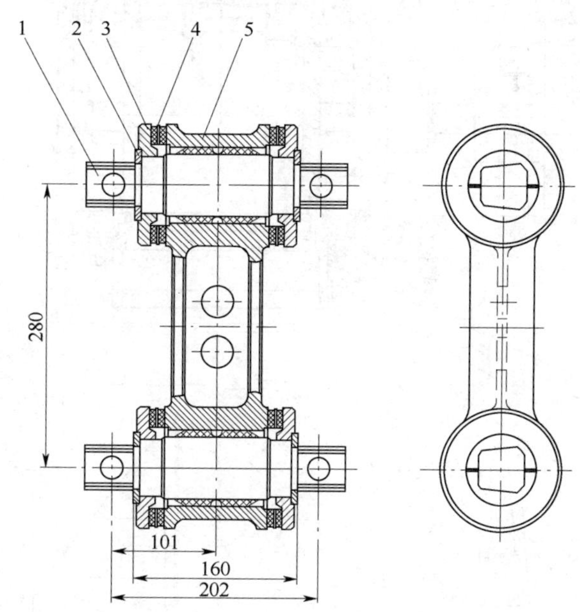

图 3-31 SS_9 型电力机车轴箱拉杆

1—拉杆组件；2—止块；3—端盖；4—橡胶垫；5—连杆体

但由于橡胶件易于老化，因此运用一段时间后应进行外观检查和性能参数抽查，不合格的元件应及时更换。

四、HXD_3 型电力机车轴箱拉杆

轴箱采用单拉杆与转向架的构架弹性相连，把机车簧上部分的重量传递给轮对，同时将来自轮对的牵引力、制动力、横向力等传递到构架上，如图 3-32 所示。

五、SS_4 改型电力机车轴箱

1. 组成和形式

SS_4 改型电力机车轴箱采用独立悬挂，弹性定位拉杆式结构。主要由前、后盖、轴箱体、短圆柱滚子轴承、密封环、接地棒、轴圈和挡板等组成，如图 3-33 所示。

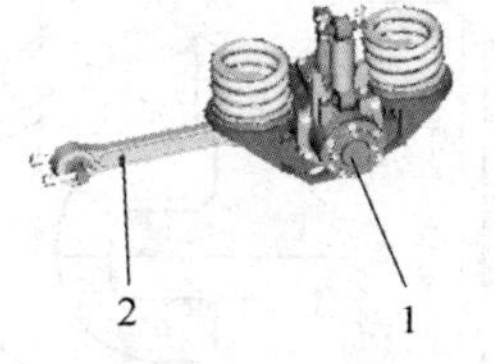

图 3-32 HXD_3 型轴箱拉杆

1—轴箱；2—轴箱拉杆

2. 轴箱结构

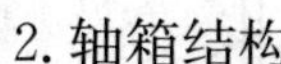

(1)前、后盖

前、后盖均为 ZG230-450 铸钢件，它用螺栓与轴箱体连接在一起。其突缘紧压短圆柱滚子轴承外圈，以防轴承外圈左右移动，也起到了传递轴向力、防尘和保护轴箱内部零件的作用。

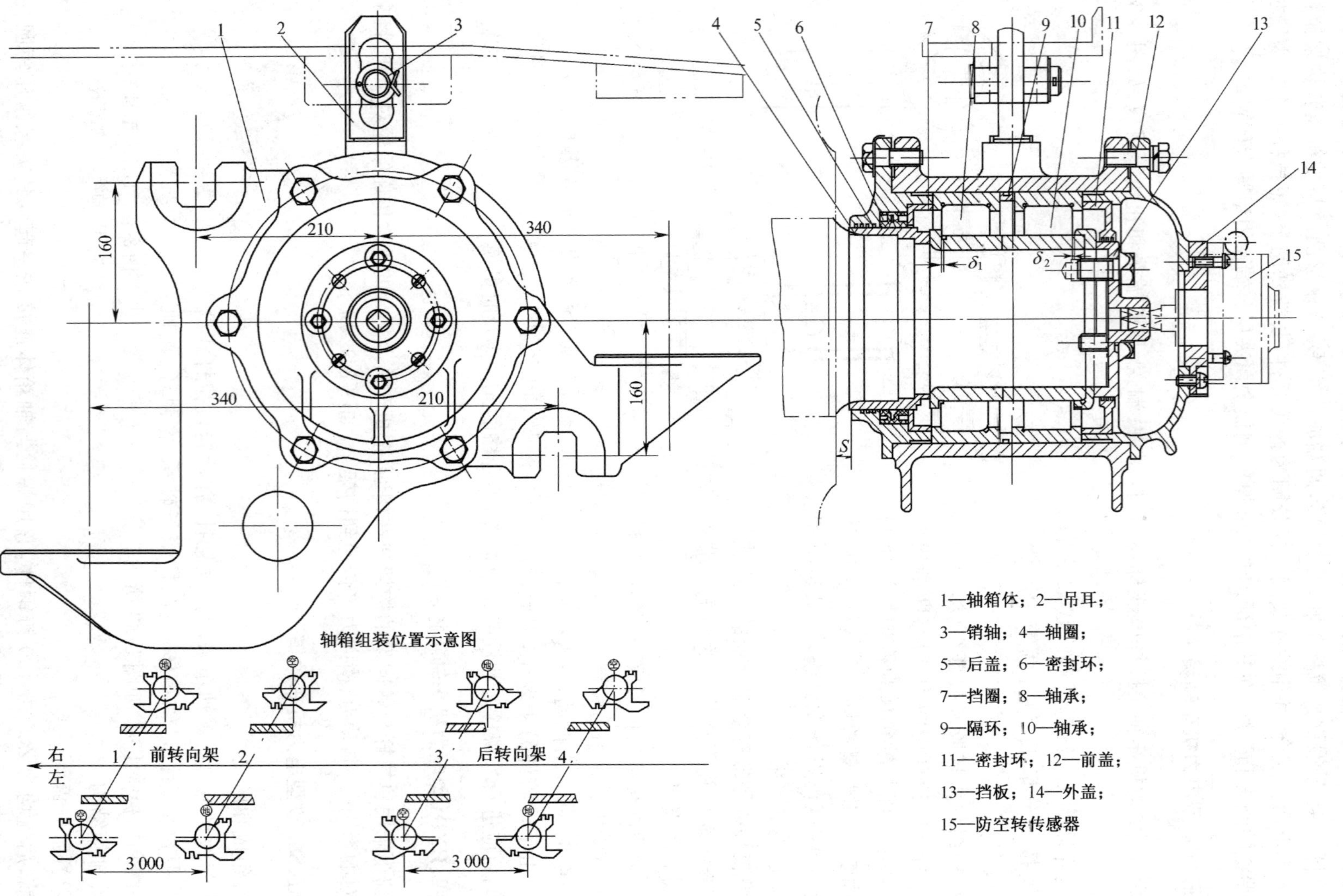

1—轴箱体；2—吊耳；
3—销轴；4—轴圈；
5—后盖；6—密封环；
7—挡圈；8—轴承；
9—隔环；10—轴承；
11—密封环；12—前盖；
13—挡板；14—外盖；
15—防空转传感器

图 3-33　SS_4改型电力机车轴箱组装

(2)轴箱体

轴箱体为 ZG230-450 铸钢件,中间成圆筒形,内孔与轴承外圈为动配合。左上方和右下方设有八字形切口,与轴箱拉杆相连接。两边还伸出弹簧座,一系弹簧就坐落在这弹簧座上。

(3)轴承

为了改善构架受力状态,SS_4 改型电力机车轴箱轴承在同一轮对上采用左右轴箱能同时承受轴向力和径向力的单列向心短圆柱滚子轴承。每组轴箱采用两种轴承,其内侧采用 552732QTK 轴承,其外侧采用 752732QTK 轴承,组装后轴箱单边横动量为 0.75 mm。

在组装轴箱前,应清洗轴颈、轴承和轴箱配件。轴圈加热温度在 200 ℃以下。轴承内圈加热温度在 150 ℃以下。轴承内应加相当于轴承室总容量 1/3～1/2 的三号锂基脂。

(4)密封环

为了防止油污、水和灰尘进入轴箱内,在轴箱后盖与挡圈之间装设有两个橡胶密封环,其外形尺寸为 ϕ210 mm×ϕ245 mm×18 mm。

(5)接地棒和接地电刷

每根车轴的一个轴箱内设置有一套接地棒和接地电刷装置,以防止轴箱滚动轴承电蚀,改善机车导电性能。

(6)挡板

挡板有两种,一种是与接地捧相连接的圆孔挡板;另一种是方孔挡板。方孔与测速传感器和防空转防滑传感器的方轴相配合,形成车轴与传感器的连接装置。

(7)吊耳

当车体起吊或转向架起吊时,为防止一系减振器超出行程而破坏,在轴箱与构架之间设置了吊耳。其限位为 30 mm,它起到了转向架整体起吊和保护一系减振器的作用。

3.载荷的传递

垂向载荷(以重力为例)的传递:

转向架构架→轴箱弹簧→轴箱体→轴承→车轴→车轮→钢轨。

纵向力(以牵引力为例)的传递:

轮轨接触点→车轮→车轴→轴承→轴箱体→轴箱拉杆→构架。

横向力的传递(以轮轨侧压力为例):

钢轨侧压力→轮缘→车轴→轴承→前后盖→轴箱体→轴箱拉杆→构架。

六、SS_9 型电力机车轴箱

SS_9 型电力机车轴箱如图 3-34 所示。

SS_9 型电力机车轴箱的组成和结构与 SS_4 改型电力机车轴箱大致相同,不同之处主要有:

1.轴箱体材质采用高强度 C 级铸钢;

2.轴承采用单列向心滚子轴承,每组轴箱采用两种型号轴承,内侧采用 NJ2232WBY 轴承,外侧采用 NUHJ2232WBY1 轴承;

3.轴承润滑采用了高速铁道Ⅲ型润滑脂;

4.轴箱组装时,轴圈和轴承内圈均需热套组装,轴圈加热温度应在 160 ℃以下,轴承内圈加热温度应在 120 ℃以下;

5.为使机车顺利通过曲线,轴箱组装完成后,在轴颈上的轴向窜动量(即轴箱的自由横动量):机车第一、三、四、六位轮对为 2 mm,第二、五位轮对为 16 mm;

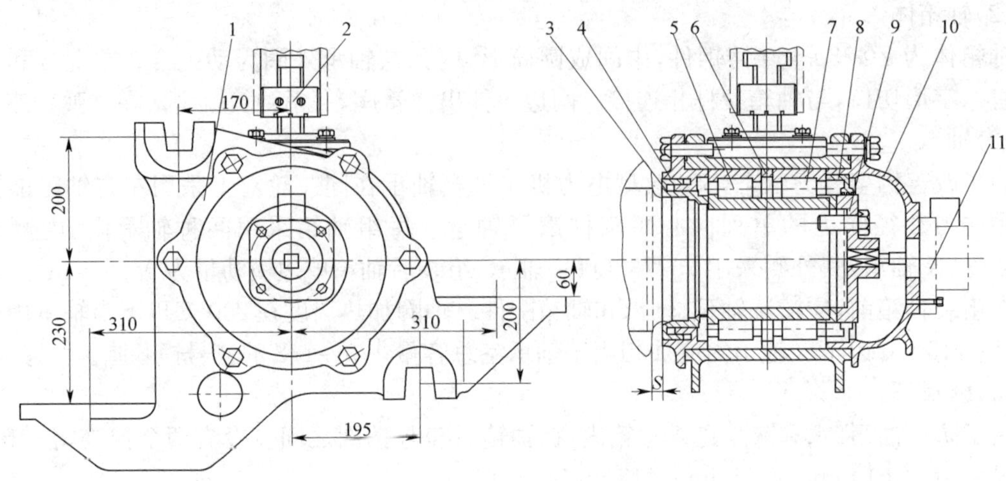

图 3-34　SS_9 型电力机车轴箱组装

1—轴箱体；2—吊座；3—轴圈；4—内端盖；5—轴承；6—隔环；
8—挡油环；9—挡板；10—外端盖；11—速度传感器

6. 为了防止和减少轴箱轴承的电流腐蚀，每一轮对的一个轴箱端部均设置了一套接地装置，该装置型号为 TJD01 型。

七、HXD_3 型电力机车轴箱

轴箱采用独立悬挂，轴箱相对构架的上、下和横向移动，靠弹簧、橡胶元件的弹性变形来获得。轴箱定位采用拉杆式定位轴箱的结构，主要由前后端盖、轴箱体、吊钩、轴承单元、压盖、接地装置、速度传感器、轴箱拉杆、一系弹簧和橡胶减振垫等组成，轴箱装配结构如图 3-35 所示。

图 3-35　轴箱装配结构图

1—轴箱拉杆；2—后端盖；3—防尘圈；4—轴承；5—减振垫；6—轴箱弹簧；7—吊钩；
8—垂向减振器；9—轴箱体；10—压盖；11—端盖；12——接地装置

八、轴箱的维护及保养

轴箱内的轴承润滑，采用 3 号锂基脂润滑。加脂量应相当于轴承室总容量的 1/3～1/2，过多或不足都有可能造成轴箱发热严重(油脂过多散热不良引起发热)。

运行中必须注意零件的紧固状态，任何处所不应有漏脂现象。

运行中，轴箱允许温升为 30 ℃，可以用手触摸轴箱外部的感觉来判断，现已可通过轴温传感装置监测。

机车每走行(8～10)×10^4 km 后，对轴箱要进行一次中检。中检时应检查前盖和后盖的紧固情况，取下各轴箱的前盖，检查轴端挡板螺栓的紧固情况及轴承状态，并对润滑油脂取样化验分析，测定油脂的酸性、黏度及闪点，如果发现油脂质量不良，要清洗轴箱，重新填充油脂。

机车每走行(40～50)×10^4 km 时，要更换轴箱内的全部油脂，并分解轴箱进行一次全面性的检查，对轴承及其他零件进行清洗；检查轴承有无裂纹、磨蚀和其他不良现象；对轴颈进行电磁探伤。

对于长期停放的机车，应定期(最好每月两次)将机车移动一下，以改变滚柱轴承的接触点，防止轴承的腐蚀。

在对轴箱进行技术检查时，应注意螺栓的紧固情况及轴箱的发热程度，分析轴箱发热因。引起轴箱发热的原因一般有以下几种：润滑油脂不足或过多；油脂变质；砂、污物或其他颗粒性杂质掉入轴箱内，油脂过脏；轴承组装间隙太小；轴头与轴挡的接触不平等等。

第五节 弹簧装置

弹簧装置也称悬挂装置，包括弹性元件及减振器。机车动力学性能的好坏，与悬挂装置的结构形式及参数选择密切相关。良好的弹簧装置，能使机车运行平稳，振动减小；保护车内各种设备免于振松、振裂、振坏；有助于减轻乘务人员的疲劳，对行车安全有积极意义。对线路来说，由于弹簧装置的缓冲作用，也可减轻机车簧上部分振动对线路的冲击破坏作用。

现代电力机车都采用两系悬挂装置，如图 3-36 所示。一系悬挂，又称主悬挂，设置在机车转向架构架与轴箱之间；二系悬挂，又称次悬挂，设置在车体底架与转向架构架之间。

采用两系弹簧悬挂，可以减小整个机车弹簧装置的合成刚度，增大机车的总静挠度，改善机车在铅垂方向的运动平稳性，减少机车对线路的动作用力。

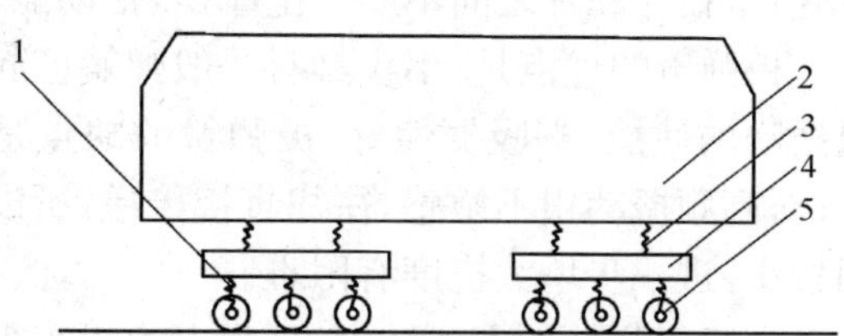

图 3-36 机车两系弹簧悬挂示意图

1—一系悬挂；2—车体；3—二系悬挂；4—转向架构架；5—轴箱

对于速度较低的机车(v_{max}≤100 km/h)，要求具有良好的黏着性能，其悬挂装置的特点是：一系软，二系硬(能使轴重转移减少)，总的静挠度不大(主要由一系来提供)。例如 SS_4 改型电力机车，一系静挠度为 139 mm，二系静挠度为 6 mm，总的静挠度为 145 mm。

对于速度较高的机车，机车振动加剧，运行的平稳性和稳定性是主要问题。悬挂装置的特点是：一系硬，二系软，总的静挠度较大(主要由二系来提供)。二系软，可显著减小车体的振动加速度，有利于机车的高速平稳运行。例如 SS_9 型电力机车，运用最高速度为 170 km/h，一系静挠度为 54 mm，二系静挠度 110 mm，总的静挠度为 164 mm。

我们常常把一系悬挂以上的重量，称为“簧上重量”；一系悬挂以下的重量，称为“簧下重量”或称为“死重量”，包括轴箱、轮对的重量(轴悬式电机悬挂转向架还包括部分电机重量)。簧下重量对线路产生较大的动作用力，危害很大，必须设法减轻，尤其是速度较高的机车。这就是为什么速度大于 140～160 km/h 的机车必须采用架悬式电机悬挂方式的主要原因。

一、各种弹簧元件的性能特点

机车上常用的弹性元件有板弹簧、圆弹簧和橡胶弹簧三种。不论采用何种弹簧元件，它们的共同作用原理是：利用弹性元件受附加载荷时产生的弹性变形，将振动冲击能量转化为元件变形的位能，然后将位能释放出来，形成元件及簧上部分的振动，在振动过程中，冲击能量转化为热量散发掉，使振动加速度和动作用力大大降低。

各种弹簧元件的作用原理虽然相同，但又各有其不同的特点，现简要介绍如下：

1. 板弹簧

板弹簧又称为叠板弹簧或弓形弹簧，是用一片片预先弯成一定弧形的弹簧钢片叠装而成，中间用簧箍固紧。最上面的簧片，也就是最大的簧片称为主板，其余各簧片叫副板。由于一般板弹簧是根据等强度梁的原理设计的，所以副板的长度逐片减小。弹簧箍是用热套装法装配的。将簧箍加热到一定温度，套在叠好的弹簧片上，用压力机压紧，待冷却后即抱紧簧片。主板两端有销孔或卷耳，用来安装；所有各板中部，冲压出圆形突起，使各簧片互相卡住，防止纵向错动，如图 3-37 所示。

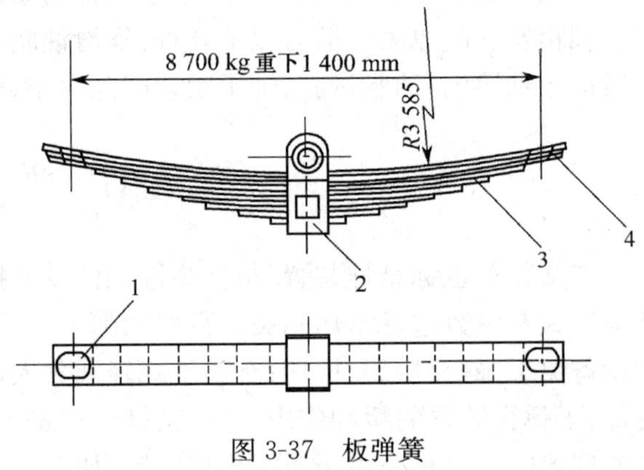

图 3-37　板弹簧

1—支杆安装孔；2—弹簧箍；3—副板；4—主板

板弹簧在增减载时的变形为簧片的弯曲变形。增载时每个簧片上部纤维受拉伸长，下部纤维受压缩短；减载时与增载时相反。机车振动时簧片的变形量周期性地发生变化，在片和片之间不断产生摩擦，把动能变为热能，使振动迅速衰减。

板弹簧的优点是：不仅具有一般弹簧应起的缓冲作用，而且还因片间摩擦，具有良好的衰减振动的性能，即吸振性好；极弹簧的缺点是：质量大，体积大，比其他弹簧笨重；制造工艺复杂；对高频振动很不敏感，往往直接传递，所以灵敏性差；另外，由于强度的限制，板弹簧变形范围较小，进一步增大挠度有困难。

由于板弹簧的上述缺点，现代电力机车很少采用。

2. 圆弹簧

圆弹簧又名螺旋弹簧，由弹簧钢条(一般为圆形断面)加热卷绕而成，其外形有圆柱形，圆锥形等各种形状。机车上应用的一般都是圆柱形弹簧。为了增大弹簧的刚度，常常将不同外径的圆弹簧套在一起，组成实质上是并联的双圈或三圈圆弹簧组，如图 3-38 所示。

凡是采用多圈弹簧的弹簧组，其紧挨的两层簧的螺旋方向必须相反，一个左旋，另一个右旋，以免偏歪时互相卡住，同时避免振动中弹簧组的转动。

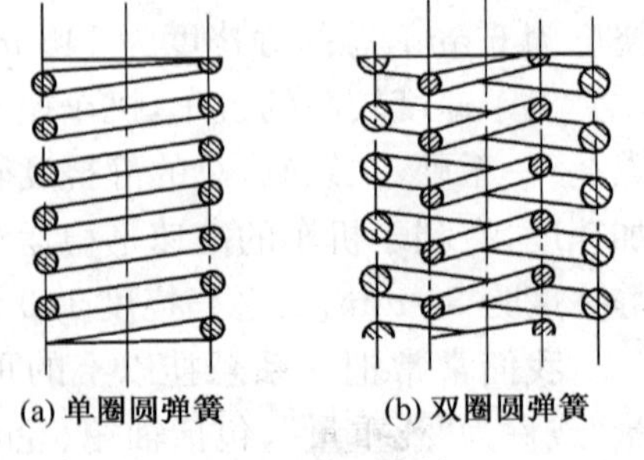

(a) 单圈圆弹簧　(b) 双圈圆弹簧

图 3-38　圆弹簧

圆弹簧在增减载时，整个弹簧的高度发生变化，弹簧丝发生扭转变形。在正常载荷下，不允许发生簧圈互相接触的“压死”现象。圆弹簧的优点是：结构简单，质量轻，形体小，制造修理比较容易、成本低，工作灵敏性好,静挠度一般较大。

圆弹簧的缺点是:几乎无吸振能力,振动衰减慢。因此,机车上用圆弹簧组成悬挂系统时,一般要和减振器配合使用。

3. 橡胶弹簧

随着现代橡胶工业和橡胶金属粘结工艺的发展,橡胶弹簧在机车上的应用已很普遍。在一系悬挂中,有些国家采用橡胶制成的轴箱弹簧(八字形橡胶堆式轴箱弹簧);在二系悬挂中,橡胶堆旁承应用很广,如图 3-39 所示。

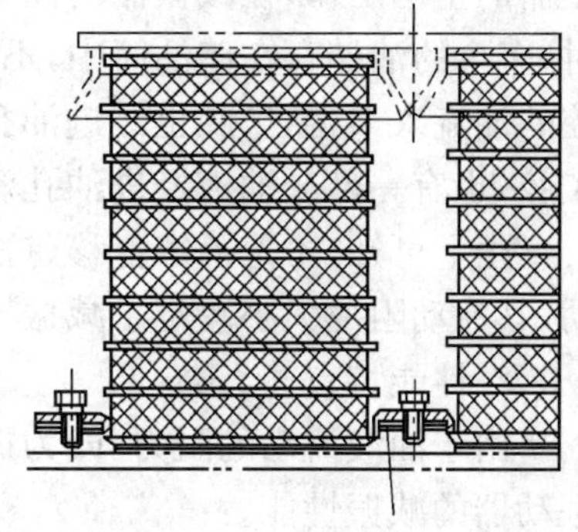

图 3-39　橡胶堆旁承

橡胶弹簧受载时的弹性变形,既有压缩变形,也有剪切变形。但不论在何种情况下,橡胶弹簧不宜受拉伸作用。橡胶元件在变形时,内部产生内摩擦,形成阻尼,起到明显的缓冲和衰减振动的作用。这种内摩擦阻力和板弹簧的片间摩擦阻力不同,板弹簧片间摩擦阻力基本上是个恒量,而橡胶元件的内摩擦阻力随变形的速度增大而增大,所以振动弱时阻力小,振动强时阻力大,这种减振性能是很理想的。

橡胶弹簧的优点是:有良好的减振性能,吸收高频振动的能力强;灵敏性好;质量轻;形体小;不会突然折损,运行中无需经常检查。

橡胶弹簧的缺点是:橡胶的强度较小;制造工艺复杂;性能误差大;性能受温度的影响大,橡胶弹簧的刚度随温度变化,高温时易老化,低温时易变脆。

二、油压减振器

减振器为衰减振动而设。它将振动冲击能量通过各种阻尼形式变为热量散发掉,从而使振动衰减,达到平稳运行的目的。机车应用的减振器主要有两大类:具有摩擦阻尼的摩擦减振器和具有黏滞阻尼的油压减振器。另外,橡胶元件的减振效果也是很明显的,各种形式的橡胶件,一般都具有减振的作用。下面简要介绍油压减振器的工作原理和结构。

1. 作用原理

油压减振器是利用油液的黏滞性形成阻尼,吸收振动冲击能量。其原理如图 3-40 所示。

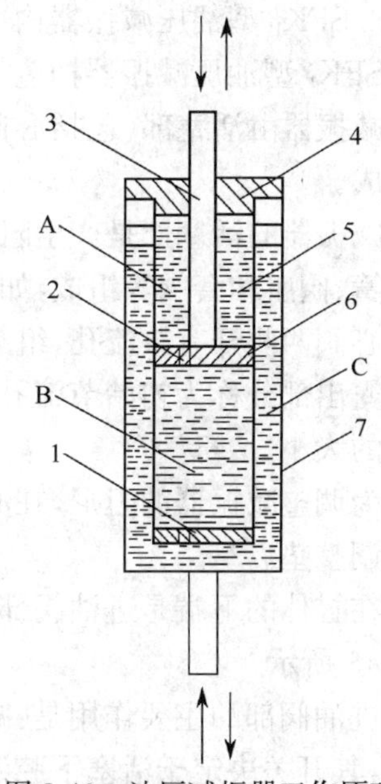

图 3-40　油压减振器工作原理

1—进油孔;2—节流孔;3—活塞杆;4—盖;5—油缸;6—活塞;7—储油筒

油压减振器实质上是一个密封的充满油液的油缸。油缸内有一活塞,把油缸分为 A、B 上下两个腔,活塞上有小孔称为节流孔。油缸外套有一储油筒,储油筒与油缸 B 腔有进油孔相通,将活塞和储油筒分别固定在产生相对位移的两部件上(如构架和轴箱上、构架和车体底架上),两部件产生相对运动时,活塞和油缸产生相对位移。

当活塞上移时,A 腔容积缩小,B 腔容积加大。由于油缸是密封的,所以 A 腔油压升高,B 腔油压降低,A 腔的油通过活塞节流孔流入 B 腔,油压得以均衡,当油液流过细小的节流孔时,必然因黏滞产生阻尼。

当活塞下移时,情况与上述相反,油液由 B 腔经节流孔流入 A 腔,产生阻尼。

由于活塞杆占据了一定的 A 腔容积,活塞杆上下移动时,A 腔和 B 腔容积的变化必然不一致:活塞杆上移动时,B 腔容积增大的数值大于 A 腔容积减小的数值;活塞下移时,A 腔容积增大数值小于 B 腔容积减小的数值。这样减振器的正常工作必然受到影响。为了保证减振器的正常工作,在减振器的油缸外,增设一个储油筒,在油缸底部设一进油孔,当减振器工作时,多余的油储存在储油筒中,不足的油液由储油筒补充。设储油筒为 C 腔,则活塞上移时,A 腔的油流入 B 腔,C 腔也经进油孔流向 B 腔补充一定数量的油,活塞下移时经 B 腔的油流入 A 腔,也有一部分油液经进油孔流回 C 腔。

由上可知,不论活塞上移(拉伸行程)还是下移(压缩行程),油液都要经节流孔和进油孔流动,其流动阻尼大小决定了减振器的减振性能。

2. 性能特点

由于油液流动的阻力,即为振动器的阻尼,所以凡影响油液流动阻力的因素,都将影响减振动器的减振性能。

活塞运动速度:速度越大,阻力愈大;速度愈小,阻力愈小。当振动频率高、振幅大,即振动强时,活塞速度大,阻力也大。反之,振动弱时,阻力也小。

节流孔的大小:孔径愈大,阻力愈小;孔径愈小,阻力愈大。活塞中部装有心阀,可以人为调整改变节流孔大小,也就调整了减振器的阻尼值。

油液的粘度:油的黏度愈大,阻力愈大;油的黏度愈小,阻力愈小。选用黏度合适的油液,对减振器的性能有重要意义。

由上可知,油压减振器有良好的减振性能,当振动强烈时减振性能相应增强;当振动微弱时减振能力相应减弱。这样既保持了机车低速运行时,弹簧装置的灵敏度,又能在高速运行时发挥充分的减振作用。

3. SFK_1 型油压减振器构造

SFK_1 型油压减振器构造如图 3-41 所示。

减振器由活塞部(包括心阀)、进油阀部、密封部、缸端和连接部组成。

减振器的活塞部是产生阻尼的主要部分。它由活塞、心阀、心阀弹簧、阀座和套阀等组成,如图 3-42 所示。

心阀两侧开有节流孔,组装后,节流孔的下部露出阀套。节流孔的露出部分称为初始节流孔,减振器的阻尼主要决定于初始节流孔的大小。

为调整减振器的阻尼,在心阀、套阀和阀底部还设有 0.2 mm 厚的调整垫。

在缸体的下端是进油阀部。它由阀体、阀瓣和锁环等组成,如图 3-43 所示。

进油阀部的主要作用是:减振器工作时,从此处压出或补充工作油,其开关决定于活塞下腔油液压力的变化。

缸筒的上部是密封部,作用是对活塞杆的上下移动作导向,并防止工作油泄漏和进入尘土。当减振器工作时,内部油压最高可

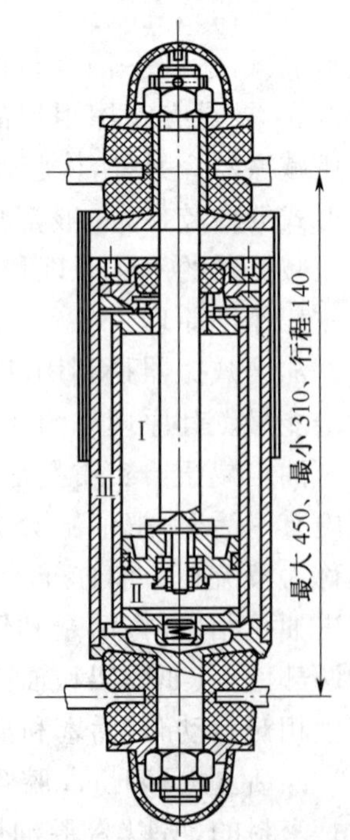

图 3-41 SFK_1 型油压减振器

达 250 kPa，所以密封是一个很重要的问题。密封部的结构包括缸端、油封圈、密封弹簧、托垫和密封圈。这种结构的密封性能决定于活塞杆与导向套的间隙以及密封圈的刮油性能。活塞与导向套的间隙越小，密封性能越好，但间隙过小容易造成磨损。导向套安设在活塞杆与缸端之间，由锡青铜制成，可减轻活塞的磨损。密封圈的作用是把少量的漏泄油液从活塞杆上刮下来，经缸端上的回油孔回流到储油缸。

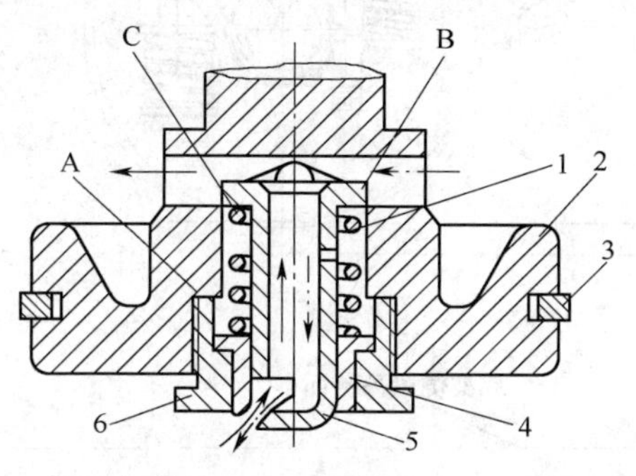

图 3-42　活塞部

1—心阀弹簧；2—活塞；3—胀圈；4—套阀；5—心阀；6—阀座；A、B、C—加调整垫处

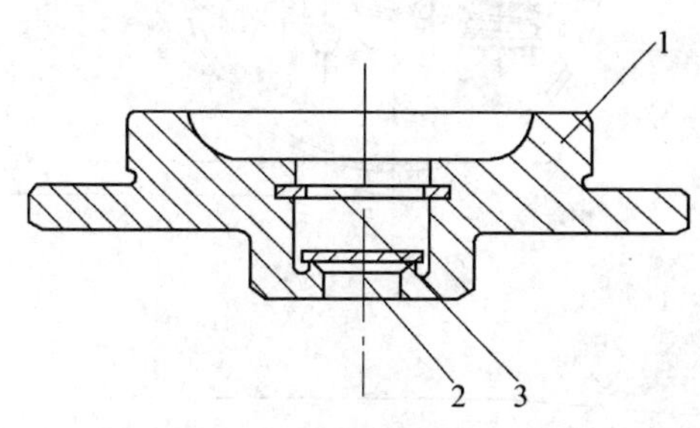

图 3-43　进油阀部

1—阀体；2—阀瓣；3—锁环

减振器的上、下两端是连接部，上端通过减振器座与构架连接，下端直接与轴箱连接。在减振器两端与座相连接处各装有一个橡胶垫，起弹性关节作用。

减振器所用的油液对减振阻力和使用耐久性都有重要作用。通常采用变压器油和透平油各占 50％的混合油，也可使用仪表油。

目前，SFK_1 型油压减振器在我国产电力机车上得到了广泛应用，其他型号的油压减振器在结构、工作原理等方面与 SFK_1 型减振器大同小异，这里就不再赘述。

三、SS_4 改型电力机车轴箱悬挂装置

SS_4 改型电力机车每台转向架有四组完全相同的轴箱独立悬挂装置。每个悬挂装置由两组完全相同的弹簧组、上下压盖及一个上座和一个垂向液压减振器等组成，如图 3-44 所示。

上述结构具有结构简单，独立性强，维修方便，能克服上下压盖歪斜，无磨耗、容易调一系弹簧等优点。

1. 弹簧

每个轴箱设置两个弹簧组，每个弹簧组有内外三个弹簧，除中间弹簧左旋外其余内外两个弹簧均为右旋弹簧，材料为 $60Si_2Mn$ 或 $55Si_2Mn$。

为了使内、中、外弹簧组合后受力均匀，应对其选配，使它们在各自工作负荷下内、中、外单个弹簧高度差≤3 mm，然后配成弹簧组，并对配成组的弹簧组进行工作负荷下的工作高度测定，做好记录，在弹簧组上做好标记，以便机车调簧之用。

2. 弹簧附属部件

附属部件由上下压盖、上座、定位销等组成。弹簧组靠上下压盖、弹簧座定位组装在一起。

3. 垂向液压减振器

SS_4 改型电力机车转向架轴箱采用独立悬挂方式，因单纯应用螺旋弹簧时，振动太大，会加速机车各零件的磨损和疲劳损坏。所以，每个轴箱悬挂配一个垂向油压减振器，以达到既能衰减振动，又能保持弹簧装置正常工作的目的。

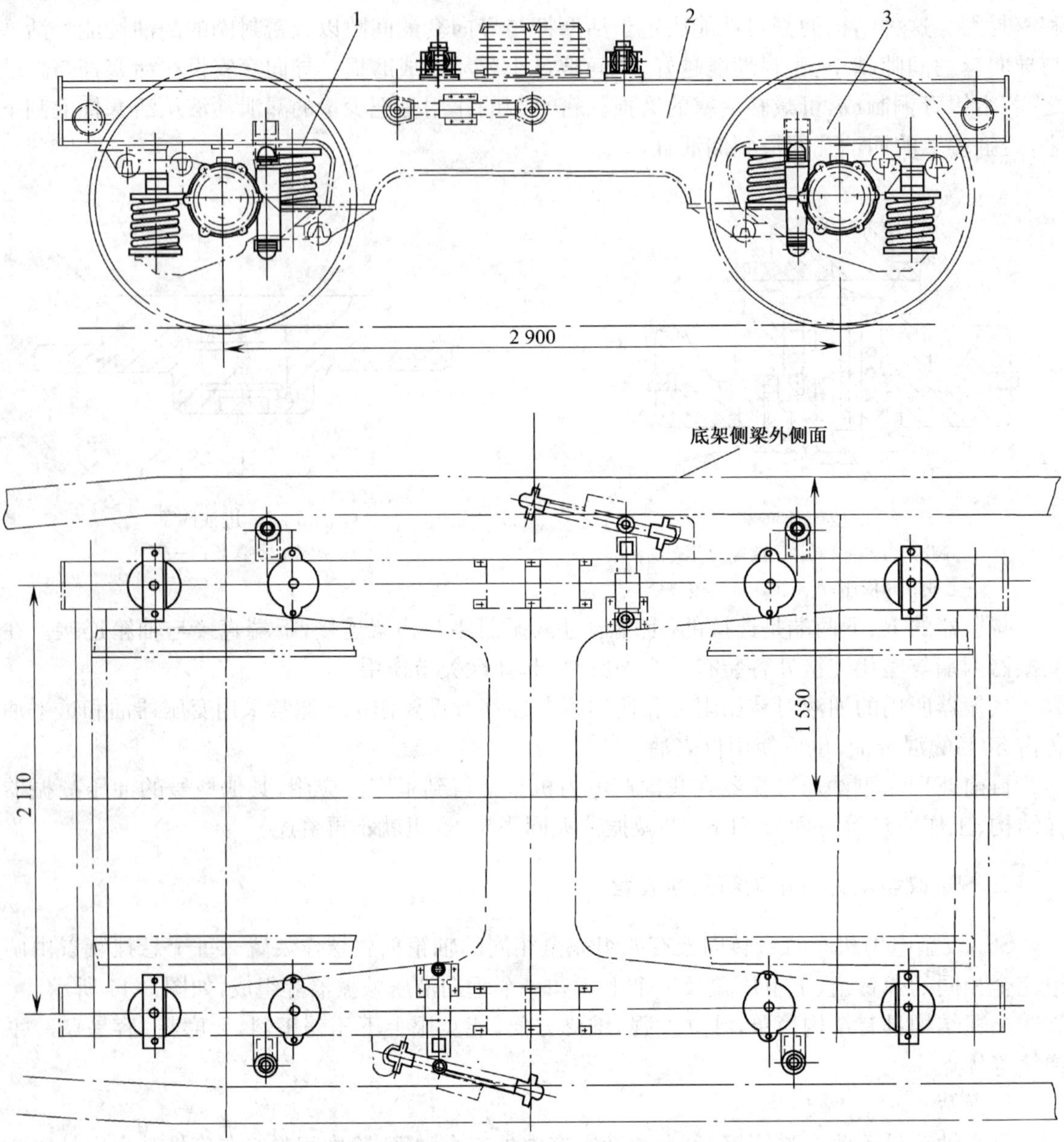

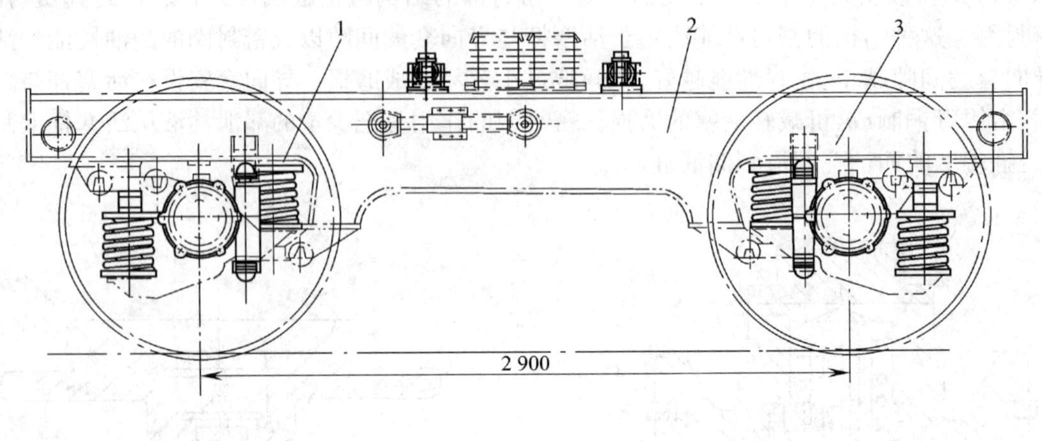

1
2
3
2 900
底架侧梁外侧面
2 110
1 550

图 3-44　SS_4 改型电力机车轴箱悬挂装置

1—轴箱悬挂装置；2—构架；3—轮对

四、SS_9 型电力机车轴箱悬挂装置

SS_9 型电力机车每台转向架有 6 组基本相同的轴箱悬挂装置(2、5 位轮对轴箱不装设油压减振器)。每一轴箱悬挂装置由 2 组完全相同的圆弹簧、橡胶垫、上下压盖、弹簧座和垂向液压减振器组成，如图 3-45 所示。

上述结构能克服上下压盖歪斜，具有无磨耗、结构简单、质量轻、调簧容易、易维护保养等优点。

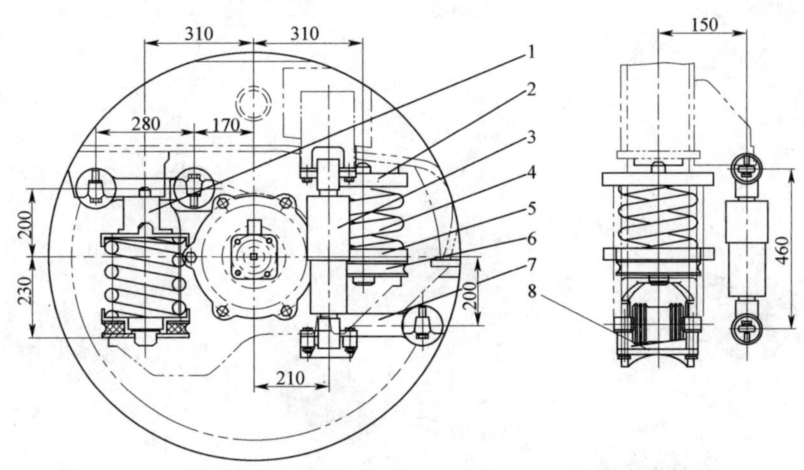

图 3-45　SS_9 型电力机车轴箱悬挂装置

1—上座；2—弹簧上压盖；3—垂向油压减振器；4—圆弹簧；5—弹簧下压盖；6—橡胶垫；7—轴箱拉杆；8—减振器下座

1. 圆弹簧

圆弹簧的材料为 $60Si_2CrA$，旋向为右旋。

一系悬挂装置组装时应对圆弹簧进行选配，保证同一转向架各个圆弹簧的工作高相差不超过 1 mm。圆弹簧靠上下压盖、上座、定位销定位组装在一起。

2. 垂向油压减振器

SS_9 型电力机车轴箱悬挂装置采用 KONI 型铁路油压减振器，设置在构架和轮对轴箱之间(2、5 位轮对轴箱不装设)，一端固定在构架的减振器座上，另一端固定在减振器下座上，减振器下座通过 4 个 M20 螺栓与轴箱体相连。

五、HXD3 改型电力机车轴箱悬挂装置

轴箱采用独立悬挂，轴箱相对构架的上、下和横向移动，靠弹簧、橡胶元件的弹性变形来获得。轴箱悬挂装置由一系弹簧和橡胶减振垫等组成，如图 3-46 所示。

六、弹簧调整

1. 弹簧调整的目的

弹簧调整(包括一系、二系悬挂)的主要目的，是要调整机车的轴重。通过调整车体支承质量的分配和转向架弹簧的受力情况，使车体、转向架保持水平状态，各种轴重符合规定要求，以保证机车安全运行并发挥最大牵引力。

2. 弹簧调整的要求

在静态时，假如线路水平，轮径差符合限度规定，弹簧调整后，根据 GB 3317—1983 的规定应达到下列要求：

(1)同一机车每个动轴的实际轴重，与该机车平均轴重之差，不应超过平均轴重的±2%；

(2)每个车轮轮重与该轴两轮平均轮重之差，不超过该轴两轮平均轮重的±4%；

(3)构架上平面至轨面距离为(1 180±10)mm；同一侧侧梁前后端及同一端左右侧梁实际测量数据之差≤5 mm。

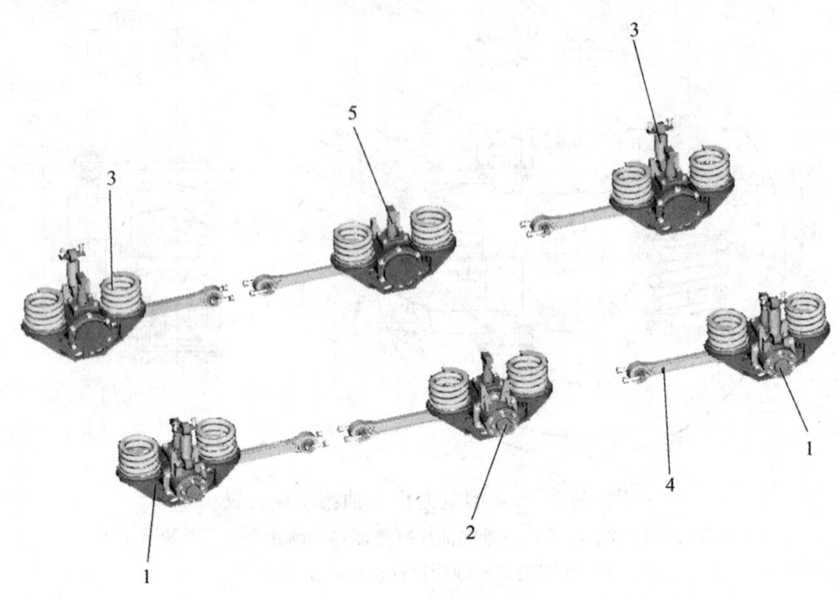

图 3-46　一系悬挂系统

1—轴箱(一);2—轴箱(二);3—轴箱(三);4—轴箱拉杆;5—轴箱(四)

(4)经过在工作负荷下测试过的弹簧组应在标准范围内(262^{+3}_{-6} mm),然后用加垫的方法调整其工作高度,使整台机车在工作负荷下弹簧高度之差≤2 mm。

3. 弹簧调整的基本方法

弹簧调整是一个相当复杂的问题。因为影响因素很多,如果影响因素同时发生,就会使分析及调整变得十分困难。必须仔细地进行测量,冷静地分析,准确地判断,抓住主要的影响因素,针对性地调整。

在弹簧下面加减垫块,是弹簧调整的有效方法。

对于个别过硬或过软的弹簧、损坏的弹簧,必须更换。

第六节　传动及电机悬挂装置

牵引电动机在机车上的安装,一般都采用弹簧悬挂的安装方法,以减小动作用力对电机和线路的破坏作用。

牵引电动机输出的功率和转矩,必须传递到机车的轮轴上,才能发挥其牵引作用。传动装置就是实现电机到轮轴功率、转矩传递的装置。

电机悬挂方式和传动装置,有着不可分割的关系。不同的电机悬挂方式,传动装置也不同。牵引电动机的悬挂方式大致可分为轴悬式、架悬式、体悬挂三大类。轴悬式又称为半悬挂式,架悬式和体悬挂又称为全悬挂式。

齿轮传动几乎是现代电力机车传动装置的唯一形式。

一、齿轮传动的分类和比较

1. 齿轮传动可分为单侧齿轮传动和双侧齿轮传动。单侧齿轮传动又叫单边齿轮传动,双侧齿轮传动又叫双边齿轮传动,如图 3-47 所示。

单侧齿轮传动的优点是牵引电动机的轴向尺寸可以加大，结构也较简单，制造成本低；缺点是传动时轮对受到偏于一侧的驱动力，左右车轮的受力不同。双侧齿轮传动的优点是传动时轮对受力均衡，左右车轮同时受到相同的驱动力，有利于提高运行品质；缺点是牵引电动机的轴向尺寸受到限制，结构复杂，制造成本增加。

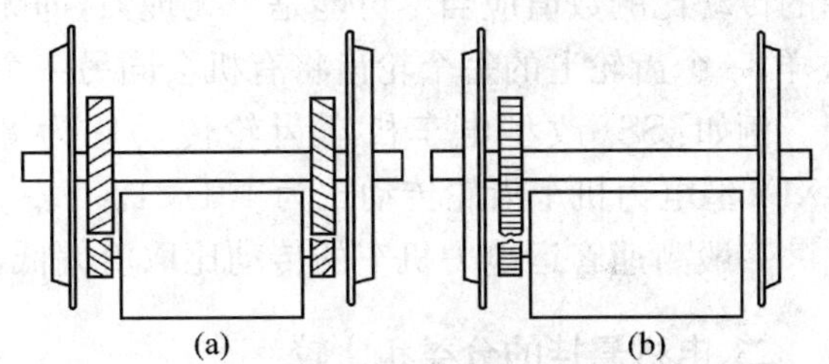

图 3-47 齿轮传动示意图

2. 根据齿轮种类可分为斜齿圆柱齿轮和直齿圆柱齿轮传动。单侧齿轮传动，一般用直齿轮，不用斜齿轮；双侧齿轮传动，一般用斜齿轮，不用直齿轮，而且双侧齿轮的齿斜方向要相反。这是因为直齿轮在啮合传动时，其啮合力仅仅作用在齿轮的切向，不存在轴向的分力；斜齿轮在啮合传动时，其啮合力是垂直于齿斜方向的，不仅有切向分力，而且有轴向分力，如图 3-48 所示。

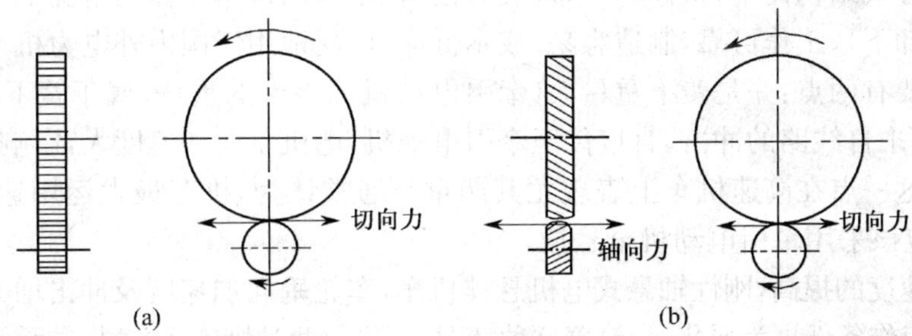

图 3-48 齿轮啮合力示意图

单侧齿轮传动如果采用斜齿轮，其轴向力将可能引起轮对贴靠一侧钢轨运行；双侧齿轮传动如果用直齿轮的话，在轮对组装时必须保证双侧大齿轮齿形对应的精确度，否则必然引起双侧齿轮不能同时进入啮合，或双侧齿轮啮合力不等的问题。采用斜齿轮，而且双侧齿斜方向相反，则轴向力也相反，齿轮安装的误差，可由轴向力差值引起的轮对微小横动来得到纠正，这就保证了双侧齿轮传递转矩的均匀性。

3. 根据大齿轮轮心的结构，齿轮传动可以分为弹性齿轮传动和刚性齿轮传动。如果把大齿轮分为齿圈和齿轮心两部分，互相用弹簧或橡胶组装在一起，则为弹性齿轮传动；大齿轮心如果制成刚性结构，则为刚性齿轮传动。至于小齿轮，一般都是刚性的。

弹性齿轮传动的优点是：改善了沿齿宽方向的应力分布；缓和来自钢轨的冲击，啮合力的传递比较柔和；改善了牵引电动机的工作条件。其缺点是增加了齿轮结构的复杂性，增加了制造成本。

刚性齿轮传动的优点是：结构简单，制造维修成本低；缺点是啮合条件差，齿轮磨损大，传动冲击大，对牵引电动机不利。

4. 最后讨论一下传动比的问题。传动比是从动齿轮齿数与主动齿轮齿数之比。由于牵引电动机转速高，轮对的转速低，所以电力机车上都是减速齿轮传动。减速齿轮传动，既可保持牵引电动机在高效率的转速范围内工作，又可以加大轮对的转矩，使机车在适宜的运行速度下充分发挥牵引力。

在选择齿轮的齿数和传动比时，必须力求轮齿的工作能均匀协调。在电力机车上，齿轮圆周作用力是经常变化不定的，而且主、从动齿轮轮齿材质不同，表面硬化程度不同，因此，所选择的传动比的数值应当尽可能是个无理数，即无限不循环小数，或者是个无限循环的有理数。这样，一个齿轮上的每个轮齿将有机会同另一个齿轮上所有的轮齿啮合，以使轮齿得以均匀磨损。例如：SS_4 改型电车机车齿轮传动比为 88/21；SS_9 型电力机车齿轮传动比为 77/31，HXD_3 型电力机车齿轮传动比为 101/21。

一般高速客运电力机车的传动比取值偏低，货运电力机车传动比取值偏高。

二、电机悬挂的分类和比较

机车牵引电动机的悬挂方式大致可分为轴悬式、架悬式、体悬挂式三类。轴悬式又称为半悬挂式，可分为刚性轴悬式和弹性轴悬式两类；架悬式及体悬挂式又称为全悬挂。

1. 刚性轴悬式电机悬挂

牵引电动机的一端经抱轴瓦或滚动轴承刚性地支承在车轴的抱轴颈上，这一端叫做抱轴端；另一端弹性地悬挂在转向架构架横梁上，这一端叫做悬挂端，如图 3-49 所示。

这种悬挂方式结构简单，检修容易，拆装方便(在不起吊机车车体的情况下，牵引电动机可以在落轮坑内卸下)，工作可靠，制造容易，成本低廉，广泛地用于国内外电力机车上。

其缺点主要有两点：一是簧下重量大(牵引电动机约一半的重量，属于簧下死重量)，轮轨动载荷大；二是来自线路的冲击，直接传至牵引电动机，电机垂向加速度大，影响其工作可靠性及使用寿命。这一点在高速机车上表现尤其严重。通常认为，机车最大运用速度超过 140～160 km/h，就应该采用牵引电动机全悬挂。

随着机车速度的提高，刚性轴悬式电机悬挂机车，车轮垂向加速度及冲击增大，牵引齿轮副及牵引电动机工作条件更为恶化，为改善这种情况，可采取两种措施：滚动抱轴承及弹性大齿轮。

滚动抱轴承与滑动轴承相比，轴承的径向间隙小，改善了牵引齿轮的啮合条件，延长齿轮的使用寿命，提高轴承的工作可靠性，减小了维修工作量和维修成本。SS_7 型电力机车采用了滚动轴承。

把牵引大齿轮改为弹性大齿轮，可以缓和来自线路冲击，改善牵引齿轮副的接触状况，减小牵引齿轮的磨耗，降低牵引电动机故障率。其缺点是：结构复杂，制造成本高，橡胶弹性元件有一定使用期限，必须定期检查更换。

2. 弹性轴悬式电机悬挂

弹性轴悬式的结构与刚性抱轴式相似，其原理如图 3-50 所示。

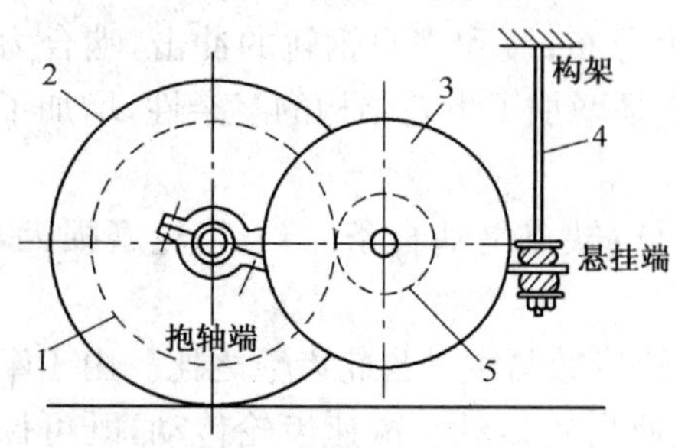

图 3-49　刚性轴悬式电机悬挂示意图

1—车轮；2—电机；3—构架；4—吊杆；5—悬挂端

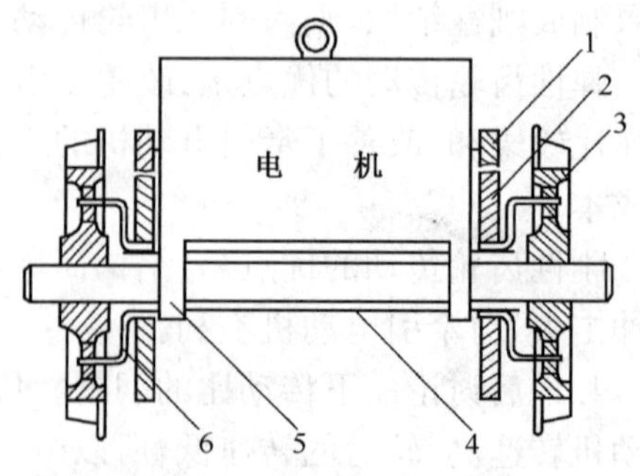

图 3-50　弹性轴悬式电机悬挂示意图

1—小齿轮；2—大齿轮；3—橡胶件；4—空心轴；5—抱轴承；6—驱动件

牵引电动机的一端悬挂在转向架构架上，另一端仍通过抱轴承支承，但抱轴承不是直接支承在车轴上，而是支承在车轴外面套装的空心轴上，从动大齿轮也是固装在空心轴的端部。空心轴的两端再通过弹性元件支承在轮心上。牵引电动机传至大齿轮的力矩通过空心轴、弹性元件传至轮对。空心轴与车轴一同旋转。因此，装在轮心上的弹性元件既要支承牵引电动机约一半的重量及空心轴和大齿轮重量，还要传递牵引电动机传来的力矩。

由于牵引电动机的一半重量支承在轮对上，但中间经过了弹性元件，故称为弹性轴悬式。

这种悬挂方式的优点是：减轻了动作用力的危害，有利于延长电机寿命和齿轮的正常啮合，也有利于提高机车的黏着性能。

3. 架悬式电机悬挂

架悬式的牵引电动机全部悬在转向架构架上。因此牵引电动机全部重量属于簧上重量，这就大大减小了簧下死重量，适应了高速运行的需要。同时，因线路不平顺和冲击所引起的轮对垂向和横向加速度，不会直接传到牵引电动机和牵引齿轮副，电机和齿轮副的工作条件大为改善，故障率减少，工作寿命延长。

架悬式悬挂的技术难题，是如何可靠地解决齿轮传动的啮合问题。因为牵引电动机布置在转向架构架上，它的振动规律和轮对的振动规律不一致，而大齿轮又必须装在轮轴上，在这种情况下怎样保证齿轮啮合的可靠性，的确是件困难的事。

解决架悬式电机悬挂的齿轮传动问题，各国采用的结构方案很多。按驱动装置中弹簧联轴器的布置位置，架悬式驱动装置可分为三大类，如图 3-51 所示。

(1)轮对空心轴一级弹性驱动装置[见图 3-51(a)]

弹性联轴器置于空心轴与轮对之间，空心轴套在车轴外面，大齿轮直接固装在空心轴上，大齿轮的扭矩由空心轴两端经弹性联轴器传至左右轮对。

(2)轮对空心轴两级弹性驱动装置[见图 3-51(b)]

一个弹性联轴器联结大齿轮轮心与空心轴端部，另一个弹性联轴器置于空心轴的另一端与车轮轮心之间。大齿轮的扭矩经弹性联轴器驱动空心轴，空心轴的另一端又经弹性联轴器把扭矩传给该侧车轮，再通过车轴传至另一侧车轮。

SS_9 型电力机车采用此种驱动装置。

(3)电机空心轴驱动装置(图 3-52)

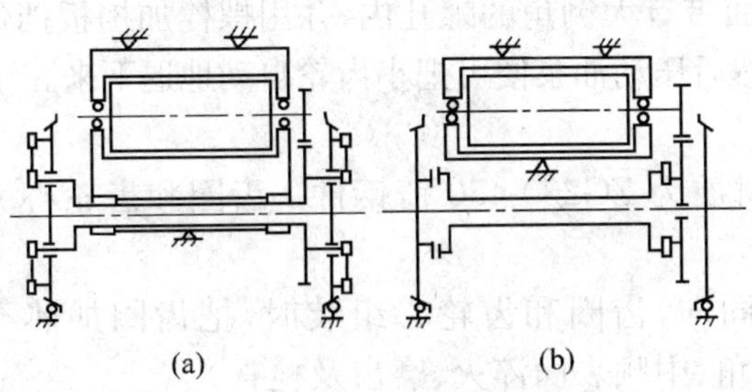

图 3-51 架悬式驱动装置分类

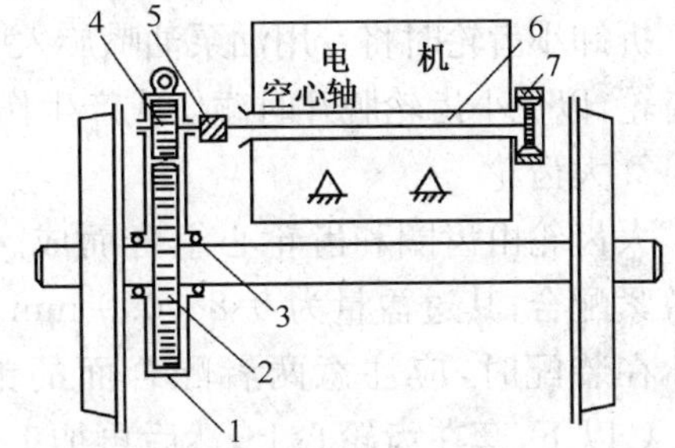

图 3-52 电机空心轴全悬挂示意图

1—齿轮箱；2—大齿轮；3—滚动轴承；4—小齿轮；5—橡胶联轴节；6—旋转轴；7—内外齿联轴节

弹性联轴器布置在扭轴端部与小齿轮之间，扭轴伸在空心的电枢轴内，扭轴内端通过齿轮联轴器与空心电枢轴相联。牵引电动机产生的扭矩经过空心电枢轴、齿轮联轴器、扭轴、橡胶联轴器、小齿轮、大齿轮、传给轮对。

由上可知，不论采用哪种方案，都不可避免的带来了传动结构复杂，工艺要术高，制造和维修困难增加，成本加大等问题。

4. 牵引电动机体悬挂

体悬式的牵引电动机全部或大部悬挂在车体上。

高速机车的最大运行速度超过 200～250 km/h 时，为了进一步改善机车的动力学性能，通常把牵引电动机悬挂在车体的底部，使其成为二系弹簧以上的重量。转向架的重量、转动惯量就大为减小，更容易保持转向架高速时的蛇行稳定性，对减轻轮轨的垂向及横向动载荷也有所帮助。

图 3-53 所示为法国 TGV 动力车的驱动装置。牵引电动机悬挂在车体上，其扭矩通过齿轮箱(装在车体上)、万向轴、小齿轮、大齿轮传至轮对。

牵引电动机体悬式，驱动机构必须适应车体与转向架之间的相对运动以及转向架与轮对之间的相对运动。万向关节联轴器就是用来适应车体与轮对之间的相对运动的，包括垂向、横向及回转方向的相对位移。此传递扭矩的万向轴必须制成长度能伸缩，以适应车体与轮对间较大的相对运动。

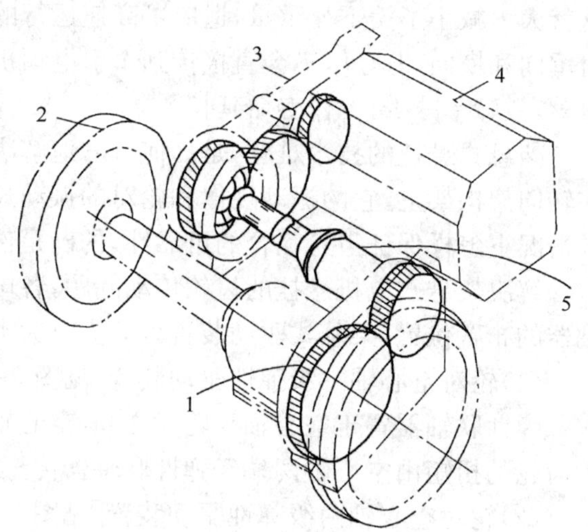

图 3-53　法国 TGV 动力车驱动装置
1—齿轮箱；2—动轮；3—齿轮箱；
4—牵引电动机；5—关节联轴器

三、SS_4 改型电力机车齿轮传动装置

SS_4 改型电力机车齿轮传动装置采用双边刚性斜齿轮传动，包括大齿轮(被动齿轮)、小齿轮(主动齿轮)和齿轮箱。其作用是将牵引电动机产生的转矩通小齿轮啮合大轮传递给轮对，产生牵引力或制动力(电气制动工况)。

1. 小齿轮

小齿轮安装在牵引电动机电枢轴两端。为了便于拆装和防止电机轴拉伤，电机轴和小齿轮内孔用 1∶10 的锥度通过过盈紧配合连接在一起。

拆卸小齿轮时将专用油泵油嘴旋入电机轴端面带有大倒角的螺孔内，并用螺栓加挡板挡住小齿轮，以免小齿轮脱开时碰伤或产生伤人事故，然后压动油泵便可把小齿轮自动地退下来。

2. 大齿轮

大齿轮由齿圈和齿轮心组合而成。齿轮心材质为 ZG230-450 铸钢件。齿圈和齿轮心为过盈紧配合，其过盈量为 0.8～0.9 mm。

在装配时，应注意两者配合面的锥度必须同向，齿圈和齿轮心组装时，把齿圈加热至 200 ℃以下，套在齿轮心上，然后再加工：滚齿、倒角、中频表面淬火、磨齿及检查。

大齿轮与轮心轮毂组装为过盈紧配合，在冷态下压到轮毂上，齿轮与轮心的压装过盈量为 0.37～0.40 mm，压力值为 500～800 kN。

3. 齿轮箱

为了对齿轮进行润滑以及防止尘土、砂石等污物对齿轮的侵袭，将大小齿轮密闭在齿轮箱内。

齿轮箱由上箱和下箱组成。箱体均为低碳钢焊接结构，侧板厚为 5 mm，盖板厚为 3 mm。

为了使齿轮副在工作时箱体内压力和外部大气压力相平衡，在齿轮箱上箱盖板上焊装手把形状的气管两个，同时该件还可用于吊装齿轮箱体，在下箱底部和内侧部安装有螺堵和验油阀，旋开下部放油螺堵可放油；验油阀上部设置可以开启的密封性能良好的阀盖，打开阀盖可观察油位和加注润滑油，如图 3-54 所示。

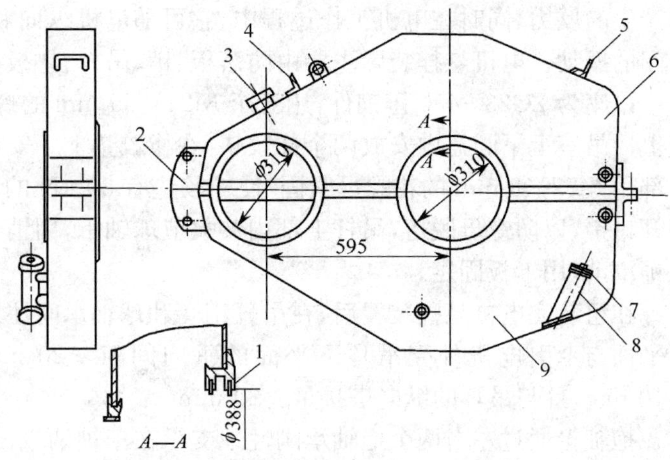

图 3-54 SS_4 改型电力机车齿轮箱

1—毛毡；2—连接座；3—排气孔；4—手把；5—手把；6—上半部；7—油尺；8—油嘴；9—下半部

为了防止上下箱合口处漏油，在上箱侧板四周焊装内外挡板，在大领圈处焊装两个挡油槽。上下箱组装前在内外挡板中间加聚氨酯密封垫和 NJYA-2 聚氨酯胶粘剂。齿轮箱两个 ϕ310 mm 和一个 ϕ389 mm 孔为上下箱组装后整体加工而成，以防上下两半圆形领圈错位，引起漏油。两个 ϕ310 mm 的孔与电机外壳组装时用橡胶圈进行密封，ϕ389 mm 孔与大齿轮轮毂相配合处用聚氨酯毛毡条进行密封，这种材料黏结性能好，耐油，固化后具有较好的弹性，耐磨，老化性能好，并具有一定的抗拉强度，可防箱体外的水、灰尘等污物进入箱体内。上下箱组合成整体时用四根 M20×75 mm 的螺栓固定在电机端部外壳上，使两者之间固定连接，不产生相对位移。

四、SS_4 改型电力机车电机悬挂装置

SS_4 改型电力机车牵引电动机为抱轴式半悬挂(刚性轴悬式)。

一端通过抱轴承刚性地支承在车轴上，另一端靠电机悬挂装置吊在构架牵引梁电机悬挂座上，如图 3-55 所示。

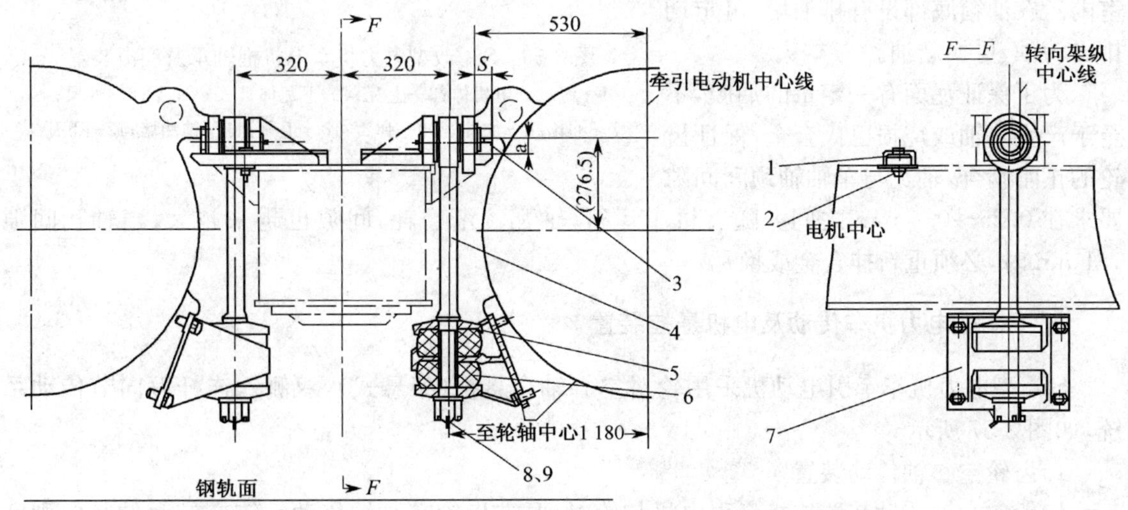

图 3-55 SS_4 改型电力机车电机悬挂装置

1—防落板；2—销；3—油杯；4—吊杆；5—垫板；6—橡胶垫；7—吊座；8—垫圈；9—螺母

电机悬挂装置一方面能承受电机静载荷(约为电机重量的一半),另一方面承受电机工作时产生的反力,同时在电机工作过程中,它可随电机纵向和横向自由摆动,并可缓和电机与构架间的振动。电机悬挂装置主要由防落板、销、吊杆、垫板、吊座、橡胶垫、螺母等零件组成。

吊座为 ZG230-450 铸钢件,用五个 M24×55 mm 的螺栓紧固在牵引电机下方的槽形安装座上。吊座上下圆盘内安放两个橡胶垫,在橡胶垫上下安放垫板。然后插入电机吊杆,在吊杆下部用 M52×3 mm 的花螺母紧固,使橡胶垫有 30 kN 的预压力,然后插入 10 mm×100 mm 的开口销,以防螺母脱落,吊杆上部内装关节球轴承,用销与构架上的电机悬挂吊座相连,为防止销窜动,用卡板固定。

在组装完电机悬挂装置后,在吊杆销套和球轴承间注入润滑油脂,落车后还要检查防落板上平面与牵引电机外壳吊耳下平面的垂向间隙≥20 mm,防落板端部与电机外壳间间隙≥10 mm,且与吊耳的纵向搭接量≥20 mm。

抱轴箱通过左右两个抱轴承刚性地支承在车轴两端的抱轴颈上,抱轴承及润滑装置的结构如图 3-56 所示。

抱轴承为剖分式,采用滑动轴承,每个半瓦由铜瓦背和巴氏合金组成(约为 3 mm 厚)。

在每副抱轴承下轴瓦及油箱底座开有方孔,集油器毛刷上的毛线可以穿过方孔压在抱轴颈上,以便对轴承进行润滑。油箱内储存有润滑油,油箱盖上有油尺,用它检查存油量的多少。润滑油靠毛细管作用被毛线吸上去,润滑轴颈表面。为了保证毛线贴靠车轴轴颈,装设了集油器,利用杠杆机构将其压紧。润滑油在润滑轴颈后,仍然流回油室内。在油箱底部设有排油堵,可定期排出污油,更换新油。

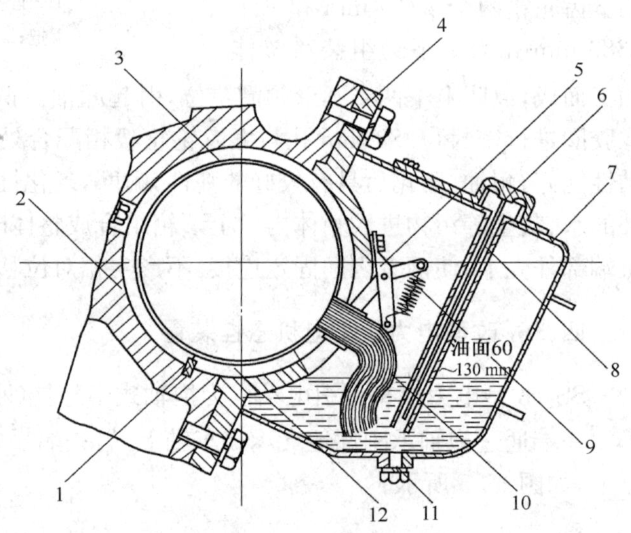

图 3-56　SS_4 改型电力机车电机抱轴承及润滑装置

1—键;2—电机体;3—上瓦;4—下瓦体;5—集油器;6—油尺;7—油箱;8—加油管;9—弹簧;10—毛刷;11—排油堵;12—下瓦

为了保证瓦面有一定量的油膜,不至于产生热轴或烧损巴氏合金,保证齿轮的正常啮合,轴瓦与车轴轴颈间间隙要求在 0.25～0.4 mm 之间。随着机车运行,轴瓦逐渐磨耗,间隙也越来越大,当轴瓦间隙>1 mm时,必须重新挂合金或换瓦。

五、SS_9 型电力机车传动及电机悬挂装置

SS_9 型电力机车牵引电动机采用轮对空心轴全悬挂(架悬式),双侧六连杆万向节传动系统,如图 3-57 所示。

1. 齿轮空心轴传动装置

齿轮空心轴传动装置连接牵引电机与轮对,要求齿轮空心轴传动系统有较大的径向刚度以传递牵引电机的扭矩给轮对,同时要求其有小的垂向及横向刚度及较大的位移补偿能力以适应机车的垂向、横向振动位移。

齿轮空心轴传动装置主要由主、从动齿轮，传动轴承，连杆，空心轴，传动盘，空心轴套，橡胶关节，传力销等组成。

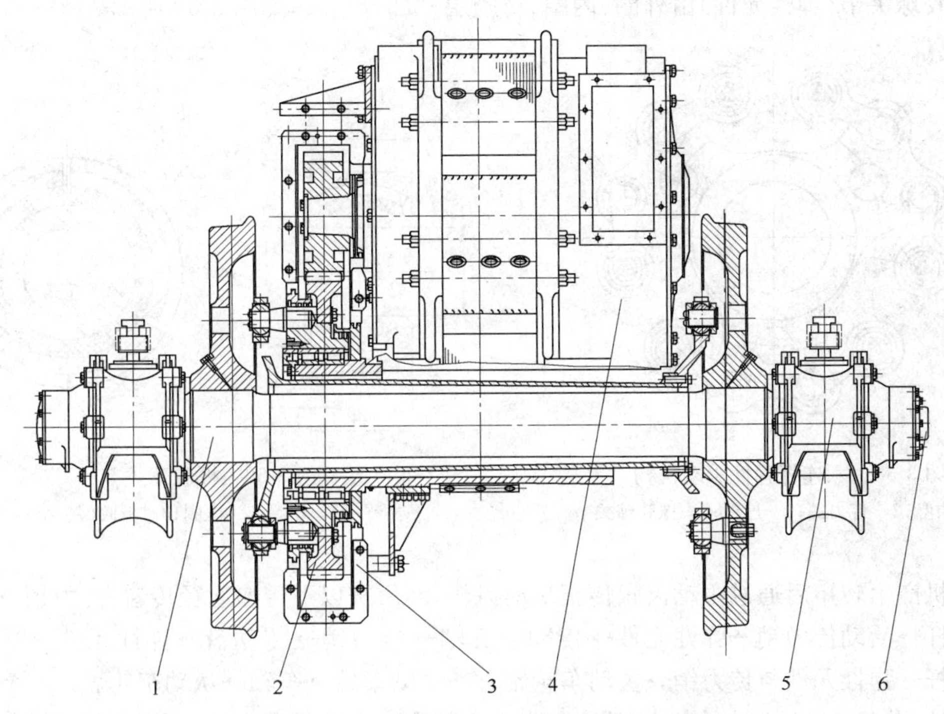

图 3-57 SS_9 型电力机车轮对电机驱动装置

1—轮对组装；2—齿轮空心轴传动装置；3—齿轮箱组装；4—牵引电机；5—轴箱组装；6—接地装置

主动齿轮采用 20CrMnMoA 低碳合金钢，加工后进行齿顶修缘及齿向修形，以抵消齿轮的加工、安装误差及变形，改善齿轮的承载能力和降低传动噪声，延长齿轮的使用寿命。齿数为 31。

主动齿轮与电机轴采用过盈配合，装配时，通过加热主动齿轮到 160～190 ℃后，热套在电机轴上。

从动齿轮由齿圈、齿轮心、传力销等组成。齿圈与齿轮心通过螺栓连接，齿圈采用 15CrNi6 低碳合金钢，加工后进行齿顶修缘处理，齿数为 77。

传动轴承采用 3E2002876QT、3E2092876QT 两种轴承配对使用，两轴承内圈安装在空心轴套上，采用间隙配合，中间用隔环分开。两轴承外圈安装在从动齿轮内孔里，采用过盈配合，两轴承之间用隔环分开。轴承滚子及保持架上应涂上润滑脂，室内应加相当于轴承室总容量 1/3～1/2 的高速铁道Ⅲ型润滑脂。轴承两侧还装有密封环，防止齿轮油泄漏及灰尘等进入轴承室。

空心轴套采用高强度 ZG25Mn 铸钢，是关键承载部件，承受复杂的交变载荷。其一端通过螺栓紧固在电机上，另一端安装传动轴承，在电机端还有电机悬挂臂及齿轮箱座。

2. 双侧六连杆万向节传动系统

从动齿轮通过轴承安装在固定空心轴套上，在从动齿轮轮心上设置了 6 个传力销，从主动齿轮传给从动齿轮的电机转矩就是通过这 6 个传力销传至六连杆传动系统，再通过主轮心上的 6 个传力销传到轮对。

双侧六连杆万向节传动系统由以下零部件组成：传力销、弹性元件、连杆、传动空心轴、传力盘、空心轴套、密封环和轴承。六连杆弹性驱动机构如图 3-58 所示。

橡胶球关节（弹性元件）由外圈、内圈、橡胶层三部分组成，如图 3-59 所示。

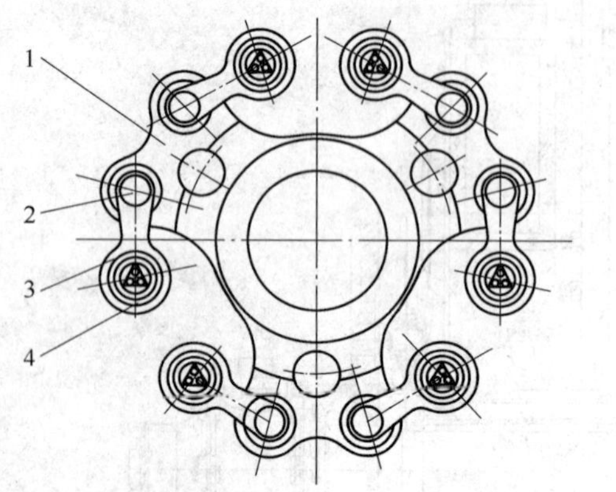

图 3-58　六连杆弹性驱动机构

1—传力盘；2—传力销；3—连杆；4—橡胶球关节

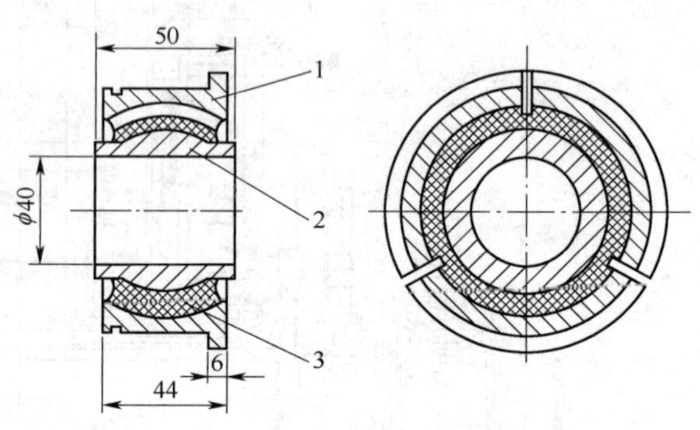

图 3-59　橡胶球关节

1—外圈；2—内圈；3—橡胶层

电机产生转矩后通过主动齿轮传至从动齿轮，然后按以下传递途径传递：传力销→弹性元件→连杆→活动传力销→弹性元件→传动空心轴→传力销→传动盘→弹性元件→活动传力销→连杆→弹性元件→传力销→主动车轮轮心→主动车轮→车轴→从动车轮。

另外，由于电机悬挂在构架上，轮对与电机在机车运行过程中产生各种相对位移时，通过双侧六连杆万向节传动系统，把电机产生的转矩在不受任何约束的情况下传给轮对，产生牵引力。

3. 齿轮箱

为了主、从动齿轮有良好的润滑条件并防止异物进入，在主、从动齿轮外面装有齿轮箱。齿轮箱内装有 18 号双曲线齿轮润滑油，在冬季或北方寒冷地区采用美孚齿轮油 SHC220 润滑齿轮。齿轮箱通过螺栓固定在电机及空心轴套上。

齿轮箱由上箱、下箱、放油堵、加油堵、呼吸器等组成，如图 3-60 所示。

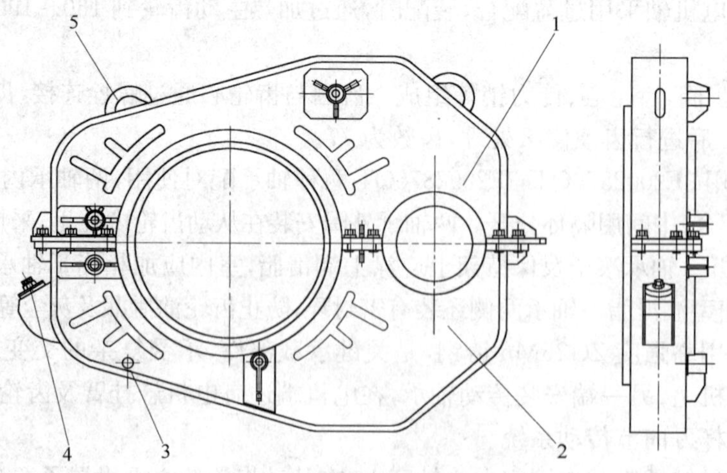

图 3-60　SS_9 型电力机车齿轮箱

1—上箱；2—下箱；3—放油堵；4—加油堵；5—呼吸器

上、下箱由压型钢板焊接成形，箱体上焊有各种安装座，焊完后进行整体退火，消除焊接内应力。上、下箱通过螺栓连接后进行整体加工，保证齿轮箱整体的尺寸精度。在齿轮箱上部装有呼吸器，以防齿轮箱内油压过高造成齿轮箱密封处漏油。在齿轮箱下部装有放油堵和加油堵，以便放掉废的齿轮油及给齿轮箱加油，在加油堵上装有油标尺以便检查齿轮箱油位。

4. 电机悬挂装置

SS_9 型电力机车的电机悬挂方式为轮对空心轴全悬挂。前端通过固定在固定空心轴上的悬挂臂支承在构架前端梁或中间横梁上，电机后部通过固定在电机上的 2 个悬挂支座固定在构架中间横梁或后端梁上的八字槽内，如图 3-61 所示。

电机悬挂装置除承受电机全部载荷外，还要承受大小齿轮、固定空心轴、齿轮箱、传动轴承的重量以及与大齿轮相连的六连杆、传动盘、活动空心轴的一半重量，使它们成为簧上重量，大大降低簧下重量，以降低机车运行时的轮轨动作用力，获得机车良好的动力学性能。

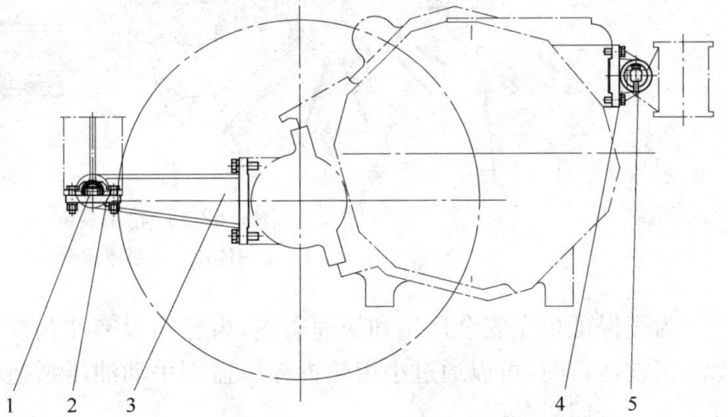

1　2　3　4　5

图 3-61　SS_9 型机车电机悬挂装置

1—心轴（一）；2—托板；3—悬挂臂；4—悬挂座；5—心轴（二）

电机悬挂装置由心轴（一）、悬挂臂、两个悬挂座、心轴（二）、托板等组成。

心轴（一）由心轴、球铰组成。它压装在悬挂臂端头的孔内，一端靠弹簧挡圈使其固定在悬挂臂上。

心轴（二）的结构形状与心轴（一）基本相同，但心轴（一）的心轴两端为方轴，而心轴（二）的心轴两端为八字形梯形轴。

悬挂臂和悬挂座均为铸钢件。悬挂臂另一端有 6 个 $\phi 32$ mm 的螺栓孔，用于悬挂臂与固定空心轴的连接。悬挂臂前端用托板托住，心轴（一）与构架前端梁或中间横梁上的电机支座相连。电机后端用 8 根 M24 螺栓固定 2 个悬挂座，悬挂座的另一端靠组装在它上面的心轴（二）与构架横梁或后端梁相连。

可用在心轴（一）与构架前端梁或中间横梁上的电机悬挂座的方形槽内增减调整垫的方式来保证活动空心轴与车轴之间间隙均匀，使空心轴与车轴之间的不同心度控制在 5 mm 范围以内。

六、HXD_3 型电力机车齿轮传动装置

牵引齿轮足机车的主要组成部分大齿轮由合金钢锻压成型后整体加工而成，其主要技术参数如下：

齿轮传动比：101/21；

模数：9.0；

螺旋角：8°；

压力角：20°；

齿轮油牌号：Mobil Mobilube SHC 75W90LS 或 BP Enetecar SHX-LS 75W/90；

齿轮材料：18 CrNiMo 7-6。

机车的齿轮箱分上箱体、下箱体和小齿轮拆卸压盖。这几部分都为球墨铸铁整体铸造加工而成，材料为 EN-GJS-500-7U，如图 3-62 所示。

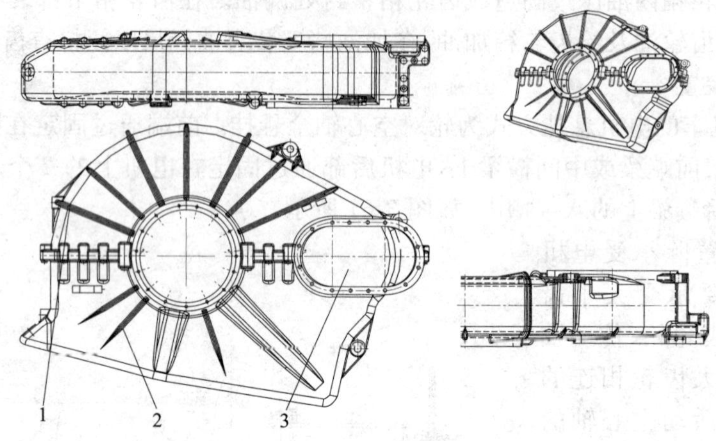

图 3-62　齿轮箱装配

1—上箱体；2—下箱体；3—压盖

为了保证机车安全运用和快速救援，齿轮箱设有小齿轮拆卸装置。当电机发生故障机车无法正常运行时，可以通过小齿轮拆卸压盖用手动油压泵把小齿轮拆卸下来，从而保证机车可以正常运行回机务段。

七、HXD3 型电力机车电机悬挂装置

电动机悬挂方式为滚动抱轴式半悬挂。牵引电机一端通过滚动抱轴箱装配支承在车轴上，另一端通过一根两端带橡胶关节的吊杆弹性悬挂在构架的横梁和后端梁上。电动机悬挂装置的吊杆一方面承受牵引电机的静载荷，另一方面承受牵引电机工作时产生的反力，同时在牵引电机工作过程中，它可以随电机纵向和横向自由摆动，并且橡胶关节可以衰减牵引电机传给构架的振动。

电动机悬挂装置由牵引电机、吊杆和联结螺栓等组成，如图 3-63 所示。

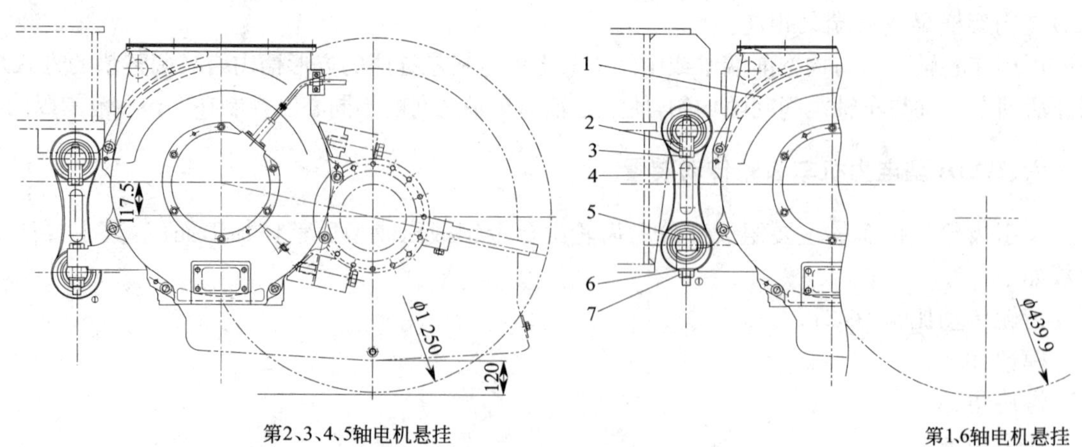

图 3-63　电动机悬挂装置

1—牵引电动机；2—螺栓套管；3—螺栓 M30×130；4—吊杆装配；5—螺栓 M30×160；6—垫圈；7—螺母 M30

注意:在机车的检修时应当注意电机吊杆螺栓的紧固力矩,一定要按规定的力矩紧固。运用中也要经常检查该螺栓是否有松缓的现象。

电机吊杆是两端都带有橡胶关节的42CrMo锻钢零件。

第七节 转向架的检修方法

电力机车转向架是机车的重要组成部分,它的零部件种类繁多、形式多样、组装工艺也不尽相同,因而检修方法、工艺过程和要求也有所不同。下面以SS_4改型电力机车为例,简单介绍转向架主要部件的检修方法和要求,详细的内容请查阅《电力机车检修》和相关的检修工艺文件。

一、构架检修

1. 构架清洗:一般采用70~80 ℃碱水加压冲洗,然后用清水漂净。

2. 检查各梁有无裂纹、硬伤或变形现象,必要时局部探伤。各梁焊缝焊接部、制动缸座、吊杆座、砂箱支座、减振器安装座、排石器支座等焊接部位必须无开焊和裂纹,否则须将裂纹打坡口后补焊。

3. 检查轴箱拉杆座、旁承座、减振器座、牵引电动机悬挂吊座等。

二、轮对检修

轮对在不同的修程中有不同的检修要求。作为机车大修的互换配件,轮对应全部更换新轴、新轮箍。机车中修时,轮箍厚度应不小于65 mm。轮箍和轮心的配合正常,车轴经超声波探伤检查,无裂纹、缺陷。机车小修时,轮对只进行轮缘厚度和踏面磨耗的检查。必要时可在不落轮的情况下旋削轮缘。除了按计划修程进行检查修理外,还要根据临时发生的故障进行临时修理,比如轮箍磨耗到限了,就必须随时落轮进行换箍修理。

1. 车轴

机车中修时,检查车轴轴颈,抱轴颈有无拉伤,拉伤深度不大于1 mm。抱轴颈和轴身等出现的横裂纹(物体的压力一般为三维力,最大应力为主应力。与主应力方向垂直的裂纹为横裂纹,与主应力方向一致的裂纹为纵裂纹),可经旋削或铲沟消除。铲沟深度不大于4 mm,铲沟后必须抹圆。车轴经超声探伤检查,不可见部位有裂纹时,更换新轴;超声探伤有时出现异常波形,一时难于判断是否为裂纹时,应解体轮对作进一步检查。

2. 轮心

检查轮对左右两侧轮辋的直径差,不得大于1 mm,超过1 mm时,应对直径小的轮辋进行焊修,使直径差保持在规定范围内。检查轮辋宽度,并根据情况进行补焊或旋削加工。更换大齿轮时,应检查齿轮座的尺寸。大齿轮毂孔和齿轮座间应保证有0.3~0.5 mm的过盈量。换轴时如将轮孔拉伤,在补焊轮孔时,须将大齿轮退下,否则由于焊接造成材质收缩而使大齿轮和齿轮座间的过盈量消失。退下大齿轮,补焊轮孔时必须同时补焊齿轮座。

3. 轮箍

机车中修时,轮箍厚度不足65 mm应更换新箍。采用热套装,加热均匀,温度不超过350 ℃。过盈量为轮辋直径的1.0‰~1.5‰,新箍装好后,整个轮对在专用的动轮旋床上按规定尺寸旋箍。如为旧箍,为了实现轮箍和轮辋两者的过盈配合,可采取加垫处理。垫板厚度不超过 1.5 mm。垫板不多于一层。一只轮箍下衬的垫板不得多于 4 块，每块长度不小于 300 mm，新轮箍或轮箍厚度小于 45 mm 时，不允许加垫。

运用中的机车，由于轮箍较薄或因机车乘务员操纵不当，可能发生轮箍弛缓现象。如果第一次弛缓，弛缓长度不超过 200 mm，且轮箍挡边无毛刺时，允许重新标记弛缓线继续使用。轮箍不应有横向裂纹，侧面的圆周向裂纹可用半圆铲铲除，内外侧铲沟深度不大于 3 mm 和 7 mm。轮缘部位不允许有铲沟。

三、轴箱和轴箱拉杆检修

1. 轴箱体及前后端盖

经擦拭后，再用汽油清洗、除锈。检查轴箱体及前后端盖等有无裂纹和缺陷。缺陷在不影响强度和不漏油的情况下，可不作处理，如需处理时应先清理缺陷局部，然后补焊、旋削。检查橡胶密封环，有磨损、撕裂、老化变形时应更换新品。

2. 轴承

解体下来的轴承先经 80 ℃含低泡沫清洗剂水溶液冲洗，然后在汽油中清洗，再检查。滚动轴承内外滚道是否有裂纹、剥离、点蚀、变色和损伤等缺陷，其中裂纹和剥离者应严禁使用，有轻微点蚀时打磨消除后可继续使用。

更换轴承内圈时可用电磁加热器加热退下，轴承内外圈和滚动体变色严重时应作硬度检查。

检查保持架的磨损情况，保持架有裂纹或紧固零件松旷，应及时更换。

3. 接地装置

检查接地铜轴状态和接地电刷机构。接地铜轴是焊在轴头挡板上的，应检查焊缝是否开焊、脱落，加强焊接强度。在电刷接触部分的铜轴磨耗深度大于 0.2 mm 时，应旋削处理。

电刷机构应注意电刷长度，刷辫连接状态，刷握弹簧及压指状态。电刷接触面积不小于 80％，轴箱外部连接的编织软线，折损面积不超过 10％。

4. 轴箱拉杆

检查橡胶件有无老化、变形，在平台上检查长、短拉杆的中心距，如果超限，一般是由橡胶圈的老化和变形所引起，应定期更换新品。长短拉杆与轴箱拉杆体的相对转动角度不大于 15°，超过时应在专用压力机上校正。

四、齿轮箱的检修

齿轮箱上下两半部解体后，扫除箱内沉积物及外表面的油垢，然后作外观检查及技术测量。

箱体有凹陷或局部凸出不平，可用火焰调整法调整，大小领圈处变形过大，无法调整时，应作更新处理。箱体焊缝有裂纹，应先清理焊缝，在裂纹两端钻 3～4 mm 的防裂延伸孔，沿裂纹全长铲坡口补焊，连接座根部出现裂纹亦应采取相似方法修复。

箱体缺损时，应首先将缺损部位调平，然后焊装补强板。补强板与箱体搭接宽度不小于 10 mm。缺损部分，有时难于调平，可采用挖补法焊修。

检查齿轮箱上、下两半部箱体接口处的宽度，保证接口吻合一致。

大小领圈部位残余的密封材料及飞边、毛刺等应清理干净。大领圈镶入毛毡条后，用铜铆钉固定。毛毡条应高出槽边 1.5～2 mm，毛毡条镶入前应浸油。小领圈及平口处填充的密封橡胶条应粘贴牢固以防组装时挤出或脱落。齿轮箱漏油是最常见的故障,因此组装齿轮箱时要按规定工艺程序进行。

齿轮箱注油后,油位应适中,油位过高,将引起飞溅,易引起漏油。

五、牵引电动机悬挂装置检修

机车中修时,悬挂端的吊杆和销子应进行电磁探伤检查,不得有裂纹。销子和套的配合间隙不应大于 1.5 mm。橡胶块老化、变形应更换新品,否则吊杆和垫板之间将出现间隙,引起牵引电动机异常跳动。吊杆组装前,销子、套及吊杆螺纹等处均应涂油润滑,橡胶垫和上下垫板应充分接触,防止偏斜。

检查抱轴瓦合金,剥离、脱落总面积不能大于 5 cm^2,抱轴瓦拉伤深度不超过 1 mm,长度不超过 60 mm,有一项超限均不能继续使用。检查抱轴瓦体的变形量,方法是将上下两块抱轴瓦合口处清理干净,用专用卡具卡紧,卡紧时应注意防止因卡具使用不当造成新的变形。然后用外径千分尺在抱轴瓦外径的对称三点上测量,当变形量超过标准时,应禁止使用。采用同样方法测量内径。如果抱轴瓦和轴的平均间隙在 0.3～0.6mm,其他状态良好,经过刮削后可继续使用。

抱轴瓦重新挂合金时,应检查合金与瓦体的黏着情况,旋削时应留有 0.1～0.2mm 的刮削余量。刮削可在工艺轴上进行。合金表面应刮削成鱼鳞状花纹,带油槽应符合要求。

检查抱轴承体,有裂纹时,先在裂纹处切割成 V 形坡口,然后用优质焊条施焊,当环境温度低于 15 ℃时,焊后应采取保温措施。如果裂纹发生在与抱轴瓦配合部位,焊后应检查变形情况。检查抱轴承体上的键槽和键的配合情况,两者的配合间隙不大于 0.2 mm。

解体下来的毛线刷装置在甩油机上除去残存的润滑油,然后检查刷架有无开焊、裂纹,弹簧作用是否良好,毛线卷或刷头磨损时应更新。

牵引电动机和轮对组装后应在专用的齿轮啮合试验台上进行齿轮啮合和抱轴瓦温升试验。检查有无异常噪声,轴箱和抱轴承部分温升是否正常。

六、弹簧装置检修

机车轴箱弹簧的检修

1. 检查支承杆的弯曲和支承帽的磨耗,支承杆和支承帽有无裂纹,必要时对支承杆进行电磁探伤检查。

2. 弹簧的自由高、组装高度、偏斜量、裂纹、节距的均匀性和有无压死的现象,有一项不合格,都不能继续使用,或经热处理重新整形或报废。

3. 作压力试验,检查弹簧刚度的变化和有无裂纹,试验时做好安全防护,试验结束后做弹簧的压死试验,检查弹簧有无裂纹和折断现象。解除压力后,测量自由高、偏斜量等和试验前相比,检查是否有残余变形,偏斜量是否超过规定要求。

七、油压减振器检修

油压减振器解体前,须先经油压减振器专用测试仪测试示功图,并据此分析油压减振器可能存在的问题,从而有针对性的检修。

油压减振器解体、清洗后,按构件逐一进行检查。活塞杆弯曲时允许调直,活塞和胀圈不允许有裂纹和偏磨现象。胀圈和活塞槽侧面的间隙为 0.07～0.08mm,胀圈合口间隙为 0.1～

0.3 mm。

检查心阀、套阀和进油阀，均不能有裂纹。进油阀阀瓣和阀体座接触不良时，允许手工研磨阀口。

检查心阀弹簧、进油阀弹簧及塔形弹簧，弹簧节距均匀，不允许有裂损和永久变形。

检查导向套，磨损超限时应更换；检查油封圈和密封圈的密封状态，不允许有泄漏情况。

减振器组装时，密封圈和活塞杆的滑动面均应涂抹锂基润滑脂。组装后，减振器倒置24 h，应无渗漏油现象。

减振器检修后，应再测试一次示功图，以检验检修质量。

八、SS_9 型电力机车轮对空心轴转向架装、拆特点

SS_9 型电力机车采用了轮对空心轴转向架，这种转向架的关键部件是轮对空心轴驱动装置，该装置的拆卸组装是转向架检修的关键所在。

1. 组装工艺难点及方法。

(1)橡胶关节的压装

SS_9 型电力机车每台车有 96 个橡胶关节，分别与齿轮、连杆、传动盘、内空心轴相连，既传递动力，又吸收振动，是整个传动系统的关键配件之一。其横向刚度较大，且与内空心轴、主轮心等压装时须占用较大的空间位置，在常规油压机上难于施工，因而橡胶关节的压装必须有专用的设备，该设备应有以下特点：①卧式；②工件在工作台面上可绕其中心作旋转运动；③油压可调。

(2)传力销的装配

传力销是将动力通过空心轴传至传动盘然后传至车轮的关键配件，也是接受运行疲劳考核的关键配件，必须严格按相应孔的尺寸配装，无论是在新造，还是在段修、厂修过程中都必须严格把关。

(3)轮对组装

SS_9 型电力机车轮对空心轴驱动装置由于有内空心轴、空心轴套等部件的影响，车轴的水平定位困难较大，采用轮芯热套工艺组装轮对。

(4)密封环与齿轮芯的间隙调整

密封环与齿轮芯的间隙(0.5～1 mm)是保证传动系统正常运转的重要参数之一，它是在轮对空心轴转向架总成之后，轮对电机空转试验之前进行调整的，是通过齿轮箱各螺座结合部加平垫进行调整。

(5)内空心轴的三爪、传动盘的三爪外圆与轮箍内圆柱的距离调整

内空心轴的三爪、传动盘的三爪外圆与轮箍内圆柱的距离是否均衡，关系到车轴与内空心轴表面是否受碰，是影响橡胶关节寿命，确保机车运行平稳性的重要参数，该参数是机车总成之后在平直轨道上通过调整电机悬挂装置来完成的。

2. 拆卸工艺难点及方法

由于该转向架结构独特，若要对橡胶关节、轴承、从动齿轮进行解体检查，必须进行退轮，而退轮最难克服的就是车轴损伤，为此必须解决如下关键问题：

(1)拆箍

为了减少退轮过程中的压力，在退轮之前先将轮箍拆卸下来，目前较理想办法是：采用轮箍拆卸感应加热器加热轮箍进行拆箍。

(2)退轮

车轴是一个加工、热处理都较难的较大配件,因此在检修中必经尽量克服损伤,为此必须有专用的退轮工艺、装备作保证。

①首先将轮对吊至专用装备上,以轮芯作定位支承,并将空心轴套固定以免其在退轮过程中产生偏移或振动,造成车轴状态不稳定。

②校正车轴水平。

③在承受压力的车轴一端给车轴戴上保护套,以免在施加压力的过程中造成车轴的微变形。

④在滚轮上调正通孔位置,安装螺帽,调整拧紧程度保证轴与轮芯的垂直度。

⑤按油缸行程,调整垫铁的长度直至退出轮芯为止。

第八节 高速机车及动车组转向架简介

一、机车走行部的性能指标

随着货运重载牵引和客运高速化的发展,对机车走行部提出了新的、更高的要求。机车走行部的性能指标主要为下列几方面。

1. 强度和刚度

转向架各部分必须保证具有足够的强度和刚度。特别是转向架构架对刚度的要求较高,因为它是转向架的基础,若刚度不足,会影响各部分之间的相对位置。

2. 横向稳定性

机车在直道上运行时,应有良好的横向稳定性,亦即机车在低速至最大速度范围内,绝不容许发生蛇行失稳。若发生剧烈蛇行,会产生很大的横向轮轨作用力,对线路造成破坏,车轴轴承过热或损坏,影响运行安全。对机车,特别是高速机车的横向稳定性应给予足够的重视,可采取一些有效的措施来保证机车的横向稳定性。

3. 运行平稳性

机车运行平稳性表示人所感受到的机车运行品质。确定人对机车振动的感受有4个重要的物理参数,即振动加速度、频率、方向和持续时间。机车运行平稳性差就表示舒适度差,容易使人疲劳,降低机车乘务员工作的熟练程度,容易发生行车事故。因此,对于机车垂向及横向的平稳性,都明确规定有一定的要求。对于运行速度较高的机车,要在机车悬挂装置方面采取相应的措施,确保机车具有足够的运行平稳性。

4. 曲线通过性能

机车曲线通过性能关系到机车脱轨的安全性、轮缘和曲线轨侧磨耗。二轴转向架的曲线通过性能优于三轴转向架。山区线路曲线多,曲线半径小,应优先采用二轴转向架机车。

机车的曲线通过性能与横向稳定性是相互矛盾的,即机车结构参数有利于曲线通过的措施对横向稳定性都是不利的,反之亦然。因此,在选定这些参数时要照顾到曲线通过和横向稳定性两个方面,权衡处理。

近些年来,国外发展较快的机车径向转向架,显著改善了曲线通过性能,又不降低机车的横向稳定性,也不影响牵引力从车轴向构架的传递。机车径向转向架使机车轮缘及曲线轨侧磨耗大幅度下降,使通过曲线时的黏着牵引力不降低和直道上一样。

由于曲线的超高不足或超高过度,会引起车体的横向加速度。过大的车体横向加速度会引起人的不舒服，对此有一定的限制。

5. 对线路的动力作用

轮轨之间的静载荷一般并不会产生危害，重要的是机车运行时产生的轮轨动载荷会危及行车安全。轮对作用于线路的动作用力随车速的增高而增加。动作用力分垂向和横向。过大的动力作用会加速线路的损坏甚至影响行车安全。为了减低轮轨之间的动力作用，要注意尽可能减小轮对簧下质量，改善机车的运行平稳性、横向稳定性和曲线通过性能。对高速机车，还应尽可能减小轴重。

6. 黏着利用

为使机车最大限度发挥轮轨间的黏着潜力，必须选择最佳的电气系统和机械系统，再配以微机控制的、性能恰当的防空转装置。这对牵引重载列车的机车来说，尤为重要。就机械系统(走行部)而言，要使轴重分布均匀，而且在牵引力的作用下，轴重转移要尽量小。为此，要使牵引杆的高度降至合理的数值，并注意悬挂装置的设计，以减少轴重转移。轴箱拉杆的纵向刚度应足够大，以利最大牵引力的发挥。对液力传动及全悬挂牵引电动机的驱动装置，要注意系统中各部分的刚度匹配，以免容易发生轮轨间的黏滑振动，使黏着性能下降，容易诱发空转。

7. 结构简单，安全可靠，维修工作量小。

二、高速机车走行部结构及参数的特点

(1)机车运行平稳性与稳定性

机车运行平稳性是指高速运行时，机车在垂向及横向产生振动，车体中的人所感觉到的舒适程度。影响机车平稳的因素是振动频率、振幅、振动加速度及振动加速度的变化率。即车体的振动特性决定了平稳性。高速机车要有良好的垂向及横向平稳性，要恰当选定一系及二系悬挂垂向及横向的刚度及阻尼参数。

机车稳定性是指机车横向稳定性，即蛇行稳定性。高速机车必须有良好的稳定性，其蛇行临界速度应高于最大运行速度，并有足够的裕量。影响稳定性的因素为机车走行部结构及参数，包括悬挂装置的参数。

必须指出，机车的横向稳定性好，其平稳性不一定就好，即机车对线路不平顺的响应(机车振动)不一定就好。但横向稳定性差的机车，在高速时的横向平稳性一定不好。因为稳定性差，高速时机车蛇行运动较剧烈，其横向平稳一定较差。

(2)提高蛇行临界速度的措施

在高速机车上，为提高蛇行临界速度，通常采取下列措施：

①较大的转向架轴距

高速机车通常为二轴转向架。为提高蛇行临界速度，要采用较大的轴距。德国的 ICE、法国的 TGV，最大运行速度分别为 250 km/h、300 km/h，转向架轴距都是 3 m。

②减小转向架的质量及转动惯量

减轻转向架簧上、簧下质量及转动惯量可以提高蛇行临界速度。这就是高速机车要把转向架上的牵引电动机移至车体上的原因。

③二系较小的横向刚度

高速机车都采用较小的二系横向刚度及恰当的纵向刚度，并配以横向阻尼及回转阻尼。

采用较软的车体与转向架的横向弹性连接，是为了尽量减小转向架横向振动与车体横向

振动的相互影响，使车体的蛇行失稳不发生，机车的稳定性归结于转向架的稳定。二系悬挂的纵向刚度决定了转向架的回转刚度，这不仅影响转向架的蛇行稳定性，而且还影响曲线通过性能。当二系悬挂采用橡胶簧或高圆簧加橡胶垫时，二系的纵向刚度与横向刚度是相关的，甚至是相等的，视具体结构而定。

④小斜度的锥形踏面

日本和法国采用斜度为 1/40 的锥形踏面来提高高速列车的蛇行稳定性。该踏面在新的状态下斜度为 0.025，随走行里程的增加，踏面磨耗，外形改变，等效斜率增大。但根据法国 TGV 高速列车的运用经验，踏面磨耗过程极为缓慢。

德国 ICE 高速列车采用磨耗形踏面，其等效斜率高达 0.2(新踏面)，用抗蛇行减振器来保证机车高速时的蛇行稳定性。ICE 采用高的等效斜率磨耗形踏面的理由是改善机车的曲线通过性能，减小轮缘和轨侧的磨耗；另一个理由是磨耗形踏面的磨耗速率比锥形踏面小，而且磨耗后踏面外形变化较小，等效斜率增加很慢。

TGV 和 ICE 的运用经验及试验表明，采用两种不同踏面，都能在车速高达 300 km/h 时保证机车的蛇行稳定性，满足高速列车的要求。

⑤抗蛇行减振器

当代高速机车及准高速机车都安装抗蛇行减振器来提高机车的蛇行稳定性。

抗蛇行减振器是一种具有特殊阻尼特性的液压减振器，纵向安装在转向架两侧，连接车体及转向架。转向架相对车体回转时，该减振器产生阻尼力，衰减转向架的蛇行运动。

(3)机车直线横向稳定性与曲线通过性能的协调

我国修建的京沪高速铁路的特定条件是：有可能在相当长的时期内，在高速客运专线上实现高速列车与中速旅客列车混跑。两种列车的运行速度有很大差异，在曲线的外轨超高设置上要予以折中，即高速列车将在欠超高的状态下通过曲线。机车通过曲线时过大的未平衡离心力对曲线通过十分不利。此外，为了实现与非高速线路上大城市间的直达运输，部分高速列车还将离开高速线到普通线路上运行，可能会遇到一些曲线半径较小的区段。因此，应在提高高速机车转向架蛇行稳定性的同时，努力设法改进转向架的曲线通过性能。

实际上，德国及法国的高速铁路都是由新建线及改造线连接而成的，这些线路上都是高速列车与中速客运列车混跑。他们都注意到高速列车不仅要有良好的蛇行稳定性，而且也要有良好的曲线通过性能。这两个性能是相互矛盾的，因此要进行折中、协调，使这两个性能都能满足要求。

法国 TGV 高速列车采用小斜度的锥形踏面来提高列车的蛇行稳定性(踏面斜率 1/40，配 1/20 的轨底坡)。德国 ICE 则采用大等效斜率的磨耗形踏面(等效斜率 0.2，配 1/40 轨底坡)，使动力车的曲线通过性能得以改善。等效斜度大的磨耗形踏面虽然不利于机车的蛇行稳定性，但对悬挂系统的精心设计，仍能保证车速高达 300 km/h 仍有良好的稳定性。ICE 由于采用了磨耗踏面，减少了轮轨的磨耗，使动力车转向架两次旋轮间的走行里程达到了 60 万千米以上，高于法国 TGV 的水平。

我国设计高速机车转向架，应根据我国的高速列车运行的具体情况，考虑直线性能与曲线性能的协调，走行性能与维修性能的协调，采用适合我国条件的磨耗形踏面，减轻转向架质量及转动惯量，较长的转向架轴距，恰当选定与稳定性及曲线通过有关的一、二系悬挂参数。

三、径向转向架简介

1. 概述

机车轮对定位的纵向刚度很大，是为了传递纵向的牵引力。因此，转向架内的几根车轴总是保持平行，即使进入曲线也是如此。图 3-64 为普通三轴转向架通过曲线的情况，第 1 轴的车轮平面与轮轨接触点轨道切线的夹角称为前轴的冲角。由于冲角的存在，增大了轮轨间的横向作用力、使车轮易于爬轨，而且使轮缘和轨侧磨耗增加。

图 3-65 为径向三轴转向架通过曲线的情况，前轴和后轴都向曲线半径方向偏斜而占径向位置，使冲角为零，故称之为径向转向架。冲角为零的好处是减少了轮缘的磨耗，减小了轮轨横向作用力，减小了车轮爬轨的危险性，减少了踏面与轨面间的滑动，从而改善曲线上机车的黏着性能。

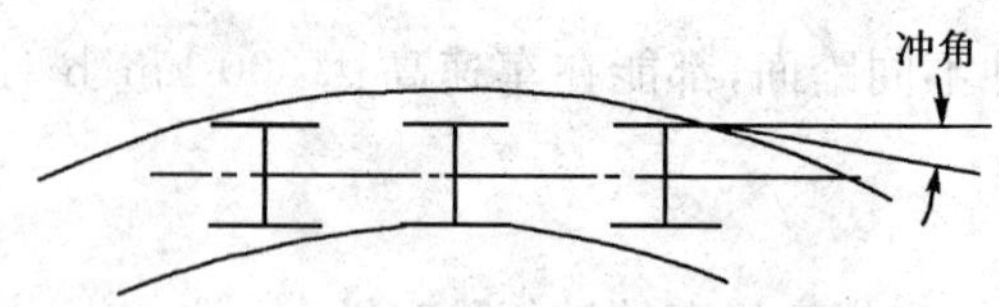

图 3-64　普通三轴转向架通过曲线的情况

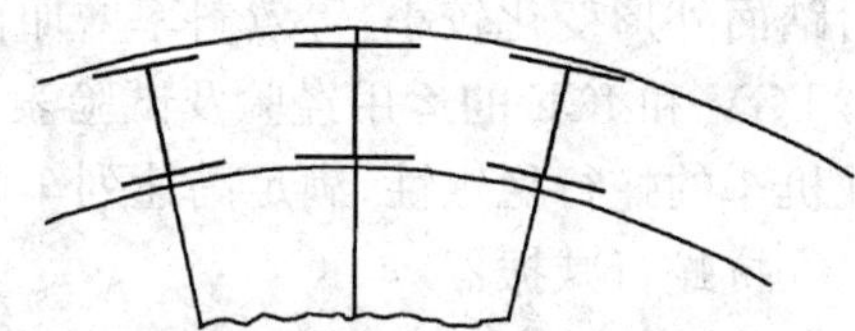
图 3-65　径向三轴转向架通过曲线的情况

自 20 世纪 60 年代末轮轨蠕滑理论有了突破性的进展以来，对轮轨接触面上的作用力有了真正的认识，机车车辆动力学得到了迅猛的发展，使重载牵引、高速列车得以顺利发展。机车车辆径向转向架的发展是轮轨蠕滑理论在曲线通过领域应用的重要成果。

车辆转向架的结构及作用相对比较简单，其径向转向架在 20 世纪 70 年代初便去始出现并陆续投入运用，目前已有不少国家作为货车转向架的一种重要形式。

机车转向架除必须具备车辆转向架的所有功能外，还必须把轮周上的牵引力由车轴传递到转向架构架。这通常是由轮对定位的纵向方向来传递的，因而轮对定位的纵向刚度通常都很大，否则无法传递牵引力。定位纵向刚度大，轮对就无法向径向位置偏斜，机车径向转向架就难以实现。这就是通常所说的牵引和导向的矛盾。所谓导向，这里是指使轮对占径向位置，利于通过曲线。机车径向转向架的导向机理、设计方法以及结构形式远较车辆径向转向架复杂。因此，机车径向转向架的发展远远滞后于车辆转向架。经过长时间的技术积累，到 20 世纪 80 年代末 90 年代初，机车径向转向架的技术出现了突破，德国、瑞士、南非、奥地利等国家相继在电力机车转向架上采用了径向调节技术。

值得特别提出的是，美国 GM 公司与德国西门子公司于 1992～1993 年联合开发了新一代的 SD60M-AC 及 SD70M-AC 内燃机车，其特征为交流传动、微机控制及径向转向架，被称为径向交流机车。该机车取得了极大的成功，达到了前所未有的轮轨黏着水平和牵引能力，并可用于过去三轴转向架难以涉足的多小半径曲线的困难区段，扩大了三轴转向架的应用范围。1993 年初，美国以承担重载运输著称的柏灵顿北方铁路提出一份 350 台 SD7OM-AC 机车的订单，准备用来代替原有的 600 台直流电传动内燃机车。

2. 机车径向转向架的特点

机车径向转向架分自导向及迫导向两类。自导向结构相对简单，应用较广。这里主要介绍机车自导向径向转向架。机车自导向径向转向架是靠内外轮纵向蠕滑力形成的力偶来实现轮对的径向调节。

机车径向转向架要考虑到下列特点：

(1)机车踏面上作用有纵向的牵引力(也属蠕滑力)

由于蠕滑力有其极限值(通常称为黏着力)，因此，由于内外轮轮径差产生的蠕滑导向力就受到限制，其与牵引力的合成不能超过蠕滑力的极限值，即机车转向架的自导向作用不及车辆转向架。减小轴箱纵向定位刚度，就能实现车辆轮对的径向调节。对机车径向转向架来说，轴箱纵向定位刚度应该比车辆小得多才能实现轮对的径向调节。

(2)机车轴箱纵向定位刚度要满足牵引力传递的要求

对径向转向架来说，轴箱纵向定位装置已不能用来传递牵引力了，而要另外增加一套牵引装置，称为牵引与导向功能的分离。

基于上述原因，机车径向转向架比较复杂，机车径向转向架的实际应用比车辆晚了十多年。

机车径向转向架的轴箱纵向定位刚度应尽可能小，以利于径向调节。踏面上的纵向牵引力从车轴向构架传递，必须具有很大的纵向刚度，为此，增加了牵引装置。对牵引装置的要求是，具有足够大的纵向牵引刚度，使轮对不能纵向移动，但又不约束轮对相对于构架的摇头及横动。

为了提高转向架直线运行的横向稳定性，需要通过机构实现轮对摇头运动的相互耦合。

当前轴向径向位置偏斜时，后轴也同时向径向位置偏斜，使前后轮对相对于构架的摇头运动角度大小相等，方向相反。

以下将以实际的机车径向转向架为例，说明机车径向转向架的结构特点。

德国 E120 型电力机车的试验型转向架

为了减小机车通过曲线时的轮轨横向力及轮轨磨耗，并提高曲线运行时的黏着牵引力，德国从 20 世纪 80 年代末起开始了机车径向转向架的理论及试验研究，利用一台 E120 型电力机车进行径向转向架的试验研究，如图 3-66 所示。

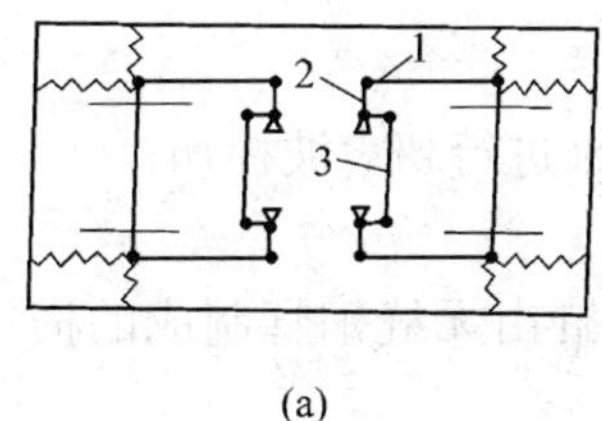

(a)

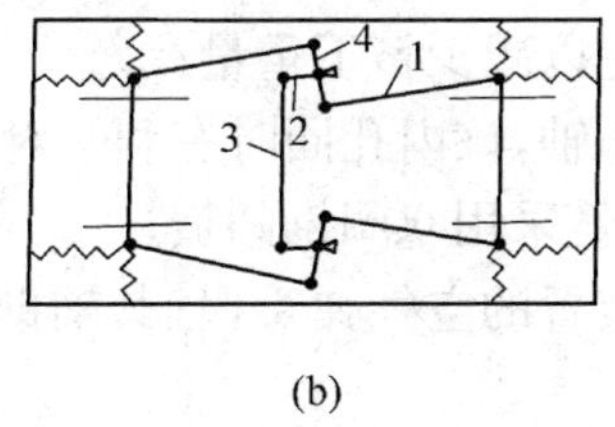

(b)

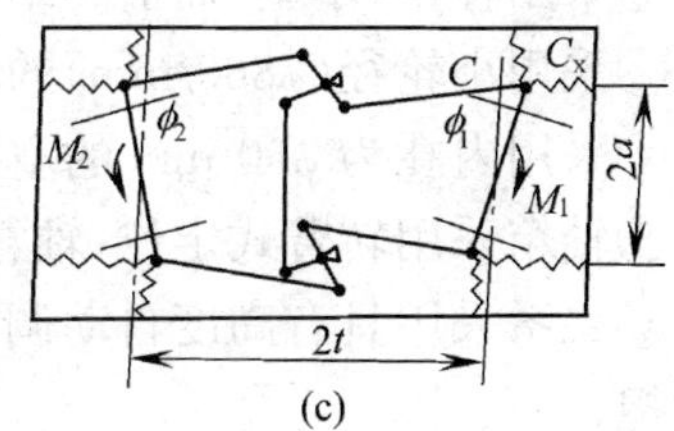

(c)

图 3-66 机车径向转向架结构示意图

图 3-66(a)的轮对可径向调节，但相互独立；(b)为轮对连接，摇头运动相互耦合。在图(a)中，拉杆、拐臂及连接杆为牵引机构，轮对上的牵引力由拉轩传至构架，由连接杆平衡左右车轮的牵引力。牵引刚度很大，轮对不能纵向移动。由于轴箱纵向定位刚度不大，轮对在蠕滑力矩作用下可向径向移动。通过拐臂的转动、拉杆的摆动实现轮对的摇头和横动。图(a)表示牵引与导向功能分离的原理。由于轴箱纵向定位刚度很小，转向架的蛇行稳定性很差，实际上是不能采用的。

为了提高转向架的蛇行稳定性，必须把前后轴连接起来，使摇头运动相互耦合，如图(b)所示。通过长拐臂与前后拉杆的连接，实现前后轮对的摇头运动的耦合：当前轮对向径向调节时，后轮对也径向调节，如图(c)所示。

3. 机车径向转向架在我国的发展前景

与常规转向架相比，机车径向转向架有下述优点：

(1)曲线通过性能大大改善，轮缘及轨侧磨耗大大减轻，防止脱轨的安全性明显提高；

(2)直线运行横向稳定性与曲线通过性能达到良好的协调；

(3)曲线上的黏降减少，机车牵引性能明显提高。

我国铁路曲线所占比例较大，轨轮磨耗问题非常突出，严重影响着铁路运输能力。发展机车径向转向架不仅有利于提高山区铁路列车速度和运能，也有利于提高繁干线的运能。机车径向转向架在我国有良好的发展前景，可以预料的应用范围包括：

(1)用于重载牵引，特别是多曲线区段的重载牵引；

(2)用于多小半径曲线的山区线路；

(3)用于提高既有线路的列车速度，特别是曲线半径较小区段的提速；

(4)地铁及轻轨线路的曲线半径较小，机车径向转向架可用于地铁及轻轨车辆的动车转向架。

由于机构的复杂性及结构布置上的困难，开发机车径向转向架在技术上有相当大的难度。只要充分借鉴国外的经验，吸收国外的成熟技术，结合我国机车的具体情况，精心研究，精心设计，径向转向架一定会在我国机车上得到应用，在铁路运输中发挥重要的作用。

四、动车组转向架简介

1. 动车组转向架的基本结构特征和主要技术参数

CRH_{200}动车组的转向架有动车转向架和拖车转向架两种，采用了转臂式轴箱支撑方式、无摇枕转向架。两种转向架的结构基本相同。

(1)转向架基本结构特征：

①无摇枕 H 形构架之转向架；

②采用轻量、小型、简洁的结构；

③采用小轮径(ϕ860 mm)的车轮以减少簧下重量；

④采用内孔为 ϕ60 mm 的空心车轴，该内孔同时有利于对车轴进行超声波探伤；

⑤轴箱采用转臂式定位，轴箱弹簧采用双圈钢圆簧；

⑥二系采用具有高度自动调节装置的空气弹簧，且其辅助风缸由无缝钢管制成的横梁内腔承担；

⑦采用抗蛇行减振器兼顾高速稳定性和曲线通过性能；

⑧采用单拉杆式中央牵引装置传递纵向力；

⑨动车转向架上装用轻型交流异步牵引电机；

⑩采用挠性浮动齿式联轴式牵引电动机架悬式驱动装置；

⑪基础制动装置采用液压油缸卡钳式盘型制动；

⑫全部车轮装有机械制动盘(轮盘)；

⑬拖车转向架车轴上装有机械制动盘(轴盘)；

⑭利用踏面清扫装置改善轮轨间运行噪声和黏着状态。

(2)转向架主要技术参数

与转向架有关的主要技术参数见表 3-1，转向架详细技术参数见表 3-2。

表 3-1　转向架主要技术参数表

项　　目	参　数	项　　目	参　数
设计最高速度(km/h)	250	编组能通过的最小曲线半径(m)	180
营业最高速度(km/h)		转向架转角(度)	4.0
额定轴重(kN)	137.2(14 t)	轴距(mm)	2 500
满员时最大轴重(200%定员)(kN)	156.8(16 t)	车轮直径(mm)	860

表 3-2　转向架详细技术参数表

项目 \ 转向架形式	动车转向架 KW-175	拖车转向架 KW-176
转向架重量	7.50 t	一般转向架：6.87 t 头车转向架：6.95 t
固定轴距	2 500 mm	
车轮直径	ϕ860 mm(最小使用直径 ϕ790 mm)	
轴承中心间距	2 000 mm	
转向架最大长度	3 146 mm	一般转向架：3 416 mm 头车转向架：3 566 mm
转向架最大宽度	3 102 mm(至空气弹簧筒为止)	
空气弹簧左右间隔	2 460 mm	
空气弹簧有效直径	ϕ520 mm	
驱动方式	平行万向节挠性联轴器、1 级减速齿轮方式	—
齿轮比	85∶28=3.04∶1	—
车轴轴承	ϕ130 密封复式圆锥滚子轴承	
制动方式	空油变换、轮盘方式	空油变换、轮盘轴盘并用方式
锁紧装置	油压缸：ϕ45×2	油压缸：ϕ32×2
制动倍率	18.367(增压比)×2(摆杆比)=36.73	
闸　瓦	绕结合金(锻钢盘片用)	
轴箱定位方式	转臂式	

2. 动车转向架基本结构

动车转向架主要轮对、轴箱、一系悬挂、构架、二系悬挂、驱动装置和基础制动装置等七部分组成，具体结构如图 3-67 所示。

动车转向架中三个力的传递过程：

①垂向力(即重力)

车体→橡胶空气弹簧→构架侧梁→轴箱圆弹簧→轴箱→车轴→车轮→钢轨。

②横向力(离心力等)

车轮→车轴→轴箱→{轴箱圆弹簧+转臂定位(力较小时)；轴箱止挡(力较大时)}→构架侧梁→

→{橡胶空气弹簧(力较小时)；构架横梁→横梁连接梁→横向橡胶止挡→中央牵引拉杆座(力较大时)}→车体。

③纵向力(牵引力或制动力)

(轮轨间黏着)车轮→车轴→轴箱→轴箱转臂定位销→构架侧梁→构架横梁→牵引拉杆→

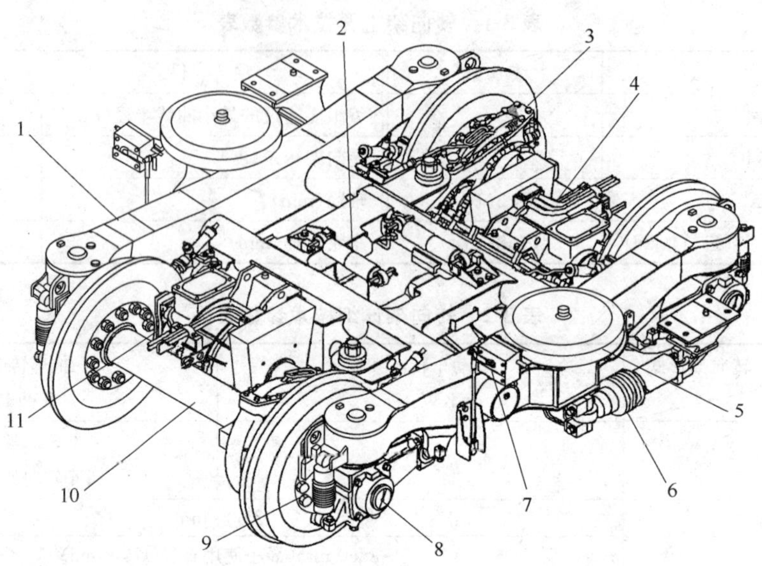

图 3-67　动车转向架基本结构

1—转向构架；2—二系横向减振器；3—驱动装置；4—牵引电动机；5—二系弹簧；6—抗蛇形油压；7—高度调整阀；8—轴箱；9—一系悬挂减振器；10—驱动轮对；11—盘形制动装置

中央牵引拉杆座→车体→车钩。

3. 拖车转向架基本结构

拖车转向架主要由轮对、轴箱、一系悬挂、构架、二系悬挂和基础制动装置等六部分组成，具体结构如图 3-68 所示。

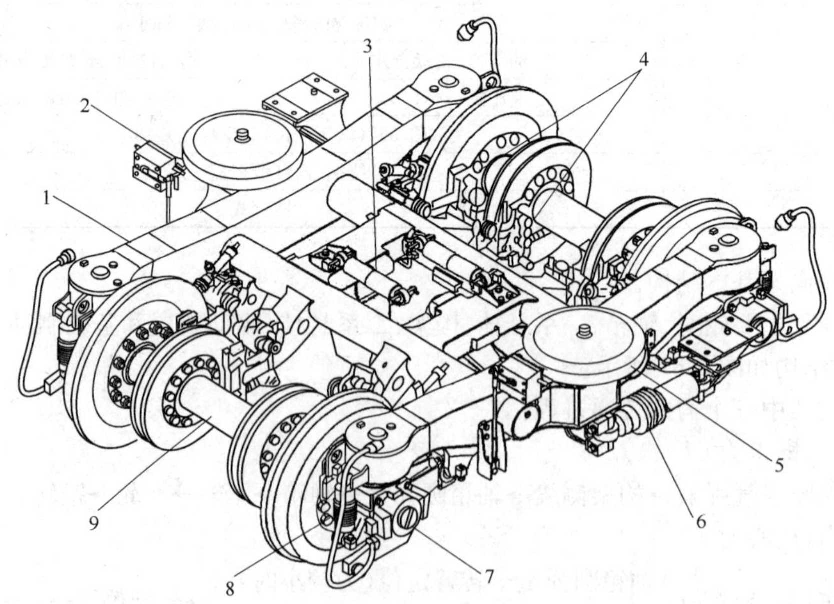

图 3-68　拖车转向架基本结构

1—构架组成；2—高度调整阀；3—二系横向减振器；4—盘形制动；5—二系悬挂；6—抗蛇形减振器；7—轴箱；8—一系悬挂；9—拖车轮对

4. 转向架构架

转向架构架的形状为 H 形，由两根侧梁和一根横梁组成，而横梁又由两个横梁支架和连接梁等组成；转向架构架分为动车转向架用和拖车转向架用两种（如图 3-69 和图 3-70 所示）。

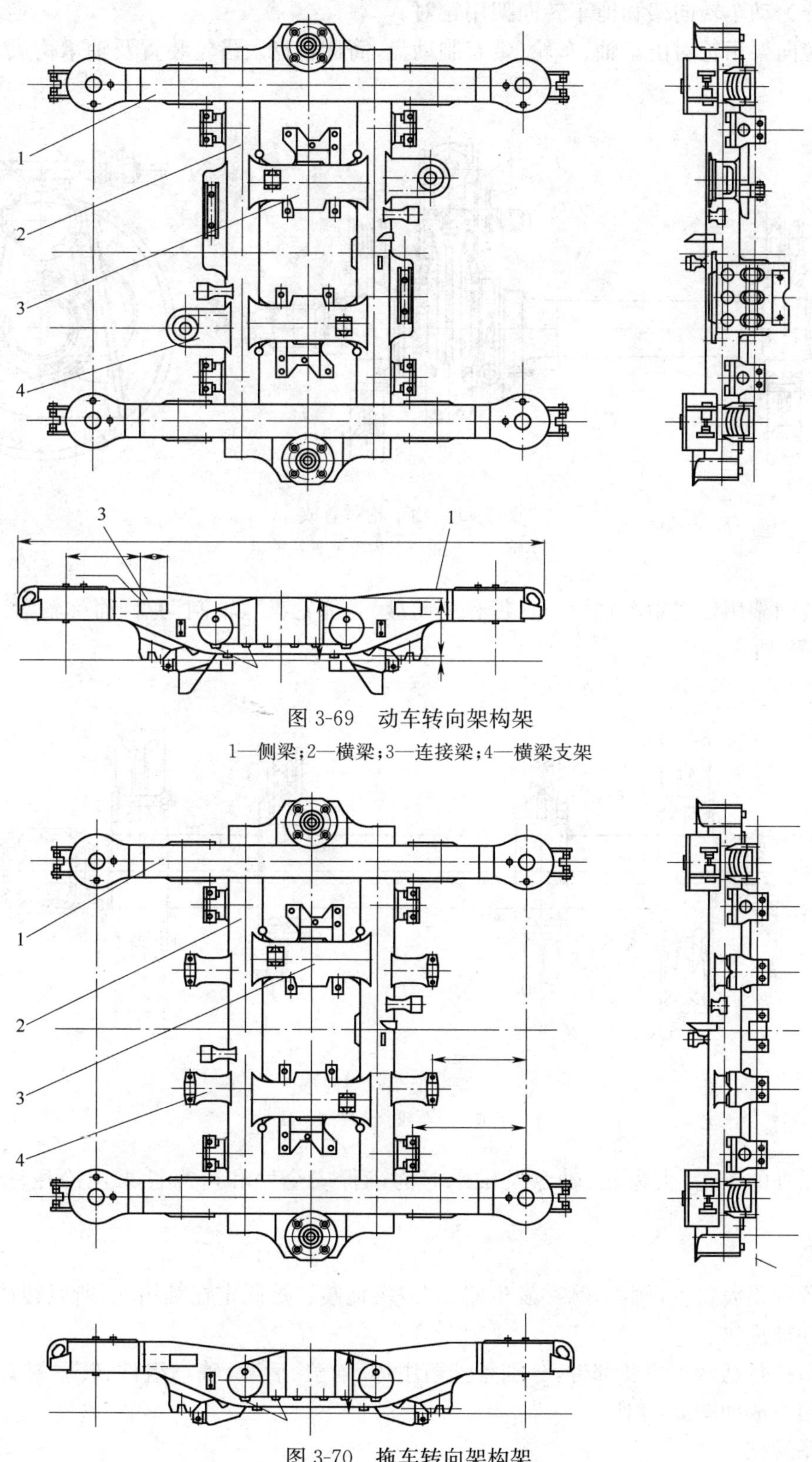

图 3-69　动车转向架构架

1—侧梁；2—横梁；3—连接梁；4—横梁支架

图 3-70　拖车转向架构架

1—侧梁；2—横梁；3—连接梁；4—横梁支架

5. 轮对

轮对分为动车转向架和拖车转向架用轮对。

动车转向架用轮对由车轴、车轮(带有制动盘,简称轮盘)、齿轮装置及轴承构成,如图3-71所示。

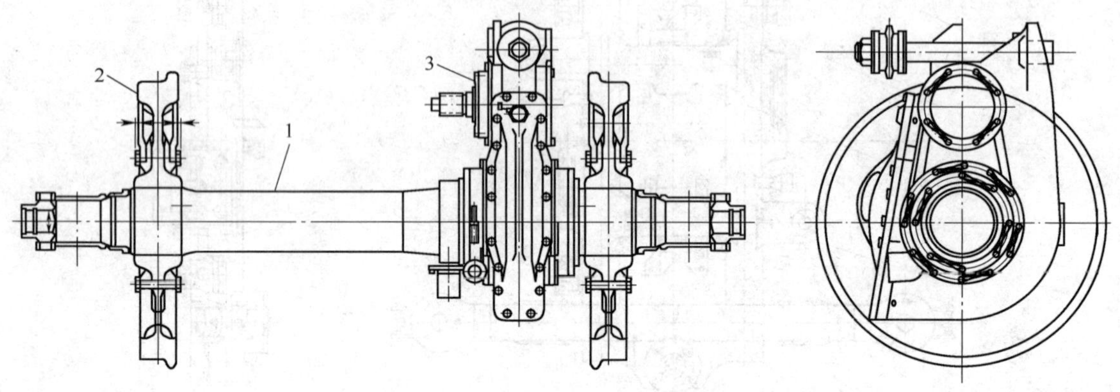

图 3-71　动车轮对总成

1—车轴;2—车轮;3—齿轮装置及轴承

拖车转向架用轮对由车轴、车轮(带有制动盘,简称轮盘)、轴制动盘(简称轴盘)及轴承构成,如图 3-72 所示。

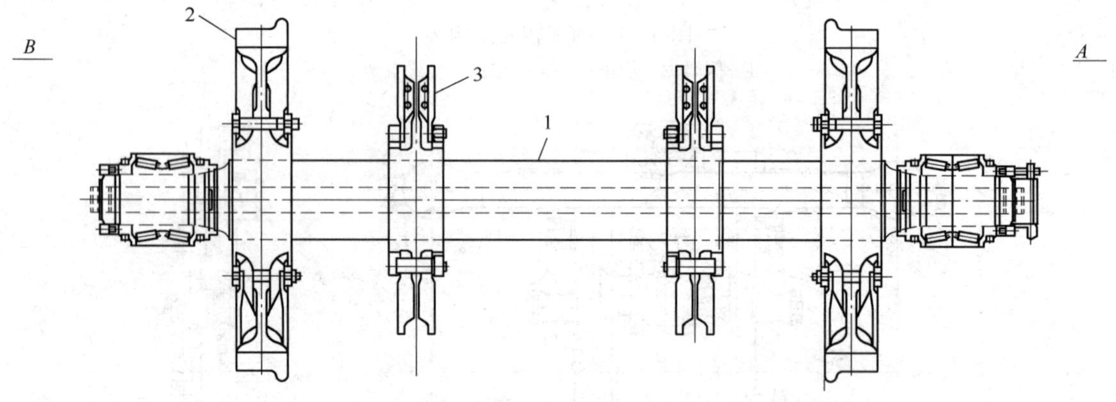

图 3-72　拖车轮对总成

1—车轴;2—车轮;3—轴制动盘

轮盘以外的车轮、大齿轮、轴盘及轴承等为确保安全性和可靠性采用冷压法压装到车轴上。

6. 轴箱

由于各种附属装置,例如,脉冲发生器和/或接地装置被固定在轴箱端,所以转臂式轴箱作为一个组件被提供。

轴箱组件包括六个主要部件,分别是轴箱主体、前盖、后盖、轴承组件、转臂衬套的密封环和盖。轴箱组成如图 3-73 所示。

7. 一系悬挂

一系悬挂也称轴箱弹簧装置,主要包括轴箱弹簧、垂向液压减振器和转臂定位橡胶套。具

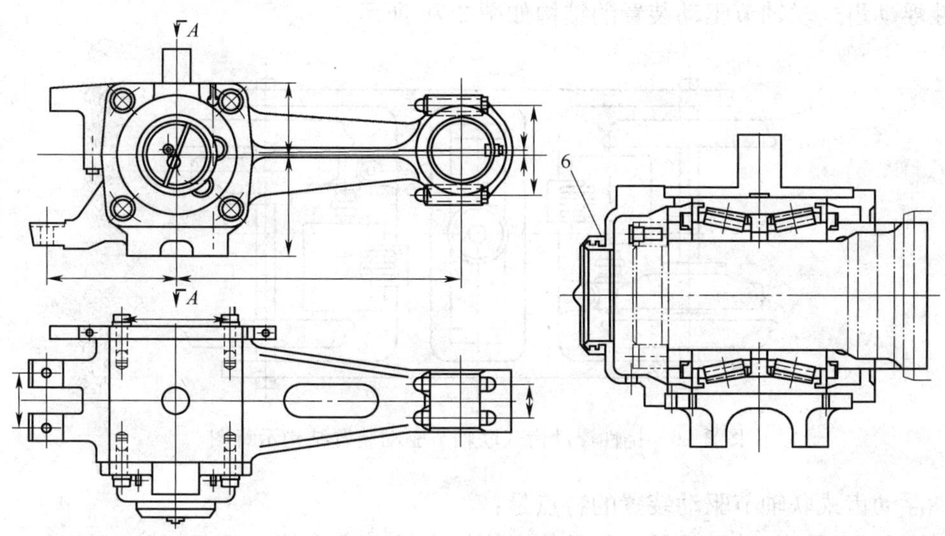

图 3-73　轴箱组成

体结构如图 3-74 所示。

轴箱弹簧装置被安装在轴箱和转向架构架之间。

轴箱弹簧装置在将车体重量分配给各车轮的同时缓冲车轮/轴箱的各种振动，该弹簧参数是经过优化选定的，主要是为了改善车体的乘坐舒适度。

轴箱弹簧装置包括一个圆簧组(由内、外弹簧组成)、弹簧座(上、下)、橡胶座、绝缘座、转臂定位橡胶套和处于每个车轮位置处的垂向减振器。

8. 驱动装置

驱动装置采用简单而实用的挠性浮动齿式联轴节式牵引电动机架悬式结构，即通过挠性浮动齿式联轴节将牵引电动机输出轴与车轴齿轮箱的输入轴(小齿轮轴)连接起来，在传递牵引扭矩的同时，允许两者间的相对运动。该驱动装置工作原理如图 3-75 所示。

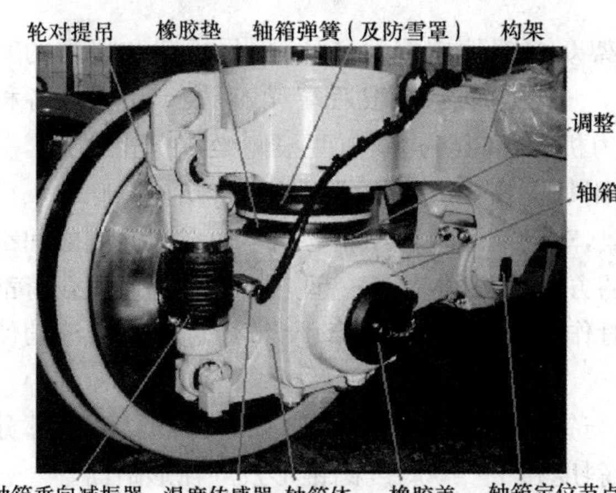

图 3-74　一系悬挂系统

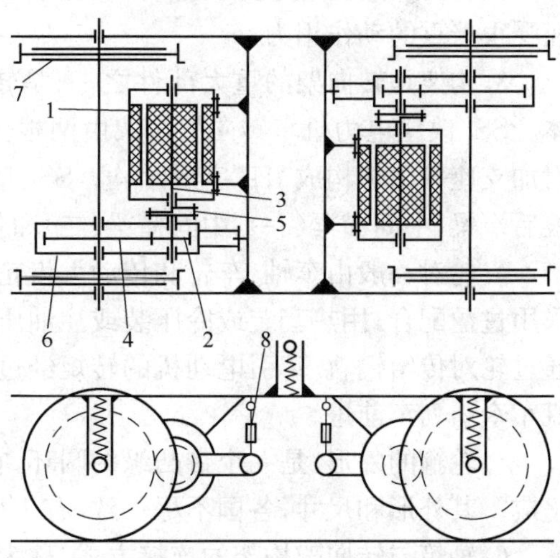

图 3-75　挠性浮动齿式联轴节驱动装置工作原理

1—牵引电机；2—小齿轮；3—驱动轴；
4—大齿轮；5—挠性联轴节；6—齿轮减速器；
7—制动盘；8—齿轮箱吊挂装置

挠性浮动齿式联轴节驱动装置的结构如图 3-76 所示。

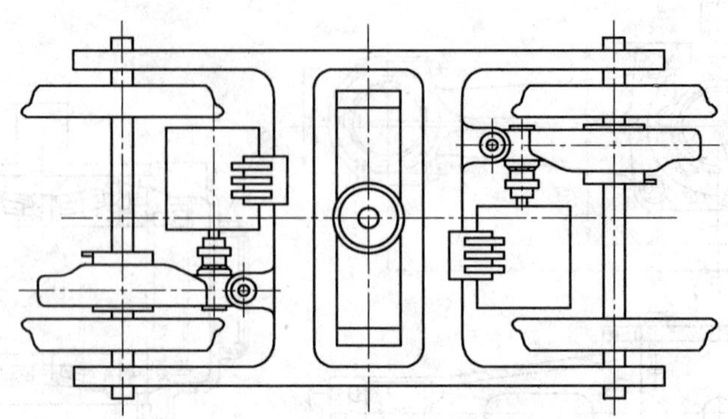

图 3-76　挠性浮动齿式联轴节驱动装置结构示意图

挠性浮动齿式联轴节驱动装置的特点是：

(1)簧下死重量小(电机重量全部悬挂于构架横梁上成为簧上重量，但牵引齿轮和齿轮箱之重量的一半仍然属于簧下死重量)，减小了轮轨间的动作用力；

(2)大大改善了牵引电动机的工作条件，但牵引齿轮的工作条件并未得到改善；

(3)与刚性轴悬式驱动装置比，结构较复杂。但与其他架悬式和体悬式驱动装置相比，结构要简单得多。

本 章 小 结

1. 转向架是电力机车的重要组成部分，一般包括构架、轮对、轴箱、轴箱悬挂装置、牵引电动机及其悬挂、齿轮传动、基础制动装置等主要组成部分，其作用可概括为：承重、传力、转向、缓冲几个方面。

2. 转向架的受力十分复杂，在运行中，除承受垂向重力、纵向和横向的水平载荷外，还常常经受很严重的动作用力。

3. 构架是转向架的重大部件之一，是转向架众多部件连接的基体，也是承载和传力的基体。SS_4 改型电力机车转向架构架由两根侧梁，一根前端梁，一根后端梁，一根牵引梁和各种附加支座等组焊构成“日”字形结构。SS_9 型电力机车转向架构架由两根侧梁，一根前端梁，一根后端梁，中间横梁(一)、中间横梁(二)和各种附加支座等组焊构成“目”字形结构。

4. 轮对一般由车轴、车轮和传动大齿轮组成，车轮又由轮箍和轮心组装而成。它们之间都采用过盈配合，用热套装或冷压装或注油压装的方式紧紧的装在一起。机车的全部静载荷都通过轮对传给钢轨；牵引电动机的转矩经过轮对作用于钢轨，产生牵引力；通过轮对的滚动使机车牵引列车前进。

5. 轮箍的外形，是一个带凸缘的圆环，它是与钢轨直接接触的部分，由轮缘和踏面两部分组成。其外形和尺寸，各国不尽一致，有 1∶20 斜度和 1∶40 斜度圆锥形及磨耗形踏面。

6. 轴箱与转向架构架的连接方式，称为轴箱定位。轴箱定位起到了固定轴距和限制轮对活动范围的作用。SS_4 改型和 SS_9 型电力机车轴箱均采用双扭线弹性拉杆定位装置。

7. 现代电力机车都采用两系悬挂装置。一系悬挂，设置在机车转向架构架与轴箱之间。二系悬挂，设置在车体底架与转向架构架之间。SS_4 改型电力机车每台转向架有 4 组完全相同的轴箱独立悬挂装置。每个悬挂装置由两组完全相同的弹簧(组)、上下压盖及一个上座和一个垂向液压减振器等组成。SS_9 型电力机车每台转向架有 6 组轴箱独立悬挂装置。每个悬挂装置由两个完全相同的弹簧、上下压盖及一个上座和一个垂向液压减振器(中间轮对轴箱不设)等组成。

8.牵引电动机的悬挂方式大致可分为轴悬式、架悬式、体悬挂三大类。轴悬式又称为半悬挂式,可分为刚性轴悬式和弹性轴悬式两类;架悬式和体悬挂又称为全悬挂式。齿轮传动几乎是现代电力机车传动装置的唯一形式。SS_4 改型电力机车采用双边刚性斜齿轮传动,牵引电动机为抱轴式半悬挂(刚性轴悬式)。SS_9 型电力机车牵引电动机采用轮对空心轴全悬挂(架悬式)、双侧六连杆万向节传动系统。

9.高速机车转向架,应考虑直线性能与曲线性能的协调,走行性能与维修性能的协调,采用较长的转向架轴距及磨耗形踏面,减轻转向架质量及转动惯量,恰当选定与稳定性及曲线通过有关的一、二系悬挂参数。

复习思考题

1.转向架的作用是什么?
2.转向架一般由哪些部件构成?
3.SS_4 改型电力机车转向架有哪些特点?
4.SS_9 型电力机车转向架有哪些特点?
5.HXD_3 型电力机车转向架有哪些特点?
6.解释机车轴重、单轴功率和结构速度。
7.简述转向架构架的受力情况?
8.构架的一般组件有哪些?构架有哪些种类?
9.SS_4 改型电力机车转向架构架的组成、形式及各部件结构?
10.试述 SS_9 型电力机车转向架构架的组成、形式及各部件结构?
11.HXD_3 型电力机车转向架构架的组成、形式及各部件结构?
12.轮对由哪些部分组成?相互间如何组装?怎样保证组装质量?
13.车轴、轮心各部分的名称(SS_4 改型、SS_9 型、HXD_3 电力机车)?轮心有哪几种?
14.什么情况下会发生轮箍的崩裂和松缓?
15.分析踏面制成锥形的原因?
16.磨耗形踏面有何优缺点?
17.发展整体辗钢车轮的原因是什么?
18.什么是轴箱定位?轴箱定位在不同方向的刚度要求如何?
19.轴箱定位方式有哪几类?各有何优缺点?为什么现在大多数采用拉杆式定位?
20.为什么拉杆式轴箱定位的两个轴箱拉杆不能安设在同一高度?
21.简述 SS_4 改型电力机车和 SS_9 型电力机车轴箱拉杆构造。
22.简述 SS_4 改型电力机车轴箱结构。
23.简述 HXD_3 改型电力机车轴箱结构。
24.轴箱的维护、保养有哪些内容?
25.为什么现代电力机车设置两系弹簧悬挂?

26. 什么是主悬挂、次悬挂、簧上重量、簧下重量？
27. 分析弹簧的缓冲原理并说明各种弹簧元件的性能特点。
28. 简述油压减振器的工作原理。
29. SS_4 改型电力机车轴箱悬挂装置由哪些部件组成？轴箱弹簧有何要求？
30. SS_9 型电力机车轴悬挂装置由哪些部分组成？
31. 机车齿轮传动装置的作用是什么？有哪些种类？
32. 电机悬挂方式有哪些种类？试比较各种悬挂方式的优缺点。
33. 为什么速度在 160 km/h 以上的机车电机悬挂必须采用全悬挂？
34. 简述 SS_4 改型电力机车电机悬挂装置的组成和结构。
35. 简述 SS_9 型电力机车电机悬挂装置的组成和结构。
36. 简述 HXD_3 型电力机车电机悬挂装置的组成和结构。
37. 简述 SS_9 型电力机车六连杆万向节传动系统的组成和力的传递。
38. SS_9 型电力机车传动及电机悬挂装置拆装难点及方法有哪些？
39. 机车走行部的主要性能指标有哪些？
40. 提高机车蛇行临界速度的措施有哪些？
41. 机车径向转向架有何优点？

第四章　车体与转向架的连接装置

车体与转向架的连接装置，既是承载装置，又是牵引装置，是车体与转向架的中间联结装置，还起到车体与转向架之间活动关节的作用。

本章主要介绍车体与转向架的连接装置的作用与类型，SS_4 改型、SS_9 型及 HXD_3 型电力机车车体与转向架的连接装置的组成、布置及构造。

第一节　车体与转向架的连接装置的分类

车体与转向架的连接装置，既是承载装置，又是牵引装置，还起到车体与转向架之间活动关节的作用。

一、车体与转向架的连接装置的作用

1. 传递重力。传递车体及其内部设备的重量，并按设计要求进行重量分配，保证各转向架载荷均等，各轴重符合规定要求。

2. 传递纵向力和横向力。传递转向架所产生的牵引力、制动力及机车在运行中转向架与车体受到的各种横向作用力。

3. 改善机车的动力学性能。改善机车在振动、曲线通过时的动力学性能，特别是横向动力学性能。

4. 保证机车的灵活性和稳定性。保证机车在曲线通过时的灵活性和稳定性，并使车体相对转向架经常处于平衡位置。

5. 缓和钢轨对机车的冲击和振动，改善部件的工作可靠性和乘务员的舒适度。由于机车在线路上运行时，受到来自钢轨的冲击，同时机车本身又产生各种形式的振动，所以现代电力机车大多采用弹性的支承装置，这样，既可缓和传到车体上的冲击，又可增加机车总的静挠度；还因为隔离了机车的振动质量，因而降低了车体的自振频率，提高了机车运行的平稳性指标。

二、车体与转向架的连接装置的类型

车体与转向架的连接装置的类型很多。主要包括有心盘（或中心销）连接和无心盘连接两大类。

1. 有心盘（或中心销）的连接装置

在转向架的转动中心，设置心盘。它既是传递重力及水平力的装置，又是转向架绕车体回转时的转轴。机车曲线运行时，转向架绕心盘回转。

为了承担机车部分垂直重量，防止车体侧倾，使车体保持安定，一般除心盘外，在转向架两侧还安设旁承。如图 4-1(a)所示，即为心盘—旁承共同承载的支承装置。

有的机车的垂直重量全部由旁承承担，把心盘简化为中心销。中心销作为转向架相对车

体的回转中心，同时传递水平载荷如牵引力、制动力和横向力，但不承担垂直重量。如图 4-1(b)所示，即为中心销—旁承的支承装置，在中心销周围的转向架构架上，安设了 4 个旁承。

关于旁承的位置和数量，可以有种种不同的设计。旁承可以是刚性旁承，也可以是弹性旁承。如图 4-2 所示，图(a)为心盘—弹性旁承示意图；图(b)为心盘—刚性旁承示意图；图(c)中心销—弹性旁承示意图。

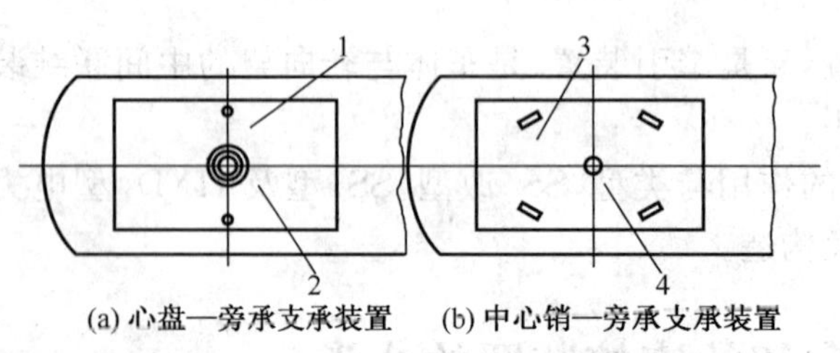

图 4-1　有心盘(或中心销)的连接装置示意图

1—旁承；2—心盘；3—旁承；4—中心销

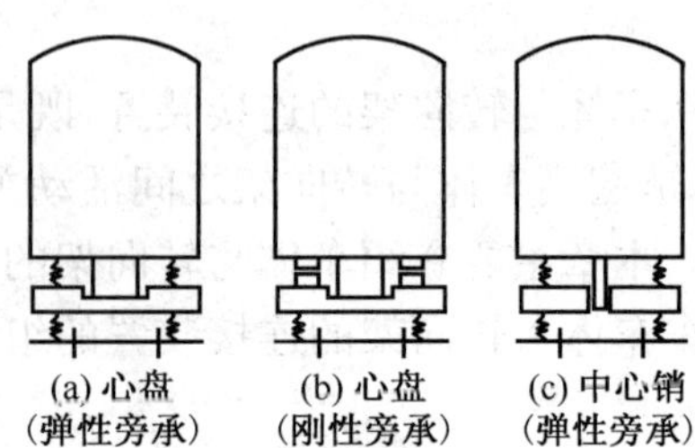

图 4-2　弹性旁承和刚性旁承示意图

不论哪种旁承，都必须能适应转向架相对车体的偏转。旁承在机车转向架构架上的位置，取决于重量分配的需要，一般要求左右对称，前后则不一定对称分布。

当车体发生侧倾时，一侧旁承增载，另一侧旁承减载，这样，旁承和悬挂弹簧会发生反力矩，促使车体恢复正常状态。

由上可知，有心盘或中心销的连接装置，转向架有明确的回转中心；水平载荷由心盘或中心销传递；垂直载荷可由心盘集中承载，也可由心盘和旁承共同承载。

这类连接装置，只能允许转向架相对车体绕定点回转，不允许转向架相对车体横向位移，所以机车运行时的横向刚度大；转向架中部被心盘装置占去了一定空间，有时会妨碍其他部件的布置。

2. 无心盘的连接装置

这一类连接装置，不设心盘，也没有中心销。转向架没有明确的回转中心，只能绕一个假想的回转中心回转，还可以相对车体进行适当的横移。

可见，转向架的假想的回转中心在一定的范围内变动，而不是一个确定的点。下面介绍两种常见的形式。

(1)牵引杆装置

牵引杆装置是用来传递机车牵引力、制动力的装置，可以安设于较低的位置，实现低位牵引，有利于黏着牵引力的充分发挥。机车运行时要求其不应该存在着对运动的约束，且能适应机车车体与转向架之间的各种相对运动。它有三种不同的结构形式。

①中央斜单杆推挽式牵引杆

SS_4 改型电力机车的牵引装置结构形式为中央斜单杆推挽式牵引杆，如图 4-3 所示。其牵引点距轨面的高度为 12 mm，旁承采用全旁承橡胶堆。牵引杆一端通过牵引座与车体底架牵引梁相连，另一端通过销与三角撑杆相连，三角撑杆通过销与三脚架相连，三脚架通过销与构架牵引梁相连。

②中间推挽式牵引杆

SS_8 型电力机车的牵引装置结构形式为中间推挽式牵引杆，如图 4-4 所示。其牵引点距轨面高度为 220 mm，旁承采用圆弹簧。牵引杆 1 一端通过牵引座与车体底架牵引梁相连，另

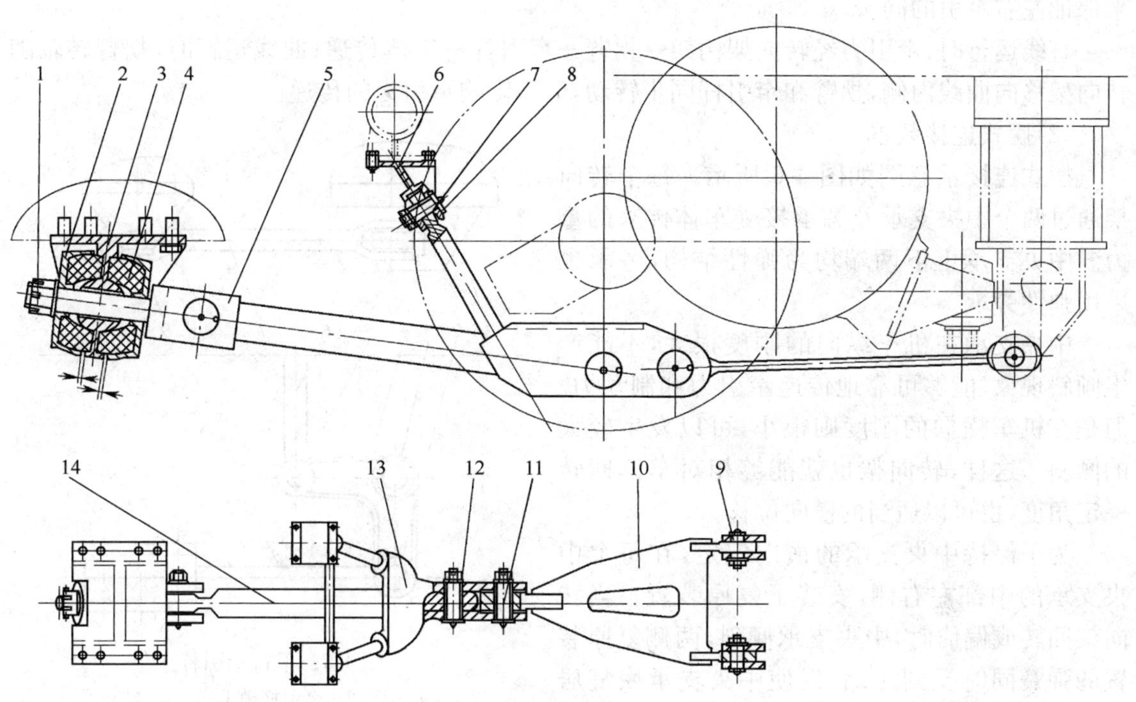

图 4-3　中央斜单杆推挽式牵引杆

1—六角开槽螺母；2—压盖；3—牵引座；4—牵引橡胶垫；5—牵引叉头；6—三角撑杆座；7—关节轴承；8—销Ⅰ；9—销Ⅱ；10—三脚架；11—销Ⅲ；12—关节轴承；13—三角撑杆；14—牵引杆

一端在牵引杆托板处通过销轴与牵引杆Ⅱ一端相连，牵引杆Ⅱ的另一端通过销轴与构架牵引梁相连。

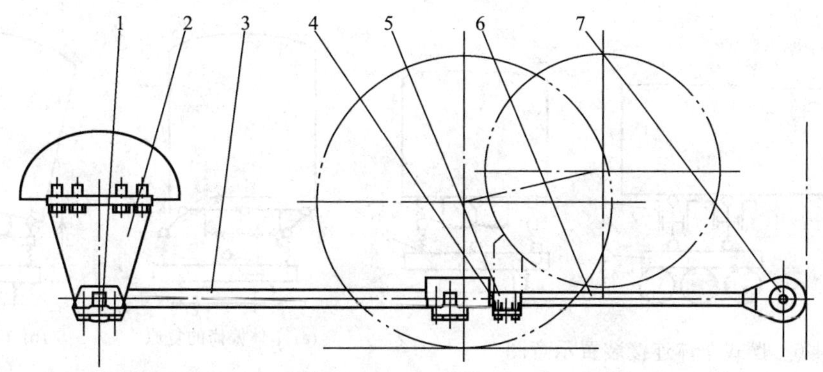

图 4-4　中央推挽式牵引杆

1—托板；2—牵引座；3—牵引杆Ⅰ；4—牵引杆托板；5—磨耗板；6—牵引杆Ⅱ；7—关节轴承

③平行牵引杆

SS_9 型电力机车的牵引装置的结构形式为平行牵引杆，如图 4-5 所示，其牵引点距轨面高度 460 mm，旁承采用圆弹簧和橡胶堆配合。牵引装置以连接杆中截面为对称平面的完全对称结构，主要由牵引杆 2 根、拐臂 2 个、连接杆 1 个组成。牵引杆一端与车体底架相连接，另一端与拐臂连接，拐臂的转轴装在转向架构架的牵引座上，连接杆将左右两个拐臂连接起来，用来保证左右牵引的同步。

直线运行时,牵引力经转向架构架→拐臂→牵引杆→车体传递;曲线运行时,拐臂转轴随转向架移向曲线内侧,拐臂和牵引杆同步转动,但不影响牵引力的传递。

(2)摆式连接装置

摆式连接示意图如图 4-6 所示。每个转向架通过两个中央支承及旁承接受车体传来的重力。中央支承上下两端均为弹性结构,旁承也采用弹性旁承。

中央支承在机车纵向的刚度很大,不能产生倾斜现象,能够可靠地传递牵引力和制动力。但是在机车横向的刚度则很小,可以发生较大的倾斜。这样,转向架也就能够相对车体回转一定角度,也可以适当的横向位移。

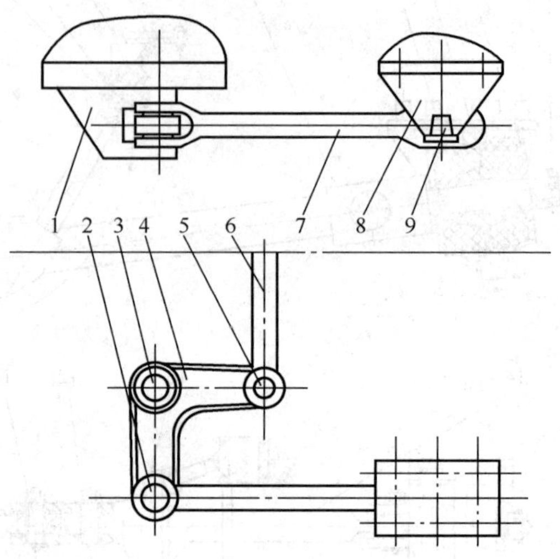

图 4-5　平行牵引杆

1—牵引座;2—牵引杆销Ⅰ;3—拐臂销;4—拐臂组装;5—连接杆销;6—连接杆;7—牵引杆组装;8—牵引底座;9—牵引杆销Ⅱ

为了保持中央支承的横向安定,在每个中央支承的中部左右侧,安装了复原装置。当转向架回转或偏倚时,中央支承倾斜,两侧复原装置的弹簧同时受到压缩,促使中央支承恢复居中位置,如图 4-7(a)所示。

当车体发生侧倾时,由于左右旁承弹簧的载荷、挠度不同,产生的反力也不同,形成反力矩,促使车体恢复铅垂位置,如图 4-7(b)所示。在转向架构架侧梁与车体底架侧梁之间,左右各设了橡胶制成的弹性侧挡称为侧向限制器,以限制转向架的横向位移不得超过规定数值。

这种摆式连接装置,无论中心支承还是旁承,都是弹性的,成为机车的二系弹簧悬挂。

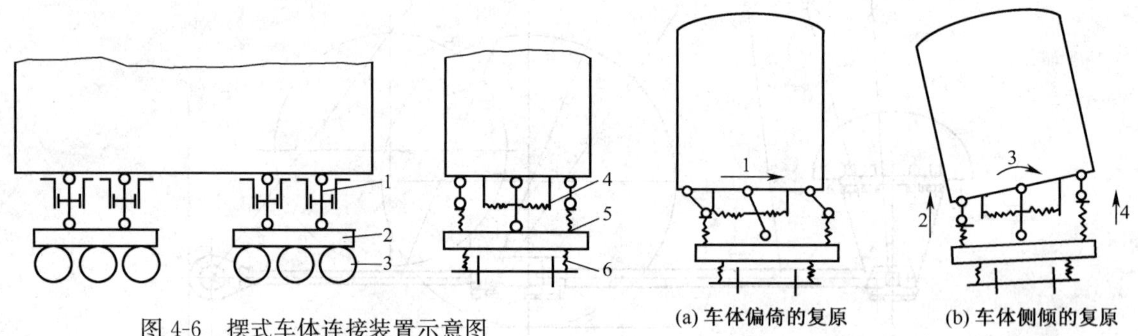

图 4-6　摆式车体连接装置示意图

1—中央支承;2—构架;3—轮对;4—复原装置;5—弹簧旁承;6—一系悬挂

图 4-7　车体偏倚和侧倾的复原

1—复原力;2—反力大;3—反力矩;4—反力小

第二节　车体与转向架的连接装置的结构

为了进一步减少来自钢轨的冲击而使机车产生的振动,提高车体内安装设备的可靠性和机车运行的平稳性,除在轮对轴箱与构架之间设置一系悬挂装置外,在转向架构架与车体之间还设置了弹性连接装置,俗称车体支承装置,又称二系弹簧悬挂装置。通过它可把车体重量弹性地均匀地分配到转向架椅架上。当机车通过曲线时，它可在车体与转向架之间产生相对位移，使机车顺利通过曲线；当机车通过曲线后，它可使转向架与车体之间恢复原来的平衡状态，并通过它传递各种附加力。

一、SS_4 改型电力机车车体与转向架的连接装置的组成与结构

SS_4 改型电力机车车体与转向架的连接装置由橡胶弹簧(橡胶堆)、摩擦减振器、横向油压减振器和牵引装置组成，如图 4-8 所示。

1. 橡胶弹簧

橡胶弹簧，又称为橡胶堆，是由 2 块端板、7 块隔板和橡胶硫化成整体。橡胶弹簧受载时的弹性变形，既有压缩变形，也有剪切变形，因而橡胶弹簧具有较大的垂向刚度和一定的横向剪切刚度，当其变形时，内部产生摩擦吸收机械能。

2. 摩擦减振器

当转向架蛇行振动时，构架与车体产生相对位移，使组装在这两者之间的摩擦减振器也相对滑动产生阻尼力，消耗振动能量，达到阻止蛇行振动的目的。摩擦减振器阻力的大小，可用弹簧调整片调整弹簧压力来调节。

摩擦减振器主要由 2 个弹性球铰、杆、弹簧外罩、2 个弹簧、3 块摩擦片和定位板组成，如图 4-9 所示。

(1)弹性球铰

弹性球铰是连接车体或构架的弹性元件，它是由外套、心轴和橡胶硫化成一体的弹性体。心轴中间为球形体，两端成扁平，并有两个 ϕ22 mm 的孔，以便组装摩擦减振器用。外套分两半，内为球形，外为圆柱形，橡胶填在外套内孔和心轴球形体之间。

(2)杆

杆分三角形杆和导槽杆，三角形杆为摩擦工作表面，导槽杆上组装两块摩擦片，它与三角形杆形成摩擦副。

(3)弹簧外罩

弹簧外罩与定位板用于固定弹簧和摩擦片，使弹簧的压力通过定位板传给摩擦片，摩擦片与三角杆产生压力，当摩擦时产生阻尼力。

(4)弹簧

弹簧是产生摩擦力的来源，只要调整弹簧调整片即可调整摩擦力。

(5)摩擦片

采用 3 块 180 mm×50 mm×5 mm 的 HZ-91 石棉橡胶刹车带。它有以下特点：耐磨、耐热、强度高、与钢摩擦系数大(f=0.25)、与三角杆的 3 个摩擦面相接触。

在机车运行过程中，由于摩擦片和三角形杆不断磨耗，三角形杆表面越来越光滑，弹簧压力也相应减少，摩擦系数也相应变小。所以要定期维修，测定摩擦阻尼力，当下降 10%以下时应进行调整。

3. 横向油压减振器

SS_4 改型电力机车转向架与车体之间在水平方向还布置了型号为 SFK 的横向油压减振器，每台转向架斜对称布置了两个减振器，其结构如图 4-10 所示。在储油筒上有一个储油包，安装时储油包应向上，其他结构与垂向油压减振器相同，其原理也相同。

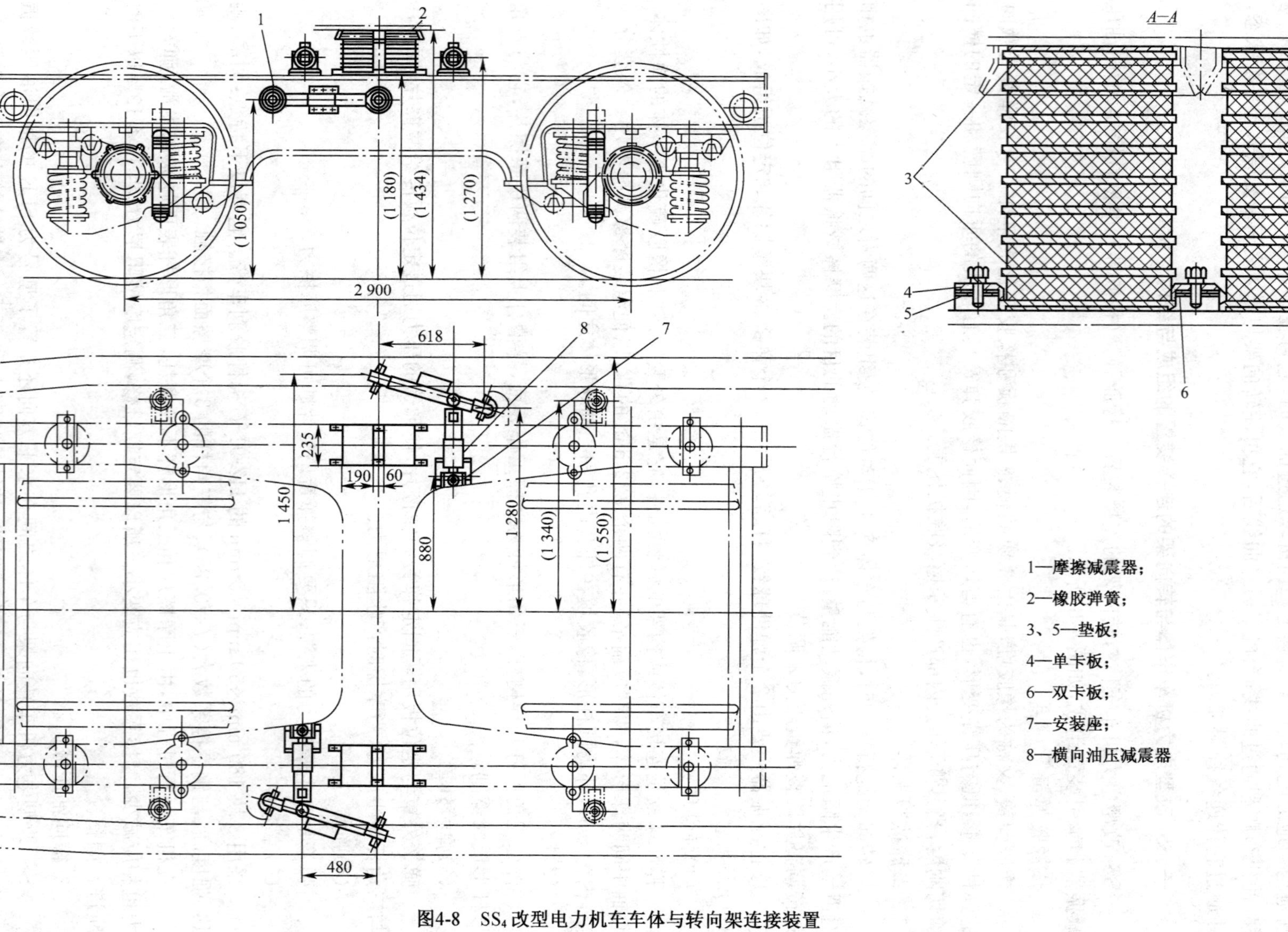

图4-8　SS_4改型电力机车车体与转向架连接装置

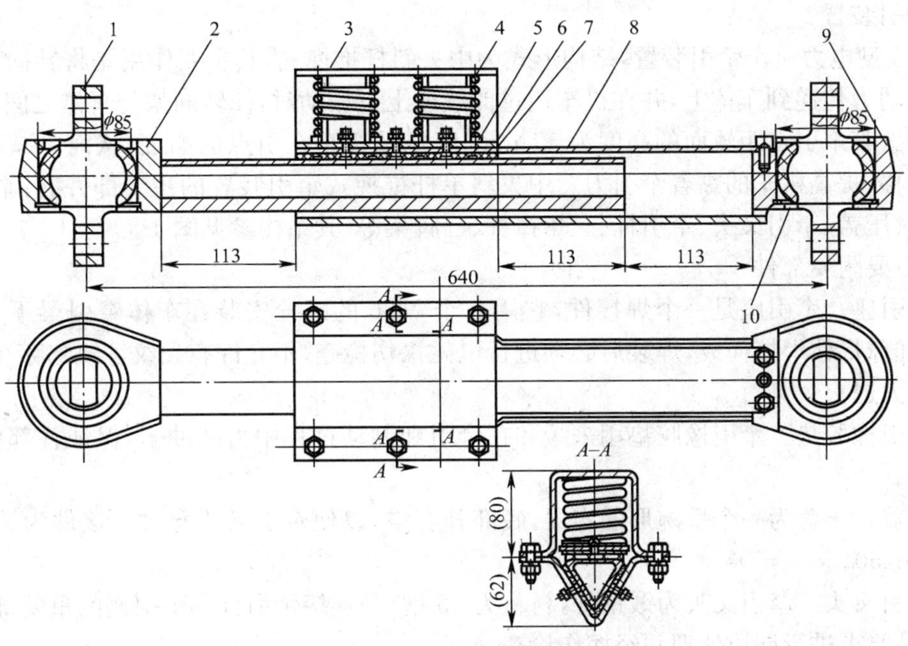

图 4-9　摩擦减振器

1—弹性球铰；2—三角形杆；3—弹簧外罩；4—弹簧；5—弹簧压力调整片；6—弹簧支座；7—摩擦片；8—定位板；9—导槽杆；10—挡圈

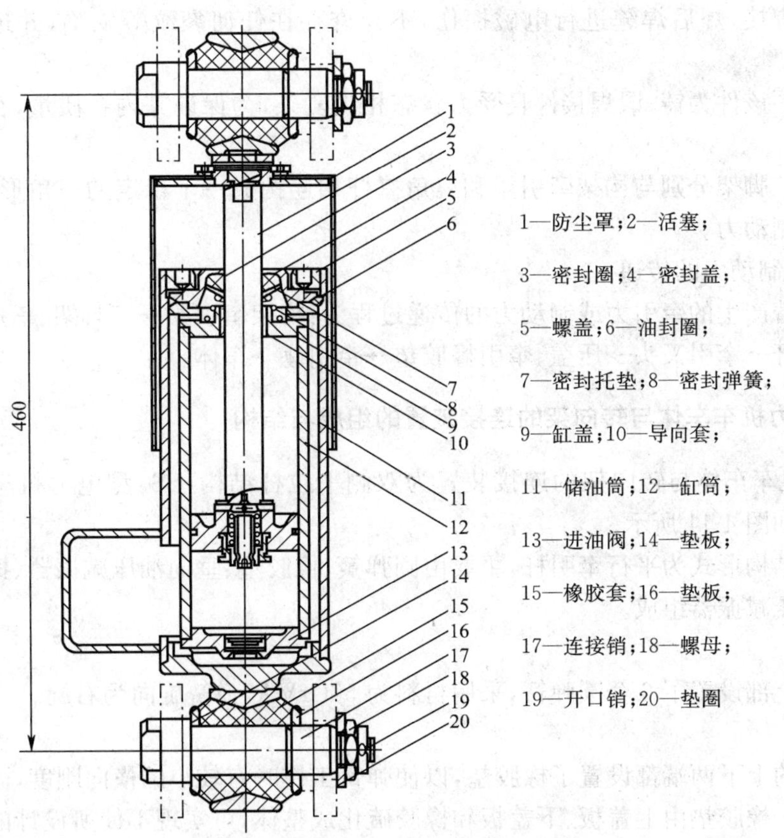

1—防尘罩；2—活塞；

3—密封圈；4—密封盖；

5—螺盖；6—油封圈；

7—密封托垫；8—密封弹簧；

9—缸盖；10—导向套；

11—储油筒；12—缸筒；

13—进油阀；14—垫板；

15—橡胶套；16—垫板；

17—连接销；18—螺母；

19—开口销；20—垫圈

图 4-10　横向液压减振器

4. 牵引装置

SS_4 改型电力机车牵引装置，结构形式为中央斜杆推挽式，其主要作用是将转向架上的牵引力和制动力传递到车体上，并在机车通过曲线或上下振动时，使转向架与车体之间能自由回转和摆动。其牵引点距轨面的高度为 12 mm，降低了机车牵引点的高度，从而可减小转向架的轴重转移，提高机车的黏着牵引力。中央斜单杆推挽式牵引装置的主要部件有：牵引座、牵引橡胶垫、压盖、牵引叉头、牵引杆、三角撑杆、三脚架等，其结构参见图 4-3。

(1)主要附属部件

①牵引座。牵引座是一个焊接件，它用 8 个 M36 的螺栓安装在车体牵引梁下方。由底板、立板和球形体焊接而成，焊装后必须进行电磁探伤检查，不允许有裂纹等缺陷存在，探伤后进行去应力退火。

②牵引橡胶垫。牵引橡胶垫用来缓和在牵引和制动过程中力的冲击，保证各部件之间的良好作用。

③压盖。压盖为一个呈碗形的容器，底部开有空，以便牵引叉头穿过。该件为铸件，材料为 ZG230-450。

④牵引叉头。牵引叉头为锻钢件，材料为 45 钢，是连接牵引杆和牵引座的重要部件，受力大，其产品要求进行调质处理并经探伤检查。

以上四部件按图 4-3 方式用六角槽形螺母联结成一个整体后，安装在车体牵引梁下方。

⑤牵引杆。牵引杆由牵引杆体和端头焊接而成，牵引杆体材料为 35 钢 ϕ121 mm×16 mm 无缝钢管，端头材料为 45 钢。牵引杆是传递机车牵引力和制动力的关键部件，要求用不低于母材性能的焊条焊接，焊后焊缝进行电磁探伤，不允许存在任何裂纹等缺陷，并进行去应力退火。

⑥三角撑杆。该件为铸、锻焊接件且受力状态相当复杂，为保证其内在质量，在其加工处用超声波探伤。

⑦三脚架。三脚架分别与构架牵引梁和三角撑杆相连构成一个稳定的三角形结构，传递机车的牵引力和制动力。

(2)牵引力和制动力的传递

来自轮轨黏着产生的牵引力或制动力的传递过程为：构架牵引梁→三脚架、三角撑杆座和三角撑杆→牵引杆→牵引叉头→压盖、牵引橡胶垫→牵引座→车体。

二、SS_9 型电力机车车体与转向架的连接装置的组成与结构

SS_9 型电力机车车体与转向架的连接装置为双侧平拉杆结构，SS_9 型电力机车车体与转向架的连接装置如图 4-11 所示。

牵引装置的结构形式为平行牵引杆，主要由圆弹簧、橡胶垫、垂向油压减振器、横向油压减振器和抗蛇形油压减振器组成。

1. 圆弹簧

在构架侧梁上部设置了 6 个圆弹簧，采用材料为 50CrVA，弹簧旋向为右旋。

2. 橡胶垫

在每个弹簧的上下两端都设置了橡胶垫，以使弹簧工作时有较小的横向刚度，同时改善圆弹簧的应力状态。橡胶垫由上盖板、下盖板和橡胶硫化成整体，可实现不使所设计的圆弹簧高度太高的情况下获得较小的横向刚度，同时利用弹簧和橡胶垫的变形达到降低弹簧应力的

作用。

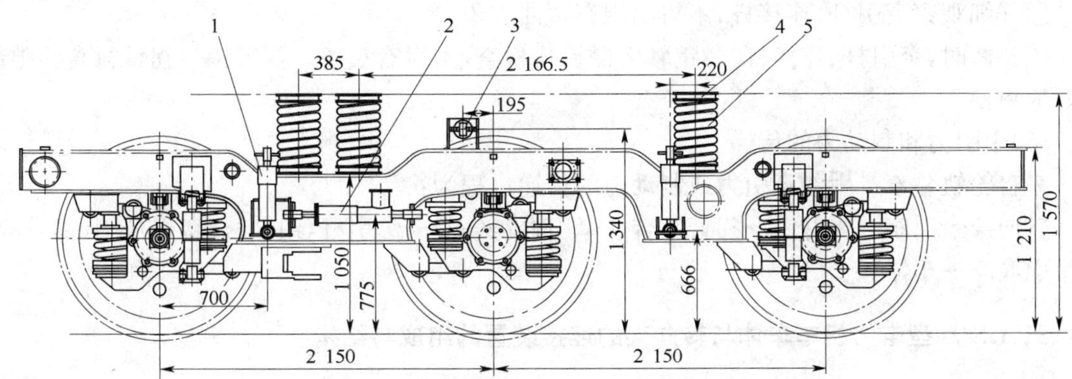

图 4-11　SS_9 型电力机车车体与转向架的连接装置

1—垂向油压减振器；2—抗蛇行油压减振器；3—横向油压减振器；4—橡胶垫；5—圆弹簧

3.油压减振器

转向架与车体之间布置了 2 个横向油压减振器和 4 个垂向油压减振器，同时还布置了 2 个抗蛇形油压减振器。它们起到衰减车体振动，改善机车动力学性能的作用。

抗蛇形油压减振器主要用在高速机车上，在机车高速运行时，抗蛇形油压减振器遏制转向架的蛇形运动，提高机车运行的稳定性。

4.牵引装置

SS_9 型电力机车的牵引装置的结构形式为平行牵引杆，牵引装置以连接杆中截面为对称平面的完全对称结构，主要由牵引杆 2 根、拐臂 2 个、连接杆 1 个组成。牵引杆一端与车体底架相连接，另一端与拐臂连接，拐臂的转轴装在转向架的构架的牵引座上，连接杆将左右两个拐臂连接起来，用来保证左右牵引的同步，如图 4-12 所示。

(1)主要附属部件

①牵引杆组装。牵引杆组装由牵引杆、关节轴承、挡圈组成，一端通过牵引杆销(一)、关节轴承与拐臂组装连接，另一端通过牵引销杆(二)、关节轴承与焊接在车体侧面的牵引座连接，通过关节轴承适应车体与转向架之间的沉浮和偏摆，传递转向架与车体之间的牵引力和制动力。

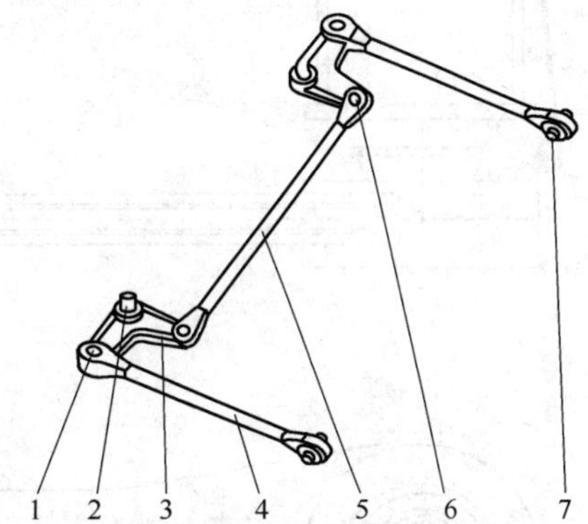

图 4-12　SS_9 型电力机车的牵引装置

1—牵引杆销(一)；2—拐臂销；3—拐臂组装；4—牵引杆组装；5—链接杆组装；6—连接销杆；7—牵引杆销(二)

②连接杆组装。连接杆组装由连接杆、衬套组成，转向架两边的拐臂组装通过连接杆用连接杆销连接起来，以保证两侧牵引杆同步运动，特别是机车通过曲线时，对车体产生一个阻力矩，提高机车的曲线通过能力。

③拐臂组装。拐臂组装由铸造的拐臂、关节轴承、挡圈、衬套组成，通过拐臂销安装在转向构架的牵引座上，可以绕拐臂销自由转动，以适应车体与转向架之间的回转。

(2)维修保养注意事项

①出乘前仔细检查各圆销及牵引杆销、拐臂销、连接杆销等处螺栓不得有松缓现象。

②定期向各油杯注入适量 3 号锂基脂。

③仔细观察牵引杆、连接杆，不得出现有弯曲现象。

④架修时，牵引杆、连接杆、各销轴电磁探伤检查，不得有裂纹。拐臂销与拐臂衬套间隙超限时应更换。

(3)牵引力和制动力的传递

来自轮轨黏着产生的牵引力或制动力的传递过程为：

转向架牵引座→拐臂销→拐臂组合→牵引杆销(一)→牵引杆(组装)→牵引杆销(二)→车体牵引底座→车体。

三、HXD3 型电力机车车体与转向架的连接装置的组成与结构

HXD3 型电力机车车体与转向架的连接装置由牵引装置及二系悬挂装置所组成。

1. 牵引装置

牵引装置是连接机车车体与转向架的重要组成部分，其主要作用是传递机车的牵引和制动力。机车运行时要求其不应该存在着对运动的约束，且能适应机车车体与转向架之间的各种相对运动。

(1)主要组成部件

HXD3 型电力机车牵引装置结构形式为推挽式中央平拉杆。主要部件包括：牵引销装配、橡胶关节、托板、牵引杆体等，牵引装置结构如图 4-13 所示。

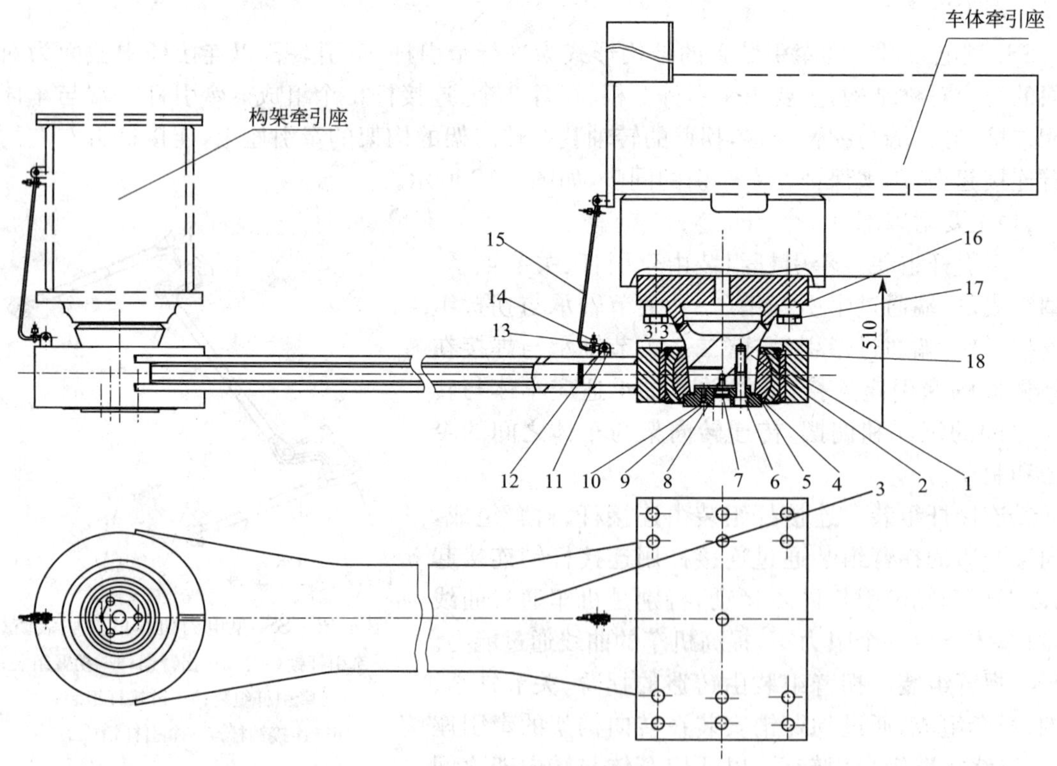

图 4-13　牵引装置结构图

1—关节装配；2—牵引销装配；3—牵引杆体；4—托板；5—O 形圈；6—螺钉 M24×130；7—螺堵(一)；8—橡胶垫(一)；9—螺堵(二)；10—橡胶垫(二)；11—安全索座；12—销轴 B12×45；13—销 2×16；14—绳夹；15—钢丝绳；16—螺栓套管；17—螺栓；18—O 形圈

(2)保养要求如下

①检查各紧固件螺栓等应无松动现象。

②检查牵引销、橡胶关节及托板等状态良好。

③检查橡胶垫、O形圈等不得磨损,磨耗不得超限。

④检查牵引装置离轨面的最低距离不得超限。

(3)牵引力和制动力的传递

来自轮轨黏着产生的牵引力或制动力的传递过程为:

转向架牵引座→橡胶关节→牵引杆→牵引杆销装配→车体牵引底座→车体。

2.二系悬挂装置

二系悬挂装置由垂向减振器、高圆弹簧、抗蛇形减振器、弹簧垫片、减震垫等所组成,外形结构如图4-14所示。

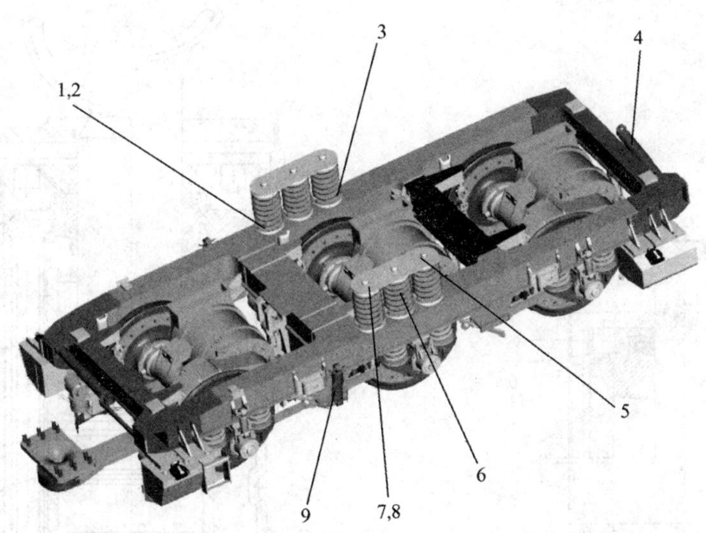

图4-14　二系悬挂装置布置图

1、2—调整弹簧垫片;3—减振垫;4—抗蛇形减振器;5—连接座组成;
6—高圆弹簧;7、8—调整垫片;9—垂向减振器

(1)二系垂向减振器

二系垂向减振器基本结构及工作原理与一系垂向减振器相同,垂向减振器采用萨克斯铁路减振器,结构如图4-15所示。

①组成

主要由防尘罩、活塞、活塞杆,油缸、带焊接底的外筒、底阀、端盖、压盖、垫片、压盖密封件和密封件组成。

②工作原理

工作缸由活塞分隔为一个A腔和一个B腔,工作腔中压力随活塞速度和通过活塞和底阀的流动阻力而产生的。

当拉伸时,B腔增大的容积大于活塞扫过的A腔容积,所以A腔流入B腔的油不是B腔增大的容积,此时通过底阀上的补油阀从储油缸C内抽入部分油补充到B腔。同样,在压缩过程中相当于活塞杆体积的一部分油通过底阀被压进储油缸,并与活塞节流一起产生阻尼。

③阻尼力

减振器阻尼力基于活塞速度,阻尼力的增加是依赖于已设置的各阀所确定的阻力特性。在组装时,每一个减振器必须经过十分细心的调试及测试,只有通过测量才能精确控制减振器产生的阻尼力。在专用测试机上测试期间,减振器中活塞在预设速度下往复运动,产生的各个阻尼力以示功图方式记录。在相同测试行程 50 mm 下的不同速度通过改变测试机转速来获得。

(2)二系横向抗蛇形减振器

二系横向抗蛇形减振器结构如图 4-16 所示,其组成为:在缸筒内往复运动的连杆、活塞以及与活塞连杆焊接在一起的上部安装;导油管;螺纹连接防尘罩;焊有底盖的外筒;有回油阀的底阀;拉伸和压缩阻尼调整阀;导向器;螺纹环;油封;储油缸密封;支承垫片以及上下安装连接。

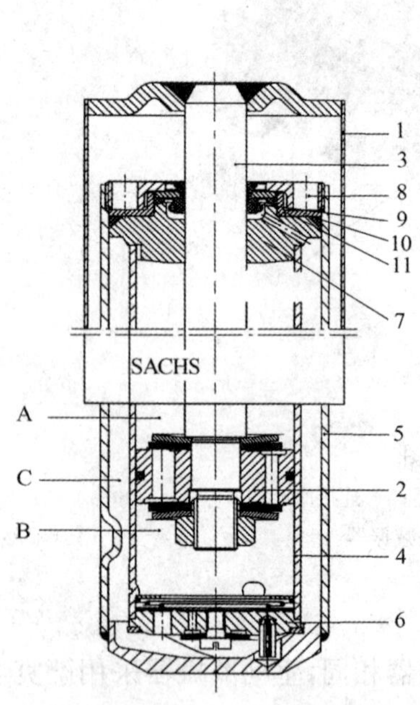

图 4-15　垂向减振器结构简图

1—防尘罩;2—活塞;3—活塞杆;4—油缸;5—外筒;6—底阀;7—端盖;8—压盖;9—垫片;10—盖密封件;11—密封件

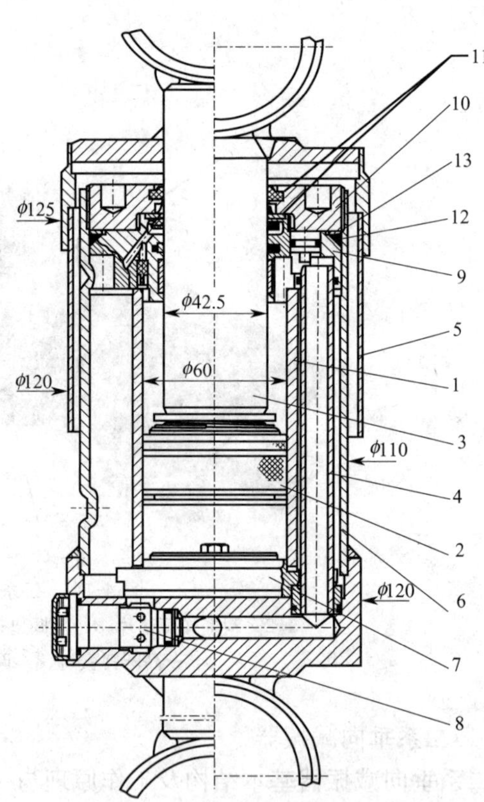

图 4-16　二系抗蛇形减振器结构简图

1—缸筒;2—活塞;3—活塞连杆;4—导油管;5—防尘罩;6—外筒;7—底阀;8—阻尼调整阀;9—导向器;10—螺纹环;11—油封;12—储油缸密封;13—支承垫片

本章小结

SS_4 改型电力机车的车体与转向架的连接装置采用无心盘的中央斜单杆推挽式牵引装置,由橡胶弹簧(橡胶堆)、摩擦减振器、横向油压减振器和牵引装置组成。

SS_9 型电力机车车体与转向架的连接装置采用无心盘平行牵引杆装置，主要由圆弹簧、橡胶垫、垂向油压减振器、横向油压减振器、抗蛇形油压减振器和牵引装置组成。

HXD_3 货运电力机车车体与转向架的连接装置采用推挽式中央平拉杆牵引装置。主要由垂向减振器、高圆弹簧、抗蛇形减振器、弹簧垫片、减振垫和牵引装置组成。

复习思考题

1. 车体与转向架连接装置有哪些种类？

2. SS_4 改型电力机车的车体与转向架连接装置由哪些部件组成？

3. SS_9 型电力机车的车体与转向架连接装置由哪些部件组成？

4. HXD_3 型电力机车的车体与转向架连接装置由哪些部件组成？

5. SS_4 改型电力机车牵引装置的结构形式是什么？由哪些部件组成？牵引力如何传递的？

6. SS_9 型电力机车牵引装置的结构形式是什么？由哪些部件组成？牵引力如何传递的？

7. HXD_3 型电力机车牵引装置的结构形式是什么？由哪些部件组成？牵引力如何传递的？

第五章　牵引缓冲装置

牵引缓冲装置，包括车钩及缓冲器，电力机车上还设有车钩复原装置，它们都安装在车体底架两端的牵引梁内，共同完成列车连挂，牵引力、制动力的传递以及吸收连挂和运行时产生的纵向冲击振动。

SS_4 改型电力机车牵引缓冲装置如图 5-1 所示。

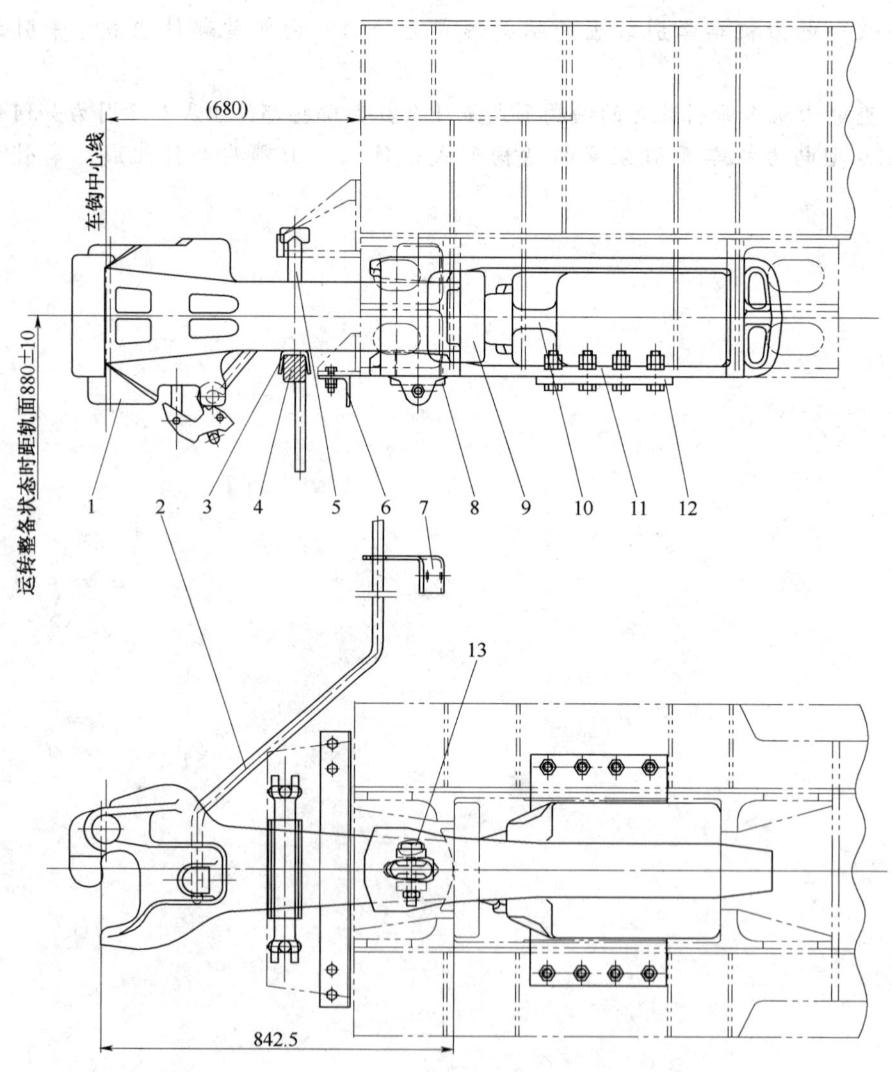

图 5-1　SS_4 改型电力机车牵引缓冲装置

1—车钩(下作用)；2—提杆；3—磨耗板；4—均衡梁；5—吊杆；6—托板；7—提杆座；8—车钩钩尾销；9—前从板；10—缓冲器；11—车钩钩尾框；12—钩尾框托板；13—车钩钩尾销螺栓

牵引缓冲装置构造和性能的好坏，在很大程度上影响列车运行的平稳性，如有严重的缺陷，甚至会引起重大的行车事故。

第一节　车　　钩

一、车钩的作用和种类

车钩是机车牵引缓冲装置的主要部件之一，起连挂车列或其他机车、传递牵引力和制动力的作用。

车钩的种类很多，但其基本类型有两种：非刚性车钩和刚性车钩。

非刚性车钩指传统车钩，它允许两个相连接的车钩钩体在垂直方向上有相对位移。当两个车钩的纵轴线存在高度差时，两个车钩呈阶梯形状，并且各自保持水平位置。非刚性车钩较普遍地应用于一般铁路机车车辆。

刚性车钩也称密接式车钩，其电气与风管连接器通常与车钩组合成一复合部件，构成全车低压电气系统及空气系统的通路。它不允许两连挂车钩在连接处存在垂向相对位移，如果在机车车辆连挂之前两车钩的纵向轴线高度已有偏差，那么在连挂后，两车钩的轴线处在同一条直线上并呈倾斜状态。刚性车钩运行平稳，磨耗小，但结构复杂，强度低，且较难实现两车钩纵向中心线高度偏差较大的机车车辆之间的连挂，主要应用于动车组和城轨车辆。

根据车钩的开启方式，可以将车钩分为上作用式及下作用式两种。由设在钩头上部提升机构开启的，称为上作用式；由设在钩头下部推顶机构开启的，称为下作用式。

按照车钩连接的操作方式还可分为非自动车钩和自动车钩。非自动车钩是由人工操作来完成机车车辆的连挂，而自动车钩则通过相关机构具有自动连挂的性能。

车钩的型号常用数字来表示。我国铁道部规定的标准车钩，就有 1 号、2 号、13 号、13A 型、15 号等多种。国内各型电力机车主要采用下作用式 13 号、13A 型（E 级钢）自动车钩。SS_4 改型和 SS_9 型电力机车均采用下作用式 13 号自动车钩，HXD_3 型电力机车采用下作用式 13A 型（E 级钢）自动车钩。

二、对车钩的要求

无论哪种型号的车钩，都必须满足下列要求：

（1）有足够的强度；

（2）容易辨识其连接状态，以免误认而造成列车分离事故；

（3）不能因运行振动而造成自动解锁脱钩；

（4）不能因各部稍有磨耗而影响其作用和挂钩作业的安全；

（5）结构简单、操作方便，拆装容易，运用保养成本低。

三、车钩的构造

（一）下作用式 13 号自动车钩

SS_4 改型和 SS_9 型电力机车采用下作用式 13 号自动车钩。下作用式 13 号车钩由钩体、钩舌、钩舌销、钩锁、钩舌推铁和下锁销装配等组成，各零件形状如图 5-2 所示。

1. 钩体

钩体由铸钢铸成，是车钩的主体件，按部位可分为钩头、钩身、钩尾三部分。整个钩体像一个半张开的拳头。

(1)钩头

钩头前部空腔用来安装其他车钩零件。钩头结构如图 5-3 所示。

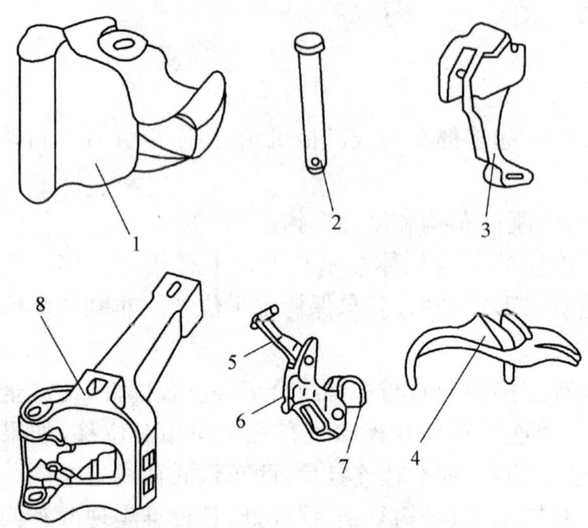

图 5-2　13 号下作用式车钩零件

1—钩舌;2—钩舌销;3—钩锁;4—钩舌推铁;5—下锁销(下作用式);6—下锁销体(下作用式);7—下锁销钩(下作用式);8—钩体

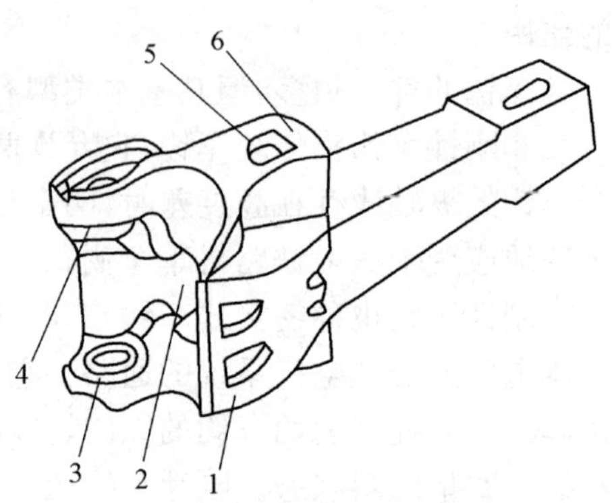

图 5-3　13 号车钩钩头

1—钩腕;2—钩锁腔;3—下钩耳及孔;4—上钩耳及孔;5—上锁销孔;6—钩肩

钩腕:可容纳对方钩舌。

钩耳:分上、下钩耳,安装钩舌用。

钩锁腔:钩头中空部,容纳并安装钩锁、钩舌推铁等零件。其结构如图 5-4 所示。

(2)钩身

钩身铸成中空断面结构。

(3)钩尾

钩尾分叉并设销孔,用来连接车钩尾框,在尾框内设缓冲器。

2. 钩舌

钩舌是一个形状复杂的铸钢件,按部位可分为钩舌和钩舌尾部。钩舌是挽钩部分,钩舌尾部是锁钩、开钩的控制部分,并且是车钩承受拉压载荷的部分。

在钩舌转轴处,设一垂向销孔,通过钩舌销把钩舌装在钩头上,并可以适当转动,呈张开或闭拢状态。张开时可以进行挂钩,闭拢并锁住后即为连挂好以后的状态。

3. 钩舌销

钩舌销是锻钢制成的圆形长销。它穿在钩头及钩舌的销孔内,把钩舌装在钩头上,并保证钩舌

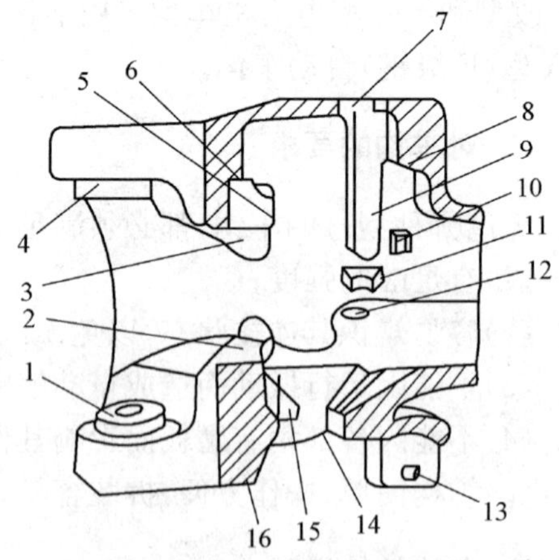

图 5-4　13 号车钩钩锁腔内部结构

1—下护销突缘;2—下牵引突缘;3—上牵引突缘;4—上护销突缘;5—导向挡;6—全开作用台;7—上锁销孔;8—上防跳(脱)台;9—钩锁导向壁;10—钩锁后部定位挡;11—钩舌推铁挡块;12—钩舌推铁轴孔;13—下锁销转轴;14—下锁销孔;15—下防跳(脱)台;16—二次防跳(脱)台

可以绕其适当转动。

钩舌销顶部有凸边，可以防止掉落；下部有开口销孔，以穿入开口销，避免脱落。

4. 钩锁

钩锁是一个形状复杂的铸钢件，它有相当大的自重，安放在钩头空腔内，处于钩舌尾部适当位置。当钩舌转到闭拢位置时，钩舌尾部和钩头空腔内壁之间转出一个空间，钩锁因自重落下，卡住钩舌尾部，使钩舌不能张开，即成锁钩状态。在钩锁的下端尾部，有一销孔，用来连接下锁销；在钩锁的上部，还设有一个短梁，这是为上作用式车钩连接提锁零件用的，如图 5-5 所示。

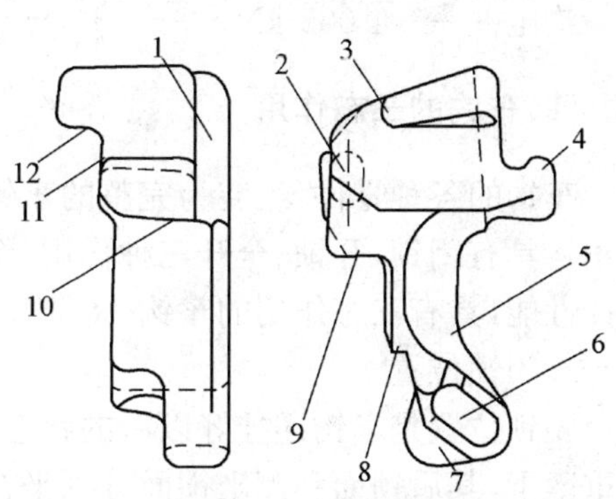

图 5-5　13 号车钩钩锁

1—前导向面；2—上锁销杆转轴；3—后导向面；4—全开回转支点；5—锁腿；6—下锁销轴孔；7—后踢足面；8—开锁坐锁面；9—后坐锁面；10—前坐锁面；11—锁面；12—侧坐锁面

5. 钩舌推铁

钩舌推铁是一个弯曲形状的铸钢件，平置于钩头空腔内，处于钩舌尾部的后面，下部有一短圆销作为转轴。当钩锁被提起时，钩锁推动钩舌推铁的一端，使它绕轴转动一定角度，其另一端则拨动钩舌尾部，使钩舌张开成为全开状态。在挂钩后，钩舌尾部又将它转回原位，如图 5-6 所示。

6. 下锁销

下锁销由下锁销轴、下锁销体和下锁销钩组成，为下作用式车钩顶起钩锁用。如图 5-2 中的 5、6、7 所示，用沉头铆钉活动连接。下锁销钩以转轴孔和钩头下锁销钩转轴连接，另一端和下锁销体相连；下锁销体另一端和下锁销相连，其上有二次防脱(跳)尖端，中部有回转挡和钩提杆止挡；下锁销另一端由下锁销轴和钩锁轴的下锁销孔相连，下锁销钩装配如图 5-7 所示。

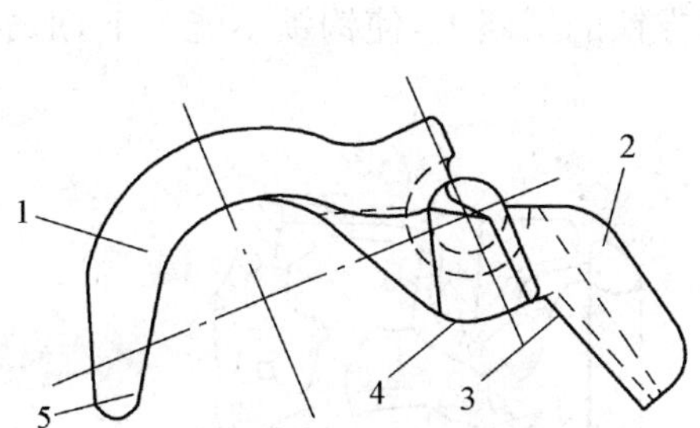

图 5-6　13 号车钩钩舌推铁

1—钩舌推铁腿；2—锁座；3—踢足推动面；4—踢足导向面；5—推铁踢足

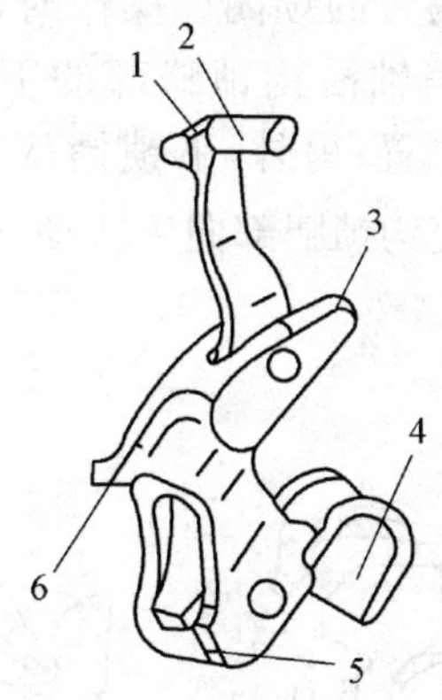

图 5-7　13 号车钩下锁销装配图

1—下锁销防跳(脱)台；2—下锁销轴；3—二次防跳(脱)尖端；4—转轴孔；5—回转挡；6—车钩提杆止挡

(二)下作用式 13A 型(E 级钢)车钩

为适应我国铁道运输高速重载的发展，国产大功率 HXD_3 型电力机车采用 E 级钢 13A 型下作用车钩。

下作用式 13A 型车钩与 13 号车钩结构原理基本相同。其主要区别在于：13A 型车钩采用 E 级钢和小间隙钩舌，并在钩体下方增加了钩身磨耗板。13A 型车钩的连挂间隙为

11.5 mm，比普通的 13 号车钩连挂间隙 19.5 mm 减小了 8 mm，可有效降低列车的纵向冲动，改善列车的动力学性能。

E 级钢车钩主要部件的最小破坏载荷为：

钩舌——3 430 kN；

钩体——4 005 kN；

钩尾框——4 005 kN。

四、车钩的三态作用

车钩的各种零件，组装为完整的车钩。各零件处于不同的位置时，起着不同的作用，从而使车钩具有闭锁、开锁、全开三种作用，俗称为车钩的三态作用。所谓自动车钩，就是具有自动连挂性能，具有三态作用的车钩。

1. 闭锁位置

闭锁位置是车钩连挂好以后的状态。如图 5-8 所示，此时钩舌尾部转入钩锁腔内，钩锁以自重落下，其后锁面和侧坐锁面分别坐在钩舌推铁的锁座和钩舌尾部侧面的钩锁承台上，卡在钩舌尾部侧面及钩锁腔侧壁面之间，拦住钩舌不能张开。当钩锁以自重落下后，下锁销沿钩锁腿部的下锁销轴孔下滑，使下锁销的防跳台处于下锁销孔中防跳台下方，起防跳作用。同时，二次防跳尖端卡在下锁销孔的前沿二次防跳台下，再次限制钩锁的跳动。

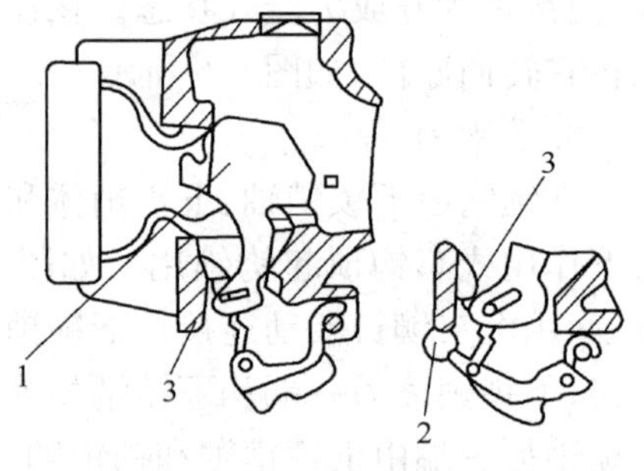

图 5-8　13 号车钩闭锁位置

1—钩锁位置；2—二次防跳位置；3—下作用式防跳位置

2. 开锁位置

开锁位置是一种闭而不锁的状态。如图 5-9 所示，此时钩舌虽未张开，但钩锁已被人为操纵顶起一定高度，解除了对钩舌的锁闭。操作时，适当用力扳动钩提杆，推动下锁销轴沿钩锁腿部的下锁销轴孔斜向上滑动，脱离防跳位置；另外，下锁销从下锁销孔顶起钩锁，使之上移，并使钩锁腿部向后转动，开锁坐锁面坐在钩舌推铁的锁座上，使钩锁不能落下，形成开锁位置。

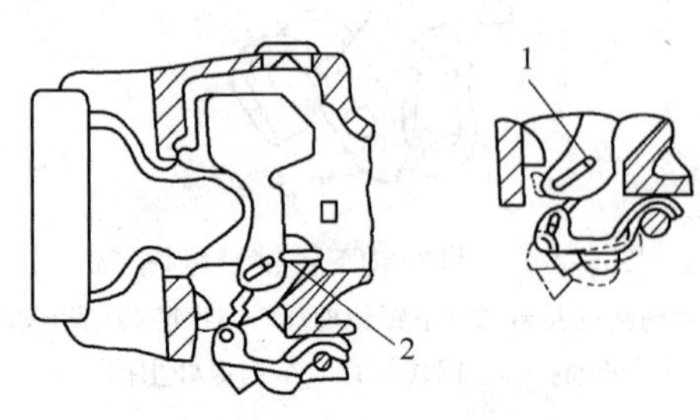

图 5-9　13 号车钩开锁位置

1—下作用式脱离防跳位置；2—钩锁开锁坐锁面位置

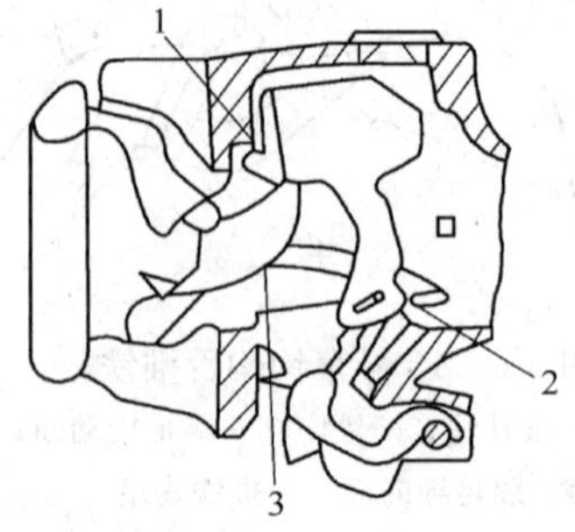

图 5-10　13 号车钩全开位置

1—钩锁以全开作用支点为支点；2—钩锁后踢足踢动钩舌推铁；3—推铁踢足踢动钩舌尾部

3. 全开位置

全开位置是车钩钩舌完全张开的状态，为车钩再次连挂的准备位置。如图 5-10 所示，由闭锁或开锁位用力提起车钩提杆(若在闭锁位置先脱离防跳),下锁销推动钩锁充分使其上升,钩锁全开回转支点以钩锁腔前壁全开作用点为支点,钩锁的腿部向后转动,后踢足踢动钩舌推铁的踢足推动面,使钩舌推铁以其轴转动,推铁踢足踢动钩舌尾部侧面,使钩舌以钩舌销为轴张开,形成全开位置。全开位置,钩锁坐落在钩舌尾部上方,不能落下。

在挂钩时,相互连挂的两个车钩,必须有一个处于全开位,另一个则处于什么位置都可以。也就是说,挂钩的充分必要条件是其中一个车钩处于全开位。

由此可知,全开位置是连挂车钩的准备位置。

五、车钩的受力及磨耗情况

1. 车钩的受力

车钩在牵引或推进运行时,分别受着拉力或推力。这些力都作用在钩舌和钩体上,如图5-11所示。

当机车牵引运行时,载荷经钩舌尾部凸起的 m 及 n 处分别作用于钩头的内缘 o 及 p 处;在推进运行时,载荷经钩头的 g 及 r 处分别作用于钩舌的 s 及 t 处。在这两种情况下,钩舌销都不受力,因而它只起钩舌旋转轴的作用(钩舌销与钩舌销孔、钩头销孔的间隙,大于上述接触受力部位的间隙)。

实践证明,无论在牵引或推进运行中,万一钩舌销折损,只要车钩确实处于相互连接而且完全锁闭的状态下,钩舌并没有自动落下或被拉脱的危险;只有当互扣的钩舌解开后,钩舌方可取下。这种设计,目的是保障列车运行中车钩安全而可靠地连接。

2. 车钩的磨耗

列车在运行中的纵向冲击和垂直振动,使得互相连接的两车钩,经常发生相对运动。特别是路基较软、曲线较多的行车线路上行车时,车钩经常处于相互摩擦状态,这就必然导致磨耗。钩舌的磨耗情况如图5-12所示。

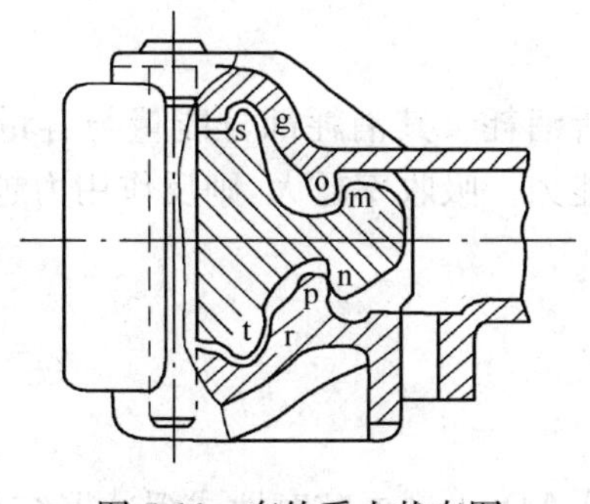

图5-11　车钩受力状态图

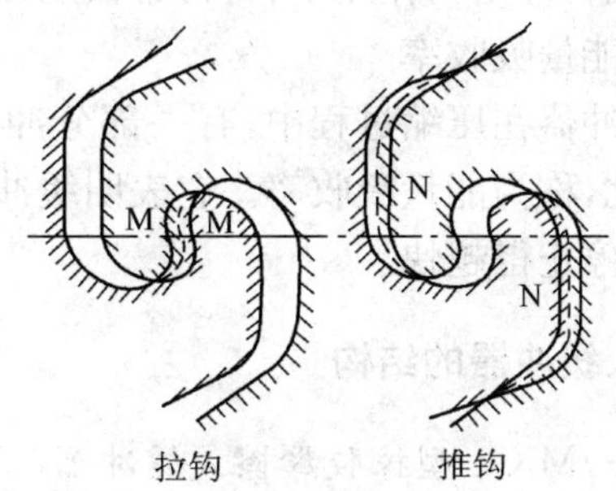

图5-12　钩舌磨耗情况示意图

牵引运行时,钩舌内侧面 M 处易磨耗;推进运行时,钩舌外侧面 N 处易磨耗。因而车钩长期使用后,钩舌会逐渐磨薄。钩舌厚度磨薄后,强度自然要减弱,而且由于钩舌磨耗过薄,相互连接的车钩必然松旷过大,致使列车冲动增加,钩舌容易相互脱离,造成列车分离事故。

另外,钩舌尾部与钩头接触受力的部分,也会因磨耗而逐渐减弱。为保证行车安全,应按照车钩磨耗限度,随时注意检查,及时修复或更换新品。

第二节　缓　冲　器

一、缓冲器的作用和种类

缓冲器用来减小列车在运行中由于机车牵引力的变化或起动、制动及调车挂钩时机车车辆相互碰撞而引起的冲击和振动，从而减少机车车辆的破损，货物的损伤，提高列车运行的平稳性。

缓冲器的工作原理与减振器相同。它一方面借助于压缩弹性元件来缓和冲击作用力，另一方面在弹性元件变形过程中利用摩擦和阻尼吸收冲击能量。

缓冲器的种类很多，可以分为弹簧式、摩擦式、摩擦橡胶式、弹性胶泥式、液压式等。其中弹簧式缓冲器借助弹簧的作用来缓和冲击力，但它不能吸收冲击能量，因而不适用于大的冲击力。

我国铁道部规定的标准型缓冲器有多种，机车上常用的有 MX-1 型橡胶摩擦式缓冲器、MT-3 型弹簧摩擦式缓冲器和 QKX100 型胶泥缓冲器等。

二、缓冲器的性能参数

1. 行程

缓冲器受力下产生的最大变形量称为行程。此时，弹性元件处于压死状态，当继续增加外力时，变形量不再增加。

2. 作用力

作用力是指缓冲器变形量达到行程时的作用外力。

3. 容量

容量是指缓冲器在全压缩过程中，外力所做的功。即压缩缓冲器时，作用力在其行程上所做的功的总和，称为容量。容量是衡量缓冲器缓冲能力大小的主要数据。如果缓冲器的容量过小，则在冲击力作用下，将常常被压死，产生刚性冲击。

4. 能量吸收率

缓冲器在压缩过程中，有一部分冲击能量被阻尼所消耗。其消耗部分能量与容量（总能量）之比，称为能量吸收率。它表明缓冲器吸收冲击的能力。吸收率越大，则反作用力越小，冲动过程停止得越快。

三、缓冲器的结构

（一）MX-1 型橡胶摩擦式缓冲器

SS_4 改型电力机车采用 MX-1 型橡胶摩擦式缓冲器，MX-1 型橡胶摩擦式缓冲器结构如图 5-13 所示。

9 片形状相同的橡胶片 5，借助于顶隔板 4、两块中隔板 6 以及底隔板 7，在箱体内将其分为 3 层，每层 3 片。橡胶片的两面均与钢板经过硫化固结在一起，组成减振元件。

为了组装定位方便，在每个橡胶片的钢板上对角压有两个球形的突起及凹坑。

橡胶片能很好地起缓冲吸振作用，但由于承压面积的限制，单靠橡胶片的作用仍会出现容量不足，变形量过大的问题。所以在缓冲器的前部另设摩擦部分，由 3 个形状相同带有倾角的楔块 2、箱体 3 及压头 1 组成，楔块介于箱体及压头中间。当缓冲器受压时，接触面间产生摩擦，与橡胶片共同吸收、缓和冲击能量，这就可以获得较大的缓冲器容量。

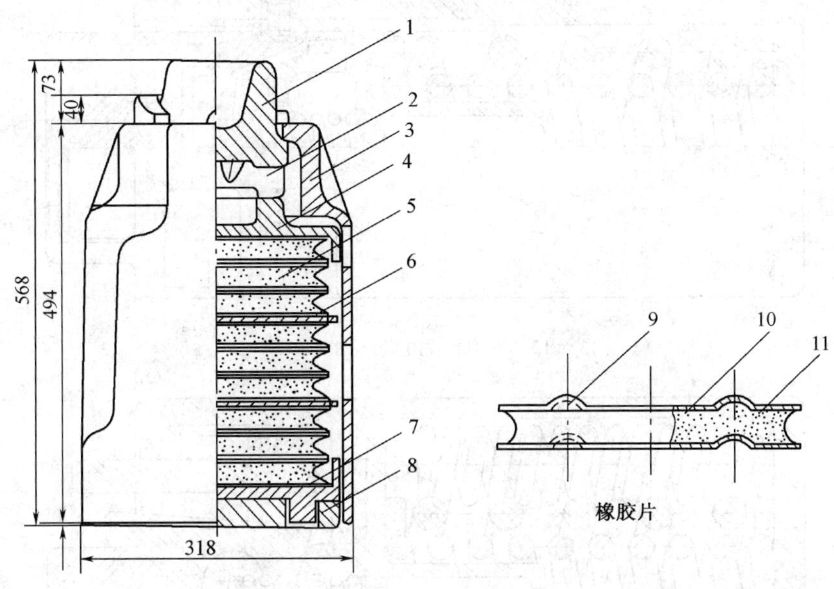

图 5-13　MX-1 型橡胶摩擦式缓冲器

1—压头；2—楔块；3—箱体；4—顶隔板；5—橡胶片；6—中隔板；7—底隔板；8—底板；9—凸台；10—钢板；11—橡胶

在缓冲器组装时，由箱体底部依次将压头、楔块、顶隔板及橡胶元件等零件放入，并在压力机上加压，通过专门的压具，将橡胶片压缩，使底板倾斜进入箱体内，并卡合在箱体对应位置的凹槽内。

这种橡胶缓冲器的优点是：

(1)容量大。该型缓冲器的容量在 34 300 J 以上，比 3 号缓冲器大 80%～100%。

(2)性能好。能量吸收率高达 90%，适用于各种不同的冲击能量，即：受到小的冲击时易于变形，对于大的冲击则变形增加较慢，抗阻能力显著增大，工作安全可靠。

(3)零件少，重量轻，成本低。

(4)制造方便，检修容易。

其主要问题是橡胶片的性能不稳定，箱体容易产生裂纹，有待于改造。

(二)MT-3 型弹簧摩擦式缓冲器

SS_9 型电力机车使用 MT-3 型弹簧摩擦式缓冲器，如图 5-14 所示。MT-3 型弹簧摩擦式缓冲器由两个形状相同带有倾角的楔块固定斜板 8、动板 4、内圆弹簧 13、外圆弹簧 12、复原弹簧 9、中心楔块 5 及箱体 1 等组成，头部为摩擦部分。当缓冲器压缩时，通过中心块、斜板、楔块、动板及箱体之间产生的摩擦及内、外圆弹簧的弹性变形，消耗冲击能量，起到缓冲作用。

MT-3 型缓冲器优点是容量大、维修量极少，外形尺寸可与其他类型缓冲器互换。

(三)QKX100 型胶泥缓冲器

HXD_3 型电力机车采用 QKX100 型胶泥缓冲器，它由壳体 3、连接板 2、预压板 1、弹性胶泥芯子 10、垫块 9、减磨套 8、紧固件等组成，如图 5-15 所示。缓冲器技术指标见表 5-1。

QKX100 大容量弹性胶泥缓冲器，采用性能稳定可靠的进口密封件和弹性胶泥材料，具有

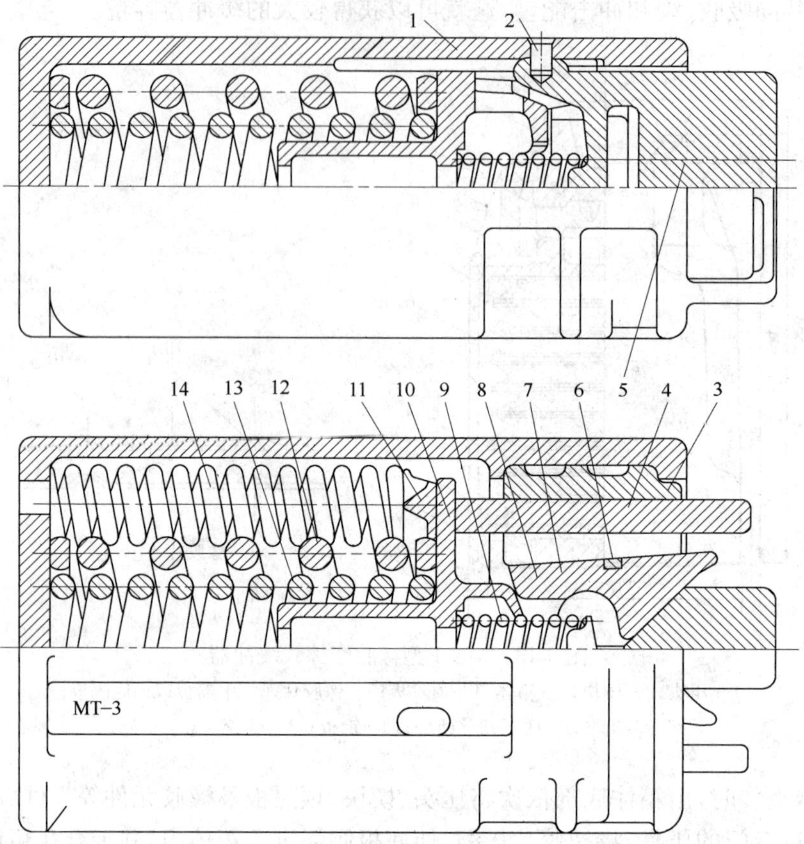

图 5-14　MT-3 型弹簧摩擦式缓冲器

1—箱体；2—销子；3—外固定板；4—动板；5—中心楔块；6—铜条；7—楔块；8—固定斜板；9—复原弹簧；10—弹簧座；11—角弹簧座；12—外弹簧；13—内弹簧；14—角弹簧

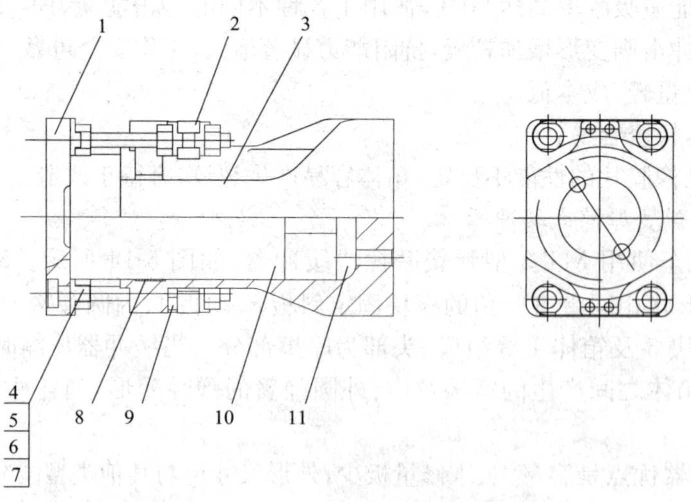

图 5-15　QKX100 型胶泥缓冲器

1—预压板；2—连接板；3—壳体；4—螺母防松板；5—螺杆；6—螺母；7—垫圈；8—减磨套；9—垫块；10—弹性胶泥芯子；11—垫块

容量大、阻抗小、性能稳定、检修周期长，调车连挂速度高的特点。具有拆卸安装方便的预缩短装置，并能与既有的缓冲器互换使用，标准化程度高，运用检修方便。

表 5-1　QKX100 型胶泥缓冲器技术指标

项目	初压力(kN)		最大阻抗力(kN)		行程(mm)		容量(kJ)		吸收率(%)	
	静态	动态	静态	动态	静态	动态	静态	动态	静态	动态
指标	≤150	≤150	≥1 200	≤2 500	≤83	≤83	≥35	≥100	≥45	≥80

第三节　车钩与缓冲器的安装与检修

一、车钩与缓冲器的安装

车钩钩体尾部通过钩尾销连接车钩尾框。在车钩尾框内，安装前从板、缓冲器及后从板(有时不设后从板)，如图 5-16(a)所示。

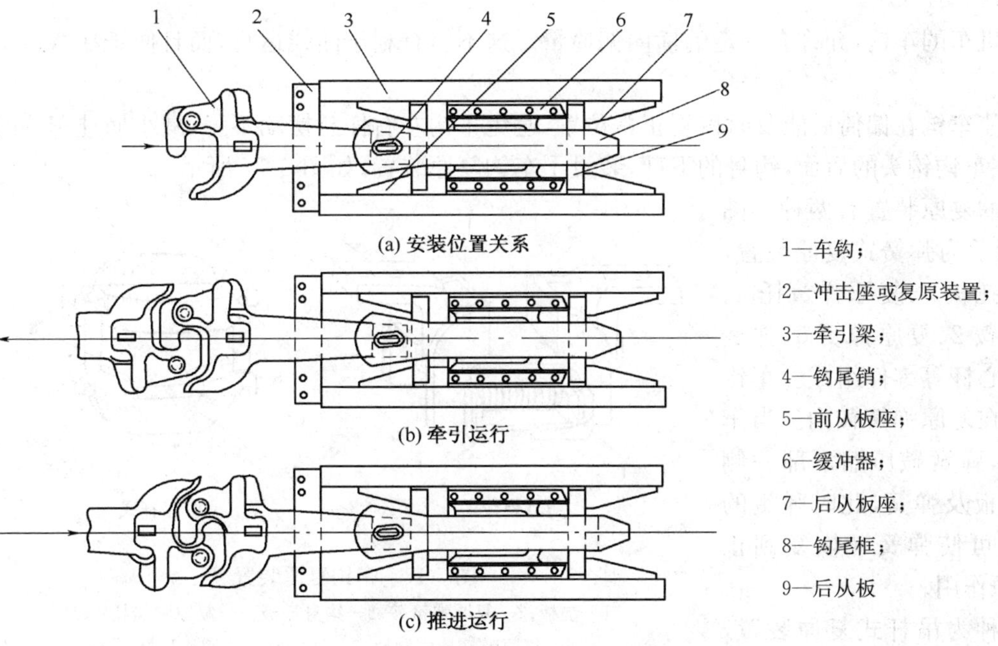

图 5-16　车钩和缓冲器的安装及受力状态

车钩尾框和前后从板，是牵引缓冲装置中传递纵向力的构件。它们和车钩、缓冲器组装以后，一同安装在车体底架前后两端的牵引梁内。前后从板及缓冲器卡装在牵引梁前后从板座之间。

二、纵向力的传递过程

1. 牵引运行时纵向力的传递顺序

牵引运行时，牵引力由车体底架传至车钩，如图 5-16(b)所示，其传力顺序为：

车体底架→牵引梁→前从板座→前从板→缓冲器→后从板→车钩尾框→钩尾销→车钩。

2. 推进运行时纵向力的传递顺序

推进运行时，机车推力也由底架传至车钩，如图 5-16(c)所示，其传力顺序为：

车体底架→牵引梁→后从板座→后从板→缓冲器→前从板→车钩尾框→钩尾销→车钩。

由以上可知，车钩缓冲装置无论在牵引运行还是推进运行中，机车的纵向力都经过缓冲器传递，而且缓冲器都是受到了进一步的压缩，起到缓冲作用，减轻了纵向冲动，改善了运行品质。

由于车钩专用于机车和车辆之间的联结，所以各种机车车辆的车钩高度，必须统一。我国统一规定车钩中心线距轨面的高度为(880±10)mm。如果不符合这一规定，可在钩尾框托板上加垫或改变冲击座下方吊杆装置均衡梁上的磨耗板厚度来进行调整，必要时也可稍微改变吊杆头上的垫板厚度来调整车钩高度。

三、车钩复原装置

曲线运行时，车钩中心线与车体中心线之间必将产生一个偏角，即车钩将发生左右的摆动。为了防止车钩偏倚时钩身与车体牵引梁相碰而产生障碍，在牵引梁的中间开有较宽的钩门。

电力机车的车钩，允许有一定的横向偏倚量。这不但有利于曲线运行，而且便于在弯道上挂车。

为了使车钩在偏倚后能及时恢复正常位置，避免车钩左右任意摆动不稳，减小摘挂车钩时的困难，在车钩钩头的后面，钩身的下部，装设了车钩复原装置，如图 5-17 所示。

常用的复原装置有两种。图 5-17(a)所示为弹簧式复原装置，它由钩身托板 3、复原弹簧托 4、复原弹簧鞍 2、复原弹簧 5、弹簧垫板 1 及心杆等零件组成。车钩钩身坐落在复原弹簧鞍内。当车钩偏倚时，弹簧鞍压缩下部一侧的弹簧垫板及弹簧，此时弹簧的复原力就可使弹簧鞍恢复到正位，起复原作用。

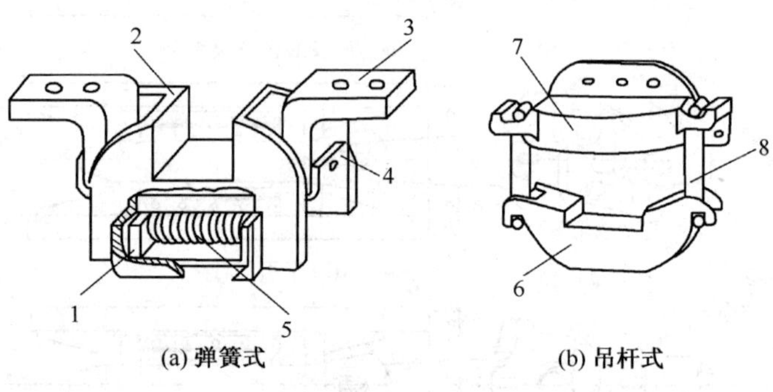

图 5-17　车钩复原装置

1—垫板；2—复原弹簧鞍；3—钩身托板；4—复原弹簧托；5—复原弹簧；6—摆块；7—冲击座；8—摆块吊杆

另一种为吊杆式复原装置，如图 5-17(b)所示。它由摆块 6、摆块吊杆 8 等组成。钩身卡在摆块上，摆块两端支承在吊杆下。当车钩向一侧偏倚时，车钩本身重力的水平分力将使自身和摆块恢复到原来的正常位置，增加了车钩摆动的灵活性，增强了车钩的复原能力。这种吊杆式复原装置结构简单、很少有磨损，所以被标准化，并得到广泛应用。SS_4 改型、SS_9 型及 HXD_3 型电力机车均采用吊杆式复原装置。

四、车钩及缓冲器的检修

(一)车钩检修

1. 检查车钩“三态”作用

(1)全开状态：将钩提杆用力提起，至钩舌完全伸开。车钩全开状态，车钩开度应为 220～245 mm。

(2)闭锁状态：在全开状态时将钩舌向钩腔里推动，锁铁以自重完全落下，使钩舌不能伸开。闭锁状态开度应为 110～127 mm。

(3)开锁状态：轻轻提起钩提杆，使钩锁支在钩锁座上，放下钩提杆，钩锁仍未落下，钩舌也未动，此时钩舌外拉，能立即解开，即为开锁状态良好。

2. 闭锁状态检查

在闭锁状态时，钩锁铁向上活动量应为 5～22 mm，钩舌尾部与钩锁接触面需平直，其垂直接触高度不小于 40 mm，钩体防跳凸台作用须平直，钩舌与钩体的上下承力面须接触良好；钩锁尾部与钩体间隙不大于 4 mm，钩舌与锁铁的间隙不大于 7 mm，测量钩舌中心线距轨面高度应为 825～890 mm。

3. 测量有关数据

(1)钩舌销与销孔的间隙≤4.6 mm；

(2)钩舌销孔与钩舌销直径≤49.6 mm；

(3)钩舌与钩耳上下面间隙≤10 mm；

(4)钩舌厚度≤65 mm。

(二)缓冲装置检修

1. 检查缓冲装置各部状态以及缓冲箱体导框与托板配合状态。缓冲器尾框各部无裂损，导框厚度≥16 mm，否则预热堆焊修复。

2. 检查车钩尾部与从板之间的间隙。车钩尾部与从板间隙≤6 mm。缓冲器从板不得有贯通间隙。

3. 检查缓冲器楔铁不得缩入，箱底部四角有裂纹，当长度小于 100 mm 的情况下，可以补焊。

(三)车钩及缓冲器解体检修

1. 外观检查

钩提杆、连杆、提杆座有异常变形或作用不良时应拆下后预热处理。各部不得有异常变形、碰磨等缺陷，钩提杆凸台在提杆座的槽内，不应严重旷动而自行脱出，否则应焊修处理。

2. 解体钩舌

取下钩舌销开口销，抽出钩舌销，对钩舌、钩舌销探伤，新换钩舌、钩舌销应探伤合格后使用，钩舌、钩舌销组装前需在接触面上涂润滑脂。钩舌、钩舌销不得有裂纹，否则更换。

3. 解体钩体

拆开止销安全螺丝，取出牵引扁销，松开车钩托板固定螺丝，用钢丝绳套住钩头后端钩体部，用天车吊起钩头左右摆动。慢慢取出钩体，放在安全地方并探伤；测量牵引扁销尺寸、牵引扁销与销孔间隙。钩体、牵引扁销不得有裂纹，且下列情况禁止焊修：钩体上横裂纹、销孔向尾端发展的裂纹、耳销孔处超过断面 40%的裂纹。牵引扁销尺寸不小于 95 mm×35 mm，牵引扁销与销孔间隙前后不大于 20 mm，两侧不大于 8 mm。

4. 解体更换缓冲器

先将升降小车推至缓冲器下方，升降到适当高度，拆掉缓冲器托板，升降小车顶到缓冲器底部下方，在钩体、牵引销已去掉的情况下，用专用压缩缓冲器机具，由从板前端外部加力，压缩缓冲器，然后落下缓冲器和从板，推出小车。导框、从板及缓冲器无裂纹；缓冲器、从板及尾框组装后中心偏差不大于 5 mm。

本章小结

牵引缓冲装置,包括车钩及缓冲器。其构造和性能直接影响到列车的运行平稳和安全。

SS_4 改型、SS_9 型电力机车采用下作用式 13 号车钩,HXD_3 型电力机车采用下作用式 13A 型(E 级钢)车钩。它们的结构原理基本相同,均由钩体、钩舌、钩舌销、钩锁、钩舌推铁和下锁销装配等组成。其主要区别在于:13A 型车钩采用高强度的 E 级钢和小间隙钩舌,并在钩体下方增加了钩身磨耗板,可有效降低列车的纵向冲动,改善列车的动力学性能。车钩的三态作用包括闭锁位、开锁位和全开位。两个车钩连挂的充分必要条件是其中一个车钩处于全开位。

SS_4 改型电力机车采用 MX-1 型橡胶摩擦式缓冲器,SS_9 型电力机车采用 MT-3 型弹簧摩擦式缓冲器,HXD_3 型电力机车采用 QKX100 型胶泥缓冲器。无论是牵引运行还是推进运行,机车纵向力都经过缓冲器来传递,而且缓冲器受到压缩,起到缓冲作用。

复习思考题

1. 对车钩有何要求?
2. 下作用式 13 号车钩的组成、构造及车钩的三态作用是怎样的?
3. 下作用式 13A 型车钩与 13 号车钩相比有哪些主要区别?
4. 挂钩的充分必要条件是什么?
5. 分析车钩的受力及磨耗情况。
6. 简述车钩复原装置的种类和工作原理。
7. 缓冲器有哪些参数? 各有何意义?
8. 简述 MX-1 型缓冲器的构造和工作原理。
9. 分析牵引和推进运行时车钩、缓冲器纵向力的传递过程。
10. 如何检修车钩及缓冲器?

第六章　电力机车通风系统

电力机车上有很多电气设备，如牵引电动机、主变压器、硅整流装置以及制动电阻柜等重要部件，在工作时会产生大量的热量，如不能及时散发出去，使电气设备的温度超出允许的范围，就会影响各电气设备的正常工作，甚至会烧毁设备。然而仅凭自然通风远不能满足散热要求，为保证这些设备的正常工作，必须采用通风系统对电气设备进行强制性通风。本章主要介绍电力机车常用通风机的类型、结构特点以及通风机在电力机车中的具体应用，并对 SS_4 改型、SS_9 型、HXD_3 型电力机车通风系统做具体阐述。

第一节　通 风 系 统

机车上电气设备很多，机车空间又十分有限，因此机车通风装置通常数量较少，要充分利用有限的风源，还要求进风速度低，减少尘埃侵入；同时要求风道短、弯道少且圆滑过渡，减少风压损失。机车通风方式通常有两种：一种是独立通风，即设置专用风道，便于集中去尘；另一种是车体通风，即风由侧墙吸入车体内，再自行分配进入各风道，这两种通风方式也可以混合采用。对于分布在车体内不同部位的需要强制冷却的电气设备通常需要将它们就近分为若干组，根据不同部件和冷却要求，采用合适的通风机和冷却风道，共同构成一个布置合理、适应要求的通风冷却系统。

机车的设备布置往往要统筹考虑，做到兼顾各方，科学合理。

一、通风机的类型和特点

按工作的原理，可分为两大类型通风机。

1. 离心式通风机

离心式通风机又称鼓风机，是工业上广泛采用的一种通风机。其结构如图 6-1 所示。

离心式通风机有一个蜗壳状的壳体。在壳体内装有叶轮，叶轮轴由电动机驱动。当叶轮在蜗壳内作高速旋转时，叶片间的空气也被迫作高速旋转，在离心力的作用下，沿叶轮甩出来，以一定的速度沿蜗壳经出风口进入风道，由于叶轮间形成真空，外界空气不断从叶轮轴向进风口被吸入，而流进截面渐扩的蜗壳通道，把空气的流速转变为压强，使风道的风压得到升高。

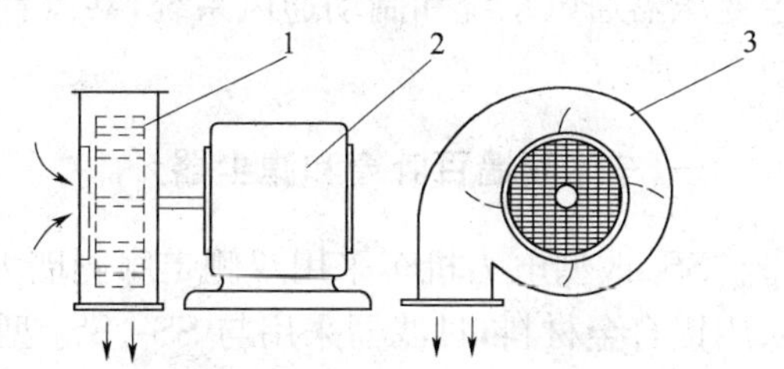

图 6-1　离心式通风机示意图

1—叶轮；2—电动机；3—蜗壳

离心式通风机具有以下特点：

风压较大，风力比较集中，适应于较远距离通风，出风体积大；但转速较低（受叶轮形状和强度的影响），效率也较低。

2. 轴流式通风机

轴流式通风机通常称风扇。其结构如图 6-2 所示。叶轮轴与风道平行(也可不设风道)，叶轮在电动机驱动下高速旋转，由于叶片有一定的斜度，形成空气的轴向流动，叶轮背面形成真空，外界空气不断补入。

轴流式通风机具有以下特点：风压小，风力较分散，因此不适宜远距离送风，体积小，但转速高，效率较高。

二、通风机在电力机车上的应用

离心式通风机和轴流式通风机在电力机车通风系统中均被采用。对于一些距离车体较远的设备，如牵引电机，通常用离心式通风机冷却；一些设备因位置局限，如制动电阻柜，通常用轴流式通风机冷却。

为了解决机车车体受空间限制的问题，使一台通风机能冷却多台设备，通常采用通风支路的方式，或将冷却设备分别布置于通风机的进风口和出风口的一侧。如图 6-3(a)、(b)所示，可以得到同样的冷却效果。

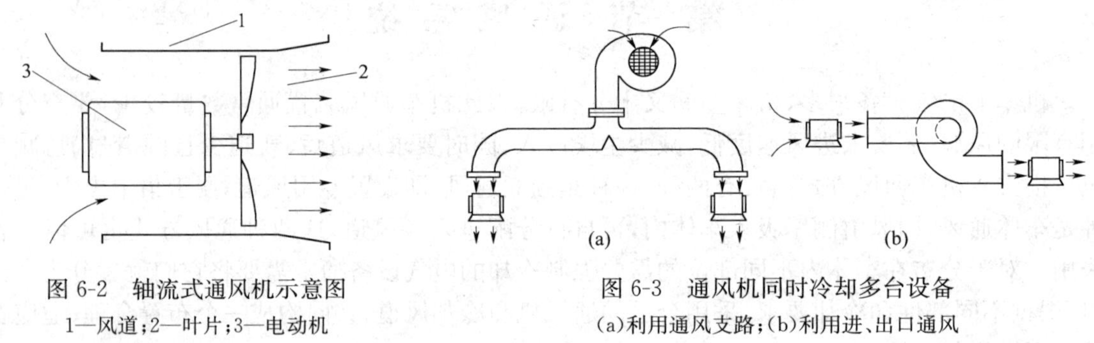

图 6-2　轴流式通风机示意图
1—风道；2—叶片；3—电动机

图 6-3　通风机同时冷却多台设备
(a)利用通风支路；(b)利用进、出口通风

不论采用何种方式，都必须计算风道的流通阻力和冷却空气的流量，以保证冷却效果。以上两种冷却方式可以单独使用，也可混合使用。

第二节　SS_4 改型电力机车通风系统

SS_4 改型电力机车采用传统的车体通风方式，每节车分为三大通风系统：牵引通风系统、主变压器通风系统和制动通风系统，共设置 2 台离心式风机 3 台轴流式风机。其通风系统如图 6-4 所示。

一、车体侧墙百叶窗和滤尘器

SS_4 改型电力机车采用双侧走廊侧墙大面积双层 V 形百叶窗进风，为了减轻重量，百叶窗采用铝合金材料，过滤器采用与 SS_1、SS_3 型机车相同的通风件，过滤器过滤材料由原来的天然棕丝胶合物全部改为无纺合成棉新材料，增强了耐冲洗度。过滤器每单元进风面积为 0.65 m^2，每节车 22 块过滤器，总进风面积为 14.3 m^2。

二、三大通风系统

1. 牵引通风系统

每节机车的牵引通风系统有两个独立且完全相同的通风支路组成，冷却对象为牵引电机、

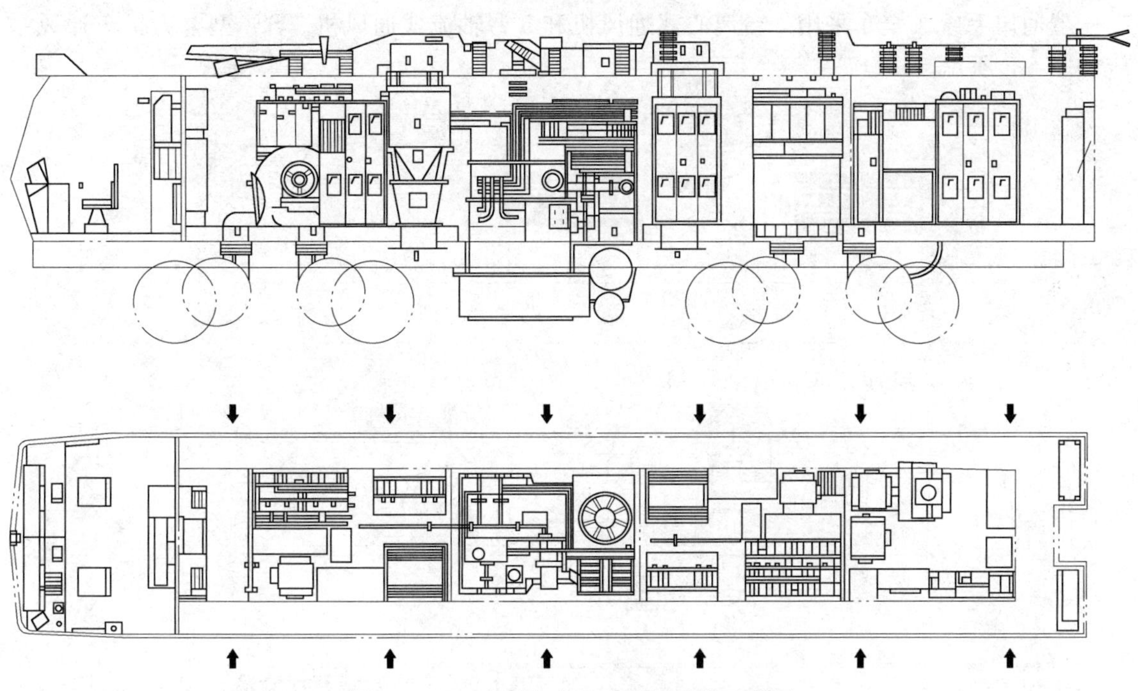

图 6-4 SS_4 改型电力机车通风系统示意图

整流硅机组和 PFC 电容柜(功补电容),采用离心式通风机,每节机车共 2 台,其冷却通路为:

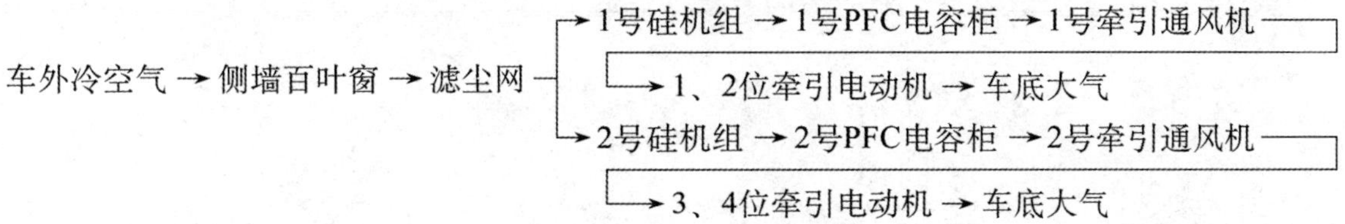

2. 主变压器通风系统

主变压器通风系统仅有一个通风支路,冷却对象为主变压器和平波电抗器(两者共用同一油箱),采用轴流式通风机,每节机车 1 台,其冷却通路为:

车外冷空气→侧墙百叶窗→滤尘网→主变压器油散热器→变压器通风机→车顶百叶窗→车顶大气。

3. 制动通风系统

制动通风系统每节机车有两个独立的且完全相同的通风支路,冷却对象为制动电阻柜,采用轴流式通风机,每节机车共 2 台,其冷却通路为:

车底冷空气→进风口(不过滤)→Ⅰ(Ⅱ)端制动通风机→风道→Ⅰ(Ⅱ)端制动电阻柜→车顶百叶窗→车顶大气。

第三节 SS_9 型电力机车通风系统

一、SS_9 型电力机车(44 号及其以后)

SS_9 型电力机车采用独立通风系统,即车外空气不直接进入车体,而是通过各自独立的风道对各部件进行冷却。按照被冷却对象分为三大通风系统:牵引通风系统、制动通风系统和主变压器通风系统。全车采用 4 台离心式通风机和 5 台轴流式通风机。SS_9 型电力机车通风系统如图 6-5 所示。

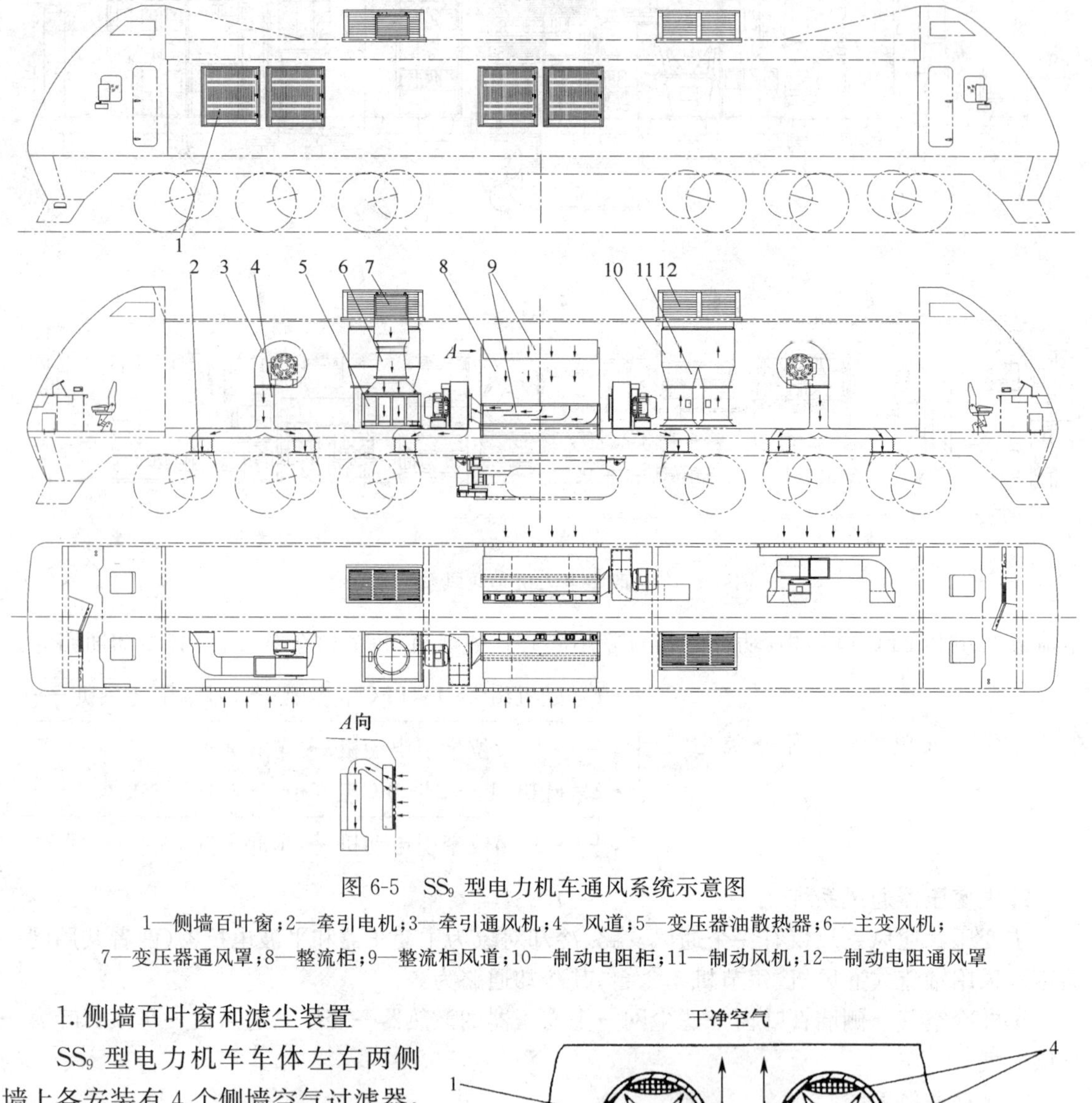

图 6-5　SS_9 型电力机车通风系统示意图

1—侧墙百叶窗；2—牵引电机；3—牵引通风机；4—风道；5—变压器油散热器；6—主变风机；7—变压器通风罩；8—整流柜；9—整流柜风道；10—制动电阻柜；11—制动风机；12—制动电阻通风罩

1. 侧墙百叶窗和滤尘装置

SS_9 型电力机车车体左右两侧墙上各安装有 4 个侧墙空气过滤器，全车共计 8 个。机车采用的新型过滤装置由两部分组成：前一部分为铝合金百叶窗，采用离心—沉降—分离的除尘机理的一种机械式除尘器，其结构如图 6-6 所示。其前部设有进风导流体，中部和后部设有分离器。车外空气经过进风导流体后被加速，空气中的灰尘和水滴在惯性作用下进入中部和后部分离器减速，并在自身重力的作用下沉降到沉积室排出。

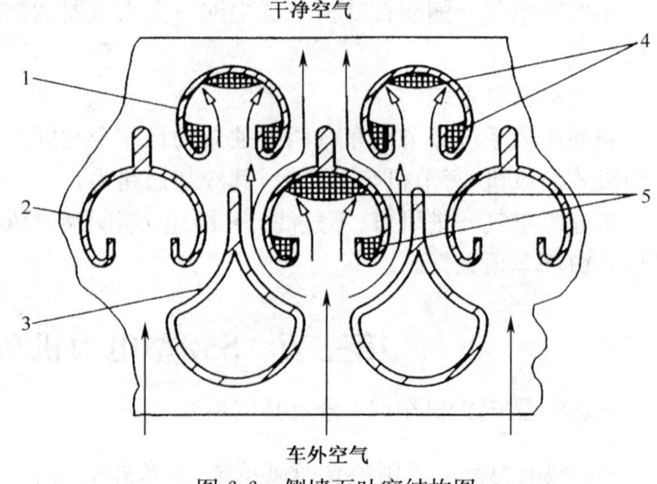

图 6-6　侧墙百叶窗结构图

1—分离器 2；2—分离器 1；3—进风导流体；4、5—积尘分离区

SS_9 型电力机车使用的新型百叶窗具有过滤效率较高、防水性能优异、阻力损失小、低噪声等优点，而且它设有积尘箱和排尘口，能够自动清除滤掉的灰尘和雨水，实现免维护和自清洁，从而可以在一定程度上延长后一级过滤器的清洗维护周期。后一部分为泡沫海绵过滤网，是除尘装置的第二级除尘器，过滤效率很高，能过滤掉空气中大部分灰尘。泡沫海绵过滤网还具有较大的容尘量，能够延长使用周期。在运用一定时间后，空气中的尘粒会黏附在滤料内部，堵塞滤网造成通风阻力增加，影响系统的通风量，因此必须定期对滤网进行检查、清洗。

2. 牵引通风系统

SS_9 型电力机车的 6 台牵引电动机和 2 个整流柜，在工作中会产生非常大的热量，因而需要对其进行强迫通风冷却，由 4 台离心式通风机构成 4 条各自独立通风支路，对其进行通风冷却。各风道中冷却风经由路线为：

(1)车外冷空气→侧墙过滤装置→车体夹层风道→1 位牵引通风机→风道→
┌→1 号牵引电机→车底排出
└→2 号牵引电机→车底排出

(2)车外冷空气→侧墙过滤装置→车体夹层风道→整流柜风道→1 号整流柜→3 位牵引通风机→风道→┌→3 号牵引电机→车底排出
└→放风口→进入车内

(3)车外冷空气→侧墙过滤装置→车体夹层风道→整流柜风道→2 号整流柜→2 位牵引通风机→风道→┌→4 号牵引电机→车底排出
└→放风口→进入车内

(4)车外冷空气→侧墙过滤装置→车体夹层风道→4 位牵引通风机→风道→
┌→5 号牵引电机→车底排出
└→6 号牵引电机→车底排出

3. 制动通风系统

SS_9 型电力机车共有两个制动电阻柜，工作时将会产生非常大的热量。由 4 台轴流式通风机对其进行强迫通风冷却，每 2 台制动风机并联冷却 1 个制动电阻柜。

制动通风系统中冷却风经由路线如下：

车底冷空气→制动风机→过渡风道→制动电阻柜→车顶通风罩→车顶排出。

4. 主变压器通风系统

主变压器工作时，会使油散热器中油温度急剧上升。变压器风机为轴流式风机，主变风机的作用就是冷却油散热器。主变压器通风系统中冷却风的经由路径如下：

车顶冷空气→车顶通风罩吸入→过滤器→过渡风道→变压器风机→变压器油散热器→车底排出。

二、SS_9 型电力机车(44 号以前)通风系统

SS_9 型电力机车(44 号以前)采用车体通风与独立通风相结合的通风方式，与 SS_3、SS_4、SS_6、SS_8 等电力机车相同。其通风系统如图 6-7 所示。

通风系统按照主要冷却对象分为三大通风系统，其中，制动通风系统和主变压器通风系统与 SS_9 型电力机车相同。下面仅介绍牵引通风系统。

牵引通风系统采用车体通风方式，冷却牵引电机、硅整流装置以及列车供电柜，采用 4 台离心式通风机，各支路冷却风的经由路线为：

1. 车外冷空气→侧墙百叶窗和过滤器→1 位牵引通风机→风道→

→1 号牵引电机→车底排出
→2 号牵引电机→车底排出

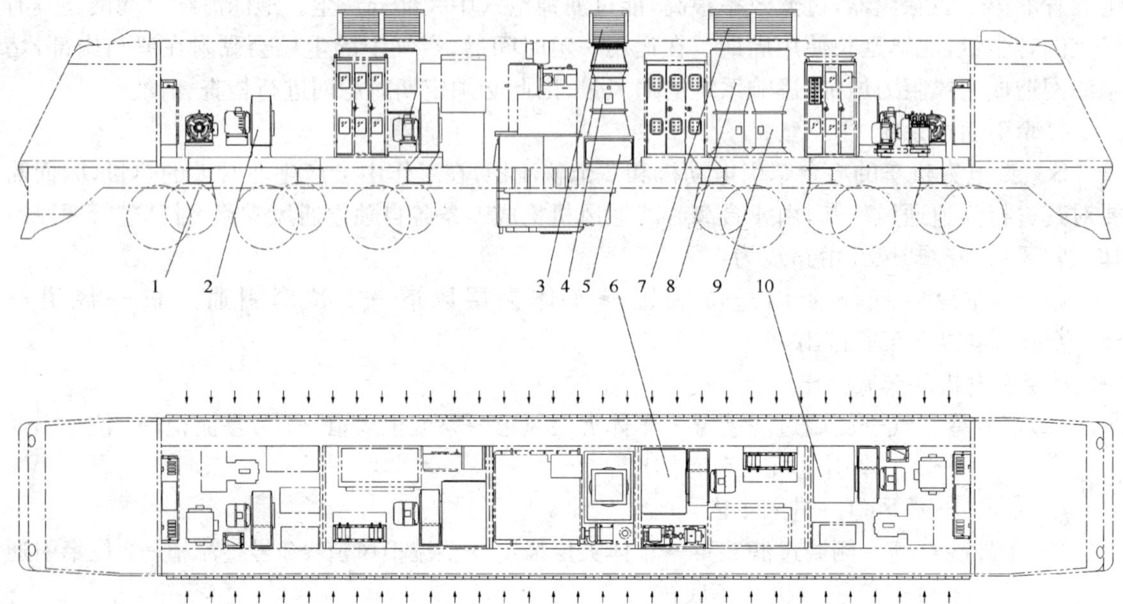

图 6-7　SS_9 型电力机车(44 号以前)通风系统示意图

1—牵引电机;2—牵引通风机;3—变压器通风罩;4—主变风机;5—变压器油散热器;
6—整流柜;7—制动电阻通风罩;8—制动电阻柜;9—制动风机;10—列车供电柜

2. 车外冷空气→侧墙百叶窗和过滤器→1 号硅整流柜→

→旁风道→车底排出
→风道→2 号牵引通风机→3 号牵引电机→车底排出

3. 车外冷空气→侧墙百叶窗和过滤器→1 号硅整流柜→

→旁风道→车底排出
→风道→3 号牵引通风机→4 号牵引电机→车底排出

4. 车外冷空气→侧墙百叶窗和过滤器→列车供电柜→4 位牵引通风机→风道→

→5 号牵引电机→车底排出
→6 号牵引电机→车底排出

44 号以前的 SS_9 型电力机车通风系统的过滤除尘装置也由两部分组成,前一部分为 V 形侧墙百叶窗,后一部分为双层过滤材料的侧墙过滤器。其结构简单,进风口大、风速低、造价低、车内风量分配均匀。

第四节　HXD_3 型电力机车通风系统

一、概　　述

HXD_3 型电力机车的冷却系统是一个重要的系统,它的主要作用是对机车上一些需要进行强迫冷却的电气设备进行通风冷却。HXD_3 型电力机车装有的强电设备的工作电流和电压都较大。如主变压器、牵引变流器、牵引电动机等都需要采用强迫冷却，使这些强电设备工作中产生的大量热量经空气强制循环，散发到大气中，使工作温升不超过允许值，从而保证机车正常可靠的工作。

另外，冷却系统还包括机车司机室空调换气装置，以给司乘人员提供一个舒适的工作环境。

HXD_3型电力机车冷却系统的主要特点如下：

1.冷却系统设计采用高度集成化、模块化的设计思路。根据机车总体对称布置的被冷却装置的要求，采用独立通风冷却技术，具有结构简单、进风面积大、风阻小、各通风支路风量分配均匀等特点。

2.通风冷却系统的冷却空气尽量进行净化。如牵引电动机通风冷却系统采用惯性过滤器，并有自动排尘功能。冷却空气净化较好，电气部件少积灰尘，提高了工作的可靠性。并且它的部分净化空气排入机车机械室内使机械间成为正压。

3.主变压器油冷却和牵引变流器水冷却使用油、水复合冷却器，采用这种复合冷却器技术，使机车主要部件减少，缩减了油、水连接管路，减少了流阻，提高了冷却性能，减轻了质量，使得机车总体设计更加合理。

4.冷却系统采用性能较好的轴流通风机组。它们所采用的滚动轴承是进口单列深沟球轴承，为双面非接触橡胶密封圈式，具有较高密封性，防尘性能好，平时勿需加润滑脂，日常维护方便，运用寿命长。

二、机车通风冷却系统和风量分配

1.通风冷却系统

HXD_3型电力机车通风冷却系统主要包括：牵引电动机（M1～M6）通风、主变压器（MT1）与牵引变流器（UM1、UM2）冷却的复合冷却通风、辅助变流器（UA11、UA12）通风、司机室通风（EV11、EV12）、空气压缩机通风和车内通风（包括卫生间）等通风系统。

机车的通风系统采用独立通风系统，按机车纵向中心线斜对称布置在机车中间走廊两侧。司机室通风系统布置在两端司机室顶部。各通风系统有各自相对独立的通风部件和管道，各风路系统相互不影响，进风量均匀，不需进行风量再分配。机车通风冷却系统图如图 6-8 所示。

（1）复合冷却通风冷却系统

2 台复合冷却风机组（MA17～MA18）等部件组成的复合冷却通风系统分别对 2 台复合冷却器进行冷却。每台复合冷却器通风系统示意图如图 6-9 所示。

冷却空气由车顶滤网经过进风道进入复合冷却通风机组，再经过异径风道进入复合冷却器对油、水冷却，然后从车底部排入大气。

复合冷却器通风支路的冷却空气走向如下：

车外空气→滤网→复合冷却器风机组→异径风道→复合冷却器→车底大气。

（2）牵引电动机通风冷却系统

6 台由牵引风机组（MA11～MA16）等部件组成的牵引电动机通风冷却系统分别对 6 台牵引电动机（M1～M6）进行冷却。每台牵引电动机通风冷却系统示意图如图 6-10 所示。

机车可拆卸顶盖的夹层作为进风道，大气通过百叶窗、顶盖夹层进入牵引通风机组，再经风道内的惯性过滤器进入牵引电动机，对电机进行冷却，然后排向车外大气。通过惯性过滤器

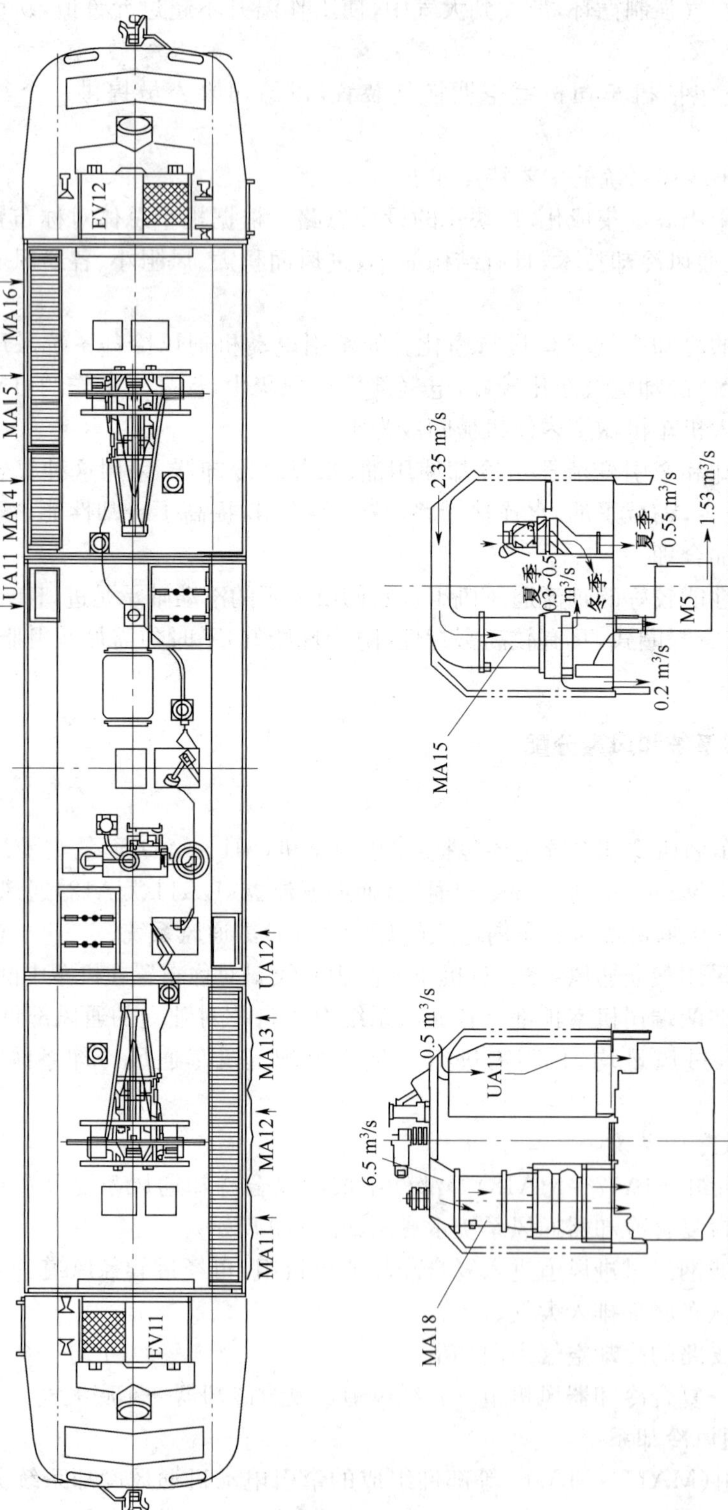

图6-8 机车通风冷却系统图

的冷却空气还有两个分支路，一个支路是经过自动排尘装置排入大气，另一个支路是经过牵引通风机底座的风道侧旁风口，通过金属过滤网向车内排风，以确保机械间内空气的清洁，并在机械间内形成对流，及时带走机械间各电气部件散发的热量，有效地降低机械间温度。

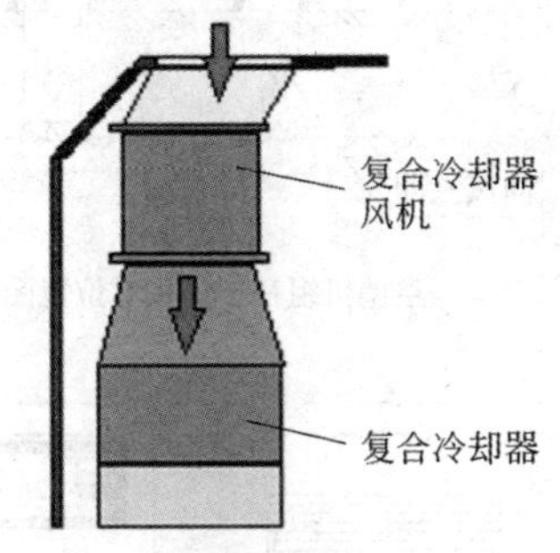

图 6-9　复合冷却器通风冷却系统图

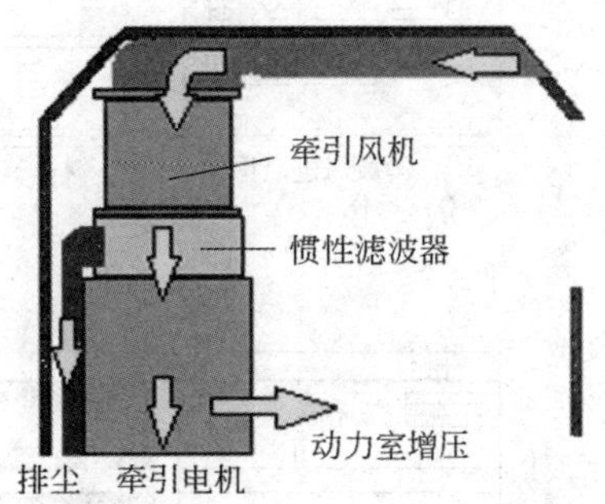

图 6-10　牵引电机通风冷却系统图

牵引通风支路的冷却空气走向如下：

车外空气→百叶窗→夹层风道→弯管→牵引通风机组→

惯性过滤器——→牵引风机底座→车体风道→牵引电动机→车底大气

↓（惯性过滤器）排尘器→车外　↓（牵引风机底座）旁风口→过滤网→机车内→车体出风口→车外

(3)辅助变流器通风冷却系统

机车具有 2 台辅助变流器装置，分别安装在 2 台牵引变流装置柜内，具有各自独立的通风冷却系统。每台辅助变流器通风系统示意图如图 6-11 所示。

冷却空气由车顶侧滤网进入辅助变流器装置柜进风口后，经柜内通道、离心通风机、散热原件到柜排风口然后从车底排入大气。

辅助变流器通风支路的冷却空气走向如下：

车外空气→车顶滤网→辅助变流器装置柜进风口→通道→离心通风机→各散热元件→风道→柜出风口→车底大气。

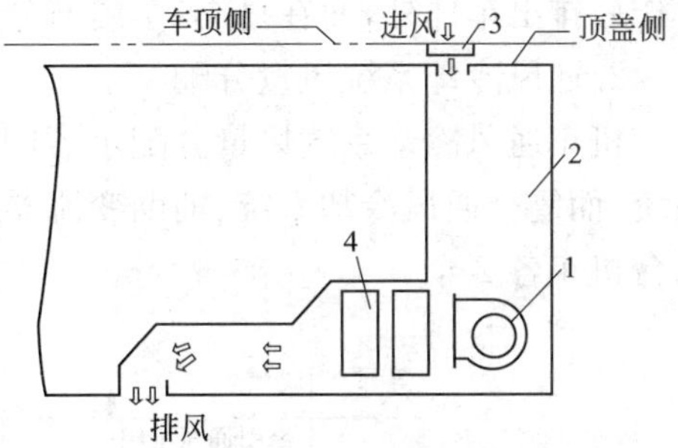

车顶侧　进风　3　顶盖侧　2　4　1　排风

图 6-11　辅助变流器通风系统示意图

1—通风机；2—通道；3—滤网；4—散热片

(4)司机室通风系统

HXD_3 电力机车司机室通风系统采用顶置单元式空调机组，安装在机车Ⅰ、Ⅱ端司机室顶部。司机室空调机组通风系统如图 6-12 所示。

①司机室降温通风支路

司机室内的循环空气由空调机组内的通风机组经过装有滤尘网的回风道吸入，再通过空调机组内的蒸发器进行冷却，冷却后的空气经过出风口处的可调出风栅送入司机室内，使司机室内温度降低。

②司机室升温通风支路

司机室内的循环空气被空调机组内的通风机吸入，通过空调机组内的电加热器加热，被加热的空气由通风机送入司机室内，使司机室内温度上升。

(5)卫生间通风系统

机车内设有一个卫生间，它的通风系统是：车内空气经过卫生间门下的透气口进入卫生间

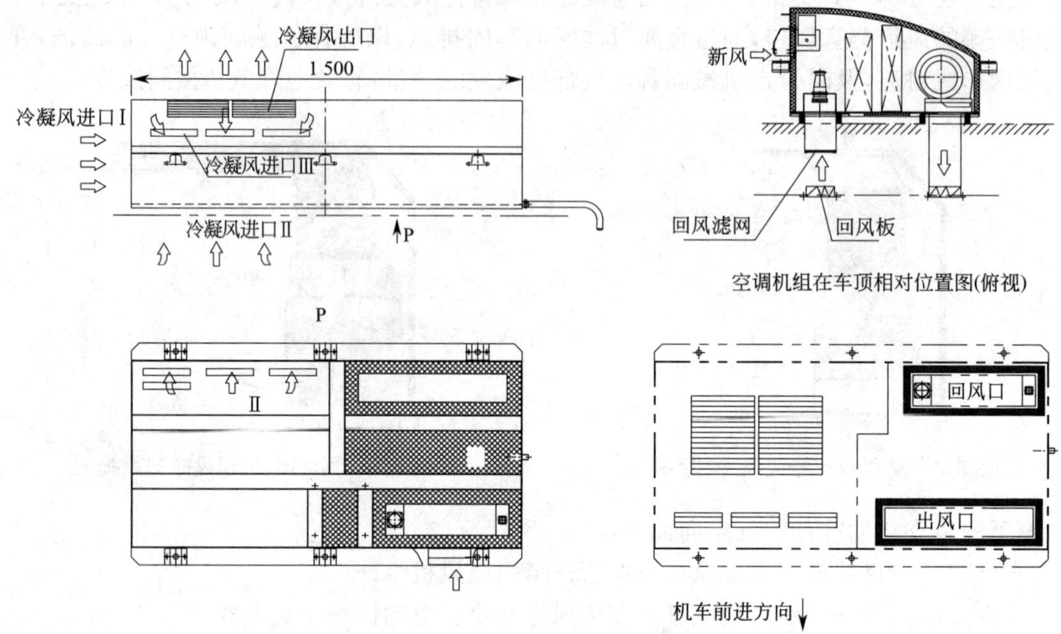

图 6-12　空调机组通风支路

内,再经过卫生间顶棚电动风扇将空气从车顶排风口吹入大气。

(6)机车机械间通风系统

平时由牵引通风系统排入机械间的空气使机车车内形成正压,部分空气通过空气压缩机工作后排出车体外,而在夏季,车内部分空气则通过车顶排气口排出车外。

2.通风冷却系统风量分配

机车通风冷却系统风量分配示意图如图 6-13 所示。其中每台机车有 6 个牵引通风冷却系统,而复合通风冷却系统、辅助变流器通风冷却系统、空压机通风冷却系统、司机室通风系统每台机车各 2 个。

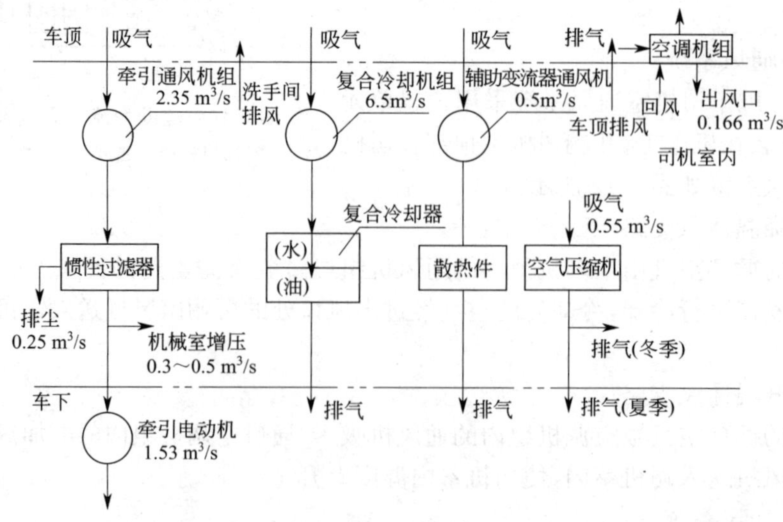

图 6-13　机车通风冷却系统风量分配示意图

三、机车复合冷却系统

1.概述

为减少体积和质量，简化机车冷却系统，将主变压器的冷却油和牵引变流器的冷却水（纯水加乙二醇混合液）共用一套具有强制通风冷却的复合冷却系统。每台机车安装有2台复合冷却系统，斜对称布置在机车中心线两侧，每台复合冷却系统负责对一台牵引变流器的水和主变压器的油（1/2油）进行冷却。

2.复合冷却系统

HXD_3型电力机车复合冷却系统示意图（一个油路）如图6-14所示，各循环回路如下：

（1）油循环回路

主变压器的两个油路，被隔板分隔成两个区，一端为进油区，另一端为出油区。进出油区均有管路连接，保持两端油压平衡。出油部热油被油泵抽出，经油流继电器、蝶阀、ϕ100联管，波纹管送入复合冷却器油散热器，经吹风冷却后再经波纹管ϕ100联管、蝶阀，由油箱进油侧进入线圈，通过挡油圈、撑条、垫块、围屏导向在线圈内部流动冷却发热件，然后由线圈排油侧流出，形成油循环回路。通过变压器油反复的循环，来冷却主变压器发热件。

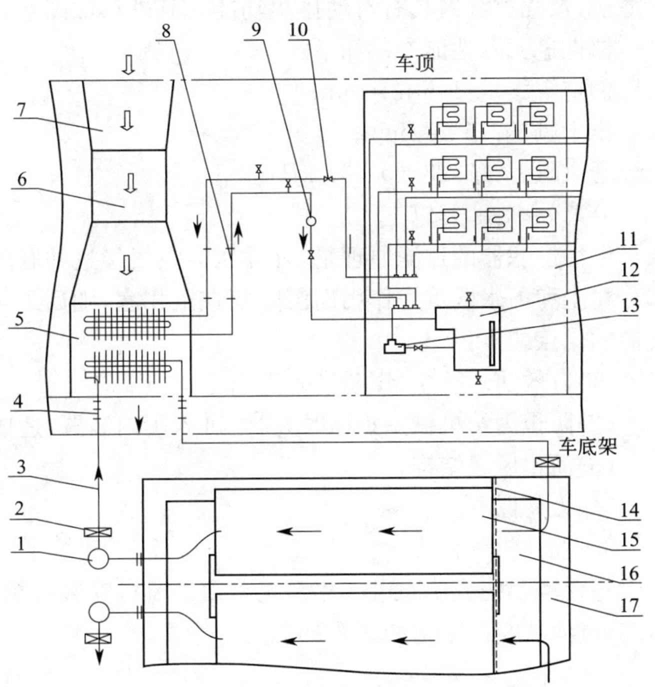

图6-14　机车复合冷却系统示意图（一个油路）

1—油泵；2—蝶阀；3—ϕ100连接管；4—波纹管；5—复合冷却器；6—复合冷却通风机组；7—风道；8—ϕ80波纹管；9—流量计；10—闸阀；11—牵引变流器；12—水箱；13—水泵；14—止油隔板；15—线圈；16—铁芯；17—主变压器

（2）水循环回路

冷却水通过设置在牵引变流器装置内的水泵进行循环。由水箱被水泵抽出来的冷却水，分成为三路，分别流入各分路，通过与散热片交换热量来冷却半导体元件。三路冷却半导体元件的冷却水在一根总管内汇集，从装置左侧面的出水口流出，经过闸阀ϕ80波纹管复合冷却器入口到水散热器，经吹风冷却后再经ϕ80波纹管、流量计、闸阀返回水箱，形成水循环回路。通过冷却水反复的循环，来冷却主变流器中半导体元件。

（3）风循环回路

复合冷却通风机组内的通风机，从车顶吸入冷却空气，先进入通风机，经过异径风道，进入复合冷却器，先冷却复合冷却器上层牵引变流器的冷却水，然后冷却下层的主变压器的冷却油，最后空气从车底排出。

四、空气过滤装置

1. 概要

空气过滤装置的设计原则，随冷却部件所要求的空气洁净度和所需风量而定，并力求减小系统的空气阻力。由于牵引电动机要求空气洁净度较高，故采用双 V 形百叶窗加过滤效果较好的惯性过滤器，以提高过滤效率和降低系统阻力，增强防雨性能。而在辅助变流器通风冷却系统中采用离心沉降式百叶窗，在复合通风冷却系统中采用 V 形进气网。

2. 惯性过滤器

每台牵引电动机通风冷却系统风道中安装一块惯性过滤器，每块惯性过滤器上有 262 个管滤芯，惯性过滤器具有自动排尘功能。其外形如图 6-15 所示。

惯性过滤器性能参数如下：

额定空气量：145 m^3/min；

排尘风量：15 m^3/min；

通风阻力：(0.28±0.05) kPa；

分离效率：80%以上。

惯性过滤器的过滤原理是：外界压力空气经过并联的管滤芯，气流阻挡、离心，空气中的大部分粉尘和雨水因重力作用而沉降落在沉积室，随后通过排尘风道被排出车外。采用惯性过滤器的优点如下：

(1)有效防止沙尘、煤粉进入牵引电动机。

(2)防止因给机械室正压时，粉尘进入车内装置，造成污染。

(3)简化风道结构。

(4)无需保养。

3. 过滤器

每台辅助变流器通风冷却系统车顶进风口安装有离心沉降过滤器，在机车左右侧共设有两组，过滤器断面结构如图 6-16 所示。

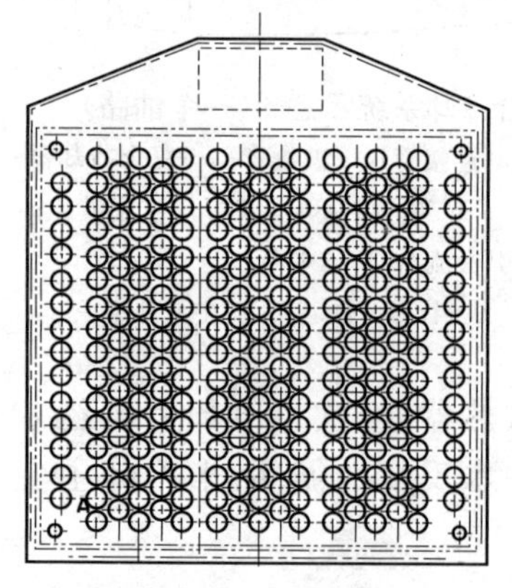

图 6-15　惯性过滤器外形

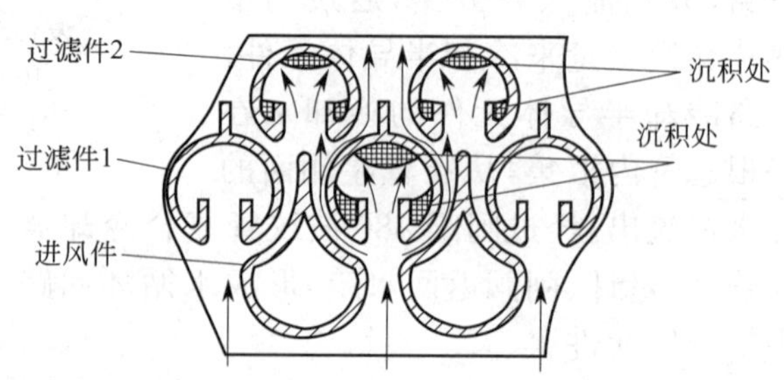

图 6-16　离心沉降过滤器断面结构图

离心沉降过滤器的过滤原理是：进入风道的空气在进风件的风口处加速，加速后的灰尘和水滴因含有较高的冲量而进入过滤件 1 和过滤件 2 并减速，由于本身的重力而下坠至沉积室，排到车顶侧墙外侧。离心沉降过滤器的优点是，低压降、低噪声、免维修、重量轻。

离心沉降过滤器性能：

(1)风速为 4 m/s 时,平均水滴直径 20 μm 过滤效率为 90%以上;尘埃直径 60 μm 以上的过滤效率 80%以上。

(2)额定风量:0.5 m^3/s。

4. 百叶窗、进风网

为消除煤粉等大颗粒尘埃进入,在牵引通风系统车顶侧进气口部安装了双 V 形百叶窗,每台机车共安装 6 组。图 6-17 为双 V 形百叶窗断面图。在复合冷却通风系统车顶进气口部安装 V 形孔板式百叶窗,其断面图如图 6-18 所示。

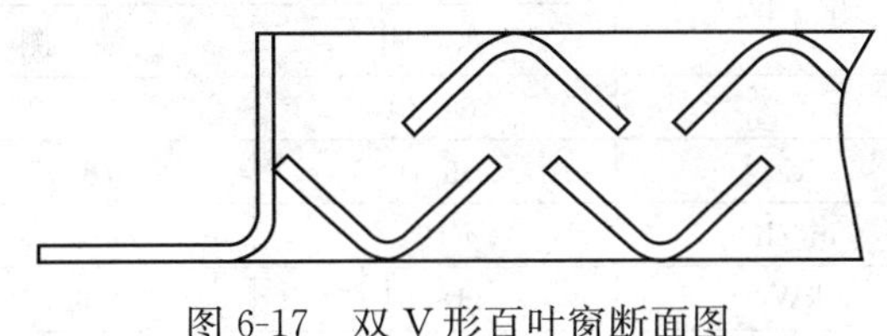

图 6-17　双 V 形百叶窗断面图

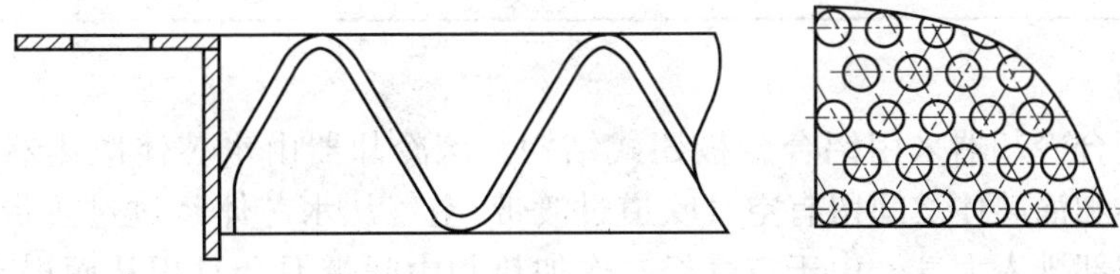

图 6-18　V 形孔板式百叶窗断面图

五、复合冷却器

1. 概述

复合冷却器型号为 FI220,每台机车安装 2 台。

水散热器和油散热器结构上是一个整体的冷却器(上部为水散热器,下部为油散热器),称为复合冷却器。它们共用一台复合冷却通风机组来冷却。这种"复合冷却"方式,既能解决主变压器油冷却散热的需要,又能解决牵引变流器水冷却散热的需要。

FL220 型复合冷却器为全铝合金板翅式结构。它具有冷却散热效率高,流体阻力损失小,节约能源,体积小,重量轻,结构紧凑的优点。

2. 主要技术参数

散热功率	≥220 kW(水散热器≥100 kW,油散热器≥120 kW)
冷却方式	强迫通风,通风量 6.5 m^3/s
总风阻	≤1 200 Pa
入口风温	42 ℃
液体流量	水流量 16 m^3/h,油流量 45 m^3/h
液体出、入口水温	入口水温 66 ℃,出口水温≤60 ℃
	入口油温 85 ℃,出口油温≤79 ℃
压力损失	水散热器≤40 kPa(水温 60 ℃时)
压力损失	油散热器≤60 kPa(油温 85 ℃时)
试压标准	水散热器加压 600 kPa,油散热器加压 400 kPa,保压 30 min,不得

有渗漏，油散热器能承受真空度 267 Pa（2 Torr）的压力保持 15 min，泄漏不得超过 133 Pa(1 Torr)；真空度 133 Pa(1 Torr)的压力保持 60 min，不得有破损。

质量　400 kg。

FL220 型复合冷却器试验数据见表 6-1。

表 6-1　FL220 型复合冷却器试验数据

项　目	单　位	热　侧		冷　侧
		水　侧	油　侧	风　侧
进口温度	℃	66.20	85.00	42.08
出口温度	℃	59.70	78.97	77.00
流　量	m^3/h	16	45	234.00
热　量	kW	118.61	136.33	242.98
热平衡误差	%	4.92		
压力降	Pa	38 500	55 000	1 180

3. 主要结构

FL220 型复合冷却器采用铝合金板翅式结构。该冷却器由水芯体散热器和油芯体散热器组成。水芯体和油芯体之间留有空气吹道过渡带，空气从水芯体经过过渡带进入油芯体吹向复合冷却器底部排入大气。由于空气经二次加热和中间带混合过程从而提高了散热效果。包括由进出水(油)管、进出水(油)侧道、水(油)芯体等组成的水(油)散热器用螺栓连接于钢结构框架上组成整体结构。

芯体中水扁管由两张隔板和两侧水封条夹装水侧翅片组成，水扁管之间为空气侧翅片。两端为空气侧封条，水侧翅片为梯形横向双叉错口扰流片。空气侧翅片为锯齿形错口波纹片，由于使用扰流片和波纹片结构，扩大了换热面积，显著增加了散热效果。

散热器芯体采用先进的真空惰性气体保护钎焊工艺，无腐蚀性残渣存留在铝件上，提高了焊接质量。

复合冷却器的柜架为整体结构，横向水平 1 350 mm 处由两只螺栓与底架侧面固定，在同侧 1 150 mm 处有两只螺栓与车体底架上、下固定。复合冷却器左侧上部为进、出水管，下底部为进、出油管。安装时，必须注意进出水、油管流向。图 6-19 为 FL220 型复合冷却器外形结构图。

4. 工作原理

由于牵引变流器冷却水的工作温度比主变压器冷却油(25 号或 45 号变压器油)的工作温度低，因此将水散热器置于油散热器之前，冷却空气先冷却水再冷却油。

由牵引变流器来的冷却水(热水)在一定的水压下强迫经过水管进入铝水散热器的进水侧道，再由此进入散热器水扁管进行散热冷却。水扁管将热传给风翅片，把散热面积二次扩大，在垂直风压吹送下，热量被空气带走并吹向下部油散热器。

由主变压器来的冷却油(热油)在一定油压下强迫经过油管进入油散热器的进油侧道，然后进入油扁管进行散热冷却，油扁管再将热传给风翅片，热量被空气带走。这样，空气经进水、油散热器的风侧二次吸收热量后排向空气。

经过冷却后的水和油各自通过侧通道，回水(油)管返回牵引变流器和主变压器重新吸收热量，周而复始，循环冷却。

按照冷却器热计算的基本方程式，FL220 型复合冷却器应满足如下要求。

(1)空气吸热量、水散热量与油散热量应满足如下热平衡公式的要求:

$$Q_a = Q_w + Q_0$$

式中　Q_a——空气吸热量,kW;

Q_w——水散热量,kW;

Q_0——油散热量,kW。

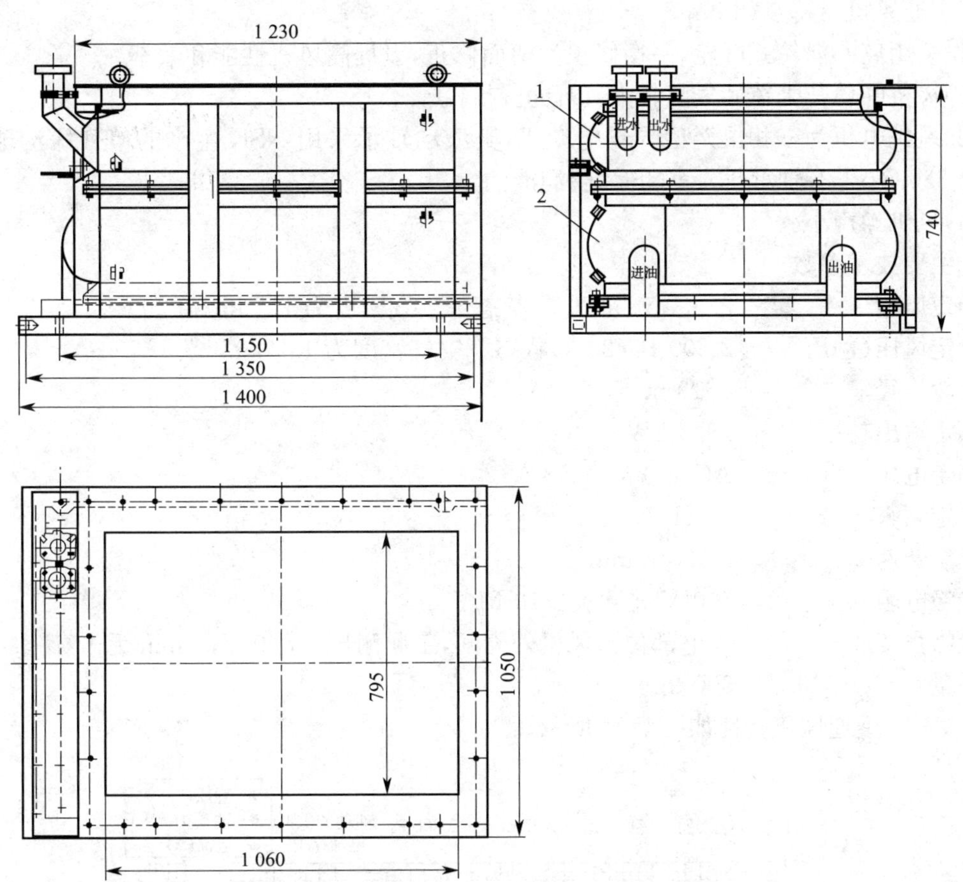

图 6-19　FL220 型复合冷却器外形结构图

1—油冷却器;2—水冷却器

热平衡计算结果应满足如下公式的计算误差要求:

$$\Delta Q = [Q_a - (Q_w + Q_0)]/Q_a \leqslant 10\%$$

(2)根据复合冷却器的散热量及传热温度差,按如下传热方程式来确定油、水冷却器的结构尺寸,以满足符合冷却器性能和总体结构要求。

$$Q = K \cdot A \cdot \Delta t$$

式中　Q——散热量,kW;

K——传热系数,kW/(m^2·℃);

Δt——传热平均温差,℃;

A——换热面积,m^2。

对于油散热器和水散热器来说,以提高各自传热系数 K,扩展传热面积 A 和加大传热温差 Δt 都能达到增大散热量 Q 的目的,但是都受到制造工艺或设备及运用保养等因素的限制。

应在保证复合冷却器性能和结构尺寸的前提下，合理选取有关参数。

六、牵引通风机组

1. 概述

HXD_3 型电力机车的 6 台牵引电动机采用 6 台牵引通风机组进行独立冷却。

牵引通风机组特点如下：

(1)采用离心涡轮式叶轮，平衡修正为两面修正，以提高风机性能和效率。

(2)风机叶轮与壳体间气隙较大，以防止结冻。

(3)风机电机为三相鼠笼型异步电动机，其滚动轴承采用 NSK 生产的单列深沟球轴承，型号为 6309VVC3，轴承封入 ENS 油脂润滑油。

(4)风机噪声小。

2. 主要技术参数

额定风量	2.35 m^3/s(20 ℃状态下空气密度为 1.2 kg/m^3。)
额定风压(静压)	2 800 Pa(20 ℃状态下空气密度为 1.2 kg/m^3。)
叶轮直径	ϕ613 mm
额定输出功率	18.5 kW
额定电压	AC 380 V
额定频率	50 Hz
额定转速	2 930 r/min
绝缘电阻	500 V 兆欧表≥10 MΩ
绝缘强度	导电部位与风机外壳间，工频耐压 1 800 V，1 min 无击穿闪络现象
质量	300 kg

RAF-60 型通风机特性如图 6-20 所示。

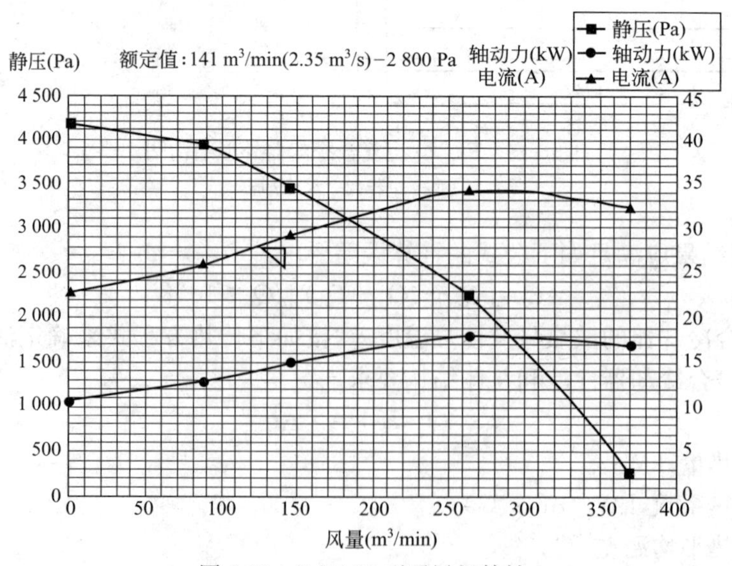

图 6-20　RAF-60 型通风机特性

3. 主要结构

牵引通风机组外形照片如图 6-21 所示。

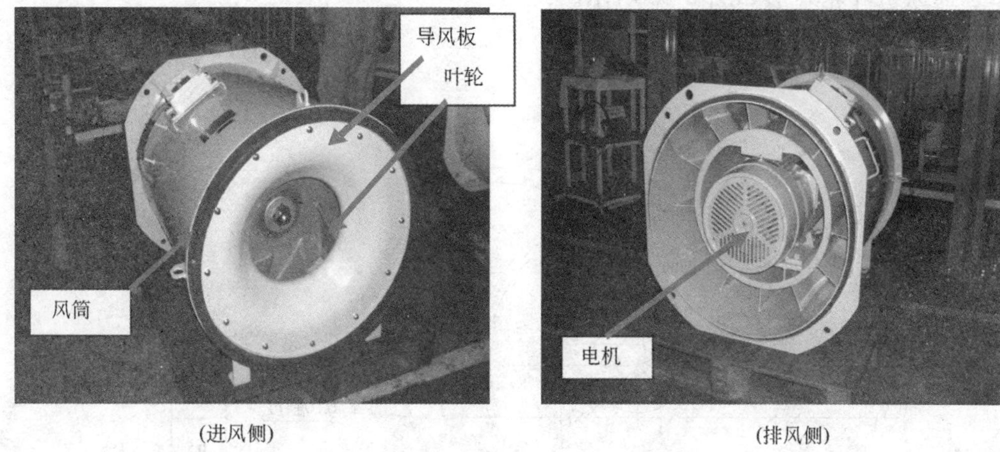

图 6-21 牵引通风机组外形图

该型通风机组主要由机壳、导风罩、电动机、叶轮、接线盒等组成。电动机借助其底座上的4个安装孔用螺栓与风机机壳内座板相连接并保证同心度，在底座下端安装轴向止挡。为增强电机安装的稳定性，在电机上端面有一螺孔，用电机拉板以螺栓与风机内壳体连接。叶轮采用不锈钢螺帽安装在电动机输出锥轴上。通风机组通过接地螺栓接有接地导线。电机的三相引出线经连接管由机壳孔再经密封后引至铸铝接线盒内。通风机的上、下风口法兰盘面处安装有密封圈，用于与通风道连接。

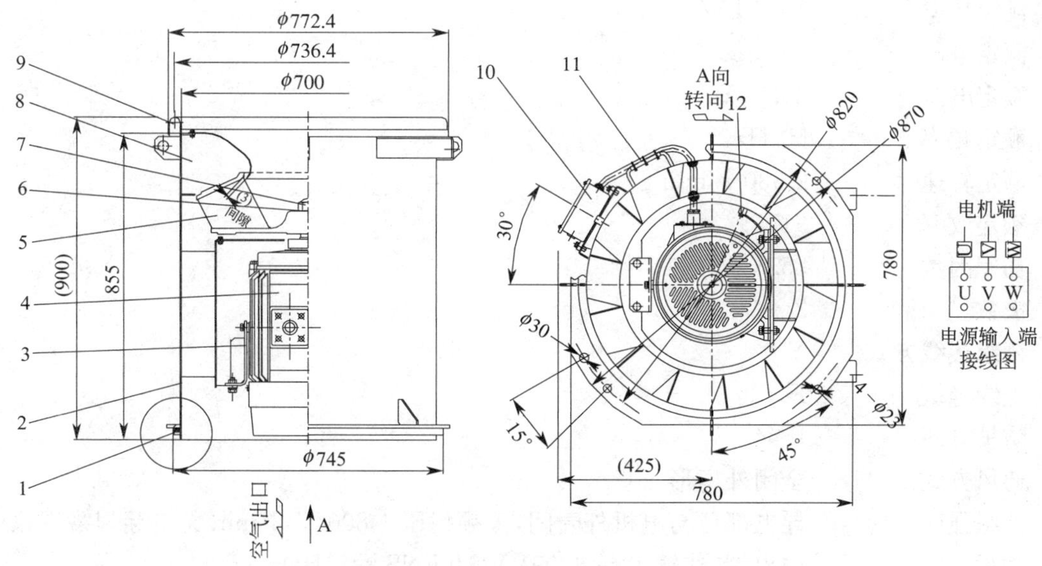

图 6-22 牵引通风机组构造图

1—密封圈；2—机壳；3—拉板；4—电动机；5—叶轮；6—止动垫圈；
7—螺帽；8—导风罩；9—密封圈；10—接线盒；11—连接线；12—接地螺栓

叶轮由叶片、轮盘和衬套等组成，形状为离心涡流式。叶片、轮盘材料为 ZL104 铸铝，衬套材料为灰口铸铁铸结于轮盘中。叶轮表面要求光滑，叶轮需要静平衡和动平衡，动不平衡在 0.25g 以下(平衡修正要两面修正)。

牵引通风机叶轮外形如图 6-23 所示。

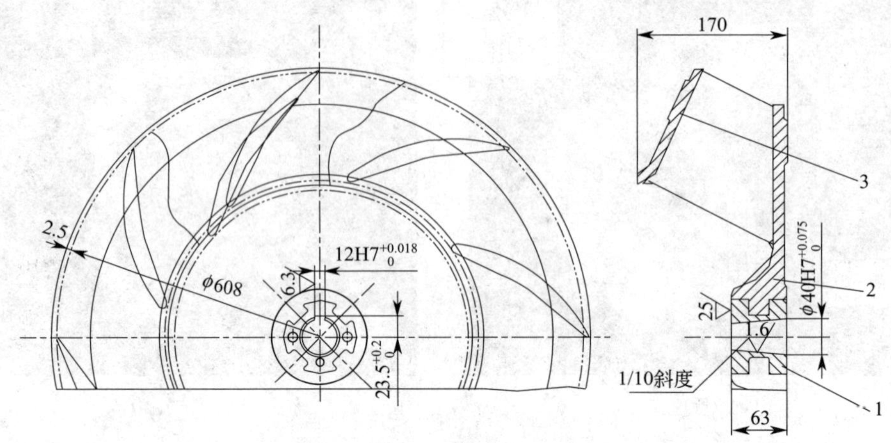

图 6-23　牵引通风机叶轮外形图

1—衬套；2—轮盘；3—叶片

4. 电动机

牵引通风机组电机采用鼠笼式三相异步电动机。由机车辅助变流装置(APU)供电。

电动机型号分别为 TIKK-FCKW8、YFDQ185、FVF160DL1-2、JD160。

(1)主要技术参数

定额种类	连续(SI)
额定功率	18.5 kW
额定电压	AC 380 V
额定电流	35.5 A
额定频率	50 Hz
额定转速	2 930 r/min
额定效率	91.5%
功率因数	85.3%
极数	2
绕组接线方式	Y
绝缘等级	F
防护方式	IP44
通风方式	全闭外扇形
绝缘强度	导电部位与电机外壳间，工频耐压 1 800 V，1 min 无击穿闪络现象
轴承	输出端、非输出端 6309VVC3(ENS 润滑脂)
质量	150 kg

(2)主要结构

电动机结构(TIKK-FCKW8 型电机)外形结构示意图如图 6-24 所示。

该电机与鼠笼形异步电动机结构相似，主要由定子组装、转子组装、风扇、端盖、滚动轴承、轴承盖、键、出线部件等组成。

电机的滚动轴承采用单列深沟球轴承，使用非接触橡胶密封圈式(载荷侧、反载荷侧一样)。轴承型号为6309VVC3。轴承封入ENS油脂润滑油。

6309VVC3型滚动轴承除具有承受径向负荷外,还可以承受两个方向的轴向负荷。该型轴承摩擦力矩小,适应于高速旋转、低噪声、低振动场合。由于该轴承是双面非接触橡胶密封,所以具有较高密封性,防尘性能好,平时运用时,勿需用油嘴加润滑脂,减少维护工作量,提高运用寿命。

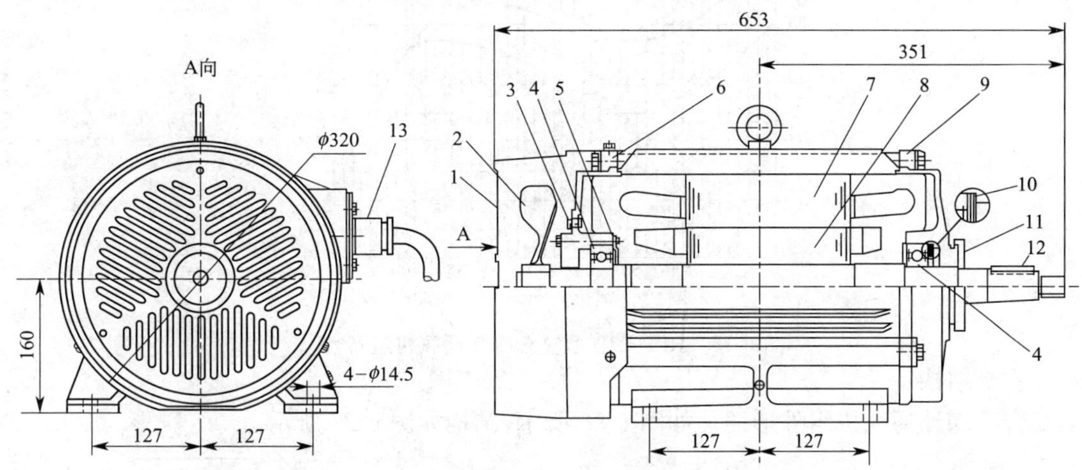

图6-24　牵引通风机组结构示意图(TIKK-FCKW8型电机)

1—风扇罩;2—风扇;3—排水塞;4—滚动轴承;5—轴承内盖;6—后端盖;7—定子组装;8—转子组装;9—前端盖;10—弹簧组件;11—防水盖;12—键;13—出线部件

六、复合冷却器通风机组

1. 概述

HXD_3型机车的2台复合冷却器采用2台复合冷却器通风机组进行独立冷却。

复合冷却器通风机组特点如下:

(1)采用斜流螺旋桨式叶轮,平衡修正为两面修正,以提高风机性能和效率。

(2)风机叶轮与壳体间气隙较大,以防止冻结。

(3)采用免维护电机轴承以减少通风机维护工作量。

(4)风机噪声小。

2. 主要技术参数

额定风量	6.5 m^3/s
额定风压(静压)	1 570 Pa
叶轮直径	ϕ665 mm
额定输出功率	20 kW
额定电压	AC 380 V(机车APU,VVVF供电)
额定频率	50 Hz
额定转速	2 930 r/min
绝缘电阻	≥10 MΩ(500 V兆欧表)
绝缘强度	导电部位与风机外壳间,工频耐压1 800 V,1 min无击穿闪络现象
质量	300 kg

RPF-67B 型复合冷却器通风机组特性如图 6-25 所示。

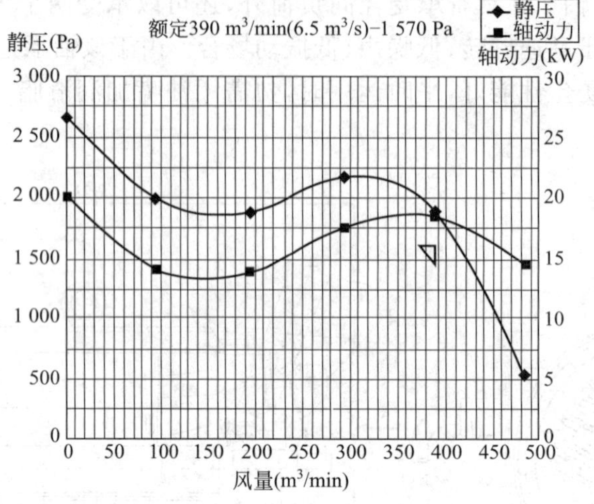

图 6-25 RPF-67B 型复合冷却通风机组特性

3. 主要结构

复合冷却器通风机组外形照片如图 6-26 所示，结构如图 6-27 所示。

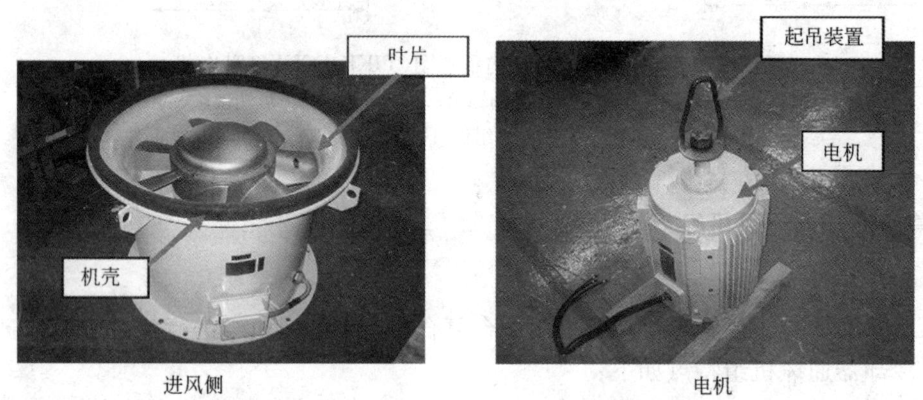

图 6-26 复合冷却器通风机组外形图

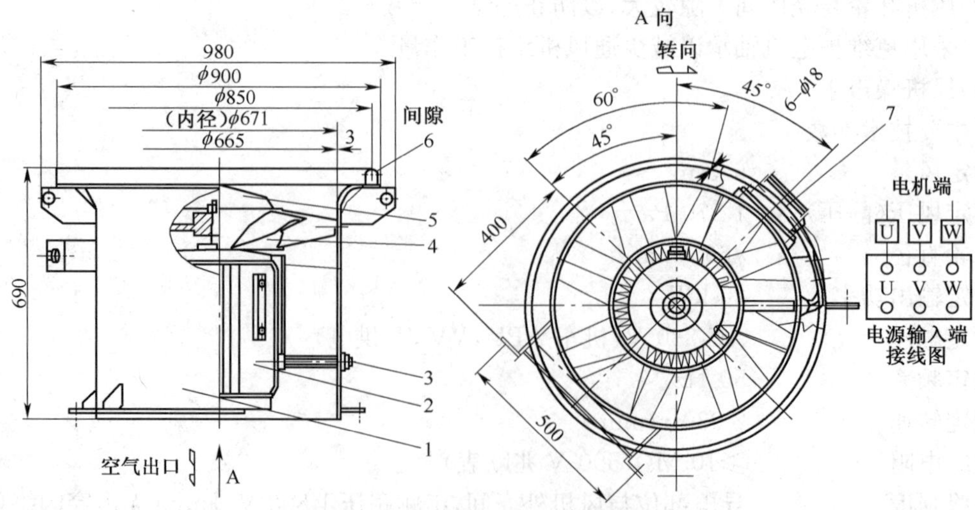

图 6-27 复合冷却通风机组结构

1—机壳；2—电动机；3—联线管；4—叶轮组件；5—导流防雨罩；6—密封圈；7—接线盒

该型通风机主要由机壳、电动机、叶轮组件(包括导流防水罩)、接线盒等组成。

电动机借助其沿机体 4 个轴向安装座上的螺孔,用螺栓与风机内壳体安装座板相连接,以部件的加工精度来保证同心度。

电机安装座加工有轴向止台。叶轮采用螺母安装在电机输出锥轴上。通风机组通过接地螺栓接有接地导线。电机的三相引出线经连接管由机壳孔再经密封后引至铸铝接线盒内。通风机的上下风口有法兰盘,上法兰盘面安装有密封圈,用于与通风道连接。

叶轮形式为斜流螺旋桨式。叶轮由叶片、轮盘和衬套等组成。叶片、轮盘材料为 ZL104 铸铝,衬套材料为灰口铸铁铸结于轮盘中。

叶轮表面要求光滑,叶轮需经静动平衡和动平衡试验,平衡修正应为两面修正,动不平衡量在 0.7g 以下。

复合冷却通风机叶轮外形见图 6-28。

4.电动机

复合通风机组采用鼠笼式三相异步电动机。由机车辅助变流装置(APU),VVVF 供电。

电动机型号为:TIKK-FCKLW8、YFDL200、FVF160DL2-2、JD160L。

(1)主要技术参数

定额种类	连续(SI)
额定功率	20 kW
额定电压	AC 380 V
额定电流	38.5 A
额定频率	50 Hz
额定转速	2 930 r/min
额定效率	91.7%
功率因数	86.3%
极数	2
绕组接线方式	Y
绝缘等级	F
防护方式	IP44
通风方式	全闭其他扇形
绝缘强度	导电部位与风机外壳间,工频耐压 1 800 V,1 min 无击穿闪络现象
轴承	输出端、非输出端 6309VVC3(ENS 润滑脂)
质量	150 kg

图 6-28 复合冷却通风机叶轮外形图

1—叶轮;2—衬套;3—轮盘;4—导流放水罩

(2)主要结构

该电机与鼠笼式异步电动机结构相似。主要由定子组装、转子组装、前后端盖、滚动轴承、轴承盖、出线部件等组成。电动机依靠通风机的风来冷却。

电动机采用 6309VVC3 型滚动轴承,轴承内封入 ENS 油脂润滑油。

TIKK-FCKLW8 型电动机外形结构示意图如图 6-29 所示。

七、机车空调机组及控制装置

1.概述

HXD_3 型机车采用 TTK11-4.7DD 型空调机组,为车顶单元式(下出风),用于处理司机室内的空气，达到降温、采暖或通风的目的。与之配套的空调控制箱安装在机车司机室后墙上。司机室操纵台上设置“强冷（COOLING HI）”、“制冷（COOLING LOW）”、“通风（VENTILATION）”、“停止（OFF）”、“加热（HEATING）”控制开关。

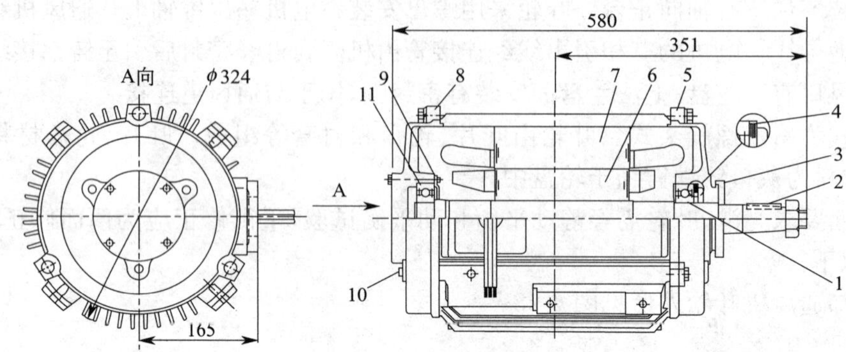

图 6-29　复合冷却通风机电动机外形结构示意图（TIKK-FCKLW8）

1—滚动轴承；2—键；3—防水盖；4—弹簧组件；5—前端盖；6—转子组装；7—定子组装；8—后端盖；9—轴承内盖；10—排水塞；11—出线部件

2. 空调机组

(1)主要技术参数

电源	主回路　AC 380 V　3 相　50 Hz
	控制回路　AC 220 V　50 Hz
制冷量	4.7 kW
	蒸发器进风干球温度 29 ℃，相对湿度 60%
	冷凝器进风干球温度 35 ℃
电加热	1 kW
通风量	约 600 m^3/h（含 60 m^3/h 新风）
机组输入功率	（在额定工况下）制冷约 1.8 kW，加热约 1 kW
制冷剂及其充注量	R407C　1.45 kg
绝缘电阻	导电部位与机壳间≥2 MΩ（1 000 V 兆欧表）
机组重量	约 160 kg

(2)主要结构

TTK11-4.7DD 型空调机组外形结构如图 6-30 所示。

该空调机组包括全封闭压缩机 1 台、离心式蒸发风机 1 台、轴流式冷凝风机 1 台、冷凝器 2 台、蒸发器 1 台、电加热器 1 台、干燥过滤器 1 只、压力控制器 1 只。制冷系统管路采用紫铜管，以银钎焊的方式焊接成封闭的系统，采用环保的 R407C 作为制冷剂。

为适应日晒雨淋的恶劣气候，空调机组壳体及盖板的材质均采用 SUS304 不锈钢，具有耐腐蚀、高强度和低重量等优点。

机组箱体分为室内侧和室外侧两部分。离心风机、电加热器、蒸发器等安装在室内侧；轴流风机、压缩机和冷凝器等安装在室外侧。

机组通过四只减振器安装在车顶安装架上，能够满足机车振动、冲击的运行状态。

空调出风口和回风口均在机组底部，通过风道与司机室相连，司机室内顶上安装有回风栅和出风栅，且回风栅上设有滤尘网，可在司机室内方便地进行拆换和清洗。

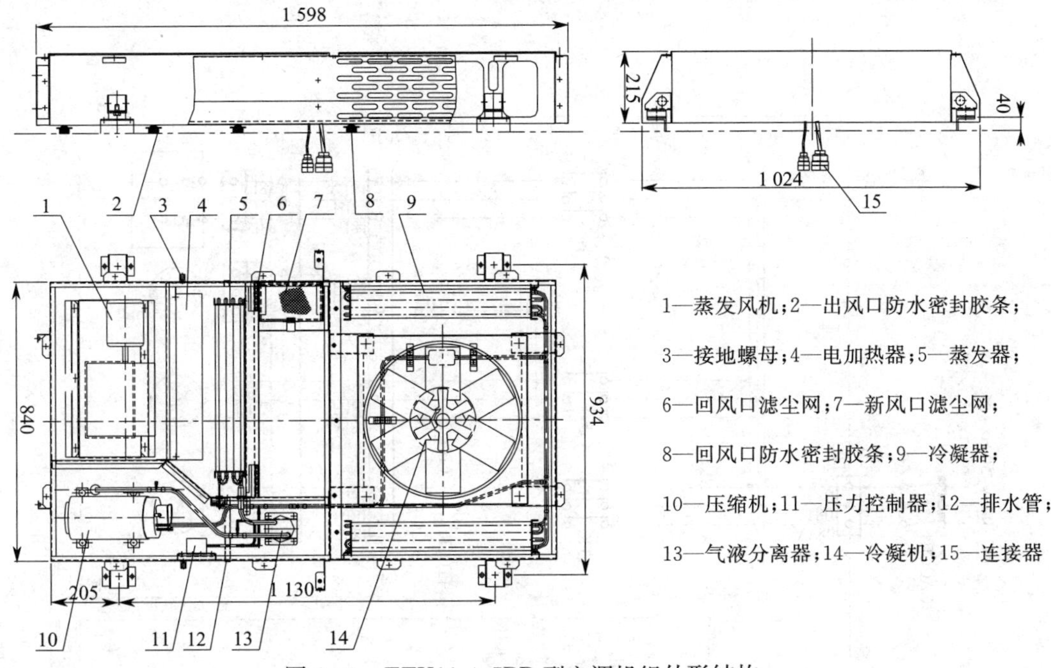

图 6-30 TTK11-4.7DD 型空调机组外形结构

(3)工作原理

空调机制冷系统图如图 6-31 所示。

①制冷系统的工作过程

在制冷循环中，压缩机从蒸发器吸入制冷剂 R407C 气体，将其压缩成高温高压的 R407C 蒸汽，排入风冷冷凝器，经与外界空气进行热交换，放出热量冷凝成高压的 R407C 液体，然后经毛细管节流降压后变成低温低压液体进入蒸发器，并吸收由室内流过蒸发器的空气的热量，蒸发成低压蒸汽再被压缩机吸入，完成一个制冷循环。制冷剂不断地从室内吸收热量，在室外放出热量，从而达到使室内降温、除湿的效果。

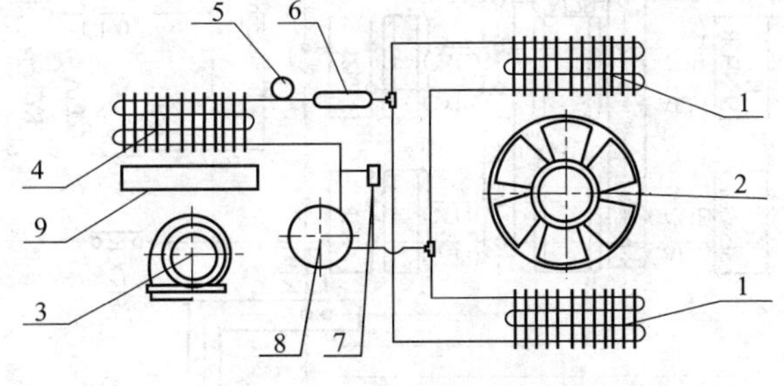
图 6-31 空调机制冷系统图

1—冷凝器；2—冷凝风机；3—通风机；4—蒸发器；5—毛细管；6—干燥过滤器；7—压力控制器；8—压缩机；9—电加热器

②降温过程

司机室内的空气经过回风栅上的滤尘网，由通风机引入，并与外界的新鲜空气混合，经过蒸发器得到冷却，再由机组底部出风口送回司机室内。制冷系统连续工作。使室内温度逐渐降低，从而达到制冷、除湿的目的，司机室内空气温度由控制器自动进行控制。

③升温过程

在外温较低时，选用本空调机组的加热功能，可将司机室内循环空气和外界的新鲜空气由本装置的电加热器加热，然后送入司机室。司机室内空气温度由控制器进行自动控制。

3. 空调机组控制

HXD_3 型电力机车空调机组采用 JTCCT 型空调控制箱进行控制。

空调机组及其控制箱电气线路图如图 6-32 所示。

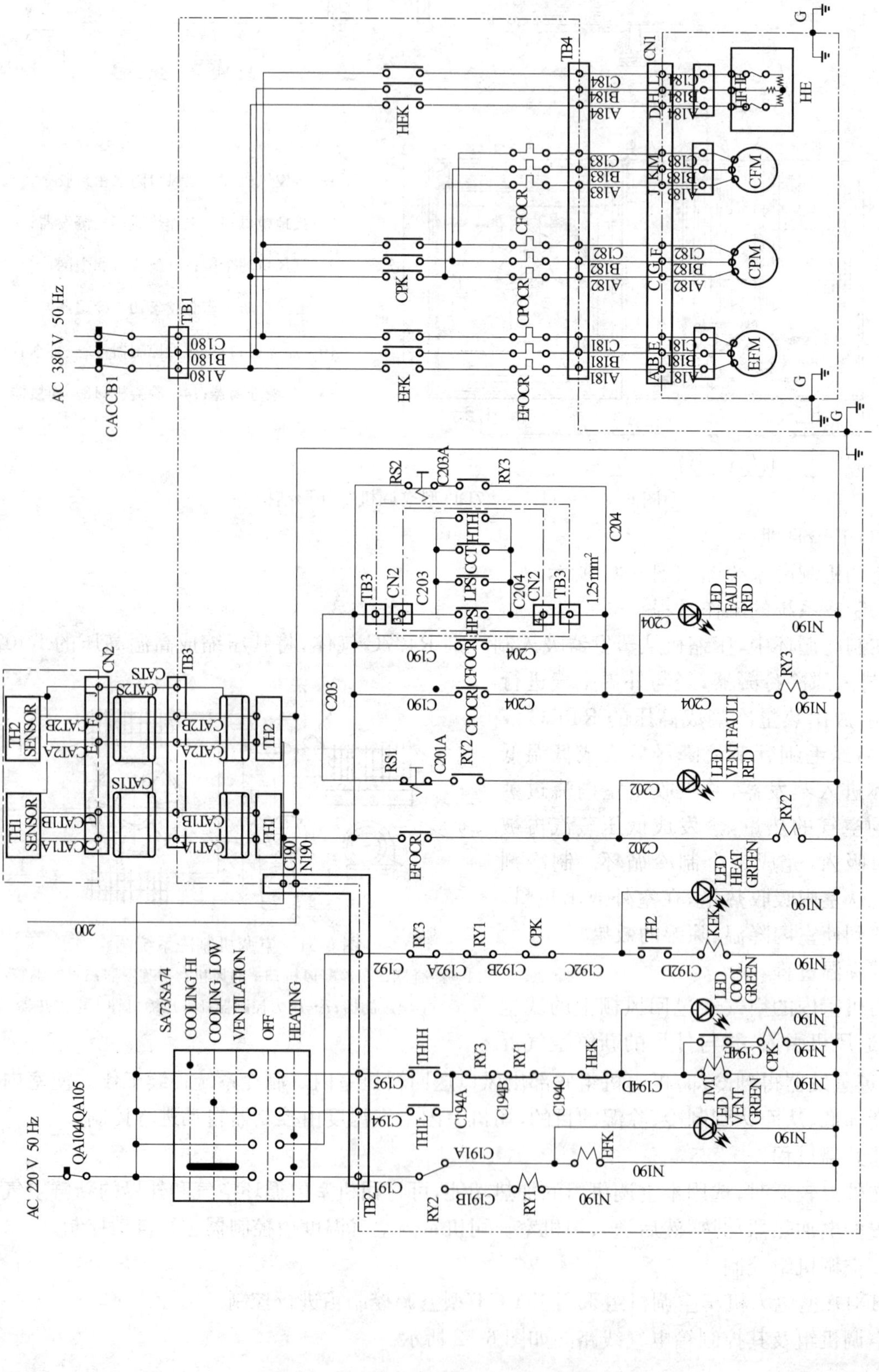

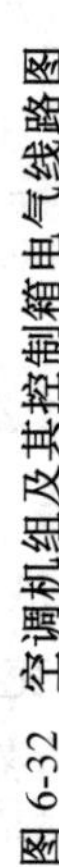

图 6-32 空调机组及其控制箱电气线路图

空调机组的控制说明如下：

(1)控制功能

司机室空调控制箱配有两个电恒温器，电恒温器 TH1 用于冷却，电恒温器 TH2 用于加热。司机室空调装置的回风口安装有两个热敏电阻传感器(TH1 SENSOR、TH2 SENSOR)。

在冷却模式下，TH1 根据冷却回风温度传感器(TH1 SENSOR)检测到的温度控制压缩机和冷凝器通风机的操作。

在加热模式下，TH2 根据加热回风温度传感器(TH2 SENSOR)检测到的温度控制加热器的操作。

(2)工作模式及温度控制

司机室空调系统有五种工作模式"强冷"、"制冷"、"通风"、"停止"、"加热"，可用司机室操纵台上的转换开关(SA73、SA74)进行工况选择。

①"通风"模式

此模式下只有蒸发器通风机运行。

②"制冷"模式

空调装置根据冷却回风温度传感器弱温度控制的数据(TH1L 控制起始温度 24.8 ℃，停止温度 23.8 ℃)自动保持司机室的条件舒适。

③"强冷"模式

空调装置根据冷却回风温度传感器的强温度控制的数据(TH1H 控制起始温度 22.8 ℃，停止温度 21.8 ℃)自动控制。

④"停止"模式

司机室空调系统停止运行。

⑤"加热"模式

司机室空调装置的高空加热器根据加热回风温度传感器的数据(TH2 控制起始温度18 ℃，停止温度 20 ℃)自动控制。在"加热"模式下，空调机组的电加热器、蒸发器通风机均运行。

操作模式与自动操作部件工况表见表 6-2。

表 6-2　操作模式与自动操作部件工况表

操作模式	蒸发器通风机(EFM)	冷凝器吹风机(CFM)	压缩机(CPM)	高空加热器(HE)
强冷	✓	✓	✓	
制冷	✓	✓	✓	
通风	✓			
关闭				
加热	✓			✓

注：✓代表操作，空白代表不操作。

(3)压缩机重启动的延时

为防止压缩机在极高反压力情况下过载重启动，压缩机停止后 60 s 内不能重启动。这一时间由时间继电器"TM1"控制。

(4)保护

①压缩机保护开关

制冷电路中装有高压保护开关(HPS)和低压保护开关(LPS)，防止压缩机经受异常压力操作。检测到异常压力时，压力保护开关停止压缩机和冷凝器通风机，点亮红色灯“FAULT（故障）”。虽然这一故障状态由微型继电器“RY3”控制，但复位开关“RS2”可以使其复位。

动作值：

HPS　接通：(2.8±0.1) MPa

　　　断开：(2.4±0.15) MPa

LPS　接通：(0.32±0.05) MPa

　　　断开：(0.19±0.05) MPa

②压缩机箱恒温器(CCT)

这一恒温器安装于压缩机接线盒内。该恒温器的功能是通过气体泄漏或过载操作检测压缩机温度的异常升高。CCT 的动作值为 105 ℃。

异常温度检测的控制顺序与压力关闭开关的控制顺序相同。

③过电流继电器(EFOCR)

过电流继电器安装于压缩机、冷凝器风机和蒸发器风机的主电路内，保护电动机不受过载运行损害。

异常电流检测的控制顺序与压力关闭开关的控制顺序相同，但下列情况除外。

由于过流继电器 EFOCR 使蒸发器通风机停止运转，压缩机/冷凝器通风机或电加热器也停止运转。这种情况下，故障状态由微型继电器“RY2”控制，复位开关“RS1”可以使其复位。

④电加热器的温度恒温器(HTH)和熔丝(HF)

温度恒温器安装于加热器机架表面，检测加热器部件的过热情况。异常温度检测的控制顺序与压力关闭开关的控制顺序相同。

熔丝安装于加热器的供电线路上，如果其他保护设备由于某种原因不能检测到加热器部件的异常过热，熔丝会被热量熔化，切断电源线路。

动作值

HTH　接通：(60±5)℃

　　　断开：(40±5)℃

HF　断开：(139±5)℃

保护设备与停止部件动作关系见表 6-3。

表 6-3　保护设备与停止部件的动作关系

运行的保护设备	停止部件			
	蒸发器通风机(EFM)	冷凝器通风机(CFM)	压缩机(CPM)	高空加热器(HE)
高压开关(HPS)		×	×	—
低压开关(LPS)		×	×	—
压缩机恒温器(CCT)		×	×	

(5)指示灯

司机室空调控制箱有 5 种指示灯，分别为“通风(VENT)”、“冷却(COOL)”、“加热(HEAT)”、“通风故障(VENT FAULT)”和“故障(FAULT)”。

模式开关转为“通风”时，“通风(VENT)”灯会点亮。

模式开关转为“冷却”时，“冷却(COOL)”灯会点亮。

模式开关转为“加热”时,“加热(HEAT)”灯会点亮。

蒸发器风机的过电流继电器“EFOCR”’动作时,“通风故障(VENT FAULT)”灯会点亮。

压缩机的过流继电器(CPOCR)动作时,“故障(FAULT)”灯会点亮。

第五节 空气管路系统

电力机车空气管路系统直接关系到机车的运行安全,是机车的重要组成部分。

机车空气管路系统按其功能可划分为风源系统、控制管路系统、辅助管路系统和制动机管路系统四大部分。其中制动机管路系统是机车压缩空气用量最大,结构原理较为复杂的系统,将在《电力机车制动机》课程中详细讲述。本节主要介绍机车风源系统、控制管路系统和辅助管路系统,并以 SS_4 改型机车和 SS_9 型、HXD_3 型机车作为主型车进行介绍。

一、SS_4 改型机车空气管路系统

SS_4 改型机车由两节完全相同的机车组成,每节机车的空气管路系统是完全相同的,可以单独运用,也可通过重联环节实现两节或多台机车空气管路系统的重联。SS_4 改型机车和 SS_9 型机车用空气干燥器取代原来 SS_4 型机车使用的油水分离器对压缩空气进行干燥处理,使压缩空气的质量得到提高;另外,控制管路系统取消了传统的换向阀,均改用止回阀进行风源转换,工作可靠性得到了提高。

1. 风源管路系统

机车风源系统是机车空气管路系统的基础,负责生产、储备、调节控制压缩空气,并向全车各气路系统、气动器械提供所需的高质量、洁净、干燥和稳定的压缩空气的系统。

SS_4 改型机车风源系统主要由空气压缩机组、压力控制器、总风缸、止回阀、逆流止回阀、高压安全阀、空气干燥器、起动电空阀、塞门和连接管等组成。单节机车风源系统的组成及管路原理如图 6-33 所示。

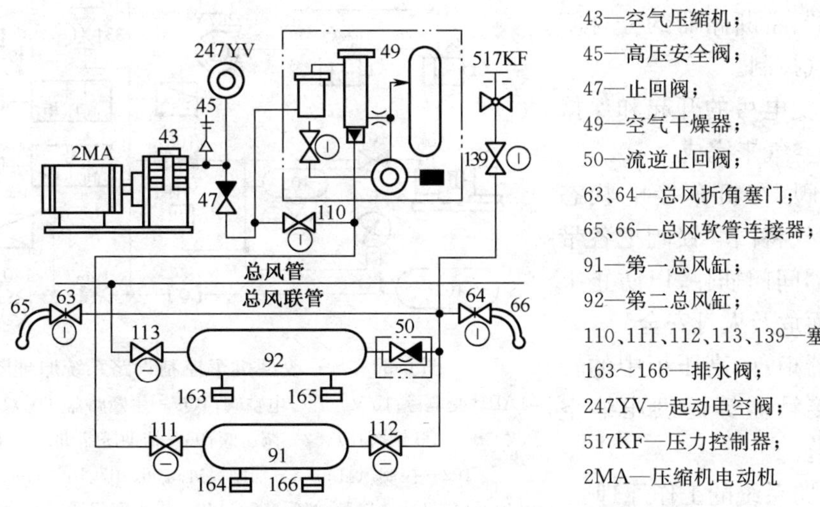

43—空气压缩机;
45—高压安全阀;
47—止回阀;
49—空气干燥器;
50—流逆止回阀;
63、64—总风折角塞门;
65、66—总风软管连接器;
91—第一总风缸;
92—第二总风缸;
110、111、112、113、139—塞门;
163～166—排水阀;
247YV—起动电空阀;
517KF—压力控制器;
2MA—压缩机电动机

图 6-33 SS_4 改型机车风源系统原理图

SS_4 改型电力机车风源系统正常工作时通路如下:

空气压缩机43 →
- → 高压安全阀45[调整动作压力为(950±20) kPa]
- → 止回阀47 → 冷却管 →
  - → 空气干燥器49 → 塞门111 → 第一总风缸91 → 塞门112 →
    - → 塞门139 → 压力控制器517KF[开断(900±20 kPa),闭合(750±20 kPa)]
    - → 逆流止回阀50 → 第二总风缸92 → 塞门113 → 总风管 → 制动机、风动器械
    - → 总风联管 → 总风折角塞门63或64 → 总风软管连接器65或66 → 重联机车风源系统
  - → 塞门110(关闭)
- → 启动电压阀247YV

(1)压缩空气的制备

每节 SS_4 改型机车的压缩空气,由一台 VF3/9 型空气压缩机来制备。该压缩机为 4 缸 V 形排列两级压缩活塞式压缩机。由一台功率为 37 kW 的三相交流电机驱动。在运行中,如果压缩机出现故障,另一节机车上的压缩机组可继续维持运行。

(2)压缩空气的净化和储存

压缩空气在储存前必须经过净化处理,将压缩空气中的油水、杂质、尘埃去掉。SS_4 改型机车采用具有再生作用的空气干燥器,来完成上述过程。经干燥净化处理后的压缩空气进入两个串联的总风缸内储存。

(3)空气的压力调整

为了保证安全和将具有稳定压力的压缩空气供给各个系统工作使用,必须使总风缸的压力空气保持在一个规定的范围之内。风源系统由压力控制器 515KF 来自动控制空气压缩机电动机电路的闭合和断开,通过控制空气压缩机的工作来调节总风缸内空气压力,使其保持在一定范围之内。SS_4 改型机车由 YWK-50-C 型压力控制器对压力空气进行调整。

2. 控制管路系统

(1)受控电气设备

SS_4 改型机车控制管路系统主要向下列设备提供压缩空气。

①主断路器:主断路器的分合闸动作由压缩空气控制。

②受电弓:受电弓的开起和保持状态,需要压缩空气来完成。

③门联锁阀:在机车接电状态下,依靠压缩空气将门联锁阀把各带有高压电的机器间门插住,以防止乘务人员误进入而危及人身安全。

④高压电器柜:向高压柜中的转换开关、电空接触器等提供压缩空气,以实现转换。

(2)控制管路系统的工作原理

SS_4 改型机车控制管路系统分为下列 3 种工作状况分别加以说明,其系统原理图如图 6-34 所示。

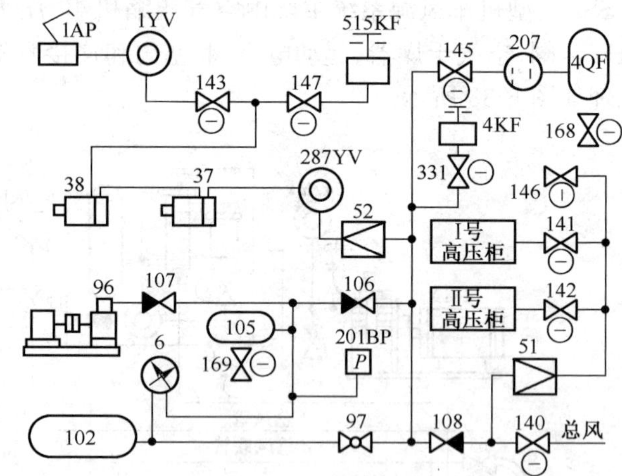

图 6-34　SS_4 改型机车控制管路系统原理图

1AP—受电弓;1YV—升弓电空阀;4QF—主断路器;6—双针风压表;37、38—门联锁阀;51、52—调压阀;96—辅助压缩机;97—膜板塞门;102—控制风缸;105—辅助风缸;106、107、108—止回阀;140～143、145～147—塞门;168、169—排水塞门;207—分水滤气器;287YV—保护电空阀;515KF—风压继电器;201BP—压力传感器;4KF—风压继电器;331—塞门

注:4KF 与 331 只在部分机车上安装使用。

①正常运用时的总风缸供风

机车正常运用时，由总风缸向控制管路系统供风，工作通路如下：

总风 → 塞门140 → 调压阀51(调整压力为500 kPa) → 吹扫塞门146(关闭)
　　　　　　　　　　　　　　　　　　　　　　→ 塞门141、142 → Ⅰ、Ⅱ号高压柜
　　　　　　　 → 止回阀108 → 止回阀108(截止)
　　　　　　　　　　　　　 → 膜板塞门97 → 控制风缸102(风表6显示压力)
　　　　　　　　　　　　　 → 塞门145 → 分水滤气器207 → 主断路器4QF
　　　　　　　　　　　　　 → 调压阀52(调整压力为500 kPa) → 保护电空阀287YV → 门联阀锁37、38 → 塞门147 → 风压继电器515KF(150 kPa)
　　　 → 塞门143 → 升弓电空阀1YV → 受电弓1AP

机车总风缸压缩空气经塞门140，一路经调压阀51将总风压力调至500 kPa后，经塞门141、142供给Ⅰ、Ⅱ号高压柜，并经塞门146供给机车吹扫用；另一路经止回阀108分为四路：一路经止回阀106截止；一路经膜板塞门97进入控制风缸102内储存；一路经塞门145后，经分水滤气器207再次净化后向主断路器4QF风缸供风，第四路经调压阀52调整至500 kPa经保护电空阀287YV和门联锁37、38后，再经塞门143进入升弓电空阀1YV，在升弓电空阀得电后，受电弓升起。

若在升弓时，任一高压室或变压器室门没有关好，则门联锁阀37、38不能开放升弓通路，压缩空气不能进入受电弓。同时若非操纵节门没有关好，由于压缩空气不能进入，安装在门联锁阀38后的风压继电器515KF将切断本务机车的升弓控制电路。当受电弓升起后，保护电空阀287YV将保持得电，门联锁阀37、38内压缩空气不能排出，高压室及变压器室隔门均不能打开，必须降弓并使保护电空阀287YV失电后，才能打开这些门，这样就保证了人与高压区的隔离。如果风压继电器515KF故障，可通过塞门147切除。

设置控制风缸102的目的是为了在分合闸操作而引起的压力波动时，稳定控制系统管路内的风压。

止回阀108、107、106，是为了防止控制系统压缩空气逆流，同时替代换向阀实现风源转换而设置的。

在机车停放前，应将控制风缸内的压缩空气充气至大于900 kPa，然后关闭膜板塞门97，已备机车再次使用时的升弓、合闸操作。

使用中还应定期开放主断路器风缸下方的排水阀168，排除风缸内积水。

②库停后的控制风缸供风

机车停放后重新运行时，如果总风缸风压因泄漏而低于主断路器分合闸所需的最低工作压力450 kPa，而控制风缸102内压大于700 kPa，可打开膜板塞门97，利用控制风缸内储存的压缩空气进行升弓及合闸操作，但此时高压柜内没有压缩空气。升弓合闸后，应立即启动压缩机组打风，尽快恢复正常运用工况，由总风缸供风(控制风缸内的风压可以通过管路柜上双针风压表6观察)。

控制风缸供风时的工作通路如下：

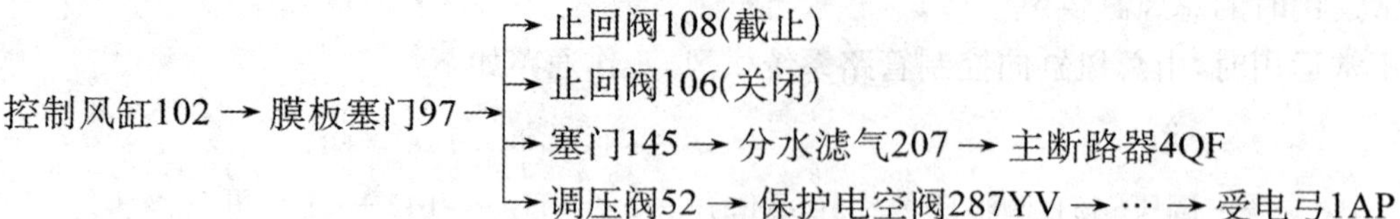

控制风缸 102 内储存的压缩空气,经开放的膜板塞门 97 后分四路:一路被止回阀 108 截止,不能进入总风缸;一路被止回阀 106 截止,不能进入辅助风缸;另一路经塞门 145、分水滤气器 207 进入主断路器 4QF 风缸,供机车分、合闸使用;最后一路经调压阀 52、保护电空阀 287YV,去往受电弓,与前面所述相同。

③库停后的辅助压缩机供风

机车库停放后,再次投入使用时,如果总风缸和控制风缸的风压均低于主断路器合闸所需要的最低工作压力 450 kPa,则需要起动辅助压缩机组打风进行升弓以及合闸操作。

辅助压缩机是由机车蓄电池供电,小型直流电动机驱动。为了减轻辅助压缩机 96 的工作负担,应在起动辅助压缩机组前,关闭膜板塞门 97,切除控制风缸 102。当辅助压缩机打风使辅助风缸 105 内压力大于 600 kPa,可边打风边升弓,合闸。完毕后,应立即起动主压缩机组打风,在总风缸压力大于 450 kPa 后,停止辅助压缩机工作。

辅助压缩机供风时的工作通路为:

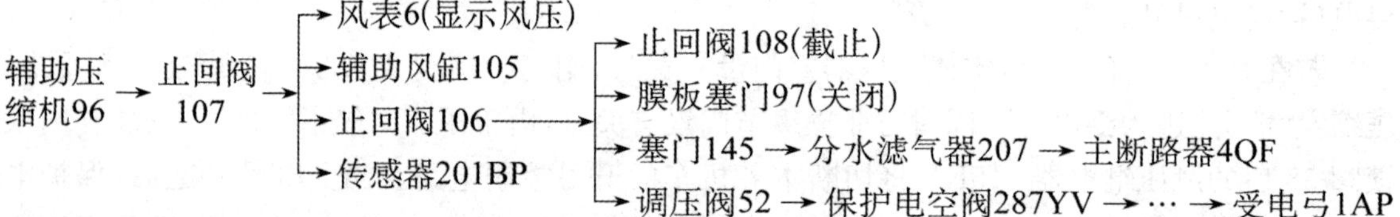

辅助压缩机 96 产生的压缩空气首先经止回阀 107 后,一路进入辅助风缸 105,辅助风缸内的风压可以通过管路柜上的双针风压表 6 显示,同时也可以通过压力传感器 201BP 和司机室内电测压力表 21SP 显示;另一路再经止回阀 106 后,一路被止回阀 108 截止,一路被关闭的膜板塞门 97 截止,另一路经塞门 145 进入主断路器 4QF 风缸,最后一路经调压阀 52 进入升弓通路,去往受电弓。原理如前所述。

辅助风缸在此工况下,一方面起稳定、储存压缩空气的作用,另一方面对辅助压缩机产生的压缩空气进行冷却,故每次使用辅助压缩机后,应打开辅助风缸下方排水塞门 169 排放积水。

在操作中应注意关闭辅助压缩机的时机,在主压缩机组打风,总风缸压力低于 450 kPa 时,不可停止辅助压缩机工作,否则将使已经升起的受电弓降下,主断路器跳闸。另外,由于两节机车辅助压缩机技术指标的差异,并且管路的泄漏量不同,使用中打风速度不一致。在运用中应注意时刻观察,以防止其中一节机车辅助风缸压力超高。

3. 辅助管路系统

辅助管路系统用以改善机车运行条件,确保行车安全。主要由撒砂器、风喇叭和雨刮器等辅助受控装置及其控制部件组成。SS_4 改型机车单节机车辅助管路系统管路原理如图 6-35 所示。由图可见,各辅助装置直接使用总风缸压缩空气,各辅助装置前均设有塞门。在某个辅助装置发生故障时,可将相应的塞门关闭,切除风源。

(1)风喇叭

风喇叭是机车运行中利用压缩空气产生鸣响、发出警告和进行联络的必备设施。SS_4 改型机车单节机车共设置了 3 个风喇叭，一个为向前高音喇叭 27，一个为向后高音喇叭 29，另一个前低音喇叭 31。它们安装在司机室顶盖左右两侧，分别由正、副司机台上的手动喇叭控制阀 13、15 和正司机台面下的脚踏开关 33SA 控制。高低音风喇叭的结构基本相同，所不同的是高音喇叭比低音喇叭的喇叭筒短一些，因此它所发出的声音频率不同。

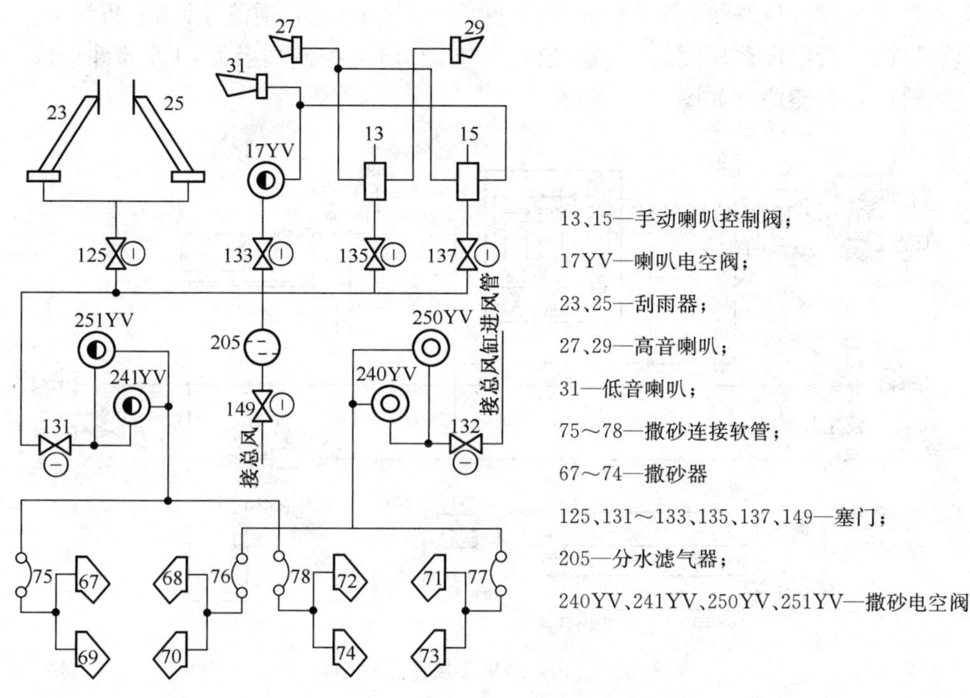

图 6-35　SS_4 改型机车辅助管路系统原理图

当正司机台手动喇叭控制阀 13 向前推时，向前高音喇叭 27 发出声音；向后拉时，向后高音喇叭 29 发出声音。同样，学习司机台手动喇叭控制阀 15 向前推时，向前高音喇叭 27 发出声音；向后拉时，向前低音喇叭 31 发出声音。如果踏下脚踏开关 33SA，喇叭电空阀 17YV 电源接通，总风经电空阀 17YV 下阀口进入低音喇叭 31，向前低音喇叭 31 发出声音。

(2)刮雨器

刮雨器是为了刮去司机室前窗玻璃上的雨、雪、水珠，便于司机瞭望，确保行车安全而设置。在司机室两侧前窗各装有一套风动双杆刮雨器 23 和 25。通过调节进气阀口的供气量大小，从而启动或停止刮雨器的摆动，同时也能调节刮雨器雨刷的摆动速度。

(3)撒砂装置

撒砂装置是为向轨面撒砂，增加轮轨间的黏着力，改善机车牵引和制动性能而设置。SS_4 改型机车每个转向架前、后轮对侧都装有砂箱和撒砂器，每节机车共有 8 个砂箱和 8 个撒砂器 67～74。

撒砂装置主要由撒砂器、砂箱和司机室控制的撒砂阀组成。SS_4 改型电力机车采用脚踏开关替代脚踏阀控制撒砂。

撒砂装置不仅能受司机的控制，也能与制动机、防空转滑行及断钩保护装置配合作用。当司机踩下脚踏开关 35SA，或空转滑行、断钩保护及大闸紧急制动时，通过相关电路，使撒砂(Ⅰ)电空阀 251YV、241YV，或撒砂(Ⅱ)电空阀 250YV、240YV 得电，总风缸内压缩空气通过电空阀下阀口到达与机车运行方向一致的撒砂器，将砂子吹撒到轨面。SS_4 改型机车通过有关导线的重联，可以向非操纵节机车、重联机车的撒砂器送风。

二、SS_9 型机车空气管路系统

1. 风源系统的组成

风源系统由空气压缩机、高压安全阀、止回阀、空气干燥器、逆流止回阀、折角塞门、软管连接器、总风缸、双管供风调压阀、排水阀、启动电空阀、压力控制器及塞门等部件组成。机车风源系统的组成及管路原理如图 6-36 所示。

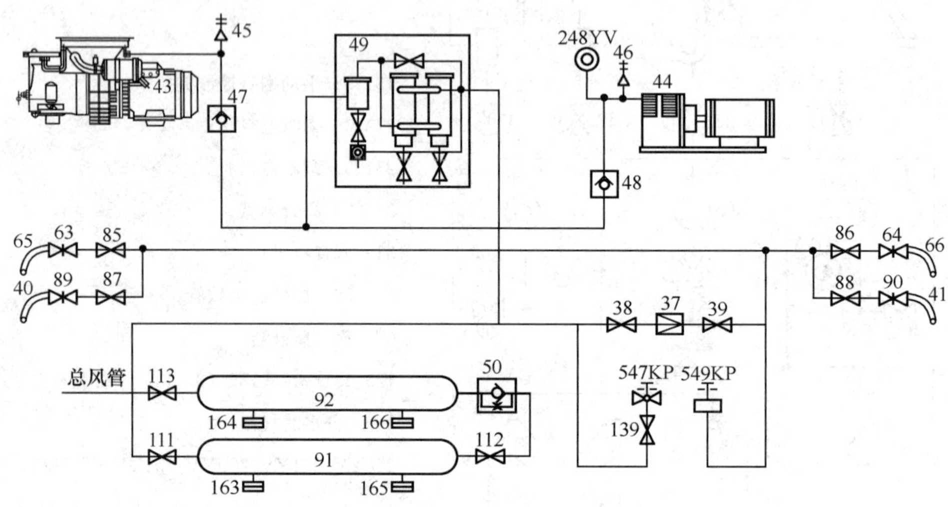

图 6-36 SS_9 型机车风源系统原理图

37—调压阀；38、39—塞门；40、41、65、66—供风软管连接器；43—TSA-230 压缩机；44—V-2.4/9 压缩机；45、46—高压安全阀；47、48—止回阀；49—双塔干燥器；50—逆流止回阀；63、64、89、90—供风折角塞门；85～88—防撞塞门；91、92—总风缸；549KP—压力开关；111～113、139—截断塞门；163～166—排水阀；248YV—起动电空阀；547KP—压力控制器

风源系统可分为主压缩空气的生产、压力控制、净化处理、储存和风源保护 5 个环节，具有双管供风功能。给客车供风的调压阀 37 整定值为 600 kPa，用于供风压力状态指示的压力开关 549KP 整定值为 480 kPa。

因为机车空气压缩机启动频繁，为保证压缩机在任何工况下都能够顺利启动，在压缩机 44 排风口和止回阀 48 间装有启动电空阀 248YV。

机车采用一台 TSA-230A 螺杆压缩机 43 和一台 V-2.4/9 型空气压缩机 44 产生压缩空气，经止回阀 47、48 进入空气干燥器除去水分、油和杂质后，进入第一主风缸 91 和第二主风缸 92 储存。空气压力由 YWK-50C 型压力控制器 547KP 自动控制。

在运行中，如果一台压缩机出现故障，可利用另一台压缩机组维持继续运行。

2. 控制管路系统

控制管路系统主要向受电弓、主断路器及高压电器柜内的电空接触器、转换开关等机车气动电气设备提供所需的压缩空气，它由辅助压缩机、控制风缸、辅助风缸、单向阀、调压阀、分水滤气器、膜板塞门等组成。其组成和原理如图 6-37 所示。

控制管路工作系统的作用分为三种工作情况：

(1)正常运行时的总风缸供风

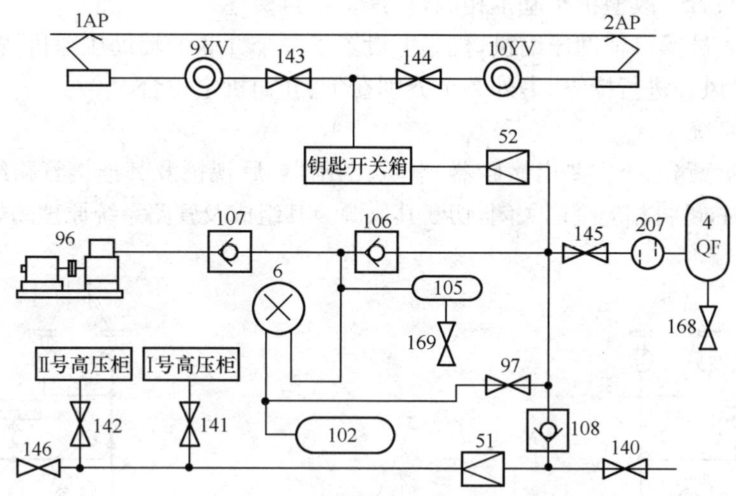

图 6-37 SS_9 型机车控制管路系统原理图

1AP、2AP—受电弓;4QF—主断路器;9YV、10YV—升弓电空阀;6—双针风压表;51、52—调压阀;96—辅助压缩机;97—膜板塞门;102—控制风缸;105—辅助风缸;106、107、108—单向阀;140～146—截断塞门;168、169—排水塞门;207—分水滤气器

机车正常运行时,由总风缸向控制管路提供风源,其工作通路如下:

机车总风缸压缩空气经塞门 140 后分为 2 路,一路经调压阀 51 将总风压力调为 500 kPa 后,经塞门 141、142 供给Ⅰ、Ⅱ号高压柜,并经 146 塞门供给机车吹扫用;另一路经 108 止回阀分为 4 条支路:第一条支路经 106 止回阀截止,第二条支路经膜板塞门 97 进入控制风缸 102 内储存,第三条支路经塞门 145 后经分水滤气器 207 再次净化后向主断路器 4QF 风缸供风,第四条支路经调压阀 52 调整至 500 kPa 后经钥匙开关箱后再经塞门 143、144 分别进入升弓电空阀 9YV、10YV,电空阀得电后,进入受电弓 1AP 或 2AP 风缸,使受电弓升起。

在机车停放前,应将控制风缸内的压力充至大于 900 kPa,然后关闭塞门 97,以备机车再次使用时升弓合闸操作,减轻辅助压缩机组的负担。

SS_9 型机车将门联锁阀改为门联锁钥匙箱,若在升弓时,任一高压室或变压器室门没有关好,即安全联锁门钥匙没有全部在安全钥匙箱内放置到位,则钥匙开关箱不能开放升弓通路,压力空气不能进入受电弓。受电弓升起后,钥匙开关箱内的钥匙取不出来,必须降弓并且待钥匙箱内的安全联锁状态解除后,才能取出各室的钥匙,这样就避免了司乘人员误入高压区。

(2)库停后的控制风缸供风

机车库停后再次投入使用时,如果总风缸由于泄露使压力小于 450 kPa,而控制风缸 102 内存储的风压大于 600 kPa 时,可打开塞门 97,利用控制风缸 102 内储存的压缩空气进行升弓和合闸操作,此时Ⅰ、Ⅱ号高压柜内没有压缩空气。

升弓、合闸后,应立即启动辅助压缩机组打风,尽快恢复正常运行状况,由总风缸供风。控制风缸供风时的工作通路这里不再赘述,读者可自行分析。

(3)库停后的辅助风缸供风

机车停放时间较长后再次投入使用时,如果总风缸和控制风缸内的风压都低于主动断路器的分合闸所需的最低工作压力 450 kPa,则需要启动辅助压缩机组打风进行升弓和合闸操作,注意此时蓄电池的电压不得低于 90 V。

其工作通路与 SS_4 改型机车基本相同，在这里不再赘述。

为方便乘务人员操纵辅助压缩机，机车上设置了 3 个并联的辅助压缩机按钮，一个在管路柜上，借助于双针风表进行操纵，另外 2 个分别在Ⅰ、Ⅱ司机室正台。

3. 辅助管路系统

SS_9 机车辅助管路系统主要由撒砂器、喇叭、刮雨器、后视镜及其连接管路组成。当各辅助装置故障或检修时，可将相应塞门关闭，切断其风源。其组成及管路系统原理图如图 6-38 所示。

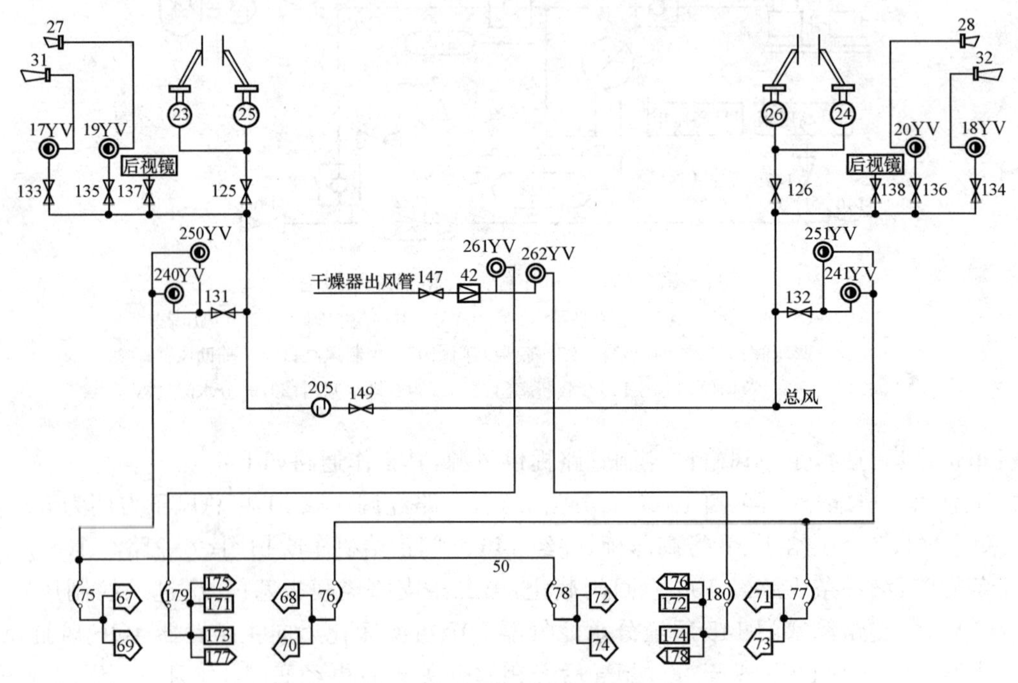

图 6-38　SS_9 型机车辅助管路系统原理图

17YV、18YV、19YV、20YV—喇叭电空阀；23～26—刮雨器；27、28—高音喇叭；
31、32—低音喇叭；42—停放制动调压阀；67～74—撒砂器；75～78—撒砂器连接软管；
125、126、131～138、147、149、150—截断塞门；131、132、135、137、171～174—轮喷油箱；
179、180—轮喷连接软管；175～178—轮喷喷嘴；205、206—分水滤气器；
261YV、262YV—轮喷电空阀；240YV、250YV、241YV、251YV—撒砂电空阀

三、HXD3 型电力机车空气管路系统

1. 风源系统的组成

风源系统的作用是为机车及车辆的制动系统提供符合要求的干燥、洁净的压缩空气。HXD3 型电力机车采用两台 SL22-47 型螺杆式空气压缩机组作为系统风源。配套使用两个 LTZ3. 2-H 型双塔干燥器，和两个 OEF2 型微油过滤器作为风源滤水、滤油的处理装置。另外机车采用 4 个容积均为 400L 的风缸串联作为压缩空气的储存容器，风缸采用车内立式安装。为了满足机车重联功能在机车端部安装了总风重联管软管和平均管软管，如图 6-39 所示。

机车空气压缩机组型号为 SL22-47，螺杆式压缩机组，如图 6-40 所示。排风量为每台 2 750 L/min，其驱动电机为 KB/26-180LB 型交流电机。此空气压缩机组具有温度、压力控制装置，可以实现无负荷启动。冷却器排风口向下向车内排风。空气压缩机组的开停状态由总

风压力开关进行自动控制，也可以通过手动按钮强行控制开停。

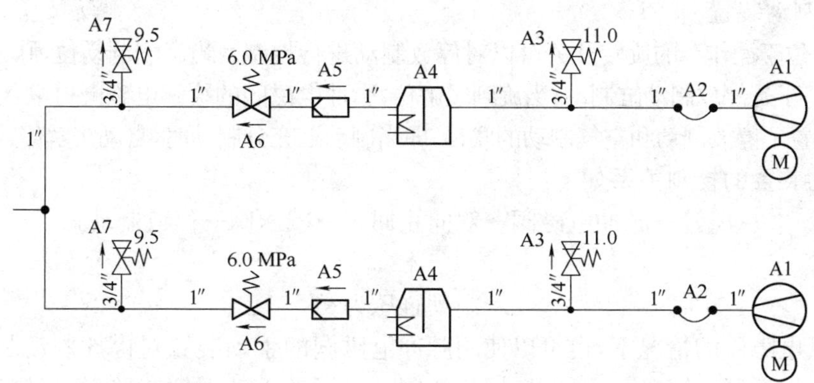

图 6-39　风源管路图

A1—空气压缩机；A2—空气压缩机出风软管；A3—安全阀(1.1 MPa)；A4—空气干燥器；A5—微油过滤器；A6—最小压力阀；A7—安全阀(0.95 MPa)；M—压缩机电机

压缩空气在储存前必须经过净化处理，HXD$_3$ 型交流传动机车上采用干燥器的型号为 LTZ3.2-H，属于双塔吸附式干燥器，如图 6-41 所示。双塔干燥器的空气处理量为每个 4.8 m^3/min。处理后的压缩空气可以满足 ISO8573-1 固体颗粒 2 级，油 2 级，水 2 级的标准。该干燥器具有低温加热功能，位于空气压缩机组和总风缸之间，具有过滤压缩空气中油、水，降低压缩空气露点的功能，保证空气系统在正常使用时，不会出现液态水。

图 6-40　空气压缩机组 SL22-47

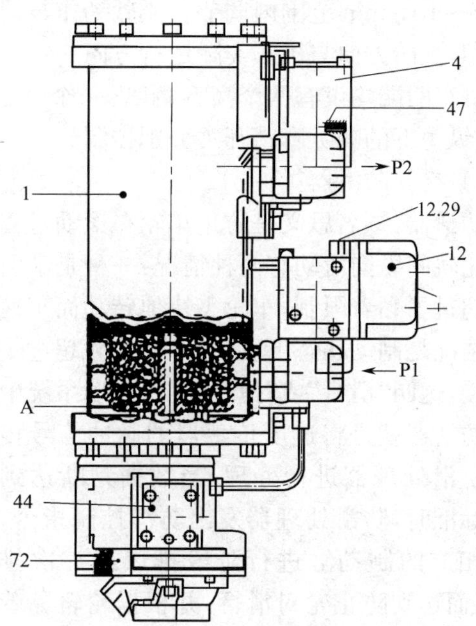

图 6-41　空气干燥器结构图

1—干燥剂塔；4—双逆止回阀；12—脉冲电磁阀；12.29—压力指示器；44—排放阀；47—节流孔；72—消音器；A—油分离器；P1—压缩空气入口；P2—压缩空气出口

2. 辅助管路系统

HXD$_3$ 型交流传动机车辅助管路系统主要由停放制动装置、踏面清扫装置、撒砂和鸣笛装置以及空气防滑器组成。

(1)停放制动装置

司机通过位于操作台的旋转开关可以对停放制动进行控制。当旋到制动位,脉冲电磁阀的作用电磁阀得电,于是停放制动缸制动;当旋到缓解位,脉冲电磁阀的缓解电磁阀得电,于是停放制动缓解。同时设置了停放制动和空气制动的联锁,即当制动缸充分制动时,自动缓解停放制动缸。

停放制动装置的控制关系如下:

总风管→脉冲电磁阀→双向止回阀→减压阀→停放制动缸

制动缸压力

在发生供电障碍的情况下,也可以使用脉冲电磁阀的手动装置对停放制动装置进行手动和操作。在系统无风的情况下,可以使用停放制动单元的手动缓解装置(位于制动缸夹钳上)缓解停放制动。手动缓解后,不能再次实施停放制动。如果需要重新实施停放制动,必须使用系统总风压力达到 550 kPa 以上,方可实施停放制动。

(2)踏面清扫装置

为了清扫车轮圆周表面的杂物及油污,增加机车和钢轨的黏着系数,每个车轮配有踏面清扫器来配合制动单元的动作。当制动缸压力高于 100 kPa 时,通过压力开关使清扫电磁阀得电,总风进入踏面清扫风缸,踏面清扫器动作;当机车制动缸压力低于 50 kPa 时,踏面清扫解除。

(3)撒砂和鸣笛装置

机车设有 8 个砂箱和撒砂装置,每个走行部上设有 4 个砂箱,容积为 100 L/个,撒砂量可在 0.5～1 L/min 范围内调节。撒砂动作与司机脚踏开关、紧急制动、防空转、防滑行等功能配合使用,撒砂方向与机车实际运行方向一致。

机车两端均设有两个高音喇叭、一个低音喇叭,其电空阀由司机操纵台面板上的喇叭按钮、操纵台下的喇叭脚踏开关分别控制。

(4)空气防滑器

防滑器,顾名思义是防止车轮在滚动过程中轮轨之间纵向发生相对滑动的装置。

轮轨间纵向滑动有两种情况:一种是牵引状态下发生的,轮周牵引状态下发生的,轮周牵引力超过了黏着限制,车轮飞快地转动而车速很慢、甚至根本不动,这叫“空转”或“大飞轮”;另一种情况是制动状态下发生的,制动力超过了黏着限制,车轮转速急剧下降甚至停转而车速降得很慢,这叫“滑行”或“抱死轮”。制动系统中的防滑器主要是防止车轮“滑行”的。

防滑器就是将速度传感器的脉冲信号传送到防滑处理器进行处理,当数据判断达到有关标准时,防滑处理器发出防滑控制指令,控制相应的制动缸进行阶段排风或一次排风,从而达到防止轮对滑行,并根据轮轨黏着系数调节制动力的目的。

3. 辅助风源系统

HXD_3 型交流传动机车辅助风源系统采用 LP115 型辅助压缩机组作为辅助风源,如图 6-42 所示。将其和升弓控制模块、升弓风缸及风表相连。辅助压缩机组的控制开关位于电

图 6-42　辅助压缩机 LP115

器控制柜上，点动开关后，辅助空压机开始工作，当风达到(735±20)kPa时，自动切断辅助压缩机的电源。为保证压缩空气和管路的清洁，辅助压缩机配有小型的单塔干燥器和再生风缸。

第六节　风 动 器 械

风动器械，是指依靠压缩空气动作的电气和机械设备。本节所介绍的风动器械主要是控制管路系统和辅助管路系统中的一些主要器械：撒砂装置、风喇叭、保护电空阀、门联锁阀以及风动刮雨器。

一、撒砂装置

撒砂装置主要由撒砂器、砂箱和司机室控制的撒砂阀组成。SS_4 改型机车和 SS_9 型机车采用脚踏开关替代脚踏阀控制撒砂。

1. 撒砂器

撒砂器结构如图 6-43 所示。

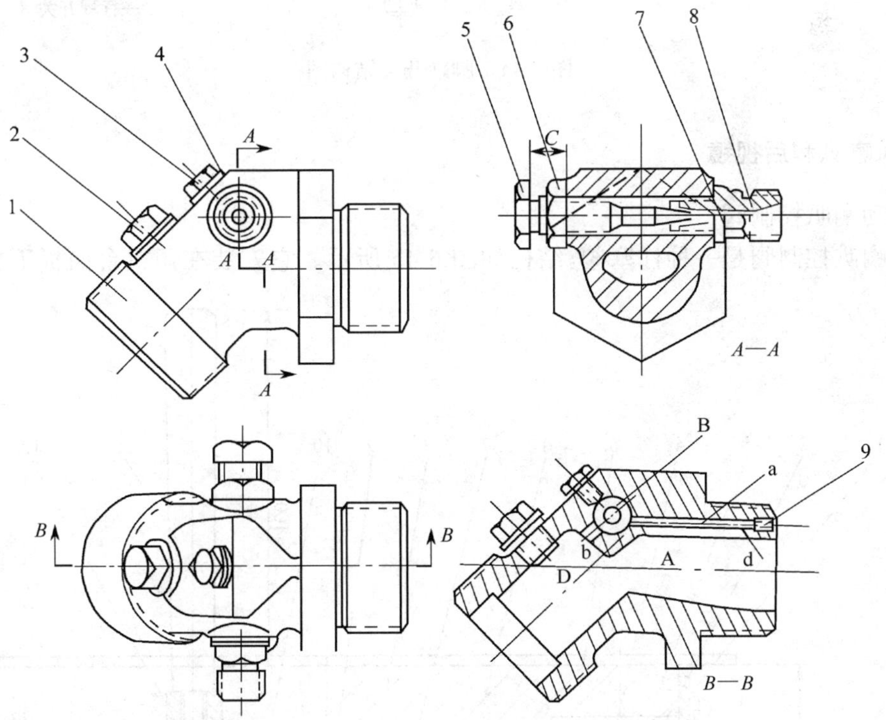

图 6-43　撒砂器结构图

1—撒砂器体；2、3—螺塞；4—垫圈；5—调整螺丝；6—半光扁螺母；7—垫圈；8—风管接头；9—螺钉

压缩空气经风管接头 8 进入 B 室后，一部分压缩空气沿孔 a 从小孔 d 吹出(见 *B—B* 剖面图)，将进入 A 室的砂子吹散；而大部分压缩空气则从孔 b 吹出，将从 A 室进入 D 室的砂子顺着撒砂管吹到车轮前方的轨面上。压缩空气量可以通过调整螺丝 5 改变 C 尺寸来调节，压缩空气通路大小由针阀来控制调节。螺塞 2 和 3 的孔，用来清扫和检查撒砂器。

2. 脚踏开关

撒砂脚踏开关和低音风喇叭脚踏开关的结构完全相同，其结构如图 6-44 所示。脚踏开关的踏板 5 在没有施加外力时所处位置如图所示，踏板 5 仅与行程开关 7 的拨臂接触。当踏下脚踏板 5 时，踏板 5 克服扭簧 4 的作用，将绕轴销 3 转动，从而压动行程开关 7 的拨臂转动，使行程开关的触点改变，撒砂电空阀或风喇叭电空阀将得电，控制撒砂器或低音喇叭。

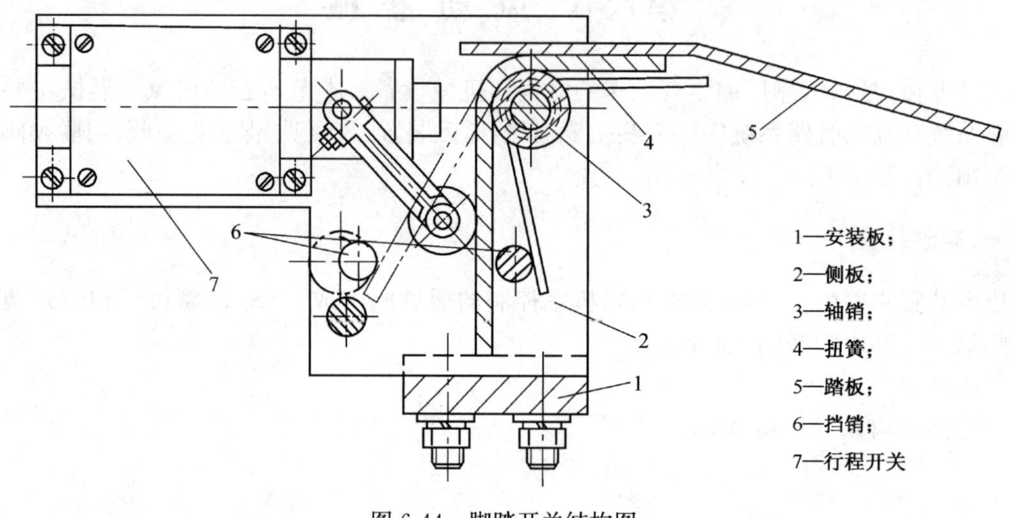

图 6-44　脚踏开关结构图

二、风喇叭和后视镜

1. 手动喇叭控制阀

手动喇叭控制阀是一种柱塞阀，结构如图 6-45 所示。它安装在司机台面板下方，主要由

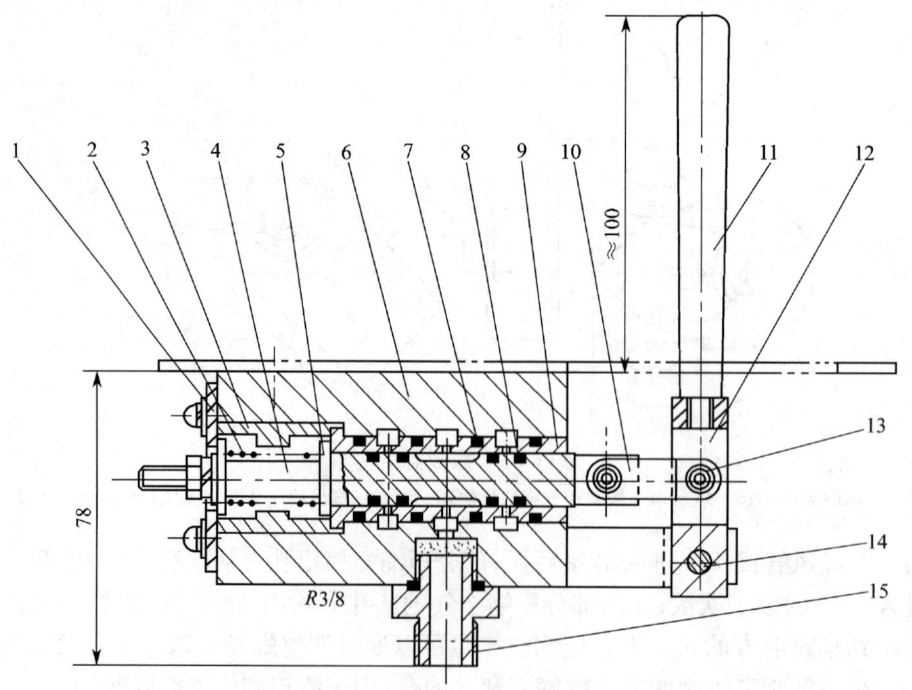

图 6-45　手动喇叭控制阀构造图

1—挡板；2—弹簧；3—定位套；4—柱塞；5—挡圈；6—阀体；7、8—O 形圈；9—柱塞套；10—连接板；11—手把；12—活动杆；13—圆柱销；14—轴销；15—管接头

手把、连接板、柱塞、定位套、挡板、阀体、销轴、圆柱销等组成。仅露出手把 11 于台面上。左右两边凹槽为两个输出口。柱塞 4 的向左或向右移动，经凹槽可使输入口分别与左端或右端输出口连通，从而实现一个阀分别控制两个风喇叭。

2. 高、低音风喇叭

高、低音风喇叭的结构基本相同，只是高音喇叭比低音喇叭的喇叭筒短一些，风喇叭的结构如图 6-46 所示。总风由 A 孔进入 M 室腔内，使膜板右凹，到 B 室和喇叭筒 P 的通路此时开通，压缩空气排入大气后，M 室压力降低，膜片反弹复位，M 室内压力再次升高，膜片再次鼓起，形成了膜片不断的左右振动，使喇叭筒产生共振而发出声响。筒套 2 和 4 用来调节喇叭音响，挑到最佳声响后，用锁紧螺丝 3 和 5 将筒套 2、4 锁紧。

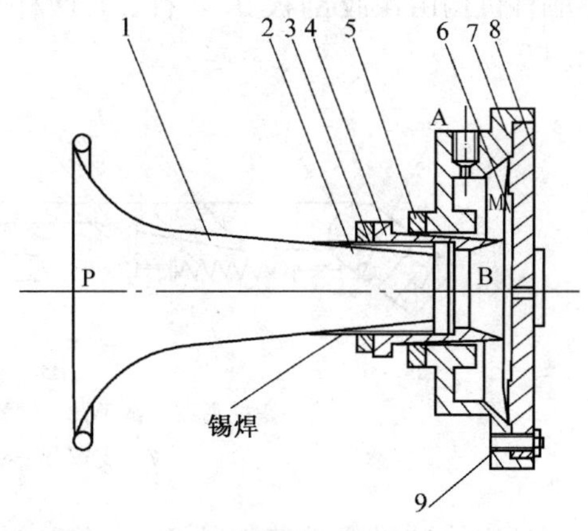

图 6-46　高音风喇叭

1—喇叭筒；2—筒套；3—锁紧螺母；4—筒套；5—锁紧螺母；6—膜片；7—喇叭体；8—盖板；9—螺钉

为方便司机调车及观察，司机室外侧安装有后视镜。

三、保护电空阀和门联锁阀

在机车受电弓升起时，为了保证与高压区的隔离，在升弓通路中设置了保护电空阀和门联锁阀，起到联锁保护作用。其工作原理如图 6-47 所示。

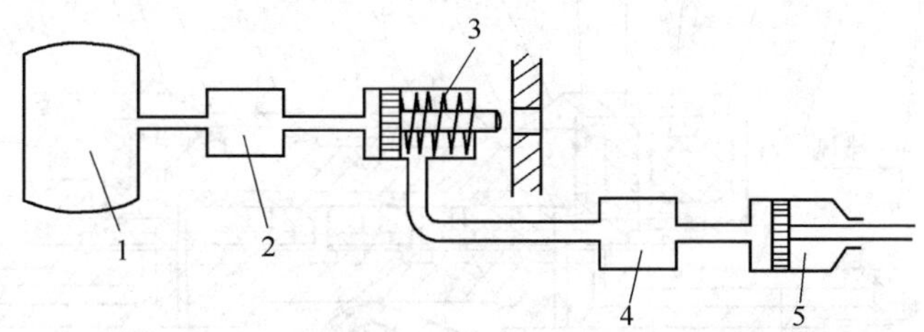

图 6-47　门联锁阀和保护电空阀配合工作示意图

1—风缸；2—保护电空阀；3—门联锁阀；4—升弓电空阀；5—升弓风缸

压缩空气由风缸经保护电空阀送到门联锁阀时，由于保护电空阀就是一个闭式电空阀，只要线圈有电（无论交流还是直流供电）就能使电空阀保持开启状态，保证供给门联锁阀压缩空气。由于有风压，门联锁阀紧紧的插好插销，变压室和高压室的门就不能被打开。同时开启了压缩空气去升弓电空阀的通路，此时司机按下升弓按钮，升弓电空阀线圈有电，升弓电空阀开启，压缩空气即进入升弓风缸，受电弓升起。机车在受电弓升状态由于保护电空阀线圈的交流线圈通过零压保护整流器整流，使电空阀始终处于得电状态，门联锁阀通路保持开通闭锁状态，从而保证了高压室和变压室门不能打开，确保了人身安全。

四、刮 雨 器

为在雨雪天刮去司机室前玻璃上的水珠，使瞭望视线清晰，以确保行车安全，SS_4 改型、SS_9 型均在两端司机室两侧各装有一套气动双杆刮雨器。刮雨器的全套装置包括刷杆机构、风动传动装置和进风阀。雨刷受风动传动装置的驱动而进行摆动。进入传动装置的风量大小由进风阀调节，从而控制刮雨器的摆动频率。有时可根据需要手动操纵雨刷。

1. 刷杆机构

刷杆机构由橡胶刮板 9、连杆 10、摆杆 8、摆杆撑 4、摆杆头 1 和弹簧 5 等组成，如图 6-48 所示。

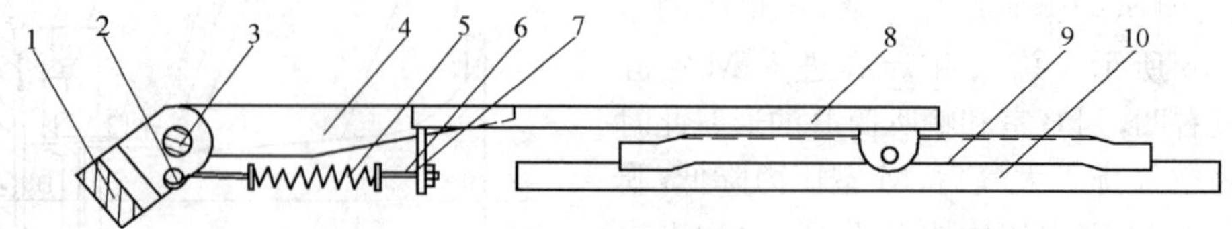

图 6-48 刷杆机构

1—摆杆头；2—销子；3—螺栓；4—摆杆撑；5—弹簧；6—调整螺杆；7—支撑；8—摆杆；9—连杆；10—刮板

刷杆机构装设在玻璃窗外面，由传动装置驱动而往复摆动，刮板就会把玻璃上的雨雪刮去。弹簧机构可使刮板紧压在玻璃上，调整螺杆可调整其压力的大小。

2. 风动传动装置

风动传动装置，是刷杆机构实现摆动的驱动机构，是刮雨器装置的核心组件，构造很复杂，如图 6-49 所示。

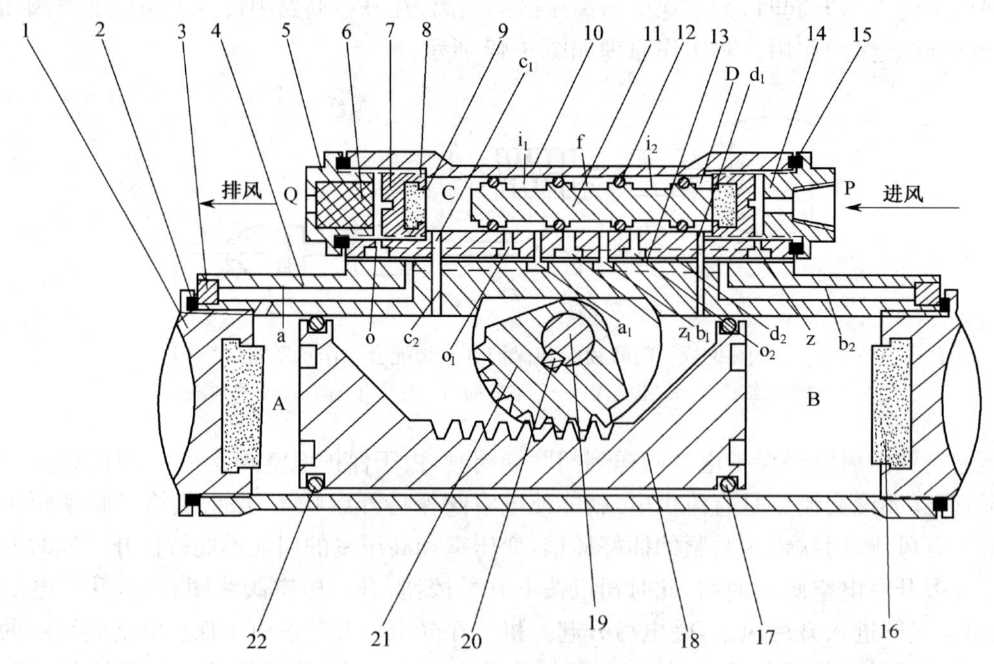

图 6-49 刮雨器风动传动装置结构图

1—风缸堵；2—橡胶垫；3—堵；4—风缸体；5—排水堵；6—毛毡；7—堵；8—橡胶垫；9—止挡；10—换向体阀；11—换向活塞；12—O 形橡胶密封圈；13—胶垫；14—进风堵；15—胶垫；16—止挡；17—O 形橡胶密封圈；18—齿条；19—轴；20—键；21—扇形齿轮；22—O 形橡胶密封圈

(1)风动传动装置的构造

风缸体 4 由两端的风缸堵 1 将其封闭，风缸体内安装有活塞齿条 18，齿条两端分别装有

O 形橡胶密封圈 17 和 22,从而把左、右侧密封空间分为 A、B 两室。齿条与装在轴 19 上的扇形齿轮 21 相啮合。轴 19 的一端穿过窗框伸出窗外,端部安装刷杆机构。当齿条往复运动时,与其啮合的扇形齿轮则往复转动,带动刷杆机构紧贴玻璃往返摆动。轴 19 的另一端装有手柄,可用手扳动转动刷杆机构刮板。两端的风缸堵 1 上设有橡胶止挡 16,用来缓和齿条往复运动时产生的冲击。在风缸体上面,装设换向阀体 10,在换向阀体两端分别设有进风堵 14 及排风堵 5,进风堵 14 上有进风孔 P,排风堵 5 上有排风孔 Q 同时,在进排风堵 14 里面,还装有密封堵 7,堵上装有橡胶止挡 9,起缓冲作用。在换向阀体内,装有换向活塞 11,换向活塞上有 4 圈 O 形橡胶密封圈 12。因此,在换向活塞与换向阀体之间形成 5 个互相密封的室,从左端向右分别为 c,i_1,f,i_2 与 D 室。

另外,在风缸缸体和换向阀体之间,还设有以下空气通道:

①排风通道 o、o_1 和 o_2,有暗道相通;

②进风通道 z、z_1,有暗道相通;

③a,a_1 通 A 室,有暗道相通;

④b_1,b_2 通 B 室,有暗道相通;

⑤c_1,c_2 通 C 室,为贯通孔;

⑥d_1,d_2 通 D 室,为贯通孔。

(2)风动传动装置的作用原理

当风动传动装置接通风源时,压缩空气进入风口 P,先后经过通路 z、z_1、f、b_1、b_2 后进入 B 室,从而推动齿条 18 左移。同时 A 室内的压缩空气经过通路 a、a_1、i_1、o_1、o、Q 后向外排出;当齿条 18 上的 O 形橡胶密封圈 17 移动到 d_2 通路左侧时,B 室内的压缩空气经通路 d_2、d_1 进入 D 室,推动换向活塞 11 移至最左端位置,此时 b_1 与 o_2 连通 i_2 室,z_1 与 a_1 连通 f 室,B 室内的压缩空气经过通路 b_2、b_1、i_2、o_2、o→Q 向外排出;此时压缩空气由进风口 P 经通道 z、z_1、f、a_1、a 后进入 A 室,推动齿条右移,当齿条上的 O 形橡胶密封圈 22 移到 c_2 通路右侧时,A 室压缩空气经过通路 c_2、c_1 后进入 C 室,推动换向活塞移至最右端位置。传动装置开始进行下一次循环。只要进风口的压缩空气不断,就一直循环下去。

本章小结

电力机车空气管路系统由风源系统、制动机管路系统、控制管路系统和辅助管路系统四大部分组成。风源系统是负责生产、储存、调节控制压缩空气,并向车上管路系统提供所需要的高质量、洁净、干燥和稳定的压缩空气的系统。控制管路系统分为三种工况:正常运用时的总风缸供风,库停后的控制风缸供风和库停后的辅助压缩机供风。辅助管路系统主要由撒砂器、风喇叭和刮雨器等辅助受控装置组成。SS_4 改型机车设置保护电空阀和门联锁阀。在机车开启得电后,使人与高压隔离,保证乘务人员安全。SS_9 型机车则改用门联锁钥匙箱来有效保证人与高压隔离。HXD_3 型机车增设空气防滑器,以防止车轮在滚动过程中轮轨之间纵向发生相对滑动。

通风机根据其结构原理和风压的差别可分为离心式通风机和轴流式通风机两大类。它们均在电力机车通风系统中得到应用。为了使一台通风机能冷却多台设备,通常采用支路通风和进出口通风的方式。SS_4 改型电力机车通风系统有牵引通风系统、主变压器油散热器通风系统和制动电阻柜通风系统三大通风系统组成。SS_9 型电力机车通风系统由牵引通风系统、硅机组通风系统、制动通风系统和主变压器通风系统四大通风系统组成。HXD_3 型电力机车通风系统主要包括:牵引电动机(M1～M6)通风、主变压器(MT1)与牵引变流器(UM1、UM2)冷却的复合冷却通风、辅助变流器(UA11、UA12)通风、司机室通风(EV11EV12)、空气压缩机通风和车内通风(包括卫生间)等通风系统。

复习思考题

1. 电力机车空气管路系统由哪几部分组成?
2. 电力机车风源系统主要由哪些部件组成? 各部分有何功能?
3. SS_4 改型电力机车控制管路系统向哪些电气设备提供压缩空气?
4. 绘图说明 SS_4 改型电力机车控制管路系统工作情况。
5. 简述 SS_4 改型电力机车辅助管路系统的组成。
6. 绘图说明 SS_9 型电力机车控制管路系统工作情况。
7. 简述 SS_9 型电力机车辅助管路系统的组成。
8. HXD_3 型电力机车风源系统主要由哪些部件组成?
9. 简述 HXD_3 型电力机车辅助管路系统由哪些部件组成?
10. 撒砂器的构造作用和调整方法是什么? 脚踏开关的结构和工作原理是什么?
11. 画出保护电控阀和门联锁的结构示意图,说明其设置目的和工作原理。
12. 试述风动刮雨器的组成、工作原理和使用方法。
13. 电力机车设置通风系统有什么作用?
14. 通风机的类型有哪些? 各有什么特点?
15. 说明 SS_4 通风系统组成和三大通风系统冷却风的经路。
16. 说明 SS_9 型电力机车通风系统组成和四大通风系统冷却风的经路。
17. 说明 HXD_3 型电力机车通风系统组成和六大通风系统冷却风的经路。

第七章　曲线通过和轴重转移

前面几章，我们介绍了电力机车走行部的构造作用以及各种装置的一些基本概念，在这个基础上，本章对电力机车的曲线通过和轴重转移进行一些简略的叙述。曲线通过分为几何曲线通过和动力曲线通过，几何曲线通过是研究机车与线路的几何关系和机车自身有关部分在曲线上的相互几何关系；动力曲线通过是研究机车以不同速度通过曲线时作用于机车上的力，探讨机车安全通过曲线的条件和措施。轴重转移是在机车牵引工况运行时，各轴的轴重要发生变化，有的增大，有的减小，这就是在牵引力作用下的轴重转移，牵引力是发生轴重转移的根本原因。

第一节　电力机车曲线通过

一、曲线通过的一般概念

1. 研究机车曲线通过的意义

机车依靠钢轨对轮缘的引导作用在线路上运行，当机车通过曲线时，由于离心力的作用，使轮对与钢轨产生很大的横向水平作用力，这将导致轨距被挤宽，轮缘和钢轨的磨耗加剧，严重时可能导致出轨。

由于机车重量大，固定轴距长，通过曲线远比车辆困难。当固定轴距长，曲线半径很小时，曲线就可能无法容纳机车。研究机车曲线通过，对保证机车在曲线上安全运行，减小机车通过曲线的困难，以及延长机车与线路有关部分的寿命，减少维修费用等，都有着积极的意义。

我国铁路的1/3是曲线，而且其中半径小于600 m的曲线约占半数。单就钢轨磨损而言，在严重的情况下，机车走行数万公里轮缘就磨耗到限，钢轨每2～3年就需更新。因此，设法改善机车曲线通过的条件，对我国铁路更具有特殊意义。

2. 几何曲线通过和动力曲线通过

曲线通过有两个相互联系的研究内容：即几何曲线通过和动力曲线通过。

几何曲线通过是研究机车与线路的几何关系和机车自身有关部分在曲线上的相互几何关系。研究几何曲线通过也为研究动力曲线通过提供有关数据。

动力曲线通过是研究机车以不同速度通过曲线时作用于机车上的力，探讨机车安全通过曲线的条件和措施，并为机车和线路的强度计算、判断轮缘磨耗快慢提供依据。

对以上两方面的研究内容，除了运用几何方法和力学方法对机车在曲线上的状态进行理论分析和计算外，还可以利用试验的方法对机车通过曲线进行实际测定，以校验理论计算中由于某些假定所引起的误差，从而建立起一套比较完整和实用的机车曲线通过的科学分析方法。

3. 研究机车曲线通过的目的

对于正在设计的机车，研究曲线通过可以确定机车走行部分的某些结构、参数，使所设计的机车在指定的速度范围内，运行于规定半径的曲线上时，轮轨侧压力足够的小，以保证车轮不爬越钢轨，钢轨不受到严重挤压；对于现有的机车，研究曲线通过可以确定机车运行于已知半径曲线上的最高安全速度,或在给定速度的条件下,确定机车所能行驶的最小曲线半径。此外,还为改进机车走行部设计提供资料。

二、几何曲线通过

1. 几何曲线通过要解决的问题和方法

几何曲线通过要解决以下问题:

确定机车所能通过的最小曲线半径和为此目的所需的轮对横动量;给出机车转向架通过曲线时的转心位置;确定在曲线上机车转向架对于车体的偏转角,以及机车与线路限界的关系等。

从几何关系方面,机车通过曲线采取的主要措施是:加宽曲线的轨距;给轮对一定的横动量。

当机车通过预定的曲线有困难时,作为机车本身可以采取的措施有:对正在设计的机车,可以增加轮轴横动量;对于现有机车,可以削薄轮缘厚度。因此确定所需横动量的大小和轮缘削薄量也是研究几何曲线通过所需要解决的问题。顺便指出,轴横动量过大则直线运动中蛇行振动加剧,旋薄轮缘时必须考虑强度和运行中是否会有危险,都应有所限制。

解决几何曲线通过问题,通常运用分析法和图解法,实践中往往两种方法同时并用。分析法所得结果较为准确,但计算时容易发生错误;图解法简单明了,能全面了解机车各部分与曲线间的关系,缺点是图解法本身有近似性及作图上的误差。

2. 铁路曲线区段的轨距加宽

为了使机车在直线顺利行驶,钢轨与轮缘外侧之间亦须保持一定的间隙。这个间隙如图 7-1 所示。计算公式如下:

$$\delta = S - (B + 2t)$$

式中 S——直线上的轨距,1 435^{+6}_{-2} mm;

B——轮对轮箍内侧距,1 353±3 mm;

t——轮缘厚度,33^{+1}_{-10} mm;

δ——直线上钢轨内侧与轮缘内侧的全间隙,mm。

两侧轮轨总间隙 δ 的名义尺寸为 16 mm。轮轨间隙 δ 是不可没有的,但也不能过大。过大的 δ 不利机车的高速运行,因为剧烈的蛇行运动会显著恶化机车的运行品质和加重轮缘对钢轨的冲击作用。

轮轨间隙的存在有利于机车通过曲线。但是,还应该比直线上取值更大一些,才能容纳一定轴距的机车顺利通过。因此,适当的将曲线上的内轨向曲线内侧移动。移动量 Δ 称为曲线加宽度,如图 7-2 所示。

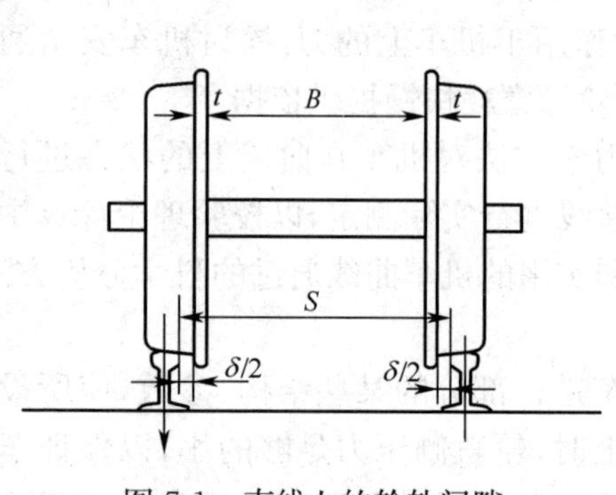

图 7-1 直线上的轮轨间隙

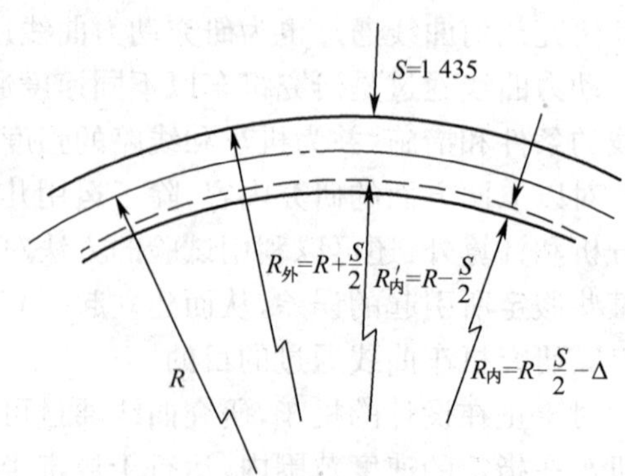

图 7-2 曲线上的轨距加宽

$\delta+\Delta$ 称为曲线轮轨间的全间隙，根据我国现行《铁路技术管理规程》，曲线半径、曲线加宽度及全间隙的关系见表 7-1。

表 7-1　曲线加宽度、全间隙和曲线半径的关系

曲线半径 R(m)	$R<300$	$300\leqslant R\leqslant 350$	$R>350$
曲线加宽度 Δ(mm)	15	5	0
轮轨全间隙 $\delta+\Delta$(mm)	31	21	16

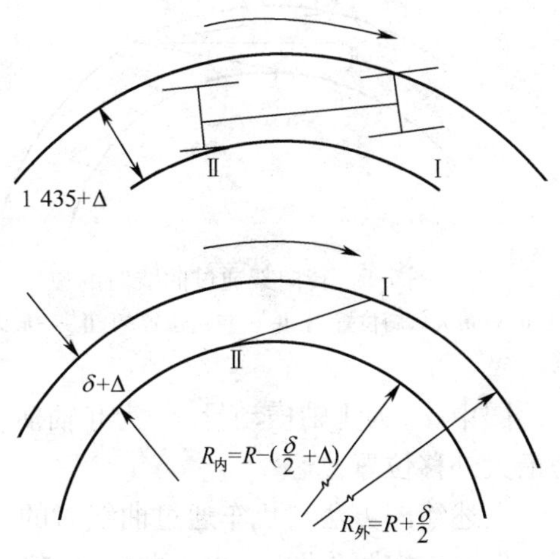

图 7-3　研究几何曲线通过的轴线式图示方法

由此可知，轨距加宽是改善机车几何曲线通过，在线路建筑方面采取的重要措施。当轨距加宽以后，如果机车通过曲线仍有困难，则需采取增加机车轮对横动量和旋薄轮缘厚度等方法。

3. 研究几何曲线通过图示法的作图规定

为了能够明显地看出轮轨间隙，方便地用图解法解决几何曲线通过的研究，通常用轴线式的图示方法。有关作图的规定如图 7-3 所示。

曲线外轨内侧面，用半径 $R_{外}=R+\dfrac{\delta}{2}$ 的圆弧表示；

曲线内轨内侧面，用半径 $R_{内}=R-\left(\dfrac{\delta}{2}+\Delta\right)$ 的圆弧表示。

因此，两圆弧之间的距离为全间隙 $\delta+\Delta$。这样绘图，实际上等于把左右两轮缘外侧距离 $B+2t$ 缩为零值，转向架构架就可以用一条直线来表示，轮对就可以用直线上的点来表示了。在图 7-3 中，直线Ⅰ、Ⅱ表示一台转向架的两根动轮轴，该转向架中Ⅰ轴外轮贴靠外轨运行，内轮与内轨的间隙为全间隙；Ⅱ轴内轮贴靠内轨运行，外轮与外轨的间隙为全间隙。该转向架各轴无需横动量，即可顺利通过该曲线。

如图 7-4 所示，某转向架的Ⅰ、Ⅱ轴已全部贴靠外轨，而Ⅰ、Ⅱ轴必须有 $\dfrac{e}{2}$ 值的横动量，才能勉强通过该曲线。

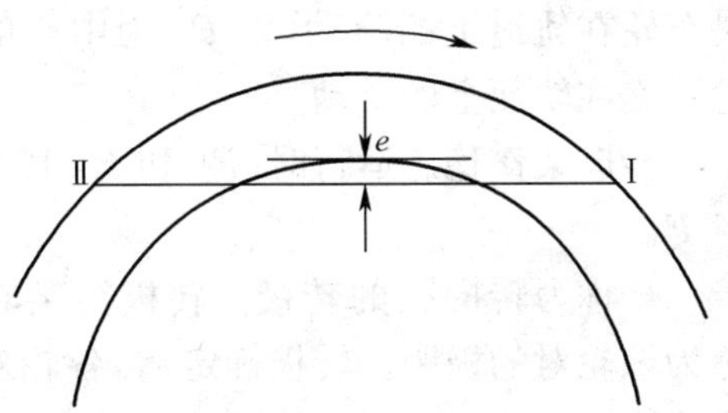

图 7-4　Ⅰ、Ⅱ轴必须的横动量

4. 转向架通过曲线时的几种位置

机车转向架在通过曲线时可以占有很多种不同位置。一般说来，不论机车转向架以多高的速度通过曲线，第一位轮对的外轮总是贴靠外轨的，而第二位轮对的位置则视速度而异。低速时第二位轮对的内轮一般是贴靠内轨的，随着速度的提高，离心力的加大，第二位轮逐渐向外轨偏移。速度达到一定值后，第二位轮对的外轮也贴靠外轨运行。速度再增高，也只能处于这种位置通过曲线了。

根据以上分析，可以将机车转向架通过曲线的典型位置归纳为以下三种，如图 7-5 所示。

(1)最大偏斜位置：为低速位置。Ⅰ轴贴靠外轨，Ⅱ轴贴靠内轨；

(2)自由位置：为中速位置。Ⅰ轴贴靠外轨，Ⅱ轴既不贴靠内轨，也不贴靠外轨；

(3)最大外移位置：为高速位置。Ⅰ轴及Ⅱ轴都贴靠外轨。

图 7-5 中所表示的是前后轴都没有横动量的情况。如果前后轴都有横动量时，三种典型位置的示意图则如图 7-6 所示。

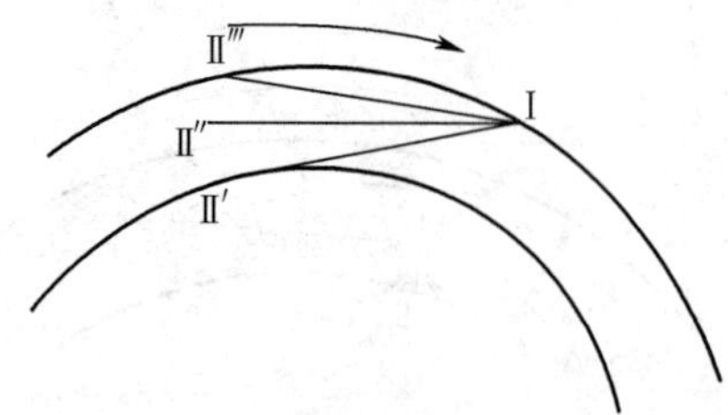

图 7-5 转向架通过曲线时的位置

ⅠⅡ′—最大偏斜位置；ⅠⅡ″—自由位置；ⅠⅡ‴—最大外移位置

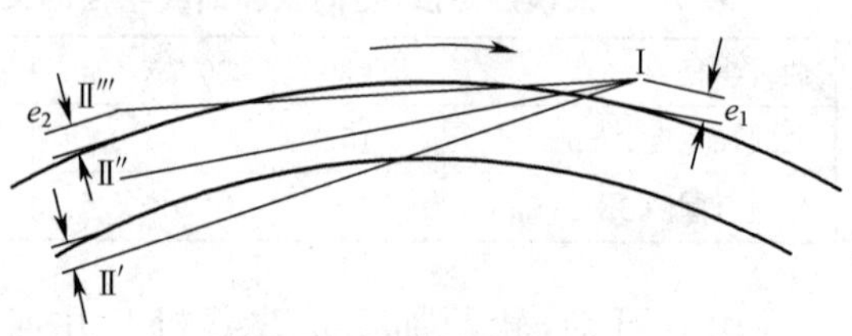

图 7-6 Ⅰ、Ⅱ轴有横动量时转向架通过曲线时的位置

图中，e_1 为Ⅰ轴横动量，e_2 为Ⅱ轴横动量；ⅠⅡ′为最大偏斜位置，ⅠⅡ″为自由位置，ⅠⅡ‴为最大外移位置。

上述绘图方法与机车通过曲线时的位置概念，是研究几何曲线通过的重要手段和分析依据。但是在实际作图时，由于曲线半径(以 m 计)、转向架构架长度(以 cm 计)、轮对横动量及轮轨间隙(以 mm 计)，三者在数量上相差悬殊，还必须选用不同的比例尺才能进行作图。由于比例尺不同，会带来一些别的问题，这一点要加以注意。

5. 转向架的转极与轮对的极距

设机车转向架在一定半径的曲线上作稳态移动，如图 7-7 所示。在某一瞬时 t，转向架在曲线上处于 A_1B_1 位置，过一段时间 Δt 后处于 A_2B_2 位置。

由曲线中心 O 分别向 A_1B_1 和 A_2B_2 作垂线，分别交 A_1B_1 于 P_1，交 A_2B_2 于 P_2。可见转向架由 A_1B_1 至 A_2B_2 的运动过程是由 A_1B_1 至 $A'B'$ 的平移和 $A'B'$ 至 A_2B_2 的绕 P_2 的转动所合成。平移就是车轮在轨道上的滚动，以 P_2 为中心的转动就是轮踏面在轨面上的滑动。

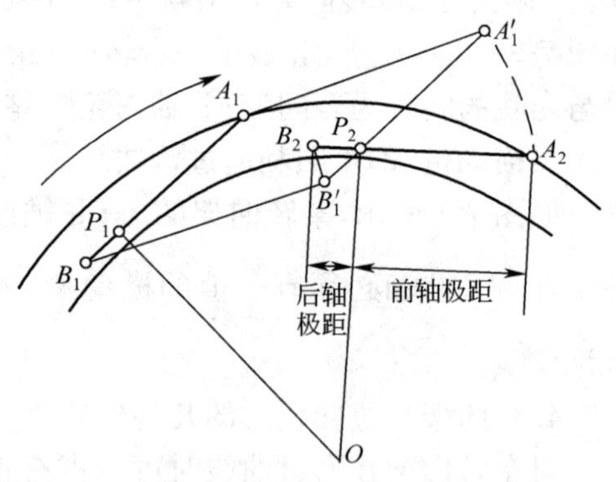

图 7-7 转向架曲线运动的转极和极距

1—后轴极距；2—前轴极距

转向架作稳态运行时，P_1 和 P_2 其实是一个定点 P。

P 称为转向架的转极。转极至某轮对的距离称为该轮对的极距。转极确定后，各轮对的极距即可确定。

转极的位置随转向架在曲线上所占的位置不同而不同。转向架处于最大外移位置时，转极在转向架的中点；转向架处于自由位置时，转极偏离转向架中点，而处于中点后部某一位置；转向架处于最大偏斜位置时，转极最接近于后轮对。

6. 转向架的转角和冲角

在曲线运行时，转向架纵中心线与车体纵中心线的交角，称为转向架对于车体的转角，图 7-8 中 $\alpha_{前}$、$\alpha_{后}$ 分别为前后转向架的转角；转向架纵中心线与轨道切线方向的交角，称为转向架相对线路的冲角，图 7-8 中 $\theta_{前}$、$\theta_{后}$ 分别为前后转向架的冲角。

在曲线运行中，前后转向架的转角和冲角都不相同。研究转角与冲角，可为校核机车结构的某些尺寸进一步研究动力曲线通过提供数据。

以上关于机车转向架通过曲线时的转极位置、各轴的极距、各轴所需横动量、机车所能通过的最小曲线半径、车体转向架的相互位置、机车与建筑界的接近程度等一系列问题，都可以用分析法和图解法进行求解。这里，只介绍了有关的概念，具体的研究方法可参阅相关文献。

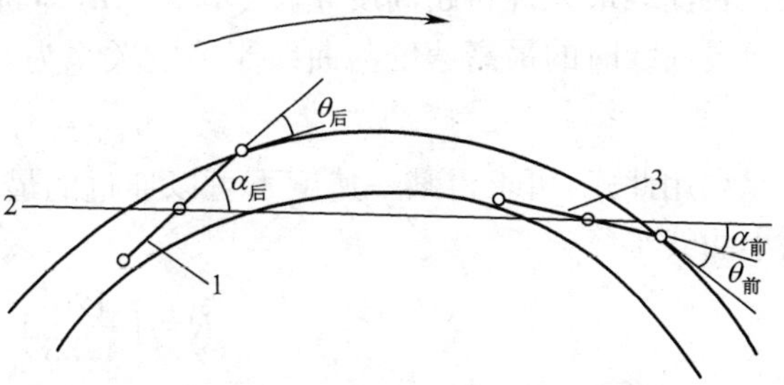

图 7-8 曲线运行中转向架运动的转角和冲角

1—后转向架；2—车体纵中心线；3—前转向架

三、动力曲线通过

研究机车动力曲线通过，目的是了解机车通过曲线时发生在机车与线路间的力学现象；明确不同因素对上述现象的影响；确定机车通过某一曲线时的安全速度范围；采取有效措施改善机车通过曲线时的动力学性能等。

机车通过曲线时，发生的力学现象十分复杂，影响这些现象的因素也很多。为便于计算，在能反映实际结果的条件下作假定：轨道是绝对刚体，不考虑轨道的变形；曲线是准确的圆曲线；不考虑牵引力的影响；轴重保持不变，不考虑左右轮荷重的变化；轮踏面为圆柱形，轮缘与钢轨间没有摩擦；所有水平作用力都作用在轨顶平面内；踏面与轨顶面的摩擦系数在各个方向都相等，$\mu=0.25$；机车在曲线上稳态运动。

1. 机车通过曲线时的受力情况

机车在曲线上运行时，受到下述诸力的共同作用：

(1)未平衡的离心力

为了平衡机车通过曲线时的离心力，在曲线上外轨都要高出内轨，称为外轨超高。外轨超高引起的机车重力的水平分力指向曲线内侧，称为超高力 H，如图 7-9 所示。

$$H=G\tan\alpha\approx G\frac{h}{2S}\quad(\text{kN})$$

式中 h——外轨超高度，mm；

$2S$——轮对滚动圆间距离，mm；

α——轨面倾斜角；

G——机车重量，kN。

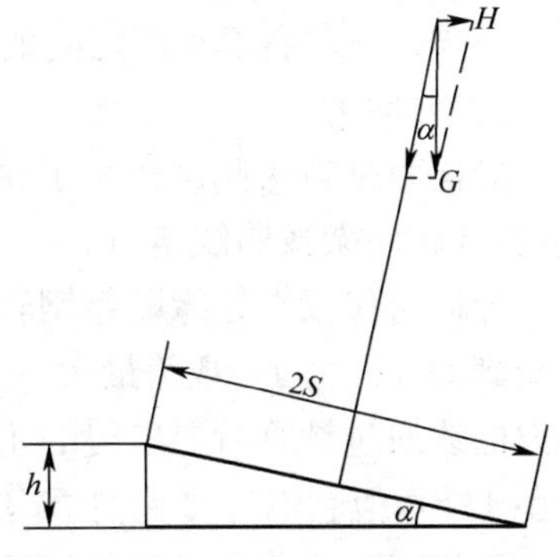

图 7-9 外轨超高引起的超高力

机车通过曲线时产生的离心力为

$$C'=\frac{mv^2}{R}=\frac{Gv_1^2}{127R}$$

式中 m——机车质量，kg；

v——机车速度，m/s；

v_1——机车速度，km/h；

R——曲线半径，m。

因此，作用在一台转向架上的未被平衡的离心力为

$$C=\frac{1}{2}(C'-H)=\frac{G}{2}\left(\frac{v_1^2}{127R}-\frac{h}{2S}\right)$$

机车未平衡离心力与机车质量之比值$\dfrac{C'-H}{M}$，称为未平衡的离心加速度，规定不大于

0.047 6g。过大的未平衡的离心加速度会使乘务员感觉不适，甚至可能使机车向曲线外侧倾覆。若曲线最大外轨超高度 h_{max}=150 mm，即轨面倾斜度为 0.1，则根据上述要求不难求得机车通过曲线时的最高速度与曲线半径的关系为

$$v_{max}=4.33\sqrt{R}$$

利用此式，可求得某一速度下可以通过的最小曲线半径。例如求得 v_{max}=120 km/h 时的最小曲线半径为

$$R=\left(\frac{120}{4.33}\right)^2=768(\text{m})$$

(2)轮踏面与钢轨顶面间的摩擦力

当转向架通过曲线时，钢轨在轨道上是滚动加滑动，转向架绕转极的转动是靠轮轨滑动实现的。轮踏面与钢轨顶面间产生的滑动摩擦力，方向与滑动方向相反，与由转极引起向各轮轨接触点的射线垂直，如图 7-10 所示。

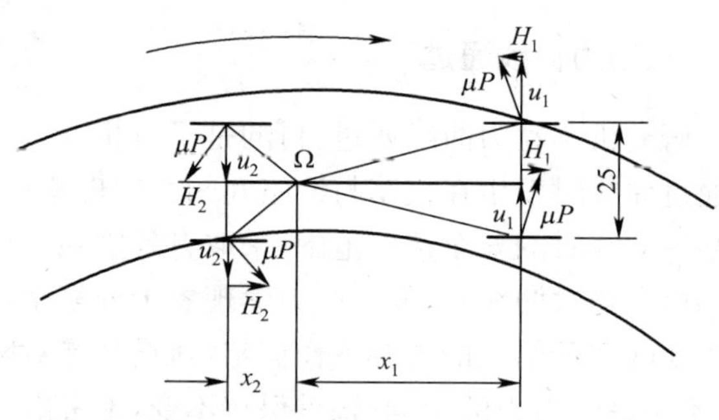

图 7-10　转向架通过曲线时钢轨作用于车轮的摩擦力

摩擦力的大小为 μP。μ 为轮轨间的摩擦系数，取 $\mu=0.25$；P 为轮荷重。

由图 7-10 可知，摩擦力的横向分力和纵向分力分别为

横向分力　$$u_i=\mu P\frac{x_i}{\sqrt{x_i^2+S^2}}$$

纵向分力　$$H_i=\mu P\frac{s}{\sqrt{x_i^2+S^2}}$$

式中　x_i——某轴的极距，mm；

S——左右滚动圆之间的距离之半，mm。

(3)导向力

导向力是轨头侧面作用于轮缘的力，又称为轮缘力。由它克服一切阻碍转向架回转的力矩，引导转向架按曲线运行。

导向力仅仅在轮缘贴靠钢轨时才出现。当机车通过曲线时，第一轴外轮轮缘贴靠外轨，它所受到的导向力 F_1 数值最大，F_1 正是迫使机车转向的作用力。考察 F_1 力的数值，正是机车动力曲线通过计算所要取得的主要结果。至于其他轮对贴靠钢轨时受到的导向力，在数值上都小于 F_1，但它们有可能使 F_1 增加，也可能使 F_1 减小，要根据具体计算确定。

2. 机车动力曲线通过的计算

动力曲线通过计算的目的，在于求出机车以不同的速度通过某一半径的曲线时，转向架在曲线上所占的位置和导向力的大小，以判断机车能否安全通过该曲线和预测轮缘磨耗的快慢。

(1)转向架平衡方程及求解

以二轴转向架为例，先设机车以某一速度通过指定半径的曲线时，转向架占最大偏斜位置，则作用在转向架上的力和力矩如图 7-11 所示。

根据图示的转向架受力情况，可以列出转向架力和力矩平衡方程式为

$$\sum F_y=F_2-F_1+C+2\sum u_i=0$$

$$\sum M_0 = F_1 \frac{l}{2} + F_2 \frac{l}{2} - M_{摩} - M_{复} - 2S\sum H_i - 2\sum u_i \frac{l}{2} = 0$$

式中　F_1、F_2——第一轴和第二轴的导向力，kN；

C——作用于一台转向架的未平衡的离心力，kN；

$M_{复}$——转向架复原力矩，kN·m；

$M_{摩}$——转向架摩擦力距，kN·m。

利用上述平衡方程式可以求得 F_1、F_2 这两个未知数。

(2)侧压力

轮轨之间除有导向力(即轮缘力)作用外，在踏面上还作用有摩擦力，其横向分力 u_i。上述二力的合力，称为侧压力，即横向作用力的合力称为侧压力 F'。其值为：

$$F_i' = F_i \pm |u|$$

式中正负号取决于轮对相对于转极的相对位置，见表 7-2。

表 7-2　侧压力和轮缘力的关系

轮对贴靠的钢轨	轮对在转极前	轮对在转极后
外　轨	$F_1' = F_1 - \|\mu_1\|$	$F_1' = F_1 + \|\mu_1\|$
内　轨	$F_2' = F_2 + \|\mu_2\|$	$F_2' = F_2 - \|\mu_2\|$

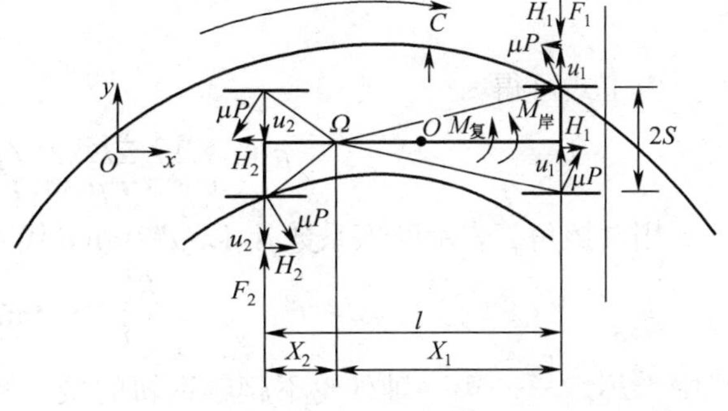

图 7-11　二轴转向架通过曲线时的受力分析

例如，第一轴外轮与外轨间的侧压力 $F_1' = F - |\mu_1|$。

侧压力可能引起钢轨横向变形，使轨距被挤宽。过大的侧压力还可能使钢轨倾倒。

3. 曲线运行的安全条件及轮缘磨耗因素

(1)机车安全通过曲线的条件

为了保证机车安全通过曲线，除了考虑不使未平衡的离心力过大，防止机车向外倾覆外，还不能使第一轮对作用于外轨的侧压力过大。过大的侧压力不仅引起过大的轨距展宽量，使钢轨产生较大的横向永久变形，而且有可能促使车轮爬越钢轨。这两种情况都会造成机车脱轨事故。

下面着重讨论防止机车爬越钢轨的条件。

机车通过曲线，除了考虑第 1 轮对外轮贴靠外轨，还有冲角 α[见图 7-12(b)]，轮缘与钢轨的接触点 A'超前于踏面与钢轨的接触点 A[见图 7-12(a)]。这个超前量 S 的存在，使轮缘面沿轨头圆角向下滑动。

在侧压力的作用下，钢轨给轮缘的摩擦力 μN(N 为钢轨给轮缘的法向分力)将沿轮缘面向上，使车轮沿着钢轨侧面爬起。当速度低而侧压力不大时，车轮上爬的距离不大，在车轮载荷的作用下，能克服摩擦力的作用而顺利下滑，这样，车轮绝无爬越钢轨的可能。而当速度提高，使侧压力增大到一定程度时，车轮爬上钢轨后则不会滑下，维持在这个位置，称为临界位置。此时外轮处于平衡的条件为如图 7-13 所示。

$$\sum F_x = F_1' - N\sin\gamma + \mu N\cos\gamma = 0$$

$$\sum F_y = P - N\cos\gamma - \mu N\sin\gamma = 0$$

式中　γ——轮缘角。

当侧压力更大时，车轮就会爬上钢轨，造成脱轨。因此，可根据上述临界的平衡条件，建立车轮不爬越钢轨的安全条件。

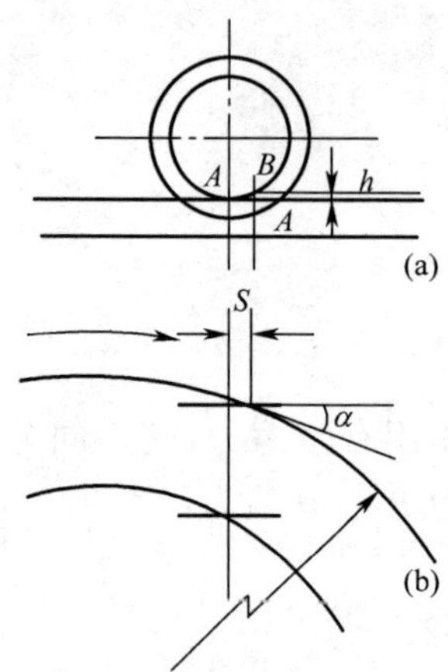

图 7-12　第一轴外轮的冲角和超前量

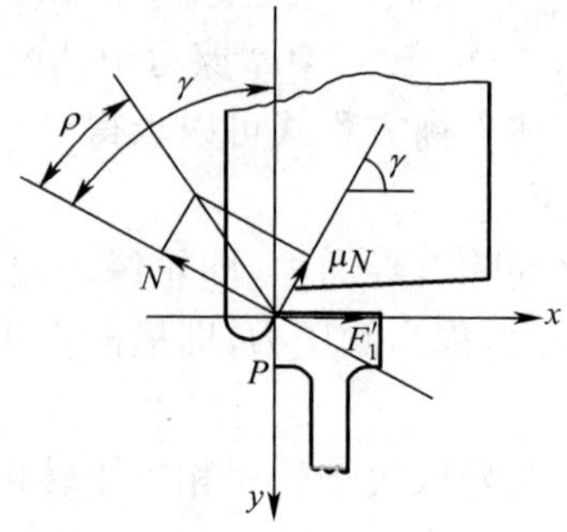

图 7-13　车轮爬越钢轨的受力分析

由上式可得

$$F_1'=\frac{\sin\gamma-\mu\cos\gamma}{\cos\gamma+\mu\sin\gamma}P=\frac{\tan\gamma-\mu}{1+\mu\tan\gamma}P$$

用摩擦角 ρ 表示摩擦系数 μ，以 $\mu=\tan\rho$ 代入上式，得出车轮不爬越钢轨的条件为

$$\frac{F_{1\max}'}{P}\leqslant\tan(\gamma-\rho)$$

式中　$F_{1\max}'$——第一轴外轮不爬越钢轨的最大侧压力，kN；

P——轮荷重，kN；

γ——轮缘角，°；

ρ——摩擦角，°。

由这一公式可知，影响车轮爬越钢轨的因素是轮缘角 γ 和摩擦角 ρ。γ 角增大，使 $\frac{F_{1\max}'}{P}$ 值增大，可以减小车轮爬越钢轨的可能性；但 γ 角增大时，机车通过曲线时受到的阻力也大，γ 过大时，机车在非稳态运动的情况下运行在道岔和弯道时，将给钢轨以硬性打击反而容易引起脱轨。摩擦系数的（或摩擦角 ρ）降低，可使 $\frac{F_{1\max}'}{P}$ 值增大，因此对轮缘进行润滑，也可以防止机车爬轨。

我国机车车辆轮箍的轮缘角 $\gamma=65°$，取 μ 值为 0.25 时，摩擦角 $\rho=14°$，则车轮不爬越钢轨的条件为

$$\frac{F_{1\max}'}{P}\leqslant1.23$$

在前面的计算中作了很多简化，不完全反映实际情况；而且在侧压力 F_1' 的作用下，往往在车轮发生爬轨以前，外轨已大量展宽造成机车脱轨。因此通常取

$$\frac{F_{1\max}'}{P}\leqslant0.8$$

此值称为安全系数，或称为脱轨系数。对应 $F_{1\max}'$ 值的机车速度，就是该机车通过指定曲线的最高允许速度。

在正常超高情况下，机车最大安全运行速度与曲线半径的关系见表 7-3。

(2)轮缘磨耗系数

表 7-3　最大安全运行速度与曲线半径的关系

曲线半径(m)	125	350	650
最大安全运行速度(km/h)	35	75	100

机车通过曲线时，轮缘和钢轨侧面的磨损，与摩擦功成正比，也就是与导向力 F_1、轮缘和钢轨侧面的摩擦系数 μ 以及轮缘和钢轨侧面的滑动量 h 三者的乘积成正比，如图 6-12 所示；而其中滑动量 h 又与超前量 S 成正比，S 又与车轮冲角 α 成正比。因此，也可以以 $F_1\alpha$ 值作为轮缘磨耗因数，来判定轮缘在曲线上磨耗的快慢。

一般机车要求 $F_1\alpha$ 值不超过 0.1t。对于运行于多曲线线路的机车，$F_1\alpha$ 值比较大，轮缘和钢轨磨耗较快，经常对轮缘进行润滑，可以大大减轻磨耗程度，延长轮缘使用寿命。

4. 改善机车动力曲线通过的措施

改善机车动力曲线通过，需要在线路建筑和机车结构两方面采取相应措施。

线路建筑方面的措施主要是外轨超高和放大曲线半径。

如前所述，外轨超高可以减轻离心力的影响，但是超高高度值究竟取多大？超高不足时，不能有效克服离心力的影响，使导向轮对对受到的侧压力显著增加，超高过剩时，会使内轨受到的压力过大，甚至压坏内轨。我国铁路都是客货混流的线路，对客货列车要双方兼顾，但是总难免对高速的旅客列车超高不足，对速度较低的货物列车超高过剩。

我国铁路按 $h_{\max}=8\dfrac{v_{\max}^2}{R}$ 确定超高度，同时也按此式确定列车通过的最高速度。

我国铁路目前即使在干线上，也往往曲线半径过小，不能适应 160 km/h 的行车速度的需要。旧线改造成新修线路时，都应有计划的放大曲线半径。例如取 $R=\left(\dfrac{v_{\max}}{4.87}\right)^2$ 或更大一些的曲线半径。

在机车结构方面，改善动力曲线通过的措施很多，主要有：

(1)提高轮缘的耐磨性，降低轮缘钢轨间的摩擦系数。如加装轮缘喷油器或轮缘喷脂器等润滑装置。

(2)轴端设弹性横动装置及轴箱弹性定位，这样可使机车通过曲线时转向架的转极后移，从而使第一轴的导向力减小 20%～25%。

(3)采用弹性摆式支承，车体和转向架可以弹性横动，能缓和曲线不平顺时的冲击作用，减小导向力的数值。

(4)给三轴转向架中间轴以较大的自由横动量，机车在曲线上运行时，可使该轴在横向不贴靠转向架构架，而使其贴靠外轨，起一定的导向作用。中间轴参与导向，可使第一轴的导向力减少 20%～30%。

(5)两转向架之间，进行横向连接。

第二节　轴重转移

一、基本概念

1. 轴重。轴重是指机车在静止状态时每个轮对加于钢轨的重量。

2. 轴重转移。当机车发挥牵引力运行时，各轴的轴重要发生变化：有的轴重增大，有的轴重减小，这就是在牵引力作用下的轴重转移，或者叫牵引力作用下的轴重再分配。当然，机车总的黏着重量仍保持常数，既不会增加，也不会减少。

3. 牵引力是发生轴重转移的根本原因。轴重转移只发生在牵引运行中，而且轴重转移的数值随牵引力的增大而增大。当机车起动或爬坡时，发挥的牵引力最大，此时轴重转移也最大。在某些情况下，轴载荷增减量，可以达到静轴重的 20%或更多。

4. 转向架的结构形式，传动装置的布置情况，走行部的尺寸数据等因素，都将影响到轴重转移。所以在研究轴重转移时，必须根据机车的具体结构进行分析，才能得出正确的结果。

5. 轴重转移的危害。对单独驱动的机车，轴重减少最大的轮对，将首先发生空转。这样机车黏着牵引力的最大值，必然受到这个轮对空转的限制。空转发生后，牵引力立即下降；机车走行部、传动装置的正常工作受到影响；牵引电机也有可能遭到损坏；轮对和钢轨增加了额外的非正常磨耗。

个别轮对的轴重增加，也将对钢轨造成破坏，使机车运行中的动作用力更加严重。

6. 随着机车功率的不断加大，机车重量与功率的比值愈来愈小，黏着重量的充分利用问题，就显得比较突出。

7. 黏着重量利用率是说明机车机械部分设计、制造水平反映在机车使用中的一项重要指标。黏着重量利用率越高，说明在牵引力作用下轴重转移越小，机车所能发挥的黏着牵引力越大；反之，黏着重量利用率越低，说明在牵引力作用下轴重转移越大，机车所能发挥的黏着牵引力越小。

对单独驱动的机车，黏着重量利用率可用下式进行计算

$$\eta=\frac{U_i-\Delta U_i}{U_i}$$

式中　U_i——轴重，kN；

ΔU_i——减载最大的一根轴的减载量，kN。

二、轴重转移的发生及影响因素

当机车牵引列车时，由于作用于机车上的外力——轮周牵引力和车钩牵引力不是作用在同一高度，因而形成力偶，使前后转向架各轴载荷发生变化。此外，牵引电动机把力矩传给轮对的过程中，在某些结构中，内力也影响轴重的转移。下面以 SS_4 改型电力机车为例，定性分析机车的轴重转移。

1. 牵引力传递过程中的轴重转移如图 7-14 所示。

设机车的车钩高度为 H；推挽式牵引杆传力点的高度为 h，车轴中心高度为$\frac{D}{2}$。

轮周牵引力经轴箱传给转向架构架，其传力点高度即为车轴中心高度，为动轮直径的一半即$\frac{D}{2}$；转向架构架将牵引力传给车体底架，其传力点按推挽式牵引杆的牵引座来考虑，传力点高度为 h，车体底架将牵引力传给车钩，车钩高度为 H。

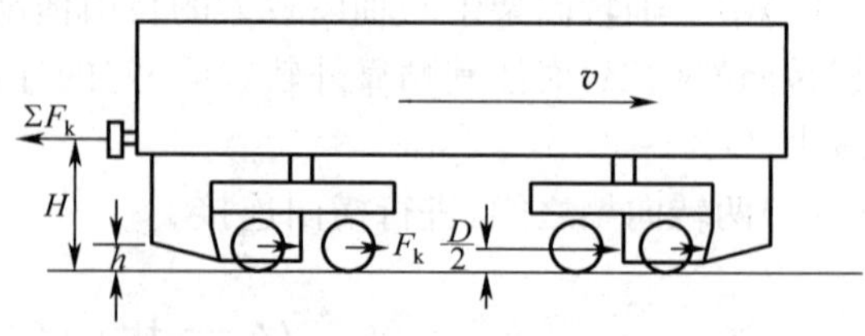

图 7-14　牵引力传递过程示意图

由于上述各传力点不同，在传递牵引力时，将分别引起车体底架和转向架构架的附加

力矩。

(1)车体底架附加力矩引起前后转向架之间的轴重转移,如图 7-15 所示。

车体底架两个牵引座的牵引力分别为 F_{k1}、F_{k2},列车车钩给机车车钩的反力等于牵引力 $\sum F_k$,显然

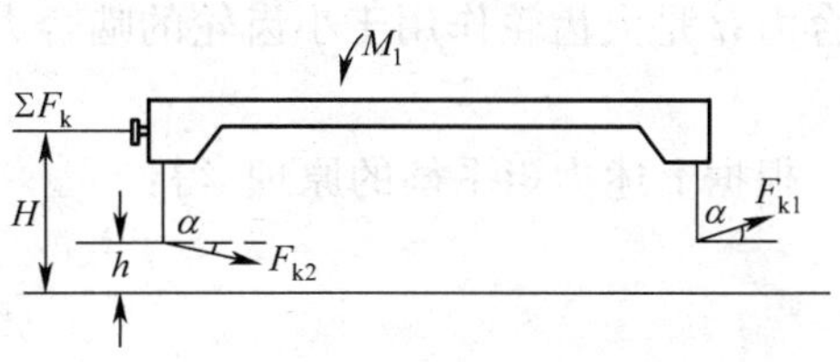

图 7-15　底架附加力矩引起转向架间轴重转移

$$\sum F_k = F_{k1}\cos\alpha + F_{k2}\cos\alpha$$

底架产生的附加力矩为

$$M_1 = \sum F_k (H-h)$$

如果 $H=h$,则此项附加力矩不存在,前后转向架也不会因此发生轴重转移;

如果 $H>h$,此项附加力矩使底架按逆时针方向作刚体转动。这样,前转向架将减载,后转向架将增载;

如果 $H<h$,此项附加力矩的方向与上述相反,引起的轴重转移也相反,即前转向架将增载,后转向架将减载。

对 SS_4 改型机车来说,$H>h$,前转向架将减载,后转向架将增载。

F_{k1}、F_{k2} 的垂向分力 $F_{k1}\sin\alpha$、$F_{k2}\sin\alpha$ 也使前转向架将减载,后转向架将增载。

(2)转向架构架附加力矩引起转向架内部各轴的轴重转移,如图 7-16 所示。

前后转向架的情况相同。轮轨接触面传递的牵引力分别为 F_k,构架牵引梁的牵引座受到底架给予的牵引力为 $F_{k1}\cos\alpha$、$F_{k2}\cos\alpha$,显然

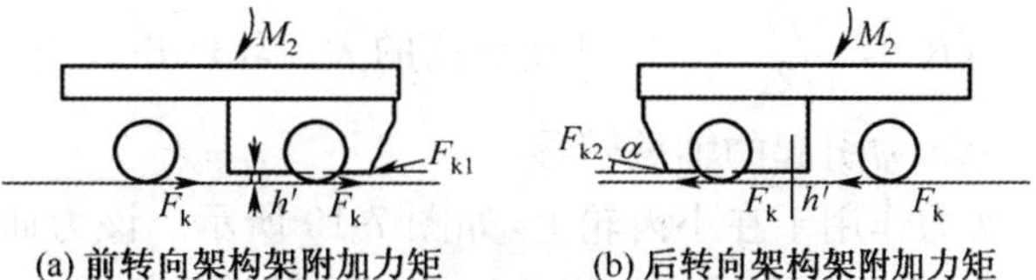

图 7-16　转向架构架附加力矩引起转向架内部各轴的轴重转移

$$F_{k1}\cos\alpha + F_{k2}\cos\alpha = \sum F_k$$

转向架构架产生的附加力矩为

$$M_2 = \sum F_k h'$$

如果 $h'=0$,则此项附加力矩不存在,转向架内各轴不会因此发生轴重转移;

如果 $h'>0$,则此项附加力矩将使转向架按逆时针方向作刚体转动。结果,前轴减载,后轴增载。SS_4 改型机车就属于这种情况。SS_4 改型机车的 $h'=12$ mm,所以引起的轴重转移较小。

如果 $h'<0$,则与上述相反,即前轴增载,后轴减载。

F_{k1} 的垂向分力 $F_{k1}\sin\alpha$ 使前转向架前轴增载,后轴减载。

2. 传动装置工作时引起的轴重转移

由于机车运行方向可以改变,电机悬挂在转向架上,就出现电机前导(轮对随行)和电机随行(轮对前导)两种不同的情形。齿轮传动引起的轴重转移,也就有所不同,必须分别进行研究。

(1)电机随行时的轴重转移

如图 7-17 所示,为电机随行时力的分析。

设机车匀速前进,则轮对具有均匀的角速度,作用于轮对上的转矩应当平衡。

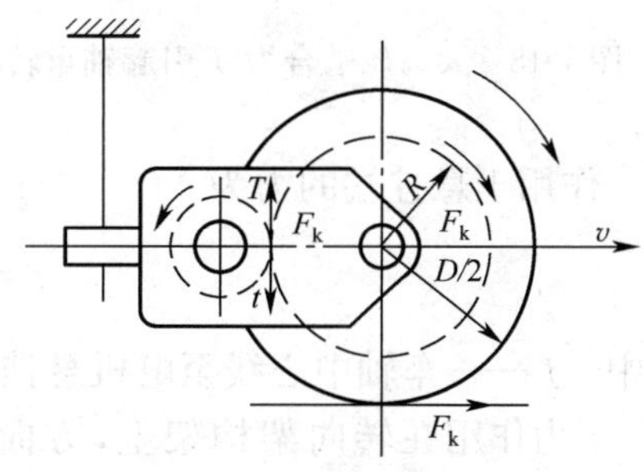

图 7-17　电机随行时力的分析

将轮轨接触点产生的轮周牵引力 F_k 平移至轴心,得 $F_k\dfrac{D}{2}$,它恰好与大齿轮的转矩相

平衡。

在齿轮齿啮合处的啮合力，是一对内力，大小相等，方向相反：T 是小齿轮作用于大齿轮的啮合力；t 是大齿轮作用于小齿轮的啮合力，可知

$$T=t$$

根据上述力矩平衡的原理，得：

$$TR=F_k\frac{D}{2}$$

式中　R——大齿轮半径；

D——动轮直径。

由此式，可求得大小齿轮间啮合力的数值为

$$T=t=\frac{F_kD}{2R}$$

下面分别分析齿轮啮合力引起的轴重转移。

①T 力引起的轴重转移

T 力作用于在大齿轮上，如图 7-18 所示。将 T 力平移至车轴中心，得到一个力和一对力偶。

$T=\frac{F_kD}{2R}$——作用于轴心，方向向上，使轮对减载；

$TR=F_k\frac{D}{2}$——即已被平衡的大齿轮转矩。

②t 力引起的轴重转移

t 力作用于在小齿轮上，如图 7-19 所示。该力通过小齿轮刚性地作用在牵引电机上，并将按杠杆原理分别通过电机悬挂端与抱轴端作用于构架上和车轴上。

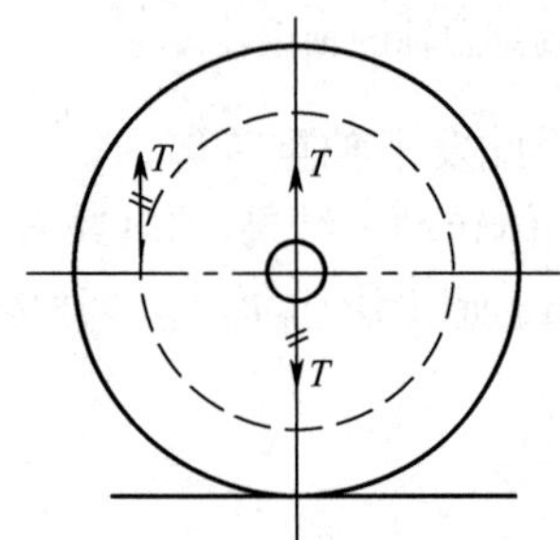

图 7-18　大齿轮啮合力 T 引起轴重转移

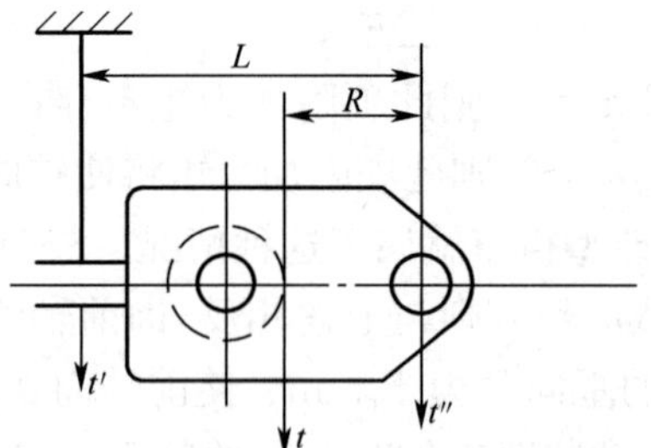

图 7-19　小齿轮啮合力 t 力引起轴重转移

作用于悬挂端的力为

$$t'=\frac{R}{L}t=\frac{R}{L}\cdot\frac{F_kD}{2R}=\frac{F_kD}{2L}$$

式中　L——车轴中心线至电机悬挂吊杆间的距离。

t'力作用在转向架构架上，方向向下。它对机车各轴的轴重转移的影响，后面再进行分析。

作用于悬挂端的力为

$$t''=\left(\frac{L-R}{L}\right)t=\left(1-\frac{R}{L}\right)t=\left(1-\frac{R}{L}\right)\frac{F_kD}{2R}=\frac{F_kD}{2R}-\frac{F_kD}{2L}$$

t''力作用于轴心，方向向下，使本轴增载。

可知，在 T 和 t''力的共同作用下，本轴的净减载为

$$T-t''=\frac{F_{\mathrm{k}}D}{2R}-\left(1-\frac{R}{L}\right)\frac{F_{\mathrm{k}}D}{2R}=\frac{F_{\mathrm{k}}D}{2L}$$

(2)电机前导时的轴重转移

图 7-20 所示为电机前导时力的分析。

电机前导时轴重转移的分析方法和步骤，与电机随行时的分析方法步骤相同。各项受力的大小在数值上也都一样，但方向恰好相反。

分析结果，轴重转移的情况如下：

$T=\frac{F_{\mathrm{k}}D}{2R}$——方向向下，使轮对增载；

$t''=\left(1-\frac{R}{L}\right)\frac{F_{\mathrm{k}}D}{2R}$——方向向上，使轮对减载。

以上两力，使轮对的净增载为

$$T-t''=\frac{F_{\mathrm{k}}D}{2L}$$

此外，在转向架构架上，将受到一个向上的作用力 $t'=\frac{F_{\mathrm{k}}D}{2R}$，也将对机车各轴的轴重转移产生影响，下面结合牵引电机的布置方式进行简单的分析。

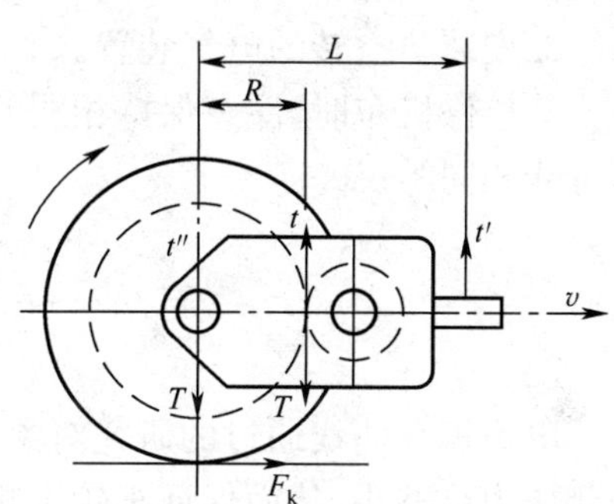

图 7-20　电机前导时的力的分析

(3)牵引电机内顺置布置有利于改善转向架内的轴重转移

根据前面的分析，不论电机前导还是电机随行，在牵引电机悬挂端的吊杆处，转向架构架都将受到一个 t'力的作用。即

$$t'=\frac{F_{\mathrm{k}}D}{2L}$$

当电机前导时，t'力的方向向上；当电机随行时，t'的方向向下。

因而，当电机顺置时，各电机悬挂端的 t'力方向相同，当电机反置时，各电机悬挂端的 t'力方向相反。这样，电机顺置时，各 t'力引起的构架附加力矩小，由此而引起的转向架内各轴的轴重转移也小；电机反置时，各 t'力引起的构架附加力矩大，由此而引起的转向架内各轴的轴重转移也大。

至于采取内顺置还是外顺置的布置方式，还要考虑到牵引力传递过程中车体底架附加力矩(即前面分析中的 M_1)的影响：底架附加力矩 M_1 为逆时针方向时，应采取内顺置；M_1 为顺时针方向时，应采取外顺置。因为这种布置方式，可以在一定程度上抵消底架附加力矩 M_1 引起的前后转向架内各轴的轴重转移。

综上所述，可以看出，牵引力是轴重转移的决定性因素。另外机车走行部的结构、尺寸，如车钩高度、牵引点高度、转向架轴距、轴数以及两转向架间的距离等，对轴重转移也有很大影响。牵引电机的布置方式，也必然影响到轴重转移。

三、提高机车黏着重量利用率的措施

提高机车黏着重量利用率，就是要设法减小牵引运行中的轴重转移。根据前面分析，影响机车轴重转移的因素，归纳起来主要有一系、二系弹簧悬挂方式；牵引电机的布置方式；轴式、

轴距、牵引点高度等。上述结构或参数，都是需要合理选择的。不过必须明确：在设计机车时，影响轴重转移的不少结构参数，有些无法任意改变，有些则要根据其他条件来决定，能选择的范围并不大。例如车钩高度是标准的，不能改变；其他如轴距、轴数、最大牵引力等，或是设计要求，或是动力学性能、总体设计的决定，往往很少有选择的余地。只有牵引点的高度是可以合理选择的。

1. 降低牵引点高度，是通常减小轴重转移的设计措施之一。不论是采用牵引杆结构，还是牵引销装置来传递牵引力，其牵引传力点的高度都比较低。甚至采用斜牵引拉杆，使牵引力通过轨面，传力点高度为零。SS_4 改型电力机车的牵引点高度为 12 mm。

2. 安装防空转的电气装置。

3. 检修机车时，注意保持相同的轮径，各牵引电机要有尽可能一致的特性，发挥牵引力要尽可能相同等。

本章小结

电力机车曲线通过的研究对象是：几何曲线通过和动力曲线通过。研究的目的是：使轮轨的侧压力足够小，从而保证车轮不爬越钢轨，钢轨不致受到严重挤压。

解决机车通过几何曲线采取的主要措施是：加宽曲线的轨距；增加轮对的横动量。通过机车曲线上的三种位置和转向架转极、轮对极距的确定，为动力曲线通过提供依据。

动力曲线通过研究所要达到的目标是：通过分析机车在曲线上的受力，确定机车通过曲线的安全条件。

轴重转移，是机车牵引运行中发生的，对机车黏着重量利用率有严重影响的现象。牵引力的传递过程、牵引电机的传动以及牵引电机的布置方式都对轴重转移产生重要影响。

减小轴重转移，提高机车黏着重量利用率采取的主要措施是：降低牵引点高度，安装防空转的电气装置，检修机车时，注意保持相同的轮径。

复习思考题

1. 什么是几何曲线通过和动力曲线通过？说明二者的研究内容和相互关系。
2. 铁路曲线内轨加宽、外轨超高的目的是什么？
3. 解释转极、极距、转角、冲角的概念。
4. 改善机车动力曲线通过的措施有哪些？
5. 什么是轴重转移？什么情况下发生轴重转移？有什么危害？
6. 什么因素引起转向架之间的轴重转移？
7. 什么因素引起转向架内部的轴重转移？
8. 电机前导和电机随行两种情况下，轴重转移有何不同？
9. 提高机车黏着重量利用率的措施有哪些？

参 考 文 献

[1] 张有松,朱龙驹.韶山$_4$型电力机车.北京:中国铁道出版社,2006.
[2] 余卫斌.韶山$_9$型电力机车.北京:中国铁道出版社,2005.
[3] 杨永林.韶山$_{7E}$型电力机车.北京:中国铁道出版社,2004.
[4] 赵叔东.韶山$_8$型电力机车.北京:中国铁道出版社,1998.
[5] 刘友梅.韶山$_3$型4000型电力机车.北京:中国铁道出版社,1999.
[6] 张泽伟.铁路货车新技术.北京:中国铁道出版社,2002.
[7] 李晓村.内燃机车总体.北京:中国铁道出版社,2004.
[8] 王化夷.电力机车机械部分.北京:中国铁道出版社,1989.
[9] 程怀汶.电力机车总体及走行部.北京:中国铁道出版社,2003.